크리스천의 일과 취업에 대한 **월요일의 바이블**

동료의 승진을 위해 출근하라

최용민(경영학 박사)

쿰란출판사

추천사

일터를 단순한 생계의 현장이 아니라, 하나님과 동행하는 예배의 자리로 바라보게 하는 책이 나왔습니다. 최용민 박사의 《동료의 승진을 위해 출근하라》는 35년간의 기업 경험과 깊은 신학적 성찰을 통해, '일이 곧 예배'라는 진리를 구체적이고 생생하게 풀어냅니다. 저자는 신입사원에서 CEO까지의 여정 속에서 터득한 지혜를 토대로, 믿음과 실력, 그리고 기쁨이 공존하는 일터의 비전을 제시합니다.

이 책은 교회와 세상, 신앙과 직업, 예배와 노동의 경계를 허물며, 일터를 통한 선교와 사명의 길을 보여줍니다. 숭실대학교의 건학 이념인 '진리와 봉사'는 신앙과 전문성을 조화롭게 추구하는 삶의 자세를 뜻합니다. 그런 의미에서 이 책은 숭실의 정신과 완벽히 맞닿아 있습니다. 학생과 직장인 모두에게, 자신의 자리에서 하나님 나라를 실현하는 청지기적 삶이 무엇인지 일깨워 줄 것입니다.

오늘도 일터에서 동료를 축복하며 일하는 모든 이들의 손길 위에 하나님의 임재가 함께하길 바라며, 이 책을 기쁜 마음으로 추천합니다.

이윤재_숭실대학교 총장

———•••———

　내가 처음 일터 사역에 관한 책을 냈을 때는 이 사역에 관한 기본 개념을 소개하는 데 급급해서 충분한 내용을 다루지 못했습니다. 그런데 저자(최용민 박사)는 일터 사역의 기본 개념은 강화해서 가르치면서 오랫동안 다양한 일터에서 일한 경험을 살려서 사역의 구체적인 내용을 아주 흥미로우면서도 실감 나게 소개하고 있습니다.

　일터에 하나님 나라가 오게 하기 위해서 수고했던 저자의 일터의 삶이 이 책을 읽는 사람에게 잘 전달되기를 소망합니다.

방선기 목사_(사)일터개발원 이사장

———•••———

　최용민 박사님의 《동료의 승진을 위해 출근하라》는 단지 성공의 비법을 제시하는 대신 일터를 예배의 자리로, 경쟁을 사랑의 실천으로 바꿀 것을 제안합니다.

　이 책을 통해 35년의 치열한 삶의 현장에서 길어 올린 최용민 교수님의 신앙의 지혜를 배우고, 그것이 오늘 귀하의 일상 속에서 '소명의 기쁨'을 일깨워 줄 것입니다.

오덕교_횃불트리니티신학대학원대학교 총장

책 내용 중 6일간은 삶의 현장, 특히 직장에서 무신론자로 살다가 주일 하루, 그것도 한두 시간, 길어야 서너 시간만 유신론자로 산다는 내용이 크게 다가옵니다. 대한민국의 미래를 책임질 젊은이들이 말씀으로 무장하여 세상의 리더로 바로 서야 하지만, 현실은 반대이기 때문입니다.

이 책은 젊은이들이 직장에서 예배자이자, 유신론자로 바로 서는 비법을 제시하고 있습니다. 더욱이 실력 있고 재미있게 일하는 성경적 혜안을 나누고 있다는 점에서 일독을 권합니다.

이승율_동북아공동체문화재단 이사장, 전 한국기독실업인회(CBMC) 중앙회장

누구나 공감하듯 우리 일생은 만남의 연속입니다. 가장 절박하고도 최고의 만남은 어디서 이루어질까? 바로 일터입니다. 일터에서의 만남이 가장 중요하고 최고의 축복이어야 하는데 이를 소홀히 생각하는 사람이 적지 않습니다. 우리는 일터에서의 만남을 위해 끊임없이 하나님께 기도해야 합니다. 최근 입사도 힘들고 창업도 쉽지 않다고 합니다. 회사를 옮기기도 하고 의도와 관계없이 다니던 회사가 다른 회사와 합쳐지기도 합니다. 이 과정에서 하나님께 동행을 간구할 수밖에 없는 충분한 이유가 있다는 저자의 주장에 100% 공

감합니다. 일터에서 어려움이 많기 때문입니다.

한편으로는 저자의 설명대로 서로가 서로의 얼굴을 빛나게 할 수 있고 서로 협업할 때 그 힘이 배가되는 곳이 일터입니다. 우리는 복된 만남을 달라고 기도하는 데 그치지 말고, 내가 그런 만남을 이끌도록 능력을 달라고 하나님께 매달리는 것이 참된 예배라는 글이 깊은 울림으로 남습니다.

이 책을 읽는 모두는 일터의 만남을 축복의 통로로 바꾸는 지혜를 얻게 될 것으로 확신합니다.

김영주_전 산업자원부 장관

경영학 박사면서 신학도가 쓴 책입니다. 직장 신입에서 CEO까지 해 본 저자입니다. 그의 경험, 연륜, 신선한 신학적 통찰이 스며 있습니다. 영성을 일상의 리듬 속으로 끌어온 놀라운 안내서입니다.

'일'이 '예배'임을 깨닫게 합니다. 짧지만 굵고, 가볍게 읽히지만 깊이 있는 저자의 일과 영성 고백서요, 지혜서입니다. 꼭 읽어보길 권합니다.

김윤희_FWIA 대표, 횃불트리니티신학대학원대학교 6대 총장

책 내용 중 "우리는 하나님이 주신 능력으로 평생 잘 먹고 잘살라고 세상에 보냄 받은 것이 아니다. 말씀으로 무장하고 먼저 진리를 알게 된 그 은혜를 바탕으로 세상을 변화시키라는 미션을 받은 스파이다. 필요한 분야에 집중해(송곳으로 찌르듯이) 짧게 하는 송곳 기도를 해야 한다. 일터의 스트레스는 내 영역이 아니다. 하나님께 올려드려 해결해 달라고 간구해야 할 분야다. 믿는 자와 안 믿는 자의 차이는 이것이다. 상황이 다른 것이 아니라 상황에 대처하는 방법이 다르다. 그래서 스트레스가 기쁨과 감사로 변한다."라는 내용이 감동입니다.

　　이 책을 통하여 스트레스 많은 일터에서 하나님의 선한 스파이로서 대한민국의 미래를 책임질 젊은이들이 말씀으로 무장하여 세상의 리더로 바로 서리라 믿습니다.

유승남 변호사_법무법인(유한) 화우, 전 서울서부지방법원 부장판사

　　성경 말씀도 많이 알고 교회에서 연차가 높아지지만, 복음의 능력이 삶을 지배하지 않아도 큰 불편함이 없을 때 우리의 신앙은 위기입니다. 특히 하루의 대부분을 직장에서 보내는 성도에게 복음이 삶으로 연결되지 않을 때 '세상의 빛과 소금'은 공허한 울림이 될 수

있습니다.

  이 책은 평일에도 일로 예배를 드려야 한다는 메시지를 통해 말씀이 삶의 능력이자, 축복의 통로라는 것을 강조하고 있습니다. 또한 일이 스스로를 성장시키고 하나님의 동역자(Co-worker)로 바로 서는 경험을 공유하는 저자의 경험을 통해 크리스천 청년들의 가슴이 뛰었으면 좋겠습니다.

이종화_분당우리교회 장로

  얼마 전 아들이 대학원을 졸업하고 첫 직장에 출근한 지 1년이 되었을 때 갑자기 이런 질문을 했습니다. "아빠는 어떻게 직장 생활을 30년이나 하셨어요? 전 너무 힘들어요" "글쎄 난 어떻게 했을까?" 아르바이트생이 계약직으로, 계약직이 정규직으로, 그리고 대표에 이르기까지 30년, 하나님의 은혜라고 답을 해야 하나? 아들에게 이 책을 선물하려고 합니다. "아들, 여기에 모든 답과 지혜가 있다."

  이 책은 크리스천 부모님이라면 자녀에게 꼭 전해야 할 하나님의 선물입니다. 꼭!

강명준_스마트교육재단 EDUTV 사장

머리말

일이 곧 예배이고
하나님의 동역자(Co-worker)로 서는 것이다!

　세계를 지배한 그리스 철학에는 일은 세속적이고 계층적으로 낮은 사람들이 담당하는 것이라는 사고가 있었다. 종교개혁이 있기 전까지 약 1,500년간 이런 틀이 확고하게 이어져 왔다고 봐도 과언이 아니다. 이런 견해는 그리스도인의 주님을 만유의 주님이 아니라 일부의, 특히 세상 전체가 아닌 교회만의 주님으로 한정하는 결과를 낳았다. 성도는 삶의 모든 영역에서 주님을 닮도록 부름을 받은 자들이다. 세상 속에서 교회는 폐쇄된 공동체가 아니라 세상에 있는 사람들에게 말씀을 해석해서 행동으로 보여줘야 하는 공동체다.
　예배당에 모이는 교회만이 아니라 세상으로 흩어지는 교회로서 세상 속에서 자신의 삶을 말씀에 대한 적용으로 보여줘야 한다. 이런 의미에서 우리는 모두 일터에서도 복음을 증거해야 한다. 북미 기독교인들은 평생 88,000시간(95%)을 일터에서 보내고 4,000시간(5%)만 교회나 교회 활동에서 보낸다고 한다. 교회만의 성도로 하나님의 주님 되심을 한정한다면 얼마나 편협한 사고인가?

　기독교 안에도 일에 대한 부정적인 식견이 존재하였다. 직업에 대한 소명 개념이 없었다. 일을 저주로 보기도 하였다. 돈을 벌려고 하는 자는 진정한 자유인이 아니라고 설파한 아리스토텔레스의 견해에 지배당한 느낌이다. 마르틴 루터는 모든 직업에 소명론을 적용하였다. 특히, 그는 직업은 우리가 선택한 것이 아니라, 우리가 부름을 받았다고 주장하였다. 직분이 다를 뿐이지 일에 높낮이(계층의식)가 있는 것은 아니다. 성경(벧전 2:9)은 우리 모두에 대해 왕 같은 제사장이요, 택하신 백성이라는 만인 제사장설, 즉 모두가 일터에 선 성직자임을 선포하고 있다.

　우리는 특정한 장소(교회)와 시간(주일)만 거룩히 여기는 이분법으로 스스로를 옥죄고 있지 않는지 돌아봐야 한다. 이를 빗대어 일요일에는 열렬한 유신론자로 살다가 주중에는 실질적으로 무신론자로 사는 사람들이 비일비재하다고 풍자하기도 한다. Vocation(직업)이라는 단어는 라틴어 Vocare, 즉 '부르다'에서 왔다. 직업은 스스로 선택한 무엇처럼 보이지만, 하나님의 소명이 녹아 있다. 하나님이 부르시고 우리가 응답함으로 나가서 일하고 있다. 따라서 본래적 의미(소명)에서 보면 회사 사장이 고용주가 아니라 하나님이 고용주이다. 허락받은 것이 아니라 그 일을 하도록 소환을 받은 것이다. 하나님이 그곳으로 나를 먼저 부르고, 이에 응답하여 내가 나간 것이다. 출발점이 완전히 다르다.

바울은 우리의 활동은 우리의 힘이 아니라 성령의 나타나심과 능력으로(고전 2:4-5) 행하기 때문에 성스러운 일과 속된 일, 즉 이분법이 존재하지 않고 그리스도 안에서 새 생명으로 거듭나서 하나님 나라의 증진을 위해 일하는 것이라고 단언했다. 따라서 외견상 보여지는 인간적인 노력이 아니라 그리스도를 본받아서 자기를 내어주는 사랑을 통해 일해야 한다는 의미다. 이런 차원에서 내가 교회 안에 있지 않고 목회자나 선교사가 아니더라도, 하나님으로부터 부름을 받은 직업 속에서 복음을 증거하고 복음을 확장하고 있다면 선교의 현장에 있는 것이다. 상당수 목회자가 이런 모습을 강조하지 않기 때문에 교회에서 주일에만 유신론자, 나머지는 세속의 트랜드에 맞추어 사는 성도가 적지 않다.

실제로 우리의 일터는 창조 세계의 잠재력을 개발하라는 하나님의 문화명령(창 1:28)을 수행하는 곳이다. 비즈니스는 물론 교육과 예술도 문화명령을 이행하는 방법이다. 특히 경제활동은 창조주의 일에 직접 참여하는, 즉 창조 세계를 돌보고 잠재력을 하나님의 방법대로 덕스럽게 개발하는 방법이고, 넓은 의미의 선교다. 우리는 일을 통해 인간의 삶을 향상하고 아름답게 가꾸라는 부르심에 응답할 수 있다. 일은 아담과 하와의 후예로서 세계를 아름답게 만드는 일에 동참하는 것이다. 교회는 물론 직장에서 24시간 내내 하나님과의 관계 속에서 열방을 축복해야 한다. 우리는 일을 통해 나의 야망이 아니라 하나님의 비전을 꿈꾸는 공동 창조자(Co-creator)이자 동역자(Co-worker)이기 때문이다.

결론적으로 일에 대해 오랫동안 편견이 존재해왔다. 어떠한 일이

하나님의 일인가? 목사와 선교사를 넘어선 우주적인 것(공부, 노동, 가사, 사회활동 등)이 하나님 영역이다. 일터는 선교의 최후 보루이다. 도시선교가 최대 과제로 부상하고 있음을 감안할 때 더욱 그러하다. 그곳에 가장 많은 그리스도인이 있고, 전도해야 할 대다수가 일터에서 시간을 보낸다. 그러므로 일터가 선교지이다. 일터의 불신자를 모른 체하거나 그들의 복음에 애쓰지 않는다면 우리는 반쪽짜리 신앙에 머무는 것이다.

필자는 35년의 직장 경험을 통해 새로운 비전을 품고 있다. 하나님께서는 왜 오랫동안 나를 직장에 머물게 했을까? 말단 신입사원부터 CEO까지 경험케 하신 하나님은 나를 꿈꾸게 한다. 책을 쓰고 교회와 기업은 물론 공개 강연 등을 통해 일터의 소중함, 그리고 일에 대한 소명 의식을 전하고 있다.

일은 하나님이 세상을 축복하는 수단이다. 일은 실력을 쌓는 중요한 통로이고 옆의 동료를 도와주는, 즉 이웃 사랑이라는 지상명령을 수행하는 아주 구체적인 방안이다. 일터는 성도를 성장시키는 플랫폼이다. 동시에 성도의 가장 크고 많은 고민이 있는 곳이다. 그럼에도 성직자는 접근할 수 없다.

더욱이 많은 젊은이가 일의 의미를 제대로 몰라 피폐한 삶을 살고 있다. 최근 통계에 따르면 245만 명이 일할 수 있는 나이임에도 일하지 않고 쉬고 있으며, 더욱이 이들은 일할 의욕(구직 활동)도 아예 없다고 한다. 특히 그 인원에서 30대와 40대의 증가율이 꽤 높다. 또한 우리는 OECD 국가 중 가장 높은 자살률을 기록하고 있다. 자살은 상당 부분 일과 관련되어 있다. 일에서 멀어지면 삶의 의미를 찾고 자부심을 높이며 사랑을 실천할 가장 좋은 방법에서 소외될 수 있기 때문이다. 일은 하나님이 우리를 동역자로 불러 축복하기 위해 주신 수단이다. 그러니 일을 즐겁게 해야 한다. 그러면 자연히 실력도 높아진다.

  이 책은 그런 구체적인 방법을 회사에서의 경험과 성경 말씀을 통해 녹여내고 있다. 단순히 기교가 아니라 삶이 달라지고 일터에서 기쁨과 감사가 넘치는 방법을 제시하고 있다. 일하는 방법에 대한 어려움은 물론 구직과 이직에 대한 해법도 함께 고민하고자 노력하였다. 이를 통해 주일에만 신자로 사는 반쪽짜리 신앙이 아니라 하나님을 제대로 알고 선교하는 유용한 방법이자 교회 밖의 모든 곳에서 유신론자로 사는 최고의 방법을 담고자 노력했다. 이 책을 펼치면서 믿음이 달라지고 일터가 변하며 삶이 기쁨으로 넘치길 기도한다.

2025년 11월
사당동 일터성전에서
최용민

추천사 • 2

    이윤재_숭실대학교 총장
    방선기 목사_(사)일터개발원 이사장
    오덕교_횃불트리니티신학대학원대학교 총장
    이승율_동북아공동체문화재단 이사장, 전 한국기독실업인회(CBMC) 중앙회장
    김영주_전 산업자원부 장관
    김윤희_FWIA 대표, 횃불트리니티신학대학원대학교 6대 총장
    유승남 변호사_법무법인(유한) 화우, 전 서울서부지방법원 부장판사
    이종화_분당우리교회 장로
    강명준_스마트교육재단 EDUTV 사장

머리말 • 8

I. 일터에 임한 하나님 나라

1.	일이 진정한 예배	20
2.	일은 하나님 창조사역의 동역	23
3.	일은 하나님 축복의 DNA	26
4.	일은 직장 동료를 축복하는 수단	29
5.	이 땅의 삶이 끝이 아니다	33
6.	믿음과 일을 조화시키는 비법	36
7.	하나님을 경외함으로 일하기	40
8.	현재 일이 소명인지 아는 방법	43
9.	일은 짐이 아니라 힘	47
10.	믿는 것은 다름이다	50

11.	일은 생명을 살리는 젖줄	54
12.	진짜 감사는 일에 대한 감사	58
13.	매일 하나님께 올리는 기안지	63
14.	가짜 노동과 함께 일하고 싶은 사람	67
15.	진정한 예배와 사역은 회사 일	71
16.	당신은 하나님의 스파이	75
17.	포스트모던 시대와 참 인생	79
18.	잃어버린 한 마리 양은 바로 나	83
19.	재무관리 골든룰은 통장 분리	87
20.	나아만 노예와 아둘람 동굴의 히든 카드	91
21.	진짜 거룩은 한적함과 열정의 믹스	95
22.	천국 환송예배의 기쁨	99
23.	시간 낭비가 최대 비극	103
24.	평범한 성도, 비범한 기쁨	107

II. 거룩한 일터와 선교

1.	회사는 나를 성장시키는 플랫폼	112
2.	하나님은 나의 직장 멘토	115
3.	해외 선교 VS 일터소명	119
4.	일터는 거룩한 사역지	123
5.	천국에서 볼 수 있다는 기쁨	127
6.	다윗이 당한 4배의 벌	130
7.	출애굽기가 알려주는 일터 원칙	134
8.	중동 복음화는 여성 일터 만들기	138
9.	일터에서 긍휼은 의무	142
10.	일과 일터에 대한 오해와 이해	145
11.	일터에서 우상을 깨라	149
12.	변화는 뿌리째 갈아엎어야 가능	152

13.	일터에서 목숨을 던진다는 소명의식	156
14.	일터는 천국 삶의 준비코스	160
15.	말하는 기계인 노예와 진짜 사랑	164
16.	'예수는 주' 고백은 목숨 건 반역	168
17.	창조원리를 거스르는 대한민국	172
18.	1승 그리고 20억짜리 관문	176
19.	사도행전은 비즈너리(Businary) 모델	180
20.	돈은 예수님도 팔게 만드는 흉기	184
21.	일은 하나님 찬양의 최고 도구	188
22.	바울처럼 180도 달라지는 일터 십계명	192
23.	일터는 도시선교의 최고 보루	196

III. 믿음과 실력 있게 일하기

1.	정제된 말, 감사, 인내가 진짜 실력	202
2.	오늘 잘 버틴 것도 승리	206
3.	일터에서 하나님을 만나는 비밀공간	209
4.	축도는 일터로의 파송의식	213
5.	인체 신비에 담긴 영적 의미	217
6.	디테일이 진짜 경쟁력	221
7.	하나님이 최고로 기뻐하는 일	225
8.	시간 도둑질, 가장 큰 죄다	229
9.	영혼 없는 사람의 몸값은 제로	232
10.	확실하게 잠을 정복해야	235
11.	일터에서 묵묵히 일하기	239
12.	원대한 계획은 작은 습관이 밑거름	243
13.	나쁜 습관은 영적 탈선	247
14.	기도 VS 허풍	251
15.	'막내'라는 시선과 열정	255

16. 일터 메모는 내 성장의 마중물   259
17. 마지막 1%가 99%를 결정   263

IV. 즐겁게 일하기와 손해 보기

1. 행복과 실력, 고생을 통해 온다!   268
2. 오늘 가장 필요한 용서, 나로부터   272
3. 일터와 가정은 서로에게 헬퍼   276
4. 업무 스트레스를 이기는 방법   279
5. 무분별한 불만 표출은 반역   283
6. 믿음과 사랑은 계속 손해 보기   287
7. 인생 후반전이 전체 승패를 좌우   290
8. 매일이 즐거운 칠칠절과 초막절   294
9. 세상 가치의 역전   298
10. 매일 간구하는 직원 사용설명서   302
11. 오늘은 선물을 넘어 설렘   306
12. 성도는 화평(샬롬)의 왕이 되어야   310
13. 찬양은 일터에서 참평안을 얻는 비법   314
14. 세금과 이자는 비용 아닌 축복   318
15. 기도는 스트레스를 없애는 첨병   322

V. 관계 관리와 헌신

1. 일이 힘든 근본적인 이유   328
2. 상대를 살리는 관계 중심의 대화법   331
3. 싫어하는 동료 일로 돕기, 최고 이웃 사랑   334
4. 말이 만사, 위증 금지   338
5. 일은 빚진 자의 심정으로   341
6. 노예와 자유인은 하나   344

7.	적자생존과 흑자필망	347
8.	직장에서 선교사로 살기	350
9.	험악한 사회, 주님께 기대야	354
10.	술이 부르는 화(禍), 취하면 다른 사람	357
11.	최고 성과는 후임자 잘 세우는 것	360
12.	절망을 희망으로 만드는 힘	364
13.	당신은 하나님의 매력자본	368
14.	배려, 아내에게 하듯 남에게	372
15.	스스로를 살피는 'Observing I' 절실	376
16.	영혼을 갉아먹는 이자 vs 천국 친구 만들 자본	380
17.	소명 완수에 베테랑인 예수님의 비법	384
18.	낮은 마음, 대나무 정신	388

저자 경력 약술・391

I.

일터에 임한 하나님 나라

1. 일이 진정한 예배

'그렇게 살라고 창조한 거 아니다.'

2024년 9월에 인천 송도에서 열렸던 로잔대회의 슬로건이다. 이 슬로건이 들어간 포스터를 보자 처음에는 웃음이 나왔지만, 보면 볼수록 심각한 내용이라는 생각을 하게 되었다. 말씀대로 살았는지 되짚어보는 계기가 되었고, 나중에는 왜 사는지에 대한 근본적인 질문에 도달하였다. 더욱이 35년간의 직장 생활 중 전반부는 하나님이 나를 창조한 목적과는 큰 거리가 있었음을 깨닫고 회개하게 되었다.

모든 성도에게 직장 생활은 단순히 여러 가지 삶 중의 하나가 아니다. 북미 기독교인들을 조사한 결과, 평생 8만 8천 시간을 일터에서 비신자처럼 보냈고 4천 시간을 교회와 교회 관련 활동에 투입했다는 기사를 접한 적이 있다. 활동하는 시간의 95%가 직업만을 고려한 것이고 나머지 5%가 교회 관련 활동이었다.

질적인 측면은 더욱 참담하다. 주일에 교회에서 예배를 드리고 간혹 주중에 기도하는 시간에 하나님을 만나지만, 모든 일상에서는 하나님을 외면하고 있는 것은 아닌지 돌아보게 된다. 생활의 어려움이나 진로에 대한 고민은 전적으로 내 몫이고 하나님과 관련이 없다고 생각하는 성도도 적지 않을 것이다. 교역자들도 다시 한번 점검해야 한다. 이분법적인 일상과 교회 생활 사이의 분리를 성도들에게 안내한 것은 아닌지 스스로 물어야 한다. 출석하는 교인 중 대부분이 일이나 공부 등과 관련하여 삶의 현장에서 높은 벽과 매일매일 치열하게 싸우는 상황이라는 점에 이의를 제기하기 힘들다.

그런데 대부분의 목회자는 이에 관심을 갖지 않는 게 현실이다.

이런 주제를 두고 함께 고민하지도 않는다. 간혹 상담을 요청받으면 유일한 방법이자 최선의 방법(?)이라고 하면서 기도해 주겠다고 한다. 이런 측면이 이해가 안 가는 것은 아니다. 목회자들이 대부분 신학교와 신학대학원을 나와서 곧바로 사역 현장에 뛰어드는 현실을 감안할 때 일터라는 현장은 목회자에게 낯선 곳일 수밖에 없기 때문이다.

'일하다'와 '예배하다'는 동일한 단어

교회와 목회자는 이제 새로운 시각을 가져야 한다. 성도들과 함께 일과 일터 그리고 공부 등 치열한 삶의 현장에 같이 뛰어들어 같이 고민하고 손잡아 줘야 한다. 교역자들이 성도를 방치하고 있다는 생각을 성도들이 갖지 않도록 삶의 현장에서 함께 뛰어야 한다. 성도들도 교회에서 예배드리고 은혜받은 후에 주중에는 예수님과 이별하는 생활을 하면 안 된다. 그래서 6일간은 삶의 현장에서 무신론자로 살다가 주일 하루, 그것도 한두 시간, 길어야 서너 시간만 유신론자로 산다는 비아냥에서 자유로워야 한다.

우리의 하나님은 교회에만 계시는 하나님이 아니다. 전 우주를 관장하시는 분이다. 그러니 일상의 삶, 특히 일과 공부로 좌절하고 낙담하는 현장에서도 하나님과 동행해야 한다. 그것이 진짜 하나님과 동행하는 삶이다. 목회자나 성도 모두가 하나님을 교회 예배 시간에 만나는 하나님으로 한정하면 안 된다. 일은 하나님이 우리에게 주신 소명이다. 하나님은 우리에게 일하라고 명령하셨다.

> 여호와 하나님이 그 사람을 이끌어 에덴동산에 두어 그것을 경작하며 지키게 하시고(창 2:15)

여기서 '경작하다'라는 단어는 히브리어 원어로 아바드(עָבַד), 즉 '일하다, 노동하다'라는 뜻이다. 그런데 이 단어는 '예배하다'라는 뜻도 갖고 있다. 다시 말해 일은 노동을 넘어 예배이고 천직, 부르심, 섬김의 통로, 소명 등의 의미를 담고 있다. 종교개혁 시대에 마르틴 루터가 말한 '만인제사장론'은 바로 성경 속의 일과 예배의 일치됨을 재발견한 중대한 변화다. 세속의 일과 성직을 구분하던 시대에 루터는 모든 사람들이 성직자임을 천명하면서 일터와 교회를 구분하는 이원론에서 벗어나라고 목소리를 높여 외쳤다. 모든 사람이 거룩한 제사장이라는 것은 하는 일이 어떤 것이든, 어떤 직업을 가지고 있든, 그 일 자체가 예배라는 뜻이다. 직업이라는 뜻의 영어 단어 'Vocation'은 '(하나님의) 부르심(부르다)'을 의미하는 라틴어 '보카치오'(Vocacio)에서 왔다. 오늘 일하는가? 그러면 그곳이 예배하는 장소이다. 학생이라면 공부하는 곳이 바로 예배를 드리는 교회다. 어느 날부터 이 진리를 깨달아 사무실에서 벅찬 가슴으로 즐겁게 일하고 일터에서 하나님과 동행하는 특혜를 누렸다. 그것이 일터에서 실력 있고 즐겁게 일하는 출발점이 되었다.

◎ 오늘의 묵상

Q 일터가 예배 장소가 되고 있는가?

Q 평일에도 크리스천인가?

Q 직업이 스스로 선택한 것이 아니라 하나님의 부르심에 대한 응답이라는 데 동의하는가?

2. 일은 하나님 창조사역의 동역

일은 왜 힘들까? 여러 원인이 있지만, 돈벌이 수단으로 생각하기 때문이다. 요즈음 MZ세대는 조금이라도 돈을 더 주는 곳이 있다면 쉽게 이직한다. 최근 미국에서는 10년 정도 직장 생활을 하면 5번 정도는 전직하는 것이 보통이라는 뉴스를 현지에 사는 지인을 통해 들었다. 젊은 세대에게 이직은 능력의 상징이요, 월급도 올라가 삶의 만족도 제고로 직결되는 디딤돌이다. 이런 연유로 MZ세대는 신입직원 때부터 헤드헌터를 이용하기 시작한다. 이쯤 되면 지금 직장은 보다 나은 직장으로 이직하기 위한 잠깐의 정거장이 된다. 일하는 목적도 완전히 달라진다. 일을 통해서 성과를 내는 것이 아니라 급여 등 근무 여건이 좋은 곳으로 가기 위해 스스로를 분칠하는 곳이다. 그러니 관계가 서먹한 동료가 있으면 힘들다. 좀 더 밀도 있게 일하라는 요청을 받으면 거부감이 확 밀려온다. 야근이나 휴일 근무는 나의 만족도를 좀 먹는 최대의 적쯤으로 여긴다.

사실 일이 힘든 것은 어제오늘의 일은 아니다. 나도 30여 년 전 일을 처음 시작할 때 매우 힘들었다. 기쁨으로 일한 시간들도 적지 않았지만, 상당 시간을 스트레스에 시달렸다. 일은 당연히 힘든 것으로 생각해 참을 수 있었지만, 상사 및 동료들과의 관계는 일 자체보다 더 버거운 상대였다. 상사들은 보직과 일에 대한 평가에서 과정이나 결과보다 학연과 지연 등 그 밖의 환경을 더 크게 고려했다. 특히 1주일에 3-4일은 일이 끝나기가 무섭게 식사와 술이 동시에 가능한 곳으로 이동하여 상사의 눌림 속에 계속 있어야 했다. 이런 고행은 퇴근과 동시에 시작된 후에 열두 시를 넘어 새벽까지 이어졌다. 심지어 택시를 불러 상사를 집까지 배달(?)하기도 하였다. 그런 사역에도 불구하고 어김없이 아침 8시쯤 다시 사무실로 나와 전날에 아무 일도 없었던 것처럼 일을 해야 했다. 더 큰 어려움은 연말에 다가왔다. 열심히 일했다고 생각했는데 학연과 술자리로 얽혀진 사람들에게 공(좋은 평가)이 돌아갔고 일만 열심히 한 사람은 소외되기 일쑤였다. 일과 관련 없는 관계 형성이 회사의 거의 모든 것을 결정하는 구조라서 그야말로 낙담 행진이었다.

도대체 일은 언제부터 우리를 힘들게 했을까? 하나님은 아주 오래전에(태초에) 천지를 만들었다고 성경은 시작한다. 창세기 2장 1-2절은 그런 창조 사역이 바로 일이라고 말씀하신다. 또한 예수님도 동일하게 고백하고 계신다. "하나님이 일하시니 예수님 본인도 일하신다"라고 말한다. 이 구절에서 예수님은 기쁘게 일하고 있음이 반영되어 있다. 왜냐하면 너희도 나를 따르라는 권면이 숨어 있기 때문이다.

> 천지와 만물이 다 이루어지니라
> 하나님이 그가 하시던 일을 일곱째 날에 마치시니 그가 하시던
> 모든 일을 그치고 일곱째 날에 안식하시니라(창 2:1-2)
> 예수께서 그들에게 이르시되 내 아버지께서 이제까지 일하시니
> 나도 일한다 하시매(요 5:17)

일터에 선 나는 하나님의 동역자

따라서 우리가 일은 한다는 것은 성부 하나님, 성자 예수님과 동역하는 것이다. 교회에 다니면서 가장 뿌듯했던 순간이 아직도 생생하다. 이전 교회에서 2년에 걸친 제자훈련과 사역훈련을 마치고 순장으로 파송받을 때 아주 작은 크리스털 순장패를 받았다. 그곳에

'당신을 동역자로 임명한다'라는 내용이 들어 있었다. 먼저는 담임목사의 동역자이지만, 더 나아가 하나님의 동역자인 셈이다. 뿌듯함을 넘어 하나님의 일을 한다는 자부심이 샘솟았다. 안수 집사로 임직할 때는 '주님의 꿈이 우리의 꿈이 되길 소망하며'라는 문구가 선명한 성경책을 선물로 받았다. 하나님과 같은 꿈을 꾸며 오늘도 걷고 있다고 생각해 보라. 세상에서 세상 일을 하고 있지만, 이미 나의 삶과 직장에는 하늘나라가 임한 것이다. 그러니 교회는 물론 회사에서 일할 때, 또한 신학교에서 공부할 때 모든 순간, 모든 장소에서 우리는 하나님의 동역자로 변신한다.

하나님은 세상을 아름답게 가꾸시기를 원한다. 그러니 내가 근무했던 무역센터에 있는 230여 명의 미화원들도 하나님의 동역자가 될 수 있다. 믿음으로 일한다면 그 어떤 것도 금상첨화로 세상에 돌아온다. 과일이나 음식을 오랫동안 보관했다가 먹을 수 있도록 만든 통조림 발명가도 세상을 빛낸 하나님의 동역자다. 오늘 일하는가? 그러면 하나님의 동역자다. 그런 마음으로 일을 대하면 단순히 근로자(Worker)를 넘어 하나님의 동역자(Co-worker)인 셈이다. 그러면 일을 하는 과정이 달라지고 그 결과가 달라질 수밖에 없다. 일이 힘들지 않는다. 나에게 너무 영광이다. 하나님 나라의 영광을 드높이는 데 일을 통해 참여할 수 있기 때문이다.

◎ 오늘의 묵상

Q 당신에게 일의 파트너는 누구인가?

Q 당신의 꿈과 하나님의 꿈은 일치하는가?

Q 어떤 일이 하나님과 동역하는 것이 되는가?

3. 일은 하나님 축복의 DNA

일을 왜 하느냐고 물으면 "먹고살기 위해"라고 대답하는 소리를 자주 듣는다. 그러나 영국의 극작가인 도로시 세이어스(Dorothy Sayers)는 "일하기 위해 산다"라고 정반대로 말했다. 선뜻 이해하기 쉽지 않지만, 그것이 우리 인간을 창조한 하나님의 섭리 안에 있기 때문이다. 흔히 인간은 영혼과 몸으로 구성되어 있어서 하나님과 소통하지 않고는 정상 궤도를 유지하기 힘들다고 말한다. 그래서 영적인 활동인 기도를 통해 하나님과 소통하고 하나님으로부터 어려움을 극복할 힘을 얻는다. 이런 소통을 통해 인생에 대한 해답을 얻는 데 그치지 않고 더 나아가 가장 큰 불안 요소인 죽음에 대한 문제도 해결한다. 믿는 자의 제1의 소명인 구원을 얻는 것이다.

그러나 성도나 목회자마저도 간과하는 또 다른 하나님의 성품이 하나 있다. 하나님은 일하는 하나님이고 이런 DNA(유전자)를 우리에게 주셨다는 사실이다. 직업이 제2의 소명인 이유다. "우리의 형상을 따라 우리의 모양대로 우리가 사람을 만들고"(창 1:26)라는 말씀이 시사하는 바는 하나님과의 영적인 교통도 중요하지만, 우리 인간이 일을 해야 그 본질이 유지되는 존재라는 것이다. 실제로 천지 창조는 물론 성경의 모든 스토리는 하나님의 일하심에 대한 기록이다. 일시적으로 안식의 하나님이시기도 했지만, 그에 앞서 6일간 일하셨다는 점을 절대 잊어서는 안 된다. 날수로 보면 6배나 많은 시간을 투입했음을 알아야 한다. 후대가 반드시 지켜야 할 내용인 십계명에도 일이 언급되었음을 알아야 한다. 혹자는 안식만 말했다고 고집하거나 안식을 위해 일을 언급했다고 주장하기도 하지만, 일과 안식은 서로 밀접하게 관련되어 있음을 감안할 때 경중을 나누는 것은 불필요해 보인다.

그런데 한 가지 짚어야 할 것은 대충 일하라고 하지 않았다는 것이다. 쉼보다 일에 더 많은 시간을 투입해야 한다고 양적인 측면만 말하는 데 그치지 않는다. 출애굽기 20장과 신명기 5장의 십계명을 보면 "엿새 동안은 힘써 네 모든 일을 행할 것이나"(신 5:13)라는 말씀에서 보듯이 '힘써'라는 단어가 모두 들어 있다. 이는 우리가 어떻게 일해야 하는지를 잘 보여주는 대목이다. 최선을 다하라는 말이다. 이는 하나님의 습성과 관련되어 있다. 하나님은 창조 사역을 진행하면서 거의 빼놓지 않고 웃음을 지으면서 만족감을 표하셨다. 자신이 만든 모든 것을 보시니 보시기에 심히 좋았더라고 하셨다(창 1:31). 일하고 나서 기쁨의 탄성을 지르기 위해서는 당연히 '힘써'라는 부사가 들어가야 한다. 그래서 우리가 쉼을 통해 즐거움을 누리기 위해서는 '6일간의 힘써 일함'이 전제되어야 한다.

> 엿새 동안은 힘써 네 모든 일을 행할 것이나
> 일곱째 날은 네 하나님 여호와의 안식일인즉 너나 네 아들이나 네 딸이나 네 남종이나 네 여종이나 네 가축이나 네 문안에 머무는 객이라도 아무 일도 하지 말라
> 이는 엿새 동안에 나 여호와가 하늘과 땅과 바다와 그 가운데 모든 것을 만들고 일곱째 날에 쉬었음이라 그러므로 나 여호와가 안식일을 복되게 하여 그날을 거룩하게 하였느니라(출 20:9-11)

일은 하나님에게 물려받은 DNA

월요일에 일하기 싫은 것을 '월요병'이라고 말한다. 거의 모든 직장

인이 갖고 있을 것이다. 이것을 극복하는 유일한 방법은 '심히 좋은 일'이라는 원래의 모습을 회복하는 것이다. 인간이 하나님에 대해 범죄한 후에(창 3장) '일=저주에 따른 수고'로 변질되었다. 하나님이 창조 사역이라는 일을 하면서 매우 기뻤다는 대목을 볼 때 우리는 원래 일은 인간을 축복하는 수단이었고 지금도 그렇다고 생각할 수 있다.

 농촌에서 자란 필자는 어릴 때 당연히 일이 싫었다. 그런데 지나고 보니 일하면서 번 돈으로 학교에 다녔고, 그 과정에서 기쁨과 성취감도 맛보았다. 100배의 결실을 안겨주는 일(농사)의 본성을 보니 더욱 그러하다. 우리의 문제는 일하지 않고 잘살려고 하는 데서 발생하는 것이 아닐까? 일하는 것을 싫어하는 사람은 하나님을 만날 수 없다. 아니 설령 만나더라도 '일이 축복'이라는 하나님의 선물로부터 분리될 수밖에 없다.

> 아담에게 이르시되 네가 네 아내의 말을 듣고 내가 네게 먹지 말라 한 나무의 열매를 먹었은 즉 땅은 너로 말미암아 저주를 받고 너는 네 평생에 수고하여야 그 소산을 먹으리라(창 3:17)
> 이삭이 그 땅에서 농사하여 그 해에 백 배나 얻었고 여호와께서 복을 주시므로(창 26:12)

◎ 오늘의 묵상

Q 하나님의 DNA에는 무엇이 있는가?

Q 당신에게 왜 일이 저주가 되었나?

Q 당신에게 일이 축복인 이유를 말해 보시오.

4. 일은 직장 동료를 축복하는 수단

우리의 이웃은 과연 누구일까? 흔히 이웃이라고 하면 살고 있는 집(아파트의 경우)의 앞집이나 옆집을 의미할 것이다. 층간소음 문제가 큰 이슈로 등장하니 이제는 아래층도 잘 배려해야 한다. 엘리베이터 안에서 이웃에게 때론 억지로 웃음을 짓고 최대한 살갑게 다가가도록 노력하고 있다.

그러나 회사에서는 전혀 다른 풍경이 그려진다. 모두가 신경이 날카롭다. 심지어 30년 이상 같은 회사에서 동고동락한 입사 동기 간에도 원수지간처럼 살아가기도 한다. 하루에 서너 번 얼굴을 보는 관계가 아니라 하루 8-9시간을 같은 공간에서 지내는 선후배와 말도 안 하고 보내기도 한다. 왜 그러냐고 물으면 "나에게 잘해준 것이 없어서"라고 단정적으로 말한다. 이 말을 신경질적으로 증폭해 화를 내면서 반응하기도 한다. 그런데 성경은 "남이 해준 대로 나도 하면 죄인들과 똑같은 수준"이라고 말한다. 이유 여하를 불문하고 동료에게 더 크게 화를 내는 사람은 죄인만도 못한 셈이다.

> 너희가 만일 선대하는 자만을 선대하면 칭찬받을 것이 무엇이냐 죄인들도 이렇게 하느니라(눅 6:33)

주변에 화를 증폭하는 사람은 기계만도 못하다고 평가절하하고 싶다. 남이 하는 대로 반응하는 것은 기계적인 대응이거나 동물적인 반응이다. 승용차에 일정량의 기름을 넣고 달리면 그에 맞는 거리만큼 간다. 최소한 기계는 화를 증폭하지는 않는다. 동물은 기분이 안 좋거나 자기를 홀대하면 그대로 반응한다. 그러나 엄한 주인에게는 내키지 않지만, 고개도 숙이고 꼬리도 흔든다. 화를 내면서 "동료 직원이 잘해 준 것이 없어서"라고 말하면 기계나 동물 수준으로 스스로를 전락시킨 행위라고 할 수 있다. 자주는 아니더라도 가끔 기계나 동물로 변신하는 것은 아닌지 스스로를 짚어볼 일이다.

　회사에 다닌다면 일은 남을 도울 수 있는 가장 좋은 수단이다. 항상 적지 않은 사람과 일로 관계를 맺기 때문이다. 그 과정에서 "리더십이 있다"라는 칭찬도 덤으로 얻을 수 있다. 우리는 알게 모르게 집을 기준으로 이웃을 생각하지만, 진정한 이웃은 회사에서 만나는 동료다. 수백 명이 있는 회사라면 힘들지 않고 많은 사람에게 예수님의 사랑을 전할 수 있다. 신우회 활동을 열심히 하라는 것이 아니다. 진짜 내 옆의 동료가 내가 돌봐야 할 이웃이라는 점을 알라는 것이 포인트다. 동료를 진정으로 하나님이 주신 이웃이라고 생각하면 된다. 하지만 우리는 도저히 못 참을 사람이라면서 쉽게 회사 동료들을 함부로 재단하기도 한다.

　이럴 때 우리는 신약 성경에 나오는 선한 사마리아인을 떠올려야 한다. 자기 비용과 시간을 투입하여 강도 만난 사람을 도왔다는 것은 주지의 사실이다. 그 구절을 좀 더 묵상하면 큰 은혜로 다가온다. 우선, 그 이웃을 돕기 위해 목숨을 내걸었다는 점을 파악해야 한다. 강도를 만나 거의 죽어가는 자를 돕기 위해 강도가 출몰하는 지역에 오래 머물러야 했기 때문이다. 또한 당시 사마리아인과 유대인은 철천지원수 지간이었는데 도움을 받은 사람이 유대인이라고 신학자들은 추정한다. 서로 개와 돼지로 보던 관계인데 어려움에 빠진 이웃이라는 렌즈를 투영해 돈과 시간은 물론 목숨까지 아끼지 않고 도와준 것이다. 이렇게 회사 동료에게 접근한다면 "역시 믿는 자는 다르다"라는 찬사가 나올 수밖에 없다. 회사에서 가장 싫어하는 상사나 동료를 위해 선한 일을 기획하고 돕는 일은 믿는 자에게 평범한 일상이어야 한다. 예수 그리스도께서 십자가에 돌아가시기 전에 자신에게 최악의 형벌을 가하는 군인들을 용서하려고 애쓰셨던 모습을 우리는 너무 잘 알고 있다.

일터에서 이웃돕기 모델, 선한 사마리아인

일터의 믿는 성도에게 최고의 목표는 무엇일까? 다양한 의견이 나올 수 있지만, 일터에 하늘나라가 임하게 하는 것이라는 대답에 이의를 제기하기 힘들다. 동료에게 선한 사마리아인으로 다가가면 하나님 나라가 임할 수 있다. 설사 그 동료가 자기가 가장 싫어하는 사람이라도 말이다. 사실 회사 동료는 이웃을 넘어서 운명공동체이다. 회사가 어려우면 같이 의지해야 하고 심지어 다른 동료의 잘못으로 나의 일자리가 없어질 수도 있으니 운명공동체 이외의 다른 표현이 필요 없다. 성숙한 성도는 일이라는 관계를 통해 이웃(동료)을 섬겨야 한다. 연말연시와 같이 특정한 시기에 멀리 찾아가 어려운 사람을 도와주는 것도 필요하지만, 매일 함께 일하는 사람을 외면하면서 이웃을 돕기 위해 그 대상을 찾아 나서는 것은 가식일 수 있기 때문이다.

그것이 일터를 가장 의미 있고 화목하게 만들며 많은 사람을 통해 하나님께 영광 돌리는 방법이기도 하다. 우리는 은연중에 교회에서만 착한 일을 하려고 한다. 밖으로 나오면 전혀 다른 옷을 갈아입고 세상에 동화된다. 언제 그랬냐는 듯 교회에서의 모습은 잊고 세상 속으로 자신을 던진다. 믿지 않는 자와 차이가 없다. 아니 오히려 더 못한 경우도 적지 않다. 진정한 성도는 세상에서 빛과 소금이

지 교회 안에서만 빛과 소금으로 머물지 않는다는 점을 명심해야
한다.

> 이같이 너희 빛이 사람 앞에 비치게 하여 그들로 너희 착한 행실
> 을 보고 하늘에 계신 너희 아버지께 영광을 돌리게 하라 (마 5:16)

◎ 오늘의 묵상

Q 일터에서 이웃을 돕고 있는가?

Q 선한 사마리아인으로 일터에서 일하고 있는가?

Q 세상에서 빛과 소금이 되라는 것은 당신에게 어떤 의미인가?

5. 이 땅의 삶이 끝이 아니다

믿는 성도들은 발을 땅에 대고 살지만, 하늘나라에 풋대를 두어야 한다. 이 땅이 우리 인생의 시작일 수 있지만, 끝은 아니다. 일도 마찬가지다. 우리는 내일 좋은 것을 얻기 위해 기꺼이 오늘 힘들더라도 열심히 준비하고 투자하는 일을 실행에 옮긴다. 설사 그 결과가 내일 나오지 않는다고 해도 곧바로 좌절하지 않는다. 내일, 아니 먼 미래에 좋은 결과를 얻는다고 해도 오늘을 기꺼이 희생한다.

얼마 전만 해도 어린아이가 교통사고를 당하면 도저히 이해할 수 없었다. 실제로 미국의 목사 부부가 어린 아들을 교통사고로 잃고 하나님을 원망했다는 기사를 본 적이 있다. "그렇게 빨리 데리고 갈 것이면 왜 나에게 주었느냐?"라고 소리 지르며 그 부부는 몸부림쳤다. 그때 미세한 목소리가 들렸다. "너는 목사이면서 죽음 이후에 영원한 삶이 있다는 것을 알지 못하느냐?"

항상 고민인 것 중에 하나가 '왜 선한 일을 하지 않는 죄인들이 잘되느냐?'라는 문구에 대한 해석이다. 사악하게 살고 돈밖에 모르면서 남을 핍박하는 사람들 중 상당수가 계속 잘산다. 일시적으로 잘살다가 죽기 전에 반드시 죗값을 받을 것이라고 스스로 위로를 하지만, 죽을 때까지 호의호식하다가 가는 얄미운 사람들이 적지 않다. 그래서 심지어 신앙도 흔들린다. 불공평한 세상이라고 불평의 목소리가 높아지는 이유다. 때로는 하늘을 대고 삿대질을 하기도 한다. 이런 행위는 하나님을 전능한 영원한 존재가 아닌 살아 있는 동안 잠시 우리 인생을 주관하시는 분으로 격하시키는 우를 범한다. 그래서 우리는 항상 다음 구절을 명심하면서 살아야 한다. 오늘 사는 것은 영원한 삶을 준비하는 기간에 불과하고 진짜 시험(심판)은 아직 시작된 것도 아니다.

> 한 번 죽는 것은 사람에게 정해진 것이요 그 후에는 심판이 있으리니(히 9:27)

거의 모든 직장인이 연말연시가 되면 희비가 엇갈린다. 인사 철을 맞아 승진하는 자가 있고 명단에서 누락되는 자가 있기 마련이다. 그런데 신문에는 승진자만 발표된다. 기업들이 경영 효율을 위해 인력을 줄이는 추세임을 감안하면 승진자보다 더욱 많은 인원이 일자리를 떠난다는 것을 의미한다. 승진에 누락되거나 아예 퇴직하는 경우 절망과 좌절로 그동안 살아온 세월을 탓하며 회사 욕을 많이 하기도 한다. 아마도 10명이 퇴사하면 9명은 회사에 욕을 하고 나온다고 보면 틀림이 없다. 서운함이 앞서는 것이다. 받은 것은 모두 잊히고 섭섭한 것만 남는다. 그것이 인생의 과정인데 이를 결말로 보는 측면이 강하다.

오늘부터 하늘나라에 그림을 그려야

믿음 생활을 하면서 이제는 하루하루를 설렘으로 맞이한다. 보다 좋은 것을 준비하는 하나님을 신뢰하기 때문이다. 설사 어려움이 닥쳐와도 보다 좋은 곳으로 인도하기 위해 준비하는 과정으로 이해한다. 어려움을 기쁨으로 승화시킬 에너지가 샘솟는 비결이다. 경험에 비춰보면 회사에서 일희일비하는 사람은 결코 성공하지 못한다. 바람에 나는 겨처럼 가볍고 상황 판단에 진중함이 없기 때문이다. 결국 성공하는 사람과 실패하는 사람의 차이는 명확하다. 지금(오늘)

을 위해 사는 사람과 보다 먼 미래를 위해 오늘을 준비하는 시간으로 사는 사람은 다르다. 더욱이 죽음 너머 영원한 삶을 준비한다면 금상첨화일 것이다. 이것은 인간의 지혜나 의지가 아니라 하나님의 인도하심이 있어야 가능하다.

얼마 전 책에서 본 한 대목이 어렴풋하게 생각난다. 화가가 멋진 나무를 그리고 싶었다. 그런데 오랫동안 고민하다가 나뭇잎 한두 장만 그린 채 그의 생을 갑자기 마감했다. 그래서 세상 사람들은 실패한 인생, 성공과는 거리가 멀게 살다가 간 사람이라고 생각했다. 그런데 그 주인공이 천국에 들어서자, 나뭇잎이 무성한 나무가 있어서 물어보니 '당신이 그린 것'이라는 대답이 돌아왔다. 오늘 힘든 일을 만나 해야 할 일을 다 완성하지 못했는가? 더구나 언제 완성될지 가늠하기 힘든가? 그러나 나머지는 하나님이 완성해 줄 것이다. 이런 관점에서 오늘의 삶은 밑그림, 즉 시작에 불과하다. 진짜는 따로 있고 아직 시작도 안 한 것일 수 있다. 우리 삶에 대한 최고의 꽃은 영원한 나라에서 핀다.

◎ 오늘의 묵상

Q 당신은 일터에서 언제 좌절하는가?

Q 오늘 한 일에 대한 결실이 하늘나라에 있다고 생각한 적이 있는가?

Q 현재의 삶은 영원한 삶을 준비하는 시간이라는 사실에 동의하는가?

6. 믿음과 일을 조화시키는 비법

유명한 달란트(Talent) 비유는 성경적 가치관을 헷갈리게 하는 대목이다. 달란트는 원래 유대의 화폐나 무게의 단위이지만, 우리는 그것을 타고난 재능으로 해석한다. 마태복음 25장 15절에서는 사람마다 다르게 달란트가 지급된 일화를 소개한다. 1달란트에서 5달란트까지 5배나 차이가 난다. 그리고 기준에 대해 확실하게 밝히고 있다. '재능에 따라' 그렇게 주었다고 말한다. 창조주께서 피조물인 우리에게 주신 재능은 차이(정확하게는 다름)가 있음을 인정해야 한다. 달란트를 받은 이들은 두 그룹으로 나눠진다. 받은 것으로 장사한 자는 2배로 늘렸으나, 땅에 감춘 자(사용하지 않는 자)는 원금 그대로 갖고 있었다. 이는 장사를 잘하라는 의미일까?

외형적으로는 장사한 결과를 두고 대우가 달라졌다고 생각할 수 있지만, 여기서 핵심 포인트는 결코 결과가 아니다. 호칭 앞에서 붙은 수식어를 보면 알 수 있다. "착하고 충성된 종"(마 25:21)과 "무익한 종"(마 25:30)이 대립한다. 어떤 일이 맡겨지면 우리는 잘해야 한다. 세상은 결과만을 본다. 그런데 하나님의 관점은 좀 다르다. 우선 '착하고'가 중요하다. 이 단어는 일할 때에 올바른 방법을 사용해야 함을 의미한다. 회사는 기본적으로 경쟁 관계다. 한 사람이 올라가면 밀린 사람은 회사를 나가거나 남아 있다면 급여의 불이익도 감수해야 한다. 직장 밖은 더 치열하여 제대로 대응하지 못해 회사가 하루 아침에 흔적도 없이 사라지기도 한다. 그래서 주어진 재능을 열심히 활용하여 부지런히 일해야 한다. 그럼에도 불구하고 여기서 주는 교훈은 결과보다 방법이 더 중요하다는 것이다. '부정하게 모은 돈으로 이웃을 돕고 십일조를 한다면 하나님이 좋아하실까?'라고 자문해 보면 답은 쉽게 나온다.

> 각각 그 재능대로 한 사람에게는 금 다섯 달란트를, 한 사람에게는 두 달란트를, 한 사람에게는 한 달란트를 주고 떠났더니
> 그 주인이 이르되 잘하였도다 착하고 충성된 종아 네가 적은 일에 충성하였으매 내가 많은 것을 네게 맡기리니 네 주인의 즐거움에 참여할지어다 하고
> 이 무익한 종을 바깥 어두운 데로 내쫓으라 거기서 슬피 울며 이를 갈리라 하니라 (마 25:15, 21, 30)

무익한 종이 '돈을 남기지 않았다'는 데 초점을 두면 안 된다. 결과 못지않게 중요한 것은 자기 달란트를 사용하지 않았다는 점이다. 또 이 종은 준 사람을 탓한다. 남 탓을 하면서 달란트를 사용하지 않는 것은 투자의 방법상 문제가 아니라 소명에 응하지 않은 반역의 문제이기 때문에 어떤 관용도 없이 보금자리에서 내쫓긴다. 회사에서 운 좋게 생활하는 사람들을 많이 보았다. 하는 척만 하고 실제로 일을 하지 않는 사람을 일컫는 것이다. 일을 하지 않으니, 실수도 없고 크게 나무랄 잘못도 없다. 규정을 잘 아는 부서가 승진을 잘하는 이유도 비슷하다. 규정을 지키는 것이 우선이니 열심히 일하는 열정은 아예 없다. 이런 '무사안일병'을 치유하는 것이 회사 성장을 위해 가장 시급한 일이다. 일하지 않으면 실수하지 않지만, 그 회사는 퇴출될 수밖에 없다. '착하고'의 의미는 실수하지 않는 것이 아니라 성실하게 최선을 다하고, 때론 위험을 무릅쓰고 도전하는 것임을 잊어서는 안 된다. 다만, 하나님이 좋아하는 방법만을 사용해야 한다는

점을 명심해야 한다.

'착하고'의 의미는 도전, 안 하면 반역이다!

그다음 단어인 '충성된'이라는 수식어도 매우 중요하다. 어떤 일을 하든, 어느 곳에 있든 일하고 있을 때 최종적인 보스는 하나님이라는 의미다. 인생에서 매일 만나는 시험에 대한 출제자도 하나님이고 평가자도 하나님이다. 하나님이 원하시는 답안을 써야 한다. 나의 이익이 아니라 하나님의 이익을 위해서 일해야 한다. 두 방향이 일치하지 않을 경우도 적지 않다. 결국 '착하고 충성된'이라는 단어를 두고 우리의 고민은 커질 수 있다. 기존 세상 관행과 달라 외부는 물론 우리의 마음속에서 분쟁이 일어날 가능성이 높기 때문이다. 그리스도인으로 일터에서 모함을 받기도 하고 때론 잘못 없이 코너에 몰리기도 한다. 그러니 하나님께 끊임없이 기도할 수밖에 없다. '착하고 충성된' 방법보다 결과가 우선적인 기업이 많기 때문이다.

일터에서 최고의 실권(술 맡은 관원장)을 스스로 내려놓은 느헤미야는 인기 없고 위험한 성벽 수리(재건)라는 일을 자처한다. 하나님께 충성하는(수치를 당하지 않는, 느 2:17) 일이기 때문이다. 세상에는 업신여기고 비웃는 자들이 많았지만(느 2:19), 하나님이 형통케 하실 것이라는 믿음(느 2:20)으로 거침없이 나아갔다. 느헤미야 3장은 그야말로 달란트가 재능이라는 점을 그대로 보여준다. 모두가 전문분야에서 최선을 다했음을 보여주었다. 일했음을 의미하는 단어 '중수'(건축물 따위의 낡고 헌 것을 손질하며 고치다)가 거의 모든 절마다 나온다. 4장으로 넘어가면 우리가 일터에서 어떻게 싸워야 하는지를 적나라하게 알려준다. 열심히 일하면 그만큼 저항이 거셀 수 있다. 느헤미야 4장은 하나님께 기도하면서 칼, 창, 활을 가지고 파수꾼을 세웠다고 말한다. 일터는 어쩌면 영적, 육체적 전쟁터다. 그러므로 하나님께 기도하며 동시에 손과 발을 부지런히 움직여야 한다.

> 후에 그들에게 이르기를 우리가 당한 곤경은 너희도 보고 있는 바라 예루살렘이 황폐하고 성문이 불탔으니 자, 예루살렘 성을 건축하여 다시 수치를 당하지 말자 하고
> 호론 사람 산발랏과 종이었던 암몬 사람 도비야와 아라비아 사람 게셈이 이 말을 듣고 우리를 업신여기고 우리를 비웃어 이르되 너희가 하는 일이 무엇이냐 너희가 왕을 배반하고자 하느냐 하기로
> 내가 그들에게 대답하여 이르되 하늘의 하나님이 우리를 형통하게 하시리니 그의 종들인 우리가 일어나 건축하려니와 오직 너희에게는 예루살렘에서 아무 기업도 없고 권리도 없고 기억되는 바도 없다 하였느니라 (느 2:17, 19-20)

◎ 오늘의 묵상

Q 오늘 도전하지 않는 것이 반역이라는 것에 동의하는가?

Q 당신은 일터에서 '착하고 충성됨'을 실천하고 있는가?

Q 회사가 영적 전쟁터라는 것에 동의하는가?

7. 하나님을 경외함으로 일하기

성경에 등장하는 수많은 직업 중 특이하면서도 의미심장한 직업은 산파다. 예수 그리스도가 하는 일, 즉 생명 살리는 일과 맥을 같이 하기 때문이다. 특별히 하나님이 기억하는 두 명의 이름이 있다. 출애굽기 1장에 당당하게 등장하는 십브라와 부아다. 성경은 명확히 그들의 이름과 직업을 기록하고 있다. 더욱이 당시 최고의 권력이었던 바로 왕과 당당히 겨루는 이들로 나온다. 자기 목숨을 걸고 하나님이 주신 직업을 수행했다는 점에서 시사하는 바가 적지 않다고 생각한다. 남자 아기들을 살린 이들은 모세가 주도하는 출애굽이 가능하게 만든 최고의 일등 공신이다. 바로의 명령대로 사내아이를 죽였다면 나중에 있을 출애굽은 아무런 의미가 없으며, 설사 출애굽에 성공해도 싸울 인원이 없어 얼마 가지 못해 출애굽 백성은 주저앉았을 것이다.

성경에는 빛도 이름도 없는 사역자들이 수없이 많지만, 산파의 이름을 확실하게 기록(출 1:15)하고 있는 이유는 무엇일까? 하나님을 경외함으로(출 1:21) 하나님은 그들의 집안을 번성하게 만들었다. 산파의 일터사역과 소명사역을 통해 일과 일터가 그야말로 생명을 살리는 것임을 정확하게 보여준다. 더욱이 세상에서 최고의 권력을 갖고 있는 왕을 상대로 일터에서 소명을 제대로 실천하는 모습은 웅장함을 넘어서 위대하다고 평가될 만하다. 오늘 우리에게 중요한 것은 하나님을 높이기 위해 존경과 두려움을 함축하는 경외함으로 일했는지 여부다. 왜냐하면 즐겁게 일하다가도 쉽게 좌절하기도 하는 것이 우리의 모습이기 때문이다.

> 하나님이 그 산파들에게 은혜를 베푸시니 그 백성은 번성하고 매우 강해지니라
> 그 산파들은 하나님을 경외하였으므로 하나님이 그들의 집안을 흥왕하게 하신지라(출 1:20-21)

믿음이 좋은 성도들도 일한 대로 좋은 결과를 얻지 못했다고 쉽게 믿음의 자리를 떠나기도 한다. 많이 기도하고 주위 사람을 선하게 대했는데 돌아온 것은 누명이라고 말하기도 한다. 심지어 믿음으로 임했지만, 홀대받고 왕따를 당하고 큰 손해에 휩싸이는 것이 현실이기도 하다. 그런데 우리는 안다. 일을 할 때 우리의 선택이자 의무는 하나님을 경외함으로 일하는 것이다. 바로 거기까지다. 그 결과가 어떻게 나타나기를 기대하는 것은 하나님의 영역이다.

회사에서 일하면서 항상 되풀이하며 기억했던 구절이 있다. 내가 좀 잘했다고 그대로 평가가 돌아올 것이라고 생각하지 말라. 이것은 죄인들이 기대하는 수준이라면서 아래 구절을 반복해서 읽었다. "너희가 만일 선대하는 자만을 선대하면 칭찬 받을 것이 무엇이냐 죄인들도 이렇게 하느니라"(눅 6:33)라고 담백하게 말한다. 다시 말해 세상에서 불공평한 것은 너무 당연하다.

하나님 만난 것 자체가 상급

그러면 상급은 안개처럼 날아가 흔적도 없어지는 것일까? 그러면 너무 슬플 것 같다. 억울해서 잠을 자기 힘들 것 같다. 실제로 회사 다니면서 억울해서 잠을 제대로 자지 못했던 사례가 적지 않았다. 선의는 선의로 이해되지 않고 좋은 결과라는 것도 주관적이어서 인색한 평가를 받는 사례가 많다. 가장 흔한 불공정이자 불합리는 평

가 점수가 입사순이거나 해당 팀에서 온 순서라는 점이다. 좋은 인사고과를 위해서는 가점을 받아야 하는데 그 근거는 포상에서 비롯된다. 그런데 이 포상은 팀에 들어온 순서로 돌아가면서 받는 것이 오랫동안 관행이었다. 심지어 다른 사람이 내놓은 성과를 승진이 임박한 선배의 성과로 전환하기도 한다. "너도 다음번에 비슷한 혜택을 받을 것"이라면서 위로하지만, 이런 메커니즘은 그때그때 다르다.

그럼에도 억울해하지 말라고 하나님은 말씀하신다. 진짜 상급은 하늘나라에 있다고 말씀하시는 것 같다. 이 땅의 상급이 휘발되어 날아가 하늘에 있는 것이다. 친히 원수를 갚지 말고 하나님이 갚아주실 것이라는 대목은 관계가 좋지 않을 때 큰 위로가 되어 훌훌 털고 일어나는 데 큰 힘이 된다. 좀 더 성화되면 성과평가에도 초연하게 된다. 나의 인사고과 최종 평가자는 하나님이고 좀이 먹지 않고 영원하게 남는 최종 평가서는 하나님이 작성하기 때문이다. 얼마나 다행인가? 우리 성도들의 성과급이 하늘나라에서 매일매일 쌓이고 있으니…. 이 땅에서 최고의 성과급은 일터에서 하나님을 만난 것이다.

◎ 오늘의 묵상

Q 오늘 제대로 평가받지 못했다고 분을 낸 적이 있는가?

Q 당신의 눈은 회사만 보고 있는가? 아니면 하늘나라도 보는가?

Q 일에 대한 당신의 최종 평가자는 누구인가?

8. 현재 일이 소명인지 아는 방법

먹기 위해 사는 인생이어서는 안 된다. 동물적 본능 수준에 머문 인생이기 때문이다. 또한 돈만을 목표로 일한다면 너무 슬프다. 가치가 아니라 수단으로 일을 하고 있다면 어쩌면 우리는 일하는 기계일 수 있다. 일은 우리의 소명과 분명하게 연결되어 있다. 누구나 여러 모양으로 일을 한다. 그것이 기쁘고 감사한 이유는 소명이기 때문이다. 만약 일과 일터에 대한 감사와 기쁨이 없다면 이제는 직업을 소명으로 바라보는 새로운 시각이 필요하다. 그러면 모든 것이 달라진다. 흔히 말하는 새로운 피조물로 일하면 없던 힘도 생기며, 더 실력 있게 일할 수 있다.

위대한 고전 영화인 '불의 전차'(Chariots of Fire)에 나오는 주인공 에릭 리델은 1924년 하계 올림픽(영국 런던)에 참가한 실제 선수가 모델이다. 그의 꿈은 원래 육상 선수가 아니었다. 아버지가 선교사였던 그는 아주 일찍 선교사로 나갈 것을 다짐하였다. 그러나 그는 달리는 동안 하나님을 더 잘 만나는 경험을 통해 스코틀랜드에서 가장 뛰어난 단거리 선수로 거듭난다. 하나님과 조국에 대한 사랑을 좋은 성적으로 증명하겠다는 다짐으로 연습에 모든 열정을 쏟아 넣는다. 그에게 가장 큰 원동력은 달리면 달릴수록 그 과정에서 하나님을 더 잘 만난다는 사실이다. 달리는 동안 없는 힘도 생기고 하나님이 함께해 주시니 너무 행복했다.

모두가 기대한 올림픽에서 운명의 장난처럼 그의 주 종목인 100m 경기가 주일에 열렸다. 그는 고민하지 않고 출전을 포기한다. 주일에 하나님에 대한 예배가 우선이기 때문이다. 언론의 비난과 조국에 대한 사랑도 중요하지만, 하나님을 희생할 수는 없었다. 대신 동료의 부상으로 인해 평소 연습하지 않았던 400m 경기에 출전하여 금메달을 목에 걸었다. 모든 사명과 재능을 하나님이 주셨기에 주님만 생각하면서 달리고, 운동할 때 주님을 만난 결과이지 노력의 결과라고 생각하지 않았다. 일터에서 최고 전문가로 우뚝 서는 비결은 그가 누구와 함께 일터에 있느냐로 결정된다는 것을 보여주는 영화이자 실제 스토리다. 즉 하나님과 함께 있을 때 결과는 달라진다.

2차 소명인 일터에서 하나님과 함께해야

소명이라고 하면 너무 어려운 말일 수 있다. 수십 년을 일하고도 자신의 소명에 대해 의문을 제기하는 경우가 적지 않다. 문자 그대로 소명은 'Calling to be', 일과 일터에 대한 부르심이다. 하나님이 명확하게 알아듣게 말씀해 주시면 좋겠지만(순응하지 않을 수도 있지만), 대부분 그러하지 못하다. 믿음이 뛰어난 성도마저 하나님의 미세한 음성을 듣지 못하는 경우가 태반이다. 더욱이 상당수는 자신에게 일터소명이 있는가를 의심하기도 한다. 왜냐하면 구원에 대한 부르심(1차 소명)은 모두 동의하지만, 소위 2차 소명인 직업은 일부 성직자에게만 해당하는 것으로 생각하고 있기 때문이다. '직업에 성속의 구분이 없다'라는 것은 개신교의 큰 뼈대다. 하나님에게서 부여받은 은사에 차이가 있을 뿐이다. 쓸모없는 인간이 없듯이 은사 없는 인간은 없다고 봐야 한다.

그러면 명확한 음성 없이 일터가 소명임을 어떻게 알 수 있을까? 이는 그 일을 할 때 하나님이 좋아하심을 느끼느냐 여부다. 에릭 리델처럼 그 일을 하고 있을 때 하나님과 함께한다고 느끼면 소명일 가능성이 높다. 더 구체적으로 말하면서 그 일을 할 때 열정이 생기고 기쁨으로 일한다면 아마 하나님이 박수를 치며 응원하고 계실 것이다. 그런데 여기서 중요한 포인트가 하나 더 있다. 그 일이 이웃에게도 도움이 되어야 한다. 자신만의, 자신만을 위한 일에 머물러 주위에 선한 영향력이나 샬롬(평강)을 발휘하는 것과 거리가 멀면 소명과도 거리가 멀어진다. 일을 하는데 기쁘면서 주위 동료나 고객에게 힘이 되어야 소명일 가능성이 매우 높다.

필자는 아버지 학교를 중국 베이징에서 수료하였다. 그때 숙제 중의 하나가 딸을 좋아하는 이유를 수없이 적는 것이었다. 그러면서 진짜로 알게 되었다. 진짜로 딸을 좋아하고 오랜 기간 같이 보냈지만, 딸을 좋아하는 이유가 10개를 넘어가면서 딸을 제대로 알지 못하고 있다는 사실을…. 비슷한 맥락으로 매일 대부분의 시간을 일터에서 일하면서 보냈지만, 스스로 자신의 직업을 잘 모르고 있는 경우가 허다하다.

그래서 구체적으로 적어 봐야 한다. 일터에서 발휘되는 나의 장점(Strength)은 무엇이고 약점(Weakness)은 무엇인가? 각각 최소 20여 가지를 적어 봐야 한다. 먼저, 나의 시각에서 살펴보고 하나님의 시각에서 엿보아야 한다. 단번에 쓴 것에 만족하지 말고 기도와 간구로 그 칸을 메워나가야 한다. 그러면 나의 은사가 무엇이고 약한 점이 무엇인지 알게 된다. 장점이 얼마나 활용되고 있는지도 알게 된다. 이어서 2단계 점검이 필요하다. 이웃에게도 어떻게 도움이 되는지를 점검하기 위해 그 일을 둘러싸고 있는 기회(Opportunity)와 위협(Threat) 요인을 체크해야 한다. 소명은 나만을 위한 것이 아니다. 내가 속한 공동체, 그리고 더 나아가 하나님이 기뻐하시는 일이어야 하기 때문이다. 나와 하나님의 시각에서 SWOT(강점, 약점, 기회, 위협요인)를 세밀하게 다각도로 짚어봐야 소명이 보인다.

우리는 그가 만드신 바라 그리스도 예수 안에서 선한 일을 위하여 지으심을 받은 자니 이 일은 하나님이 전에 예비하사 우리로 그 가운데서 행하게 하려 하심이니라 (엡 2:10)

◎ 오늘의 묵상

Q 일터소명론을 두고 고민한 적이 있는가?

Q 당신이 현재 일을 소명으로 인식하면 어떤 변화가 있을까?

Q SWOT 기법으로 지금 하고 있는 일을 하나님으로부터 받은 소명이라는 관점에서 분석해 본 적이 있는가?

9. 일은 짐이 아니라 힘

대부분 회사에 신입 직원이 들어오면 반드시 하는 교육이 있다. 국내외 명문대를 졸업한 화려한 스펙의 그들이지만, 글쓰기는 아직 멀었기 때문이다. 주어와 동사를 몰라서 글쓰기를 실습하는 것이 아니다. 글에 혼을 불어넣고 생명을 넣는 방법을 알려주는 시간이다. 데이터가 보고서라는 세탁 작업을 통해 고귀한 정보로 거듭난다. 우스갯소리로 사무직으로 잔뼈가 굵으면, 내용이 없지만 멋진 보고서를 만들어 고객을 감동하게 하는 경지에 도달한다고 말하기도 한다.

그러면 멋진 보고서의 핵심은 무엇일까? 잘 설득하는 것이다. 왜 지금 그런 일을 해야 하는지 좁게는 바로 위의 상사, 넓게는 세상을 설득하는 과정이다. 그래서 최고의 글은 먼지 속을 뚫고 나와서 날개를 달고 날아다니면서 사람의 사고와 행동을 지배한다. 설득의 힘은 프로젝트에 대한 가치 부여에서 시작한다. 얼마 전 신문에서 읽은 임기종 성도의 이야기가 아직도 생생하다. 그는 설악산의 마지막 지게꾼이다. 맨몸으로도 등산하기 힘든 산을 60kg의 짐(산장에 필요한 생활용품)을 지게로 지고 올라간다. 그는 짐은 더 이상 짐이 아니라고 자신 있게 고백한다. 지게를 질 수 있는 것이 하나님이 주신 재능이라고 생각하니 짐 지는 일이 더 이상 힘든 일이 아니다. 일이 힘든 것이 아니라 일에서 힘을 얻는다고 그는 말한다.

누가 일이 부담이라고 말하는가? 일이 하나님의 은사를 활용하는 통로라고 생각하면 어떤 일이라도 이미 하나님의 사역으로 발돋움한 것이다. 그러니 그는 빈 지게로 산에서 내려오지 않는다. 산장에서 발생한 쓰레기를 무료로 지고 내려와 선행을 실천하고 자연도 보호한다. 그는 주일 새벽에 일찍 일하고 10시 예배에 꼭 참석하고 대표 기도도 한다. 그에게는 지적장애 2급의 아내와 마흔이 넘어도 자폐증으로 인해 보호시설에 있는 아들이 있지만, 하나님께 감사함의 기도를 잊지 않는다.

일터는 은사를 활용하는 기쁨의 현장

건설 현장에는 많은 막노동꾼이 있다. 같은 일을 해도 만족도는 천차만별이다. 돈을 벌기 위해 마지못해 벽돌을 나르고 쌓는 일을 한다고 생각하는 사람이 있다. 또 다른 노동자는 같은 일을 하면서 가족의 얼굴을 떠올리고 건물이 완성된 후에 활용할 사람들의 기쁨을 상상하면서 스스로 사회에 필요한 존재로 살아감에 뿌듯해한다. 그러나 최고의 경지는 벽돌 한 장을 쌓고 쌓으면서 예술품을 만든다고 생각하는 사람들이다. 위대한 건축물의 시작과 완성은 작은 벽돌 한 장이다. 자기가 쌓은 한 장 한 장이 모여 멋진 예술품을 넘어 역사적 유물이 된다고 생각하니 막노동꾼이 예술가로 등극한다. 그러니 일이 고역만이 아니라 실력도 쉽게 느는 기회가 된다. 다음 프로젝트 때에 모두가 같이 일하자고 손잡는다.

필자는 은혜롭게도 회사 신입사원 채용 업무를 실무자로 또한 임원으로 여러 번 감당하였다. 특히 논술시험을 내고 채점하는 업무로 날을 지새운 적이 있다. 한번은 '무역이 대한민국의 행복인 이유를 논술하라'라고 기발한 문제를 냈다. 무역을 통해 발전한 대한민국을 상상하고 이를 무역통상 지식을 동원해서 1시간 동안 혼신의 힘을 다해 글을 쓰는 시험이었다. 아마 적지 않은 응시자들이 당황했을 것이다. 무역을 통해 돈을 번다고 생각하는 사람이 있지만, 진짜 실력자는 무역을 통해 일자리를 만들고 경제발전이 가능하여 온 국민이 함께 잘살게 되면서 평화가 유지된다고 믿는다. 또한 식량 등 먹거리를 트레이딩하는 사업가는 세상을 풍요롭게 만드는 일등 공신이라고 스스로 비즈니스의 품격을 격상시킨다. 왜냐하면 무역을 통해 꼭 필요한 사람에게 제때 음식을 전달하여 생명을 살릴 수 있기 때문이다. 일을 하려면 최소한 이 정도로 의미를 부여해야 하나님의 동역자가 될 수 있다고 생각한다.

필자가 다닌 신학교의 슬로건이 생각난다. '말씀을 가르치면 세상을 변화시킬 수 있다'(Teaching the Word, Changes the World). 말씀 사역의 목표는 이 정도는 되어야 한다. 임기종 성도는 짐이 짐이 아니라 그의 삶을 밀어주고 끌어준 고마운 존재였다고 스스로 고백한다. 그래서 일은 누구에게는 부담이지만, 하나님의 창조원리를 대입하면 행복 엔진이자 특권이다.

> 은사는 여러 가지나 성령은 같고
> 직분은 여러 가지나 주는 같으며
> 또 사역은 여러 가지나 모든 것을 모든 사람 가운데서 이루시는
> 하나님은 같으니(고전 12:4-6)

◎ 오늘의 묵상

Q 당신에게 오늘의 일은 힘인가, 아니면 짐인가?

Q 당신은 일에 어떤 의미를 부여하고 있는가?

Q 당신은 일하면서 하나님의 창조원리를 대입하고 있는가?

10. 믿는 것은 다름이다

크리스천으로 직장 생활을 하면서 더 많은 생각을 하게 된다. 아침과 때로는 점심 후에 사무실 책상에서 기도한 후에 드는 의문은 이것이다. '어떻게 하는 것이 하나님의 자녀로 일하는 것인가?' C. S. 루이스가 고안해 냈다는 소급의 원리가 많은 도움이 되었다. 너무 어려운 내용이어서 완전하게 이해했다고 단언하지 못하지만, 나만의 적용을 간단히 나누고자 한다.

하나님을 통해 구원을 경험한 인간은 우선, 과거 고통의 순간에 대해 새롭게 보게 된다. 이전에 불행한 순간으로 단순화했던 아픈 시간이 하나님이 나를 선한 길로 인도했던 순간이었음을 깨닫고 감사하게 된다. 다시 말해 천국의 시각에서 과거를 되짚어 보니 하나도 낭비한 것이 없고 어느 한순간도 하나님과 따로였던 적이 없다는 점이다. 고통마저도 천국의 시각에서 바라보니 아름다운 시간으로 재포장되어 선물이라는 점을 알게 된다.

시간을 현재로 돌려도 같은 메커니즘이 작동한다. 일단 오늘이 귀하게 다가온다. 새날을 주심에 감사하게 된다. 새로운 하나님의 역사가 나를 통해, 나의 인생 가운데 내려앉을 준비가 되어 있기 때문이다. 오늘도 고민과 고통이 내 앞에 켜켜이 쌓여 있지만, 이것들을 해결할 명쾌한 기준이 있으니 혼란스럽지 않다. 내가 천국에 도달해 있다고 생각하고 그 기준에 맞게 재단하면 된다. 다시 말해 천국에 도달하는 데 긍정이면 그대로 고(Go)하고, 아니면 수정하거나 중단하면 된다.

오래전에 아내가 냉장고에 붙여놓았던 글귀가 생각난다. '예수님이라면 어떻게 하셨을까?' 지금 생각하니 너무 귀한 말이자 삶의 나침반 역할을 하는 아주 큰 문장이다. 결국 C. S. 루이스가 주창한 소급의 원리와 같은 맥락이다. 생을 살면서 길을 잃지 않기 위해서는 목표를 명확하게 하면 된다. 그런데 믿는 사람에게는 흔들리지 않는 푯대, 즉 천국이라는 기준이 이미 정해져 있다.

> 형제들아 나는 아직 내가 잡은 줄로 여기지 아니하고 오직 한 일 즉 뒤에 있는 것은 잊어버리고 앞에 있는 것을 잡으려고
> 푯대를 향하여 그리스도 예수 안에서 하나님이 위에서 부르신 부름의 상을 위하여 달려가노라 (빌 3:13-14)

의사결정의 푯대는 보배로운 선물

필자에게 가장 큰 믿음의 자산 중의 하나가 있다. 입사 동기로 같이 출발했지만, 중도에 실명하여 회사를 그만둔 친구가 그 주인공이다. 모두가 동의하듯이 중도 실명은 상상하기 힘들 정도로 매우 큰 충격이다. 그런데 그는 담담하게 받아들이면서 미련 없이 회사를 떠났다. 그러면서 안마를 배워 제2의 인생을 행복하게 살고 있다. 그 친구의 아내가 선생님이기에 굳이 안마까지 안 해도 되지만, 그는 자기 벌이로 아이들 교육비를 보태야 한다면서 경기도 신갈에서 이전에는 서울 미아리까지, 지금은 봉천동까지 출퇴근을 하고 있다. 벌이가 시원치 않고 손님이 없어 공치는 날도 있지만, 신실하게 하나님을 믿는 그에게 안마도 축복받은 일로 받아들여졌다. 그러니 천국이라는 푯대에서 보면 안마하는 행위와 그 시간도 감사 제목이요, 축복의 시간이었을 것이다. 실명을 세상의 시각으로 보면 아무런 답도 없지만, 소급의 원리로 보면 하나님에게 더 가깝게 다가가는 선

물이었을 것이다.

잘 아는 전도사님의 남편이 평택에서 목회를 하고 있다. 어느 날 기도 제목을 받고 충격을 받았다. 시간적인 여유가 생기면 농사일도 하게 되는데 낫을 사용하다가 한쪽 눈을 다쳐 실명하게 되었다고 한다. 일반적인 시각으로 보면 고통의 시간이고 좌절의 기억이었을 것이다. 하나님의 일을 하는 목사로서 절망의 나락으로 떨어지는 것도 이상해 보이지 않았을 것이다. 그런데 그 목사님의 고백을 들으면서 깊은 회개의 시간을 가졌다. "한 눈은 세상을 보되 다른 눈은 하나님을 제대로 보라고 한쪽 눈을 못 보게 하신 것 같아요." 하나님과 동역하는 사역자로서 더없이 귀하고 축복된 고백이다.

> 그러므로 믿는 너희에게는 보배이나 믿지 아니하는 자에게는 건축자들이 버린 그 돌이 모퉁이의 머릿돌이 되고(벧전 2:7)

팀 켈러의 《일과 영성》(두란노)이라는 책에 나오는 사례 중 하나다. 하나님을 전혀 믿지 않는 젊은 자매가 교회를 나오게 되었다. 예배에 참석했지만, 순서를 마치기가 무섭게 곧바로 자리를 떠서 상당 기간 동안 이야기를 나눌 수 없었다고 한다. 나중에 어렵게 마련된 자리에서 그 자매는 교회를 다시 찾은 이유 대신 자기 상사의 스토리를 들려주었다. 자신이 크게 실수를 했는데 바로 위 상사가 자신의 실수에 대한 책임을 전적으로 지면서, 스스로 경력에 마이너스를 수용하고 조직 안에서 손해를 감수하는 모습을 보고 충격을 받았다고 했다. 후에 자매가 왜 그랬냐고 집요하게 묻자, 그 상사는 마지못해 "나는 크리스천입니다"라고 답했다고 한다. 주님이 내 죄를 떠안았는데 나도 힘이 닿는 한 남의 짐을 떠안고 싶다는 답을 듣고 궁금해서 그가 권하는 교회에 나오게 되었다고 고백하였다.

믿는 자에게 가장 큰 무기는 '다름'이다. 한마디로 설명하기 힘들지만 믿는 자는 다름이 있어야 한다. 용서, 화해, 감사, 순종, 희생, 온화함 등 주님이 나에게 보여주신 보배로운 선물 중 모든 것을 실천하는 것은 버겁지만, 이 중에 하나만이라도 일터에서 아무리 어려운 상황 속에서 작동해야 한다. 상당수의 사람들이 이런 말에 익숙하다. "너 때문에 승진 못 하면 책임질 것이냐? 네가 내 앞길을 막았다!" 오늘 믿는 자로 일터에 섰는가? 다름이 없다면 그냥 노동자로, 돈 버는 기계로 서 있는 것이다. 자신 있게 "나는 크리스천입니다"라는 말을 넘어 행동으로 보여줘야 한다.

◎ 오늘의 묵상

Q 당신은 회사에서 중요한 일을 결정할 때 그 기준은 무엇인가?

Q 당신에게 일터에서 보배로운 선물은 무엇인가?

Q 당신은 최소한 눈 하나는 하나님 나라를 향하고 있는가?

11. 일은 생명을 살리는 젖줄

너무나 충격적인 자료가 하나 있다. 우리나라가 OECD(경제협력개발기구) 회원국 중 자살률이 단연 최고다. 인구 10만 명당 우리나라의 자살 인원은 24.1명(2020년 기준)으로 OECD 평균인 11.1명보다 2배나 높았다. 리투아니아와 슬로베니아가 각각 20.3명과 15.7명으로 우리의 뒤를 따랐지만, 대부분의 나라는 우리나라와 큰 격차를 보였다. 더욱이 문제인 것은 우리나라의 2023년 전체 자살 사망자 잠정치는 1만 3,770명으로 전년보다 10% 이상 늘어 여전히 증가하는 추세다. 코로나19에 따른 고립감 증대와 경제적 어려움이 자살률 증가에 기인했다는 분석이 첨부되었지만, 코로나19가 전 세계적인 현상이었음을 감안할 때 설득력이 떨어져 근본적인 원인 분석이 절실해 보인다. 더욱이 10대와 20대, 30대에서 자살은 연령대별 사인 분류에서 가장 높은 순위를 차지했다. 희망과 꿈을 품고 가장 기쁘게 살아갈 나이에 청년들을 극단으로 내몬 것은 무엇일까? 이유를 불문하고 우리 사회와 국가, 더 나아가 교회가 적극적으로 감당하고 치유해 나가야 할 숙제라고 생각한다.

자살의 원인을 한마디로 단정할 수 없지만, 중요한 원인 중의 하나는 삶의 의미를 상실한 것이다. 필자는 삶의 의미를 제고하는 최고의 수단은 일에서 보람을 찾는 것이라고 생각한다. 고상하게 표현하면 일에 대한 의미를 발견하고 궁극적으로 일에서 소명을 찾는 것이 될 것이다. 한 언론자료(《조선일보》 2024년 8월 19일)에 따르면 일을 할 나이에 학업이나 육아 등 뚜렷한 이유가 없이 '쉬고 있다'라고 응답한 인구가 거듭해서 최고치를 경신하고 있는 것으로 나타났다.

2003년에 해당 인구는 88.6만 명에 그쳤지만, 2015년에는 158만 명으로 늘어났고 2024년에는 245.3만 명으로 급증하였다. 거의 10년 사이에 3배 이상 늘어난 수치다. 이들은 실업자로 분류되지 않는다. 직업을 구하는 활동도 하지 않고 일할 의지도 없기 때문이다. 일할 의지가 없는 인원은 2024년 기준으로 30대와 40대에서 가장 크게 증가하였다. 30대에 일을 하지 않고 일할 의지도 없는 인원은 29.3만 명으로 전년에 비해 9.4%나 늘어났다. 전 연령에서 가장 가파른 증가세이다. 40대 인원도 28.1만 명으로 전년 대비 7.9%의 증가세를 기록하였다. 어쩌면 가장 왕성하게 활동해야 할 나이에 일하지 않고 일할 의지도 없다면 다른 것은 거론할 필요가 없다고 본다.

 일은 삶의 의욕을 돋우는 데 최고의 명약이다. 수고하는 것을 좋아할 사람이 누가 있을까? 그런데 그것을 통해 즐거움이 찾아온다는 것은 일하는 사람이면 모두가 동의하는 내용이다. 전도서는 일(수고함)이 하나님의 선물이라고 말한다. 따라서 모든 사람이 일과 공부에서 즐거움을 찾아야 한다. 그것보다 나은 것이 없다고 성경은 강조하고 있다. 그것은 선택이 아니다. 인간인 이상 당연히 해야 할 몫이다. 일하기 싫어하거든 먹지도 말라고 말한다. '먹지 말라'는 것이 강조점이 아니라 '일을 하라'가 강조점이다.

> 사람마다 먹고 마시는 것과 수고함으로 낙을 누리는 그것이 하나님의 선물인 줄도 또한 알았도다
> 그러므로 나는 사람이 자기 일(공부)에 즐거워하는 것보다 더 나은 것이 없음을 보았나니 이는 그것이 그의 몫(당연히 해야 할 것)이기 때문이라 아, 그의 뒤에 일어날 일이 무엇인지를 보게 하려고 그를 도로 데리고 올 자가 누구이랴 (전 3:13, 22)

우리가 너희와 함께 있을 때에도 너희에게 명하기를 누구든지 일
하기 싫어하거든 먹지도 말게 하라 하였더니 (살후 3:10)

회사는 같이 빵을 떼는 생명 공동체

　회사의 어원이 재미있다. 회사(Company)라는 단어는 라틴어에서
'함께'를 뜻하는 Cum(더불어)과 '먹는 음식'을 의미하는 Panis(빵)를 결
합한 것이다. 초대교회 신도들은 외부의 핍박으로 점철된 그의 삶
과 신앙을 교회에 모여 같이 빵을 떼는 것으로 서로 위로하였다. 이
처럼 회사는 서로 삶을 영위해 나가는 사람들이 모여 서로 위로하
면서 삶을 나누는 곳 아닐까? 우리가 우리 의지로 구원받은 것이 아
니듯, 일과 직업도 우리가 선택한 것이 아니라 부름(소명)을 받은 것
이다. 일하지 않으면 먹지 말라는 격한 말은 일이 우리의 생명을 유
지하게 만드는 목적임을 역설적으로 전하고 있다. 따라서 우선, 나
의 생명을 살리기 위해 일을 통해 삶의 존재 의미를 깨달아야 하고,
같은 이치로 내 주변의 사람도 살려야 한다.

　요즈음 젊은이들이 일에 만족하지 못하고 일을 싫어한다고 한다.
신앙을 버리고 생명을 경시하는 풍조도 위험 수준이다. 장년층도 공
동체 정신이 없어 일터에서 경쟁만 하고 화합 없이 반목하고 있다.
일이 경제적 욕구를 충족하기 위한 돈벌이 수단으로 전락하여 일터
에 하나님 나라가 요원하다. 그래서 오늘 이런 기도가 필요하다.

　"성도들의 삶이 녹록지 않습니다. 관계적으로, 경제적으로, 심지
어 가족 가운데 각각 어려움이 적지 않습니다. 직장 문제는 더욱 그
러합니다. 그러나 나무가 심어진 토양에 따라 잘 자라듯이 성도의
행복은 어디에 발을 딛고 있느냐로 결정됩니다. 일터에서 예수 그리
스도와 접붙임되어 살아간다면 어려움이 있을 수 있지만 실패는 없

고, 잠시 슬픔이 찾아올 수 있지만 즐거움으로 바로 회복될 수 있습니다. 우리에게 일터라는 일상에서 능력을 주시고 지혜를 주시는 그분, 예수 그리스도가 있기 때문입니다." 이런 정신은 아래 구절(영어)로 더욱 확실하게 표현된다.

> Call to me, and I will answer you; I will tell you great things beyond the reach of your knowledge(Jeremiah 33:3)
> 너는 내게 부르짖으라 내가 네게 응답하겠고 네가 알지 못하는 크고 은밀한 일을 네게 보이리라(렘 33:3)

◎ 오늘의 묵상

Q 삶의 의미는 일에서 찾아야 한다는 데 동의하는가?

Q 우리나라의 높은 자살률이 무엇을 의미한다고 생각하는가?

Q 일이 생명 살리기의 출발점이라는 데 동의하는가?

12. 진짜 감사는 일에 대한 감사

이전에 집필한 책의 머리말 제목이 '감사해야 감사할 일이 생긴다'라는 것이었다. 얼핏 보면 감사 습관을 성격 문제로 보기 쉽다. 긍정적인 마인드가 있으면 남도 좋고 본인도 기분이 좋아질 것으로 생각하기 때문이다. 맞는 말이다. 그런데 거기서 머물면 힘이 없다. 인간의 감정이 수시로 변하는데, 그에 따라 일터에서의 분위기와 남을 대하는 태도가 널뛰기를 한다면 이상한 사람이 된다.

이를 빗댄 우스갯소리가 하나 있다. 돼지도 바람이 세게 불면 난다. 그렇다 해서 돼지를 난다고 말할 수 없는 것과 마찬가지다. 감사는 몸에 체화되어서 환경이 그러하지 않더라도 감사가 당연하게 느껴져야 한다. 이런 사람은 관계가 나쁠 수 없다. 일터에서 옆 사람을 더 도와주면서, 결국 팀워크가 좋아진다. 당연히 성과도 좋아진다. 감사는 우리에게 날개를 달아준다. 바람이 없어도 항상 날 수 있는 그런 날개이자 능력이다.

어느 날부터 필자의 입에서 나오는 말이 크게 바뀐 적이 있다. 일터에서 만나는 직원들의 이야기를 들으면서 이전에 제대로 몰랐고 빨리 들어주지 못했다는 의미로 "미안합니다"를 연발하였다. 후배가 와서 고충을 토로해도 안타까움에 "미안하다"라고 습관적으로 읊조렸다. 특히 노사간담회를 통해 헌신한 직원들의 노고에도 불구하고 성과급 문제가 나오면 진정으로 미안한 마음이 들어 같은 표현을 썼다. 그런데 외부인과의 미팅에서 나의 그런 말투가 좋지 않다고 지적을 받았다. 언제 누구에게 지적을 받았는지 명확하지 않지만, 확실한 것은 연배가 훨씬 많은 선배가 미안해하면 계속 미안해할 일만 생기니 언어를 바꾸어야 삶이 달라진다고 말했다. 특히 "미안하다"라는 말은 후배나 직원들이 쉽게 다가오지 못하게 만든다고 강조하였다. 그러면서 필자에게 "고맙습니다"로 바꾸는 것이 좋다고 권했다. 무슨 사소한 말투를 갖고 그러나 싶어 그때는 그냥 지나갔지만, 지금 생각하면 이런 말투 하나가 나의 인생을 바꾼 새로운 전기가 되었다.

그 이후에는 "감사합니다"가 회의나 보고의 마무리가 되었다. 회의에 참여해서 좋은 의견을 주어서 감사했고, 불만을 토하면서 목소리를 높인 직원도 나와 소통해 주었으니 더 감사했다. "미안하다"라는 말을 들은 직원은 다시 나에게 오는 데 주저함이 있겠지만, 감사함을 전달받은 고객이나 직원은 더 쉽게 다시 올 것 같다는 느낌이 들었다. 또한 감사는 내가 좀 베풀었다는 느낌도 있지만, "미안하다"라는 말은 나 스스로 자존심을 깎아내린 느낌이라는 점에서도 정반대였다.

일상이 감사를 넘어 감격이 되어야

성경이 무엇이냐고 필자에게 묻는다면 '감사함을 고백하는 스토리의 묶음'이라고 말하고 싶다. 모세오경에서의 주제는 하나님에 대한 감사이다. 인간을 만든 목적이 하나님을 찬양하기 위해서라고 하는데 그 역시 인간이 감사할 때 본연(창조 목적에 부합하는)의 자세로 돌아옴을 의미한다. 그런데 성경 어디에도 상황이나 조건이 좋을 때 감사하라고 말하지 않는다. 인간을 창조한 것에 감사하고 동물을 지배하고 다스리라는 위임통치에도 감사해야 한다.

우리의 삶은 단순히 내 삶이 아니다. 하나님을 대신하여 내가 세상을 다스리는 위임 통치를 시연하는 여정이다. 신약에서의 주제는 예수 그리스도에 대한 감사이다. 하늘에서 내려와 죽기까지 우리를 사랑했으니, 감사를 넘어서 감격이다. 다시 오실 예수님을 고대하며 오늘이 어떠하든지 희망으로 살아갈 수 있으니 남다른 삶이 된다. 당장 지금부터 천국의 삶을 고백할 수 있으니 더 기쁘다.

매일 100여 명과 감사 제목을 나눈다. 평소 교회에 빚진 자로 사는데 이전 교회에서 받은 가장 큰 빚이자 좋은 습관이다. 필자와 감사제목을 교환하는 분의 2025년 2월 7일 자 감사 제목이다.

1. 새날을 주심 감사합니다.
2. 잠을 주시고 회복을 주심 감사합니다.
3. 부모님과 동행하여 주심 감사합니다.
4. 장인 어른을 긍휼히 여겨주심 감사합니다.
5. 아내에게 건강을 허락하심 감사합니다.
6. 주말을 허락하심 감사합니다.
7. 주일 예배를 기대하게 하심 감사합니다.
8. 눈길 출근길을 지켜주심 감사합니다.
9. 건강과 일터를 주심 감사합니다.
10. 감사를 고백하게 하심 감사합니다.

신기한 것은 새롭고 대단한 것이 하나도 없다는 점이다. 이전과 똑같은 상황에 절절히 감사에 대한 고백을 한다. 다른 분의 같은 날짜 감사 제목도 공유하고자 한다.

1. 숙면으로 인해 컨디션이 많이 좋아져 감사합니다.
2. 곧 주말이라 감사합니다.

3. 해야 할 많은 일들을 주시니 감사합니다.
4. 사랑하는 가족을 주셔서 감사합니다.
5. 두 아들이 씩씩하게 잘 자라줘서 감사합니다.
6. 인수 투자 매각 기회 계속 보게 하시니 감사합니다.
7. 아침 좋은 말씀 듣게 하시니 감사합니다.
8. 허리 건강에 대해서 좋은 유튜브 보게 하시니 감사합니다.

역시 평범한 일에 감사가 넘친다. 또 다른 분의 사례도 있다.

1. 오늘 하루도 건강하게 시작할 수 있는 은혜에 감사합니다.
2. 차로 편하게 출근할 수 있어 감사합니다.
3. 삶에서 무엇이 중요한지 알아가고 있어 감사합니다.
4. 퇴사 의사를 밝힌 핵심 직원이 마음을 바꿔 감사합니다.
5. 아내와 함께 새벽을 깨울 수 있어 감사합니다.
6. 자연을 통해 하나님을 느낄 수 있어 감사합니다.
7. 추운 날씨 속 따뜻한 환경을 주시니 감사합니다.
8. 아이들의 사랑한다는 말에 감사합니다.
9. 잃기 전에는 그 소중함을 모르는 소소하고 평범한 일상과 범사에 감사합니다.

이들 모두의 공통점은 일할 수 있고 출근할 수 있음에 감사하는 것이다. 거의 절반 정도가 일터와 관련된 것이다. 일터에서 느끼는 감사는 기쁘게 일하게 만들고 나의 성장에 원동력으로 작용한다. 더욱이 '아무 특별한 일 없음에 대한 감사', 그것이 진정한 감사요 능력이다.

한국경제의 가장 큰 문제점 중 하나는 올바른 노사관계 정립이다. 쉽게 이야기하면 서로 감사하는 관계로 전환하는 것이다. 룻기에 나오는 일꾼과 경영자 간에 서로 복을 빌어주는 감사는 되새김할수록 은혜다. 수없이 많은 시간을 노사문제로 고민했던 필자는 이런 감사가 대한민국 기업을 바꾸는 최고의 명약이라고 생각한다.

> 마침 보아스(소유주, 경영자)가 베들레헴에서부터 와서 베는 자(근로자)들에게 이르되 여호와께서 너희와 함께하시기를 원하노라 하니 그들이 대답하되 여호와께서 당신에게 복 주시기를 원하나이다 하니라(룻 2:4)

◎ 오늘의 묵상

Q 입술과 글로 감사일기를 쓰고 있는가?

Q 감사는 습관이라는 말에 동의하는가?

Q 평범한 일터가 최고의 축복임을 경험하고 있는가?

13. 매일 하나님께 올리는 기안지

아주 오래전 서울시 면목동 큰누나 집을 종종 방문한 적이 있다. 필자가 중학교 시절이었던 것으로 기억한다. 단칸방에 부엌이 연달아 있는 아주 좁고 허름한 집이었다. 특히 대문 옆에 붙어 있어 바깥 소음에 그대로 노출되었다. 그래서 안락함과 포근함은 크게 찾기 힘들었다. 당연히 전세도 아닌 사글셋방이었다. 그때 내가 살던 집은 경기도 광명시의 허름한 빌라 2층에 역시 단칸방 월셋집이었다. 연탄을 사용하는 부엌이 따로 있었고 화장실은 주인집과 같이 사용하였다. 광명시에서 큰누나 집은 서너 번 버스와 전철을 갈아타고 거의 2시간이 걸려야 갈 수 있던 먼 거리였다.

그렇게 방문한 큰누나 집에서 누나가 차려 준 따뜻한 밥 한 끼가 최고의 위로였던 적이 있다. 그 집 옆에 교회가 있었는데 교회 벽에 있었던 구절이 지금도 생생하다. "수고하고 무거운 짐 진 자들아 다 내게로 오라." 성경 구절인 것은 알았으나 당시 제대로 교회를 다니지 않았으니 무슨 뜻인지 제대로 이해하지 못했다. 다만, 진짜로 그곳에 가서 쉬고 싶다는 생각이 굴뚝 같았다.

> 수고하고 무거운 짐 진 자들아 다 내게로 오라 내가 너희를 쉬게 하리라
> 나는 마음이 온유하고 겸손하니 나의 멍에를 메고 내게 배우라
> 그리하면 너희 마음이 쉼을 얻으리니 (마 11:28-29)

오늘날 수고하고 무거운 짐 진 자는 누구일까? 당연히 회사에서

상사에게 치이고 동료에게 따돌림을 당하며 후배에게 추월당하고 무시당하는 자들의 자화상이라고 생각된다. 공평도 없고 배려도 없는 그곳은 스트레스의 연속이다. 믿는 자라도 안식을 찾기 힘들다. 잠깐이라도 말씀을 봐야 하는데 오전이 휙 지나가고 일하기 전에 기도해야 하는데 팀장이 불러 새까맣게 잊었다. 무거운 짐 진 자는 어쩌면 믿음 생활을 하면서도 일터에서 하나님을 만나지 못하는 사람이 아닐까?

초대교회 시절에 율법과 종교 행위를 지켜야 천국에 진입해 영원한 쉼을 얻을 수 있었다고 가르치는 율법 교사가 있었다. 지켜야 하는 율법적 행위가 총 613개다. 우리가 직장에서 짊어져야 하는 스트레스 종류도 아마 그 정도일 것이다. 그런데 예수님이 우리를 오라고 손짓하니 너무 고맙다. 오면 쉬게 해준다고 하니 더욱 그러하다. 29절로 넘어가니 성경 구절이 좀 이상하다. "짐 진 자여 다 오라"고 하면서 "나의 멍에를 지자"라고 말한다. 아니 혹 떼려다 혹 붙이는 꼴이다. 그런데 그 놀라움은 다음 사실을 알면 쉽게 해소된다. 이스라엘 지역의 멍에는 대부분이 2인용이다. 예수님이 같이 끌어줄 테니 너는 내 옆에 있으면 된다는 이야기다. 그러니 얼마나 쉬운 일인가? 최고의 능력자가 다 알아서 해주니 방향치라도, 능력이 없더라도 걱정할 필요가 없다. 나를 내려놓고 예수님께 기대면 된다. 내가 모든 일을 해결하겠다는 욕심만 내려놓고, 내가 능력이 없으니 도와달라고 말하면 된다.

예수님이 함께 져주시는 겨리 쟁기의 멍에

회사에 처음 들어가니 서너 달 동안 연수를 시켰다. 가장 먼저 습득해야 하는 것은 기안지 작성 요령이다. 기안지는 요즘 말로 바꾸면 일에 대한 실행 계획서로 일하기 전에 예산을 잡고 어떻게 일할지를 윗사람들에게 결재받는 행위다. 그것이 없으면 아무리 중요한 일도 진행되지 않는다. 더욱이 여기서 가장 중요한 것은 기안 일자와 결재권자. 모든 일에 예산이 들어가는데 반드시 기안 일자보다 후행하는 영수증 등 지출 증빙이 있어야 한다. 또한 결재권자의 사인을 받기 위해 어느 선까지 서류를 올려야 하느냐다. 당연히 예산이 많이 들어가면 더 높은 결정권자의 결재를 받아야 한다. 한 단계, 한 단계가 살얼음판이다. 삐끗하면 다시 처음부터 다시 작성하고 다시 절차를 밟아야 하기 때문이다. 컴퓨터가 없었으니 처음부터 다시 정성스럽게 써야 한다. 아무 말 없이 사인해 주는 상사는 거의 없었다.

크게 달라지지도 않았는데 왜 이렇게 힘들게 고치기를 반복하는지 의문을 품었다가 나중에 알게 되었다. 기안지에 사인한 사람들이 문제가 생기면 같이 책임을 지고, 더욱이 높은 사람일수록 책임이 더 무거워진다는 상식적인 논리를 이해한 것이다. 그러니 힘든 일은 높은 사람의 결재를 반드시 받아야 한다. 그래야 내 책임은 가벼워지고 상사의 책임은 커진다.

다윗이 골리앗을 상대했던 전쟁터는 죽음의 공포가 몰려 있는 곳이었다. 다윗 입장에서는 삶의 주 종목도 아니었다. 그런데 그에게는 하나님과 함께했던 양치기로서의 경험이 있었다. 하나님을 의지하면 하나님이 대신 책임져 주신다는 경험을 갖고 있었다. 맹수들을 물리치기 위해 연마했던 물맷돌이 그 증거이다.

하나님 나라라는 큰 꿈도 사실 나의 작은 손에서 출발한다. 우리는 일터에서 참안식을 누리고 싶다. 멍에를 보면 절대로 스스로 메지 못할 것이다. 그런데 주님이 그곳에서 겨리 형태로 하자고 하니 너무 반갑게 달려갈 수 있다. 신입으로 일을 해도 기안지에 사장 사인이 있으면 실패해도 사장이 책임을 지기 때문에 어깨가 가볍다. 매일매일 당신의 기안지를 하나님께 올려 드린다면 결과와 책임은 하나님의 몫이다.

◎ 오늘의 묵상

Q 일하면서 예수님과 함께하는 겨리 쟁기를 매고 있는가?

Q 당신에게 일터의 스트레스 종류는 몇 가지나 되는가?

Q 당신이 실행하는 기안지의 최종 결재권자는 누구인가?

14. 가짜 노동과 함께 일하고 싶은 사람

　모 금융회사 CEO가 점심시간 준수를 엄격하게 관리하겠다고 선언하면서 논란이 일고 있다. AI로 업무를 처리하는 시대와 어울리지 않는다는 지침이라고 이곳저곳에서 불만이 터져 나오고 있다. 12시부터 시작되어 1시에 종료하는 점심시간을 칼같이 체크하겠다고 경고를 날리자, 직원들의 자율성 박탈과 효율성 저하라는 비판이 나오고 있다. 특별히 이 회사는 집중 근무시간도 정해 9-11시와 2-4시 사이에는 흡연을 위해 자리를 뜨는 것조차 금지했다. 또한 출퇴근 시간을 직원 스스로 결정하는 유연근무나 자율 근무를 불허하면서 모두가 9-6시 근무를 엄격하게 지키라고 강제하고 있다. 언론에는 시간 엄수를 경고했다는 표현까지 등장하여 이를 준수하지 않을 경우 상응하는 처벌이 뒤따를 것임을 시사했다.

　필자는 입사 초기에 이상한 문화를 경험했다. 통상 업무 시작 1시간 전에 사무실에 도착했다. 그 이유는 단 하나. 상사가 오기 전에 먼저 도착해야 하기 때문이다. 출근 시간은 직급의 역순이어야 한다는 문화가 완벽하게 뿌리내려 있었다. 상사가 출근해 착석해 있는데 밑에 직원이 나오지 않았다는 것은 그야말로 회사에 대한 불만 표출이었다. 퇴근에는 반대 논리가 적용되었다. 상위 직급자가 사무실을 떠나지 않으면, 그 밑에 있는 직원들의 예외 없이 자리를 지켰다. 눈치를 보고 애타게 시계를 주시하면서 예정된 약속 시간에 늦는 것을 감수할 수밖에 없었다. 소위 윗분들이 "일 없는 사람들은 먼저 퇴근하세요"라는 말이 울려 퍼져야 하극상적 퇴근이 가능하였다. 그것도 이상했다. 아니 일 있으면 근무시간 이후에도 퇴근하지 말라는 말인가? 중국에서 근무하면서 충격으로 느껴졌던 것은 출퇴근에 대한 연공서열적 질서가 전혀 없다는 점이다. 자기 일이 마무리되면 윗사람 눈치 보지 않고 곧바로 퇴근 행렬에 합류하여 당시의 한국과 크게 대조적이었다.

20여 년 전만 해도 출근과 퇴근에 대한 엄격한 시간관념에도 불구하고 업무 집중도는 최악을 달렸다. 특히 담배 피우는 문화는 때와 장소를 가리지 않았으며, 화장실 앞이나 커피 자판기 앞에서의 잡담에 20-30분을 투입하는 것은 예사였다. 이런 것을 문제 삼는 상사도 거의 없었다. 따라서 개인별로 실적을 엄격히 관리하는 것은 단합이라는 조직문화를 해치는 부정적인 수단으로 인식되었다.

함께 일하고 싶은 사람이 되어야

이전 회사에서 자율 출퇴근이 일상적이었는데 불시에 출퇴근 시간을 체크하는 문화도 있었다. 인사팀 직원이 사무실 로비에서 늦게 출근하는 직원들을 확인하였다. 특히 노사 간 협상이 원만하지 않으면 점심시간 준수를 압박 카드로 활용하기도 하였다. 오후 1시를 넘어서 사무실로 들어오는 직원들에 대해 사유서를 받거나 경고장을 보내는 방식을 애용하였다.

요즘도 11시 30분부터 점심 행렬에 합류한 후에 거의 1시 30분이 되어서야 사무실로 복귀하는 간 큰 직원이 적지 않다. 더구나 일부 직원은 사무실에 제대로 앉아 있지만, 제대로 일을 하지 않는다는 의미로 '가짜노동'이라는 용어의 표상이 되었다. 이들은 몸만 자리를 지키면서 최소한의 일을 하는 방식으로 수동적인 태도를 취한다. 심지어 징계를 면할 정도로, 소극적으로 일을 해서 주위 사람을 매우 힘들게 하는 직원도 있다. 동의어로 '1일 4시간 노동'이라고도 한다.

해야 할 일의 반만 한다는 의미다.

한때 부서원을 팀장이 선택하도록 하고 그대로 배치한 적이 있었다. 팀장의 선택을 받지 못하면 누가 그런 사람인지 그대로 드러난다. 창피를 주어 업무 집중도를 높이고자 하는 고육책이었다. 확실한 특징은 팀장들이 원하는 사람은 동시에 서너 곳에서 선택을 받는 반면, 싫은 사람은 누구도 거들떠 보지 않는다는 점이었다. 특히 원하지 않은 사람을 그냥 받으라고 해도 인원이 부족한 상태라도 좋으니 그 사람만은 싫다는 반응이 지배적이었다. 어디나 일을 하지도 않으면서 남도 힘들게 하는 직원들이 있다. 이것을 '월급 도둑질'이라고 설명한 선배도 있었다.

미국에서는 '조용한 퇴사'(Quiet Quitting)가 유행한다고 한다. 코로나19 이후 보이지 않는 곳에서 적당히 일하거나 아예 일을 하지 않으면서 조용히(밖으로 티 나지 않게) 퇴사나 이직을 준비하는 문화이다. 몸은 여전히 기존 회사에 있지만, 마음은 떠나 일을 하는 것도 아니고 안 하는 것도 아닌 상태다. 좀 더 좋은 대우를 받기 위해 사임하거나 사임을 준비하는 인력이 크게 늘면서 '위대한 사임'(Great resignation)이라는 단어도 등장하였다. 'Acting their wage'라는 말도 회자되는데 '월급만큼만 일한다'는 뜻이다. 이런 기조는 지금 우리 앞에 닥친 커다란 물결이다. 다른 말로 최소한으로, 소극적으로 일한다는 것과 같은 의미다(Doing the minimum requirements of a job). 극단적으로 보면 해고되지 않을 정도로만 일한다는 것으로 해석된다. 이런 곳에는 옆 동료를 우선적으로 배려하고 도와주는 문화, 고객 만족을 위해 치열하게 땀 흘리는 열정, 같이 고민하며 현재에 집중하는 창의적인 일 처리 등은 아예 없다. '조용한 퇴사가 가능한 분위기가 최고의 복지'라는 말도 나돈다.

크리스천에게 일터는 단순히 돈을 받고 일하는 것 이상이다. 그래서 '일=돈'으로 인식하는 1차원에 머물면 안 된다. 그 인생은 결코 행복하지 않을 것이다. 분명한 것은 이런 일 처리 관행은 AI로 인해 급속히 대체될 것이다. 수만 명을 동시에 해고하는 '요란한 해고'(Loud Layoff)가 그 반증이다. 해고 기사는 이제 신문의 주요 위치를 차지하지 못한다. 구석으로 밀린다. 너무 흔하기 때문이다. 확실한 것은 기업은 자리를 지키는 근로자를 원하는 것이 아니라 자기 스스로 자기 업무를 혁신하는 사람을 원한다. '조용한 퇴사'를 묵인할 멍청한 경영자가 없는 시대다. 더 중요한 것은 근로자가 일을 싫어하면 일이 근로자를 싫어한다는 점이다. 일터에서 환영받지 못하면 친구는 물론 가족에게도 환영받지 못한다. 아주 평범한 진리가 있다. 스스로 회사를 해고했다고 생각하는 순간 회사가 먼저 그런 근로자를 해고한다는 점이다.

> 우리가 너희와 함께 있을 때에도 너희에게 명하기를 누구든지 일하기 싫어하거든 먹지도 말게 하라 하였더니 (살후 3:10)
> 자기의 일을 게을리하는 자는 패가하는 자의 형제니라 (잠 18:9)

◎ 오늘의 묵상

Q 일은 어떻게 해야 한다고 생각하는가?

Q 일터에서 적당히 일하는 것이 삶의 지혜라고 생각하는가?

Q 당신은 직원일 때와 경영자일 때, 일하는 태도가 달라질 것이라고 생각하는가?

15. 진정한 예배와 사역은 회사 일

필자가 항상 바라지만, 잘되지 않는 것이 있다. 메신저에서는 '샬롬'이라는 단어도 자주 쓰는데 현실 세계에서는 적극적인 실현이 만만치 않다. 샬롬은 흔히 평화나 평강으로 번역된다. 그런데 좀 더 깊게 연구하면 새로운 뜻에 도달한다. 샬롬은 단순히 평화가 아니라 원래 모습으로의 회복을 의미한다. 창조로의 회귀라고 스스로 명명해 본다. 넘치거나 부족함이 없어야 고요한 평화가 유지된다. 최고의 샬롬은 아마도 하나님이 창조할 때 우리 인간에게 요구한 상황으로 돌아가는 것이라고 본다. 그런데 모든 이가 덜어내야 할 탐욕은 항상 더 원하고, 반대로 넘쳐야 할 사랑은 부족한 채로 그대로 둔다.

겸손도 매일 원하는 것이지만, 잘 실행하지 못한다. 샬롬과 같이 겸손도 원래 있어야 할 자리에 있어야 함을 의미한다. 인간은 피조물이다. 스스로 태어나는 데 기여한 부분이 전혀 없다. 그뿐만 아니라 죽기까지 순종과 겸손으로 소명을 감당한 예수 그리스도의 은혜로 거듭났지만, 우리 대부분은 여전히 겸손과 거리가 멀다. 특히 예수님이 하나님께 순종하기를 통해 종의 위치로까지 낮아졌음을 감안할 때 예수 그리스도를 주로 모시는 우리의 실체는 종의 종인 셈이다. 그럼에도 스스로를 왕으로 높이면서 살고 있는 것은 아닌지 되돌아본다. 오늘도 말씀에 복종하지 않는 핑계가 그렇게 많고 주위에 불만이 넘치는지, 진짜로 종으로 살겠다는 겸손이 조금이라도 있는지 반문해 본다.

21세기에 들어서면서 회사에서 너무 자주 들었던 말이 '종처럼 동료를 섬기라'는 서번트 리더십(Servant leadership)이다. 우리는 종이라고 하면 '노예근성'을 먼저 떠올린다. 피동적이고 스스로를 지극히 하찮게 여기는 모습이 각인되어 있다. 그런데 '종처럼 섬기라'는 의미의 출발점은 내 기쁨을 위해 일하는 데 만족하지 말고, 옆 동료나 공동체를 위해 기꺼이 스스로의 권리나 이익 등을 내려놓는 것이다. 섬김으로 해석되는 구약의 히브리어와 신약의 헬라어에 집중할 필요가 있다. 히브리어인 '샤라트'(שָׁרַת)라는 단어는 출애굽기 28장 35절에 "아론이 여호와(하나님)를 섬기러 성소에 들어갈 때"라는 구절에 등장한다. 바로 '섬기러'로 해석된다. 그런데 이 단어는 창세기 39장 4절에서 요셉이 노예로 팔려 간 후에 그 주인인 보디발에게 은혜를 입어 '섬기매'로 해석된 것과 같은 단어다. 즉 하나님을 대하는 지극히 거룩한 성전 의례에서의 태도나 일터에서 주어진 상사에게 업무로서 임하는 출발점이 모두 같다고 볼 수 있다. 앞의 것은 거룩하니 당연히 응해야겠지만, 뒤엣 것은 속된 것이고 회사 내 인간관계이니 근본적으로 다를 것으로 생각할 수 있지만 놀랍게도 같은 단어를 사용하고 있다. 다시 말해 회사에서 싫어하는 상사라도 잘 섬기는 것이 제사장이 하나님께 예배하러 나오는 것과 같은 선상의 의무이다. 세상 질서나 통치마저도 하나님의 주권하에 있어 두 사례가 다른 것 같으나 근본적인 출발점은 같다는 의미다.

　신약 성경에서 교회에서의 일이나 교회 활동을 의미하는 사역으로 '디아코니아'(διακονία)라는 명사가 사용되었다. 대표적인 사례로 사도행전 6장 1절에 '구제'로 번역된 단어가 디아코니아다. 당시 과부에 대한 구제사역, 즉 섬김은 교회의 가장 중요한 일이었음에 의심의 여지가 없다. 디아코니아의 원래 뜻이 '식탁에서 시중드는 것'을 의미했다는 점에서 구제와 밀접하게 연결된다. 그런데 고린도후서 9장 12절에서 '봉사의 직무'에서 직무로 번역된 단어가 디아코니아다.

겸손이 성화의 마지막 단계

직무는 회사에서 가장 흔하게 사용되는 단어다. 인사 명령에 의해 맡겨진 일이다. 세상에서 사용되는 '직무'라는 단어가 사역과 같은 의미로 혼용해서 사용된다는 것은 오늘 나에게 맡겨진 회사에서의 일이 교회 공동체 사역과 같이 취급되고 있음을 의미한다. 즉 회사에서 옆 동료를 돕는 것은 교회 사역(섬김)과 같은 뿌리이다. 이는 기독교의 최고 덕목인 사랑을 밖으로 표출한 행위라는 공통점을 갖고 있기 때문이다. 샤라트와 디아코니아는 회사에서의 일도 하나님의 주권하에 있을 뿐만 아니라 신성한 영역임을 나타낸다. 사역이라는 섬김이 교회의 틀 안에서 일부 성직자에 의해 행해지는 것으로 한정되는 것이 아니라 모든 하나님의 백성에게 주어진 과업인 셈이다. 결국 교회 예배와 회사에서 상사 섬기기 그리고 교회 사역과 회사 직무는 외관상 다른 듯하지만 기본 정신이 같다.

그런데 왜 성도는 겸손해야 하고, 그 겸손을 바탕으로 사역(섬김)을 해야 할까? 왜 더불어 훈련을 통해 세상에서 스스로를 낮추는 행위에 열정을 쏟아야 할까? 회사에서 활용하는 대부분의 은사(재능이나 특기)는 아무 대가도 치르지 않고 거저 얻는 것이기 때문이다. 은혜로 선물을 받았으니 봉사의 의무가 부여된 것이다. 히브리어의 샤라트나 헬라어의 디아코니아는 종교적 의식에서 출발했지만, 일상에서 섬김, 즉 사랑의 실천으로 발전했다고 할 수 있다.

누가복음 2장 29절에서 의인 시므온은 라틴어(불가타역)로 '눈크 디미티스'(Nunc dimitis)를 외친다. 즉 "지금 죽어도 여한이 없다"(종을 평안히 놓아 주시는도다, 개역개정)라는 의미다. 시므온이 예수님을 보고 외친 이 본문은 일생 일대의 소원이 이뤄졌음을 의미한다. 겸손이 내 몸과 마음에 제대로 체화된다면 '눈크 디미티스'를 외치고 싶다. 겸손의 완성이 성화의 마지막 단계라는 설명을 교회 훈련에서 들었다. 아직 하나님 곁으로 가지 못했는가? 그러면 당신의 겸손이 원래 있을 자리에 있지 못함을 의미한다. 그러니 지금 이 순간에 더 낮아져야 한다. 누가복음 2장 30-32절에서 말하는 구원이자 세상의 빛과 영광을 제대로 시현한 삶이 겸손이고, 그것이 완성되었다면 역시 누구나 '눈크 디미티스'라고 외칠 수 있다.

> 너희가 모든 일에 넉넉하여 너그럽게 연보를 함은 그들이 우리로 말미암아 하나님께 감사하게 하는 것이라
> 이 봉사의 직무가 성도들의 부족한 것을 보충할 뿐 아니라 사람들이 하나님께 드리는 많은 감사로 말미암아 넘쳤느니라(고후 9:11-12)
> 주재여 이제는 말씀하신 대로 종을 평안히 놓아 주시는도다
> 내 눈이 주의 구원을 보았사오니
> 이는 만민 앞에 예비하신 것이요
> 이방을 비추는 빛이요 주의 백성 이스라엘의 영광이니이다 하니
> (눅 2:29-32)

◎ 오늘의 묵상

Q 당신은 회사에서 하는 일을 사역처럼 생각하고 있는가?

Q 교회 사역과 회사 직무 중 무엇이 더 성스럽다고 생각하는가?

Q 당신은 '눈크 디미티스'(Nunc dimitis)와 겸손을 연결시켜 생각해본 적이 있는가?

16. 당신은 하나님의 스파이

　개인적으로 아주 소중한 기억이 하나 있다. 서울로 전학을 오고 난 후에 바로 넷째 형과 영화관에 갔다. 지금으로부터 40여 년 전의 일임에도 아직도 기억이 생생하다. 당시 보통 사람들은 명절에나 극장을 갈 수 있었다고 기억한다. 종로에 있는 멋있는 극장 건물은 물론 당시로서는 누구나 보고 싶어 하는 007시리즈 영화였다는 사실도 뇌리를 떠나지 않고 있다. 중학생의 시각에서 첩보 영화는 긴박감은 물론이고 악을 무찌르는 통쾌함으로 인기 만점이었다. 그야말로 카타르시스를 몰고 오는 청량제와 같았다. 영화를 보고 나면 서너 달은 주인공의 꿈을 같이 꾸면서 내가 그 속으로 들어가 악당을 무찌르며 상당 기간 동안 즐겁게 보냈다.

　007시리즈 영화가 왜 그렇게 인기가 있었을까? 다양한 분석이 있을 수 있지만, 죽고 죽이는 첩보영화 특성상 긴장감이 넘치기 때문이다. 주인공은 끝없는 위기를 맞이하면서도 매번 초능력에 가까운 기지를 통해 위기를 기회로 바꾼다. 결말을 쉽게 짐작할 수 있지만, 매번 손에 땀을 쥐게 한다. 또한 영화관을 나올 때 통쾌함이 밀려온다. 세상에 악당이 많고 모두의 삶이 힘들지만, 곧 영웅이 나타나 반전시켜 줄 것이라는 착각을 하게 된다.

　성도는 믿는 자로서 세상을 헤치고 살아가지만, 만만치 않은 도전에 매일 부딪치고 넘어진다. 세상, 아니 우주의 지배자가 하나님이고 그의 보호하심과 인도하심 하에 내가 있다고 굳게 믿지만, 나도 모르게 세상의 풍파에 흔들리는 모습을 발견하게 된다. 오히려 세상 사람들보다 더 잘 넘어지는 것은 아닌지 의심이 들 때도 있다. 새벽기도를 통해 하루를 살아갈 힘을 얻고 말씀 묵상과 감사일기를 통해 하나님의 은혜가 풍성함을 체험하고 간구하지만, 오래가지 못한다. 그래서 다니엘이 왜 기도를 하루에 세 번 했는지 알게 된다. 하루에 세 번은 필수이자 최소라는 생각이 든다. 일터에서 아침과 점심 식사 후 그리고 저녁에 꼭 기도가 필요하다. 성경에 나오는 최고의 지혜자이자 믿음의 거장인 다니엘이 하루에 세 번 기도했는데 나는 그 이상이어야 하지 않겠는가?

믿는 자가 세상에서 너무 편하게 살아가는 것도 문제라고 생각한다. 더불어 세상에서 너무 잘나가서 기도 제목이 없다면 역시 커다란 문제라고 생각한다. 믿음의 진화, 즉 성화는 죄인임을 깨달아 더 많이 회개하는 것이다. 이 험난한 세상을 살면서 '해 아래'에 남들처럼 살아 있는 것에 만족한다면 우리는 믿는 자의 본분을 망각한 것이다. 하루하루가 살얼음이 아니고 평안함과 익숙함에 매몰되어 있다면 크게 잘못된 것이라고 생각된다.

스파이의 하루가 너무 편하다면 큰 문제

믿는 자가 세상에 살면서 너무 편하면 안 되는 이유는 무엇일까? 성도는 하나님에 의해 세상으로 파견된 스파이이기 때문이다. 하나님이 주신 능력으로 평생 잘 먹고 잘살라고 세상에 보냄받은 것이 아니다. 우리는 말씀으로 무장하고 먼저 진리를 알게 된 그 은혜를 바탕으로 세상을 변화시키라는 미션을 받은 스파이다. 스파이가 절대로 해서는 안 되는 일은 적국에서 활동하고 있다는 정체성을 잊는 것이다. 당연히 적국에서 너무 편하면 안 된다. 본 고향이 아니고 잠시 적국에서 와서 미션을 수행하는 중이다. 그러니 긴장의 연속이다. 그러므로 세상에서 누리기보다는 미션을 제대로 수행하는 데 모든 스케줄을 맞추어야 한다.

불만이나 불평은 가당치도 않다. 세상이 알아주지 않는다고 신세타령을 한다는 것은 더 이상 스파이임을 포기한 행위이다. 현재 삶이 마음에 들지 않는 것이 너무나 당연하기 때문이다. 말씀을 전하고 전도하는 것은 절대 쉬운 일이 될 수 없다. 전도는 곧 적군을 내 편으로 만드는 적군 전향 프로젝트이기 때문이다. 적군을 설득하여 국적으로 바꾸어 이중 스파이, 아니 내 편으로 만드는 것이기에 고난은 물론 생명의 위협도 감수해야 한다.

그런데 스파이인데 특이한 스파이라는 점도 인정해야 한다. 스파이라고 하면 최소한의 조건이 있다. 스스로 그 신분을 감추어야 한다. 드러나면 바로 목숨이 위태롭기 때문이다. 하나님으로부터 파송받은 성도는 스파이지만, 때로는 아니 자주 스스로가 스파이임을 드러내야 한다. 필요시에는 자랑해야 한다. 변화된 삶으로 드러내고 말씀을 1대 1로 전하거나 공개적으로 간증하면서 신분, 즉 국적이 다름을 드러내야 한다.

그리스도 예수를 믿는 성도는 본향이 하늘나라다. 죽어서 가는 곳이 아니라 이미 그곳에 살고 있다. 그 기준이 물리적이거나 생명의 다함에 있는 것이 아니라 믿음의 유무에 있기 때문이다. 스파이는 극한의 직업이다. 자고 있어도 먹고 있어도 편하지 않다. 언제 어디서나 목숨이 위태롭기 때문이다. 그러나 우리에게는 모델이 있어 너무 다행이다. 우리에게는 전능하신 후원자가 계신다. 바로 예수 그리스도가 세상에 파견된 스파이 1호다. 더욱이 그 직무를 너무나 충실하게 수행하였다. 세상에 동화되지 않고 세상을 변화시키기 위해 목숨마저 아깝게 생각하지 않으셨다. 그리고 우리에게 말씀하신다. 나를 따르라고. 인간인 너희의 힘이 아니라 나의 능력까지 주겠다고 말씀하셨다. 나약했던 베드로에게 예수님은 친히 본을 보여 주셨다. 세상의 죄까지 완전히 씻어 주면서 완벽한 스파이의 삶을 사셨다. 95%의 활동 시간, 하루 9시간 정도를 보내는 일터에서 우리는 스파이임을 잊어서는 안 된다.

> 이를 위하여 너희가 부르심을 받았으니 그리스도도 너희를 위하여 고난을 받으사 너희에게 본을 끼쳐 그 자취를 따라오게 하려 하셨느니라
> 친히 나무에 달려 그 몸으로 우리 죄를 담당하셨으니 이는 우리로 죄에 대하여 죽고 의에 대하여 살게 하려 하심이라 그가 채찍에 맞음으로 너희는 나음을 얻었나니 (벧전 2:21, 24)

◎ 오늘의 묵상

Q 당신은 오늘 당하는 어려움이 무엇 때문이라고 생각하는가?

Q 당신은 세상에 파견된 스파이라는 정체성에 동의하는가?

Q 당신은 일터에서 세상에 맞서고 있는가, 아니면 누리고 있는가?

17. 포스트모던 시대와 참 인생

'여경지근.' 신학대학원을 같이 다닌 전도사님의 카톡 대문 사진에 있는 글귀다. 그 전도사님이 새로 연 사업장의 타이틀이기도 하다. 무슨 사자성어인가 해서 인터넷을 검색했지만, 나오지 않는다. 할 수 없어 직접 물어보니 쳐 놓은 덫에 잘 걸렸다고 웃으면서 안내해 준다. 2019년에 케냐로 단기선교를 갔었는데 그곳 선교사님 가정의 자녀들이 만든 액자에 자리 잡고 있었던 사자성어로 "여호와를 경외하는 것이 지혜의 근본"이라는 잠언 9장 10절 말씀을 축약하고 있었다. 갑자기 감동이 밀려왔다. 성경을 읽으면 어떻게 살아야 하는지 항상 고민했는데 한방에 삶의 지표라는 보석을 땅 속에서 캐낸 느낌이었다.

우리는 끊임없이 어떻게 살아야 할지 고민한다. 무엇이 악하고 무엇이 선한지 자주 생각한다. 무엇이 바른 것이고 무엇이 그렇지 않은지 상식이면서도 쉽지 않은 혜안을 요구한다. 적지 않은 철학자들도 이런 고민을 하면서 무수히 많은 시간을 보내지 않았을까? 철학자 하면 떠오르는 아리스토텔레스는 예수님이 오시기 전의 사람이다. 그는 소위 목적론적(Teleological) 윤리를 추구하였다. 그는 인간은 행복 추구를 도모한다면서 이런 목적을 이루는 데 도움이 되면 선한 것이고 도움이 안 되면 악한 것이라고 주장하였다. 결국 덕스러운 사람이 되는 것은 세상에서 선을 이루는 데 도움이 되면 된다.

반면 철학자 칸트는 사람이라면 마땅히 선한 일을 해야 한다는 의무론적(Deontological) 견해를 펼쳤다. 그래서 선한 사람에게 상을 주고 악한 사람이 벌을 받는 최후 심판이 있어야 한다고 전제한 후에 사람들이 선한 일을 하도록 하나님이 있어야 한다는 유신론자였다. 도덕을 더 중요하게 생각했고 종교를 윤리적인 수준으로 낮추었다는 인상이다. 하나님은 이 세상의 도덕을 유지하기 위해 있어야 하는 존재로 전락시킨 것이다. 하나님이 인간의 요청에 응하는 존재인 셈이다. 그는 종교보다 윤리적인 선과 악을 훨씬 중요하게 보았다. 하나님은 인식할 수 있는 존재가 아니니 인격적인 만남도 없고 기도해서도 안 된다는 것이 칸트의 생각이니 우리 믿는 자들의 생각과 큰 괴리가 있다.

최근에는 저명한 철학자의 거창한 이론도 힘을 잃고 있다. 글로벌 차원에서 지역마다 문화가 다르니 선과 악에 대한 절대 기준이 없다는 논리가 비등하다. 더욱이 1960년대부터 거의 모든 사람들이 '포스트 모던'(Post-modern)이라는 말을 쓰기 시작하였다. 그런데 쓰는 사람들마다 모두 뜻이 다르다. 모던은 지나갔다는 의미로 쓰기도 하고 모던의 막바지라는 의미를 부여하기도 한다. 모던을 현대라고 해석하기도 한다. 결국 어떤 시대인지 불분명하다. 모든 사람이 현대에 산다고 한다. 학술적으로는 18세기 후반부터 20세기까지를 현대라고 명명하였다. 미술, 음악 등 예술하는 사람들은 1960년대부터를 포스트 모던이라고 쓰기 시작하였다. 당연히 사람마다 정의가 다르다. 소수 엘리트 중심에서 대중이 참여하는 다원성이 핵심이며, 윤리에서도 절대적인 것은 없다는 것이 중요 포인트다.

선과 악의 기준도 각자마다 다르다. 정답이 없다는 말로 요약된다. 그러니 어떻게 사는 것이 참인생인지에 대한 답도 허공에 떠돈다. 연말연시가 되면 종교 간에 서로 화해하고 포용해야 한다면서 각 종교 대표들이 만나 차를 한잔하고 덕담을 나눈다. 그런 만남 자체가 나쁜 것은 아니지만, 고민을 해봐야 한다. 진리가 이것도 되고 저것도 되는 것이 아니기 때문이다. 모든 것이 상대적이라고 하면 안 된다. 윤리와 과학도 절대주의로 나가서는 안 된다고 말하기도 한다.

하나님이 옳다고 하는 것이 선

그러나 우리는 성경적 절대 윤리를 주장해야 한다. 첫째, 타협이 없다. 시대의 변화와 관계없이 생명을 걸고 하나님과 하나님께서 하라고 하신 말씀(성경, 제대로 해석된 것)은 절대적이다. 신학은 성경을 떠나서 절대로 이야기하지 말아야 한다. 둘째, 한 사람도 하나님이 요구하는 수준으로 올라설 수 없음을 인정해야 한다. 죄인이므로 이를 절망의 윤리라고 한다. 칸트의 입장에서 어떤 사람은 그럴 수 있다고 본다. 그러나 우리는 의인은 한 사람도 없나니, 하나도 없다고 통회해야 한다. 인간 자체로는 희망이 없다. 인간적인 처방이나 능력으로 그리고 임시로 좀 안 아프게 하거나 스스로 해결하자고 낸 의견이 더 문제인 경우가 많다.

셋째, 예수 십자가와 부활에 대한 믿음을 바탕으로 성령의 역사하심을 믿는 성령의 윤리를 인생의 윤리로 받아들여야 한다. 우리 힘으로 안 되지만, 하나님이 할 수 있게 해주신다. 내가 하는 것이지만, 내가 했다는 생각은 없어야 한다. 이제 믿음에 근거해서 누구보다 열심히 해서 자기가 잘했다고 하는 것이 아니라 성령님이 진짜로 했다고 고백해야 한다. 일터에서 상사를 도저히 용서하지 못하겠다고 말하기도 한다. 회사를 절대로 신뢰하지 못하겠다고 말하기도 한다. 그러나 그곳을 뛰쳐나오기 전에 성령님께 간절하게 의지하여 변화를 도모하고 상사를 위해 기도해야 한다. 일터를 나쁘다는 이유로 방치하는 수준에서 탈피하여 변화시키겠다는 용기가 우선적으로 필요하다.

종교 개혁자 마르틴 루터는 오랜 시간에 걸쳐 스스로 열심히 살았지만, 스스로 죄인이라고 고백하고 절망하였다. 나중에 성경을 통해서 의인이 믿음으로 사는 것이 아니고, 로마서 3장을 통해 1장을 제대로 해석하여 믿음으로 말미암아 의인이 되어 산다고 제대로 고백하고 희망을 노래했다. 나는 안 되지만 믿음으로 희망이 있다. 열심히 하지만, 나의 열심을 강조하면 안 된다. 제일 중요한 것은 하나님이다. 실제로 하나님이 강조되어야 한다. 내 인생의, 내 일터의 CEO는 하나님이다. 20세기까지는 선악이 있었으나 21세기부터는 선악도 없다고 말한다. 다들 사랑을 이야기하는데 구체적인 현장에서 실천하지는 않는다. 선악의 기준이 거의 없기 때문은 아닐까? 이 세상의 문제를 해결할 유일한 희망은 부활 생명에 부합한 삶을 살아가는 것이다. 우리에게는 하나님이 옳다고 하는 것이 선이고 삶의 목표다.

진리를 알지니 진리가 너희를 자유롭게 하리라 (요 8:32)

◎ 오늘의 묵상

Q 당신은 선과 악에 대한 어떤 기준이 있는가?

Q 포스트 모더니즘과 신앙이 양립할 수 있다고 보는가?

Q 인생을 살면서 붙잡고 있는 성경 구절은 무엇인가?

18. 잃어버린 한 마리 양은 바로 나

　성경을 처음 접하고 뛸 듯이 기뻤던 경험이 있다. 자존감도 낮고 세상의 모든 걱정을 혼자 안고 가는 것처럼 소극적이었던 나는 마태복음 18장에 나오는 성경 구절이 너무 좋았다. 어떤 주인에게 양이 일백 마리가 있는데 그중의 하나를 잃으면 아흔아홉 마리를 두고 온종일 산을 헤매서라도 잃어버린 한 마리 양을 찾지 않겠냐는 내용이었다. 학교와 직장에서 중고참이 되었던 그때 나의 모든 행동과 생각을 지배하는 원리는 합리성이었다. 다른 표현으로 이성적인 논리였다. 그 뼈대는 정확하게 이익과 손실을 계산하여 도출되는 결론을 취하고 실행에 옮기는 것이다. 그러나 이 스토리는 목자라면 정반대 선택을 해야 한다고 가르치고 있다. 여기서 목자는 리더다. 양은 어쩌면 수많은 부하 직원일 수 있다. 처음에는 이해가 가지 않고 저렇게 살면 뒤쳐져서 패배의 수렁 속으로 스스로를 밀어넣을 것으로 생각했다. 그래서 효율과 논리를 위해 날이 더 저물기 전에 나머지 아흔아홉 마리를 몰고 안전한 곳으로 이동해야 한다는 데 추호의 의심도 없었다. 양을 더 잃어버리지 않는 것이 무엇보다 중요하다고 스스로를 합리화하고 나중에 새끼를 더 낳으면 한 마리쯤이야 문제 될 것이 없다는 결론에 쉽게 도달하였다.

　그런데 큰 반전이 일어나 내 생각을 송두리째 바꿔 버렸다. 잃어버린 한 마리의 양이 '나'라면, '내'가 길을 잃었다면…. 그래도 같은 결론에 도달할 수 있을까? 너무 고민 없던 논리가 섬뜩한 시나리오로 다가온다. 내가 위험에 노출된 주인공이 된 순간, 1%라는 위험의 확률이 100%의 위험으로 다가온다. 우리 팀의 리더가 내가 길을 잃었는데 사소한 일이고 손해가 크지 않다고 바로 다른 곳으로 이동한다면, 그래서 밤새 사나운 늑대의 공격 위험에 내가 노출된다면, 생각하기도 싫은 상황이다. 그래서 99마리의 양을 잘 돌보지 못하는 한이 있더라도 한 마리를 구해야 한다. 진정한 리더라면 모든 양에게 99마리를 희생하더라도 '나'를 구할 것이라는 믿음을 주어야 한다.

이런 논리가 '한 사람 철학'이다. 이를 세상에서 제대로 실천한 분은 예수님이다. 유대 지역에 살던 예수님이 유대인과 원수지간으로 지내는 사마리아 지역을 의도적으로 지나가신다. 꼭 만나야 할 사람이 있기 때문이다. 여섯 번째 남자와 살고 있는 한 여자였다. 성경에 등장하는 인물 중 존재감이 최고로 바닥이었을 것이고 영향력이나 실력을 기준으로 말하면 바닥을 뚫고 지하로 내려간 사람이었을 것이다. 예수님이 바쁜 여정 중에도 위험과 비난을 무릅쓰고 그녀를 만난 이유는 단 하나다. 100명의 거창한 사람들보다 "나에게는 네(사마리아 여인)가 더 소중하다"라는 메시지를 전하기 위해서다. 특히 능력과 실력도 없고, 자존감도 없는 그녀를 한 번에 회복시키는 마법은 '남을 도울 기회를 주는 것'이었다. 예수님이 "물을 좀 달라"고 한 마디하면서 사마리아 여인의 회복이 일어났다. 물동이를 버려두고 다른 사람을 전도하는 천국 백성으로 거듭나게 된다(요 4:28-29). 한 마리의 비천한 어린양을 단번에 귀한 양으로 변신시킨 비법은 조직에서 필요한 존재로 만드는 것이다. 동정심이나 도움을 주는 것으로 자존감이 낮은 사람이 회복되지 않는다. 능력을 발휘할 기회를 주는 것으로 한 마리의 양을 살릴 수 있다.

한 마리 양=100마리 양

회사에서도 진정한 리더십이란 100마리의 양이 있다면 한 마리의 가치와 전체의 가치를 동일하게 보는 것이다. 한 명의 직원의 어려움이 회사 전체의 어려움이라고 생각하고 대처한다면 그 회사는 절대로 경쟁력을 잃을 수 없다. 처음에는 '비합리와 낭비'로 가는 것 같지만, 모두가 존귀한 자로 거듭나서 제 몫 이상을 하기 때문이다. 리더는 일을 시키는 사람이 아니라 사람을 키우는 역할을 해야 한다. 성경에 등장하는 인물, 특히 예수님이 제자 삼은 사람들의 공통점은 낮은 자리에 있던 사람이다. 예수님의 애제자 시몬 베드로는 어부다. 마태와 같은 세리도 영적으로는 가장 약한 자였다. 혹시 회사에 문제 직원이 있는가? 천하보다 귀하게 보고 먼저 중요한 역할을 할 기회를 주어라. 모든 것이 달라질 확률이 매우 높다.

천국에서 누가 리더가 될까? 쉽지 않은 대답이지만, 힌트가 마태복음에 있다. 예수님이 우리가 생각지도 못하는 때에 세상에 오시겠다고 말씀하신다. 이어 지혜롭고 충성된 종이 전체 살림살이를 맡아 양식을 나눠주는 역할을 할 것이고 모든 소유를 그에게 맡길 것이라고 강조한다(마 24:44-47). 물건을 적절하게 나누고 재산(소유)을 관리하는 노하우를 갖고 있는 사람은 비즈니스 맨이다. 결국 비즈니스는 천국 삶에 필요한 리더십을 훈련하는 과정인 셈이다.

비즈니스, 즉 모험적 거래를 하지 않으면 천국의 삶은 없다. 뚱딴지 같은 잠꼬대가 아니다. 성경은 비유적이지만, 그렇게 설명하고 있다. 적나라한 비즈니스 용어를 동원하여 직설적으로 천국을 장사와 연결한 구절이 있다. 천국을 '밭에 감추인 보화'(마 13:44)로 명명하여 직접 구입해 소유해야 한다는 것을 알려주고 있다. 바로 이어 나오는 구절(마 13:45-46)은 천국 시민을 '좋은 진주를 구하는 장사꾼'으로 비유한다. 왜 비즈니스와 천국이 연결되는 것일까? 첫째로 천국은 대가 지불을 요구한다. 일터에서 누구나 월급을 무시할 수 없다.

본인은 물론 가족을 부양할 수 있게 만드는 중요한 재원이기 때문이다. 그런데 대가를 받기 위해 반드시 노동이나 자본, 아니면 그 어떤 다른 것이라도 제공해야 한다. 영적인 그 어떤 것도 하나님의 선물임에 틀림이 없지만, 아무것도 하지 않는 자에게 혜택이 없다. 은혜로 받는 '하늘 나라'라는 선물(구원)도 믿음이라는 값을 지불해야 한다. 또한 비즈니스는 죄성이 많은 인간을 하늘나라의 시민으로 제대로 살아가도록 만드는 데 더없이 좋은 훈련장을 제공한다.

> 천국은 마치 밭에 감추인 보화와 같으니 사람이 이를 발견한 후 숨겨 두고 기뻐하며 돌아가서 자기의 소유를 다 팔아 그 밭을 사느니라
> 또 천국은 마치 좋은 진주를 구하는 장사와 같으니
> 극히 값진 진주 하나를 발견하매 가서 자기의 소유를 다 팔아 그 진주를 사느니라(마 13:44-46)

◎ 오늘의 묵상

Q 비즈니스와 천국 시민 관계에 대해 묵상해 본 적이 있는가?

Q 비즈니스 리더십 훈련이 천국 삶에 대한 예행연습에 최적화되어 있다는 데 동의하는가?

Q 한 사람 철학과 예수님의 관계에 동의하는가?

19. 재무관리 골든룰은 통장 분리

돈 이야기를 하면 믿음과 좀 멀어진 느낌이다. 더욱이 교회 안에서 돈은 잘 거론되지 않는다. 돈을 사랑함이 일만 악의 뿌리라는 구절이 믿는 자를 지배하고 있기 때문이다. 맞는 말이다. 돈 때문에 믿음이 쉽게 무너지기도 한다. 그래서 사탄이 가장 관심을 갖고 있는 분야가 성도의 재무관리다. 그러나 돈은 믿음을 잘 세우게 만드는 일등 공신이라는 점도 알아야 한다. 인류에게 풍요를 안겨 주는 통로이고 하나님과의 관계를 증진시키는 수단이기 때문이다. 그래서 하나님의 주요 관심사도 돈이다. 선교가 지상 명령인데 돈이 없다면 실행하는 방법이 크게 제한된다. 믿음의 공동체인 교회가 바로 서는 데 필요한 자원 중 하나가 역시 돈이다. 한마디로 돈은 유용성 면에서 끝판왕이지만, 위험한 싹을 내포하고 있다고 정리하면 크게 틀리지 않는다.

> 돈을 사랑함이 일만 악의 뿌리가 되나니 이것을 탐내는 자들은 미혹을 받아 믿음에서 떠나 많은 근심으로써 자기를 찔렀도다(딤전 6:10)
> 잔치는 희락을 위하여 베푸는 것이요 포도주는 생명을 기쁘게 하는 것이나 돈은 범사에 이용되느니라(전 10:19)

구약 열왕기하 4장에 보면 슬픈 이야기가 나온다. 지금으로서는 상상하기 힘들지만, 믿는 성도(선지자 제자들의 아내 중 한 여인)가 위기에 처해 엘리사에게 충격적인 고백을 한다. "당신의 제자이자 나의 남편이 얼마 전에 세상을 떠났습니다. 당신도 알다시피 내 남편은 매우 신실하게 하나님을 믿는 사람이었습니다. 그런데 생활고로 인해 불가피하게 남의 돈을 빌려 썼는데 이제 돈을 빌려준 사람이 두 아이를 데려가겠다고 위협하고 있습니다. 돈을 갚지 않았으니 종으로 삼겠다고 합니다. 어떻게 해야 할까요?" 성경에 이런 이야기가 기록된 것은 당시 흔한 이야기였을 가능성이 높다. 모두가 농업에 매달리던 시기에 가뭄이 연달아 오거나 여러 가지 원인으로 농사를 제대로 짓지 못하여 극심한 생활고에 빠져드는 것은 흔한 일이었기 때문이다. 아들을 종으로 빼앗기는 것은 어머니에게 절망을 의미한다. 돈은 가장 비성경적인 상징물이지만, 믿는 자에게 가장 큰 적임을 적나라하게 알려주는 구절이다. 만약 당신이 이런 상황이라면 믿음의 생활을 제대로 이어갈 수 있을까? 하나님께 감사는 물론 말씀을 읽고 묵상을 제대로 할 수 있을까?

어느 날 교회에서 성도들이 주일마다 외치는 구절을 영어로 읽고 깜짝 놀란 적이 있다. "우리가 우리에게 죄지은 자를 사하여 준 것 같이 우리 죄를 사해 달라"고 주기도문을 습관적으로 반복한다. 그런데 이를 영어로 살펴보면 'Forgive us our debts, as we also have forgiven our debts'라는 구절이다. 죄가 바로 빚(debts)인 것이다. 주기도문은 예수님이 우리에게 이렇게 기도하라고 친히 알려준 내용이다. 여기서 왜 빚이 죄가 되었을까? 주석과 원문으로 찾아보았다. 당연히 번역이 잘못된 것이 아니다. 인간의 죄는 하나님에 대한 부채로 연결된다. 그런데 우리는 그것을 갚을 능력이 없다. 하나님께 온전히 의지하여 탕감해 주실 것을 간구하는 것밖에 그 해결책이 없다. 우리가 어떻게 해결해 보겠다고 나의 의를 내밀며 고개를 쳐들면 더 큰 구렁텅이에 빠지게 된다.

> 우리가 우리에게 죄(debts) 지은 자를 사하여 준 것같이 우리 죄를 사하여 주시옵고(마 6:12)

지출은 헌금, 미래 투자, 생활비 순서로

필자는 이 구절을 묵상하면서 더 큰 깨달음을 얻었다. 빚을 얻어 어떤 것을 하는 것은 하나님께 죄를 지을 수 있다는 생각을 갖고 매우 신중해야 한다는 점이다. 조금 과장일 수 있지만, 빚을 만만하게 생각하면 죄를 짓는 환경으로 쉽게 인도될 수 있다는 생각도 들었다. 수십 년 전 주식 광풍이 불면서 거의 모든 근로자들이 회사 내 컴퓨터에 증권사 홈페이지(주식거래)를 깔았다. 근무 시간 중에 수시로 접속하여 주식의 변동을 체크하고 사고팔기도 하였다. 일부 직원은 근무시간에 주식시세 전광판이 있던 직장 근처 증권사 객장에 머물기도 하였다. 옆 동료와의 대화에서 업무보다 주식 이야기가 더 많을 때도 있었다. 일하려고 출근하는 것인지, 주식하려고 출근하는 것인지 모를 정도로 문제가 심각해지자 회사가 이를 단속하여 컴퓨터 화면에서 시세 및 거래웹 삭제를 명령하였다. 업무시간에 일에 태만하면 시간 절도죄에 해당한다는 이야기를 들은 적이 있는데 전형적인 예이다. 특히 남의 돈이나 은행 대출을 통해 주식투자를 하는 사람들이 직장에서 쫓겨나고 가족이 해체되는 극한 상황을 목격하기도 하였다. 빚이 진짜로 죄가 되는 상황이 초래된 것이다.

또한 돈에 일희일비하면 말씀에서 멀어진다. 기도 제목이 온통 재물인 것도 문제이지만, 빚이 있으면 말씀이 들어오지 않는다. 돈 문제에 빠진 성도는 교회와 말씀을 멀리하게 된다. 그들에게는 돈을 버는 데 도움이 되느냐의 여부가 곧바로 시간 투자의 기준이니 너무 당연한 결과이다. 그래서 믿는 자라면 빚을 내는 데 자중해야 한다.

잘못하면 죄인이라는 나락으로 곧바로 떨어진다는 것을 인정하며 빚을 멀리해야 한다.

이를 위해 돈 사용에 대한 철칙을 하나 세워야 한다. 모든 재무관리의 출발점은 재물의 소유권은 하나님께 있기에 감사로 대하고 절대로 낭비해서는 안 된다는 것이다. 이를 실천하는 골든룰은 먼저 통장을 분리하는 것이다. 분리라는 의미는 따로 통장을 만들거나 그에 걸맞게 돈 씀씀이에 절대적인(하나님 앞에서 맹세할 정도로) 우선순위를 갖는 것이다. 가장 이상적인 방식은 세 개로 통장을 분리하는 것이다. 최우선은 십일조다. 전체 수입이 정해졌다면 우선적으로 헌금액을 정하고 실행에 옮겨 모든 재물이 하나님에게서 나온 것임을 선언해야 한다. 둘째는 자신의 꿈이나 미래를 위해 고정직으로 매월 일정액을 장기간 저축하는 통장을 만들어야 한다. 셋째는 앞의 두 가지를 하고 난 후에 빚을 지지 않고 생활하는 것이다. 여기서 중요한 점은 생활비가 넉넉하면 안 된다. 청년이라면 상당한 수준의 궁핍도 기쁨으로 감당해야 한다. 믿음은 돈을 쓰는 우선순위와 밀접하고, 성도의 미래는 이를 감사와 기쁨으로 잘 실천하느냐로 결정되기 때문이다.

◎ 오늘의 묵상

Q 당신은 '빚=죄'라는 등식에 대해 어떤 마음이 드는가?

Q 당신에게 돈은 축복인가, 아니면 죄악인가?

Q 당신은 통장 관리의 우선순위가 설정되어 있는가?

20. 나아만 노예와 아둘람 동굴의 히든 카드

성경에 등장하는 가장 감동적인 선교사역은 무엇일까? 성경이 알려주는 최고의 일터(직장) 모델은 무엇일까? 필자는 아이러니하게도 두 개의 답을 한 곳에서 찾는다. 바로 열왕기하 5장이다. 5장의 기본적인 스토리는 이방인인 나아만의 나병이 낫는 과정이다. 얼핏 보면 새롭거나 감동적인 것이 없다. 좀 특이하다고 하면 아람국의 실세가 이스라엘을 방문했을 때 이스라엘 국왕은 안절부절 못한 반면 엘리사는 태연하게 만나주지도 않고 요단강에 가서 일곱 번 몸을 씻으라는 의외의 명령(처방)을 내린 것 정도다.

아람국 군대의 최고 지휘관이 하나님을 제대로 믿는 성도로 극적으로 변화하는 데 기여한 일등 공신은 장관의 지휘관이나 스승, 또는 불세출의 선지자인 엘리사가 아니다. 대등하게 이야기하고 교류할 가족이나 동료는 더욱 아니다. 바로 노예들이 그를 하나님 앞으로 인도했다. 오히려 선지자인 엘리사는 어떻게 보면 방관자적 위치에 있었고, 그의 사환은 사욕 채우기에 혈안이 되어 있었다. 나아만이 이스라엘로 가는 데 결정적으로 공헌한 사람은 전쟁을 통해 이스라엘에서 사로잡혀 온 소녀 노예다. 그 소녀는 원래 나아만 장군의 아내의 수종을 드는 천한 계집종이었다. 소녀는 여주인을 통해 나아만 장군이 사마리아로 가서 선지자를 만나 나병을 고쳤으면 좋겠다고 건의한다. 이는 원래 자기가 맡은 업무도 아니었다. 하지만 노예로 잡혀 온 입장과는 별개로 하나님의 자녀로 전도에 충실하여 자신의 본분을 이행한 것이라고 생각하면 과대평가한 것일까?

같은 장 13절에는 또 다른 종들이 나오는데 그들은 자기를 홀대했다고 분노를 크게 표출하는 나아만 장군에게 엘리사의 말대로 요단강에 가서 씻는 것이 좋겠다고 고언을 한다. 어떻게 보면 말도 안 되는 상황이다. 역시 본연의 업무와 관련이 없을 뿐만 아니라 신분 차이를 감안하면 생명의 위협을 받을 수 있는 무엄한 행동(건의)이었기 때문이다. 나아만은 종들의 말에 마지못해 실행에 옮겨 나병을 고침받는다. 그는 곧바로 하나님께 회개의 기도를 드리면서 본국으로 귀국한 후에도 예배를 게을리하지 않겠다고 맹세하면서 이스라엘의 흙을 가져간다. 제대로 예배를 드리기 위해 토단을 쌓으려는 계획이 엿보인다. 하나님의 역사하심이 그 어떤 구절보다 확연하게, 반전을 거듭해 드러나는 대목이다.

이 스토리를 회사 조직에 적용하면 더욱 은혜가 커진다. 나아만 장군의 집과 업무는 오늘날 회사와 흡사하다. 노예는 말단 신입직원에 해당한다. 원하지 않던 회사에 들어와서 먹고사는 데 집중한다. 대충대충 시키는 일만 하면 그만일 수 있다. 그럴 때 아마도 만족도가 최고일 것이다. 그런데 말단 여직원은 그 누구도 전혀 생각지 못했던 엄청난 프로젝트를 제안한다. 이웃 나라 시장을 새롭게 공략해야 한다고 말한다. 금 육천 개와 은 십 달란트 등이 필요할 정도로 많은 비용과 시간이 들어가고 CEO가 직접 가야 하는 중요한 프로젝트다. 그 프로젝트의 성공에 대한 가능성도 검증되지 않았다. 자기네들과 친분이 전혀 없는 컨설턴트(선교사)를 찾아가라고 제안하지만, 곧바로 거절당하기에 딱 좋은 상황과 조건이다. 그럼에도 CEO는 이사회(왕을 대면)를 소집하여 의견을 듣고 스스로 험지로 갈 것을 결정한다. 말단부터 최고위직까지 완벽한 소통을 보여주는 대목이다. 말단 직원의 제안이 CEO와 이사회를 움직이는 데 결정적인 역할을 하였다. 가장 좋은 조직은 아래로부터의 창의적인 제안이 물 흐르듯 최고층으로 올라가 실행으로 연결된다.

말단 의견도 존중하는 배려가 킹덤 컴퍼니 요건

기업의 최종 경쟁력은 창의적인 아이디어와 그런 제안을 존중하는 데서 나온다. 아람 왕국은 이스라엘보다 더 부강한 국가였을 것으로 추정된다. 그렇다면 의술도 앞섰을 가능성이 높다. 아니면 이스라엘 의료진을 초빙하면 그만이다. 나아만 정도면 억지로 오게 할 힘과 권력을 갖고 있었을 것이다. 그런데 어린 소녀와 출장지에 따라온 말단 직원들은 창조적 치료법에 공감을 표하면서 CEO에게 직언한다. 요단강에 몸을 씻는 것은 기존에 해보던 마케팅 방안이 아니다. CEO는 확신이 없었지만, 말단 직원의 말을 듣고 새로운 방안에 도전하여 성공하였다. 여기에서 직원에 대한 최고의 배려를 발견할 수 있다. 물론 이런 배려가 이전에도 있었을 것이다.

화려한 명성과 경력 측면에서 경쟁자가 없는 나아만이라는 CEO는 원래 기고만장했을 것이다. 그러나 그는 말단 직원들의 말도 그냥 흘려보내지 않는 배려의 리더십을 갖고 있었다. 먼 길을 떠나 중간에 버럭 화를 내면서 돌아가겠다고 큰소리를 치기도 하였다. 종국에는 배려가 몸에 배어 신입직원의 말을 무시하지 않고 새로운 마케팅을 시도하기로 한다. 세상 논리와 그의 경험으로는 도저히 이해되지 않지만, 신입직원의 위치보다 못한 노예의 말을 듣는다. 자신의 의지를 꺾고 말단 직원을 존중해서 크게 비용을 들이지 않고 전화위복의 대박을 터트린다.

> 전에 아람 사람이 떼를 지어 나가서 이스라엘 땅에서 어린 소녀 하나를 사로잡으매 그가 나아만의 아내에게 수종들더니

그의 여주인에게 이르되 우리 주인이 사마리아에 계신 선지자 앞
에 계셨으면 좋겠나이다 그가 그 나병을 고치리이다 하는지라
나아만이 들어가서 그의 주인께 아뢰어 이르되 이스라엘 땅에서
온 소녀의 말이 이러이러하더이다 하니 (왕하 5:2-4)

다윗이 CEO로서 실질적으로 데뷔한 곳은 아둘람 동굴이라고 생각한다. 사무엘상 22장에서 도망자 신세인 다윗은 허름한 창고 같은 동굴에 회사를 세웠다. 그런데 직원들은 번듯한 스펙을 자랑하던 능력자들이 아니었다. 환난을 당한 자, 빚진 자, 그리고 원통한 자가 대부분이었다. 요즘 말로 신용불량자와 해고당한 자 등 갈 곳 없는 자를 모아 회사를 시작한 셈이다. 그곳에 새로운 사람들이 계속 모여들었다. 아마도 기술도 돈도 없지만, 다윗의 리더십을 보고 왔을 것이다. 다윗은 사람들을 다독이며 서로 위로하는 데 최고였을 것이다.

나아만 장군의 노예들 일터와 다윗의 아둘람 동굴 모임은 공통점이 적지 않다. 처참한 현실(문둥병과 도망자)에서 극단적인 소통과 배려를 보여주고 있다. 사실은 이미 하나님이 종인 우리를 구원하기 위해 몸소 실행하신 처방전이다. 하나님의 기업인 킹덤 컴퍼니(Kingdom Company)에 무엇이 있어야 하는지 확실하게 알려준다.

◎ 오늘의 묵상

Q 당신의 소통능력은 어느 정도인가? 나아만과 비교해 보자.

Q 당신은 회사 내 동료를 어느 정도 배려하고 있는가?

Q 당신 회사는 하나님이 CEO인 킹덤 컴퍼니인가?

21. 진짜 거룩은 한적함과 열정의 믹스

　신약 성경의 백미는 목표를 향해 끊임없이 달려가는 예수님이다. 공생애 삼 년을 약간 넘는 기간 동안 오로지 구원 사역, 즉 십자가 사역에 집중하는 모습을 보이셨다. 다른 것은 배설물로 여길 정도로 하나하나가 직간접적으로 십자가 사역이라는 푯대를 향해 달려가는 모습이었다. 특히 신약에서 구원 사역의 일주일 전부터는 시간대별로 그의 행적을 자세히 기록하며 때론 완전한 인간으로서 느끼는 심적인 고뇌도 잘 보여주어 은혜가 넘친다. 세상에서 예수님만큼 자기가 맡은 일(소명)을 열정적으로 소화해 낸 사람은 없을 것이다.
　그런데 신약에 '한적한'이라는 단어가 6번(개역개정 기준) 등장한다. 모두가 예수님의 행적에 대한 것이라는 공통점도 갖고 있다. '한적한'이라는 단어는 크게 두 가지 의미를 포함하고 있다. 우선 '한가하다'라는 의미가 묵직하게 다가온다. 목표를 향해 서둘러 발걸음 옮기기를 반복하다가도 때론 천천히 좌우도 살펴보고 때론 하늘도 쳐다보면서 갈지자로 걷는 모습이 상상된다. 또한 원래 다니던 길에서 벗어나 옆길로 가보기도 하고 걸어온 길을 다시 돌아보며 생각해 보는 시간도 떠올리게 된다. 더욱이 가장 중요한 것은 템포다. 의지적으로 천천히, 때론 제자리에 머묾을 의미한다. 필자는 원래 천천히 걷는 것에 익숙하지 않다. 뛴다는 느낌이 들 정도로 빠르게 걷는 습관을 갖고 있다. 무역센터 관리 업무를 맡을 때에는 '걷는 것이 곧 운동'이라는 생각으로 순찰하여 한적함과는 거리가 멀었다. 그러나 어느 날부터는 가보지 않던 곳도 가보고 의지적으로 아주 천천히 산책하듯 순찰하는 습관도 체득하였다. 일과 쉼을 섞은 모습이다.

'한적한'에 대한 두 번째 느낌은 소리가 없는 곳에서 혼자 있음을 의미한다. 앞의 것이 동적인 것에 포커스를 맞추었다면 뒤의 것은 상태에 집중한 해석이다. 우리의 일상은 소음의 연속이다. 그래서 조용히 자신을 돌아보고 일과 가족의 의미에 대해 깊이 생각해 보는 것이 사실상 불가능하다. 세상의 소음과 가치관에 떠밀려 가는 신세가 아닐까? 하지만 때로는 혼자만의 고독도 필요하다. 삶은 결국 혼자다. 천국 심판대에도 혼자, 즉 단독자로서 평가받는다. 그러니 삶에서 혼자의 시간은 결코 낭비가 아니다. 스스로 위로하고 스스로 칭찬하며, 때론 스스로 반성하는 모습도 필요하기 때문이다.

'한적함'의 종국적인 의미는 본래의 일로부터 벗어난 쉼을 의미한다. 때론 치열한 일상에서 벗어나 일에서 자신을 격리시키는 시간이 필요하다. 예수님도 무리에게 시달린 후에 그들을 피해 쉼을 추구했다. "이에 배를 타고 따로 한적한 곳에 갈새"(막 6:32)와 "날이 밝으매 예수께서 나오사 한적한 곳에 가시니"(눅 4:42)가 대표 구절이다. 또한 예수님께서 타의에 의해 '한적함'에 내몰린 상황도 나온다. "다시는 드러나게 동네에 들어가지 못하시고 오직 바깥 한적한 곳에 계셨으니"라는 말씀을 통해 알 수 있다. 그뿐만 아니라 제자들에게 "너희는 따로 한적한 곳에 가서 잠깐 쉬어라"라고 하시면서 평소 제자들을 매섭게 훈련시키던 모습과는 다른 상황을 연출한다.

한적함은 곧 기도로 연결되어야

이런 쉼은 구약의 십계명을 통해 그 의미를 분명하게 나타낸다. 쉬라고 권하는 정도가 아니라 명령조로 문장을 끝낸다. 그리고 혼자 쉬지 말고, 가족(아들이나 딸)뿐만 아니라 종들도 그렇게 하고 심지어 모든 가축도 같은 시간을 갖도록 배려하라고 말한다. 쉼은 평소에 보지 못했던 주위 여건과 자신을 돌아보는 시간이다. 재충전이 필요하기 때문이다. 더욱 감동적인 말은 "한적함(쉼)이 거룩해야 한다"이다. 그러면서 하나님은 '쉬는 날'(실제로는 쉬지 않으시지만)을 강조하신다. 결국 믿는 자의 한적함은 나를 나답게 하면서 하나님께 고개를 돌리는 시간이다. 생각을 집중하여 스스로의 정체성을 회복하는 시간이다. 더불어 사역과 관계에서 오는 번아웃에서 나를 회복하는 시간이다.

> 네 하나님 여호와가 네게 명령한 대로 안식일을 지켜 거룩하게 하라
> 엿새 동안은 힘써 네 모든 일을 행할 것이나
> 일곱째 날은 네 하나님 여호와의 안식일인즉 너나 네 아들이나 네 딸이나 네 남종이나 네 여종이나 네 소나 네 나귀나 네 모든 가축이나 네 문 안에 유하는 객이라도 아무 일도 하지 못하게 하고
> 네 남종이나 네 여종에게 너 같이 안식하게 할지니라(신 5:12-14)

우리는 신약에서 '한적함'과 잘 어울리는 단어를 발견해야 한다. 일상에서 벗어나 혼자 있을 때 꼭 해야 하는 것이 있음을 예수님은 보여준다. 아니 한적함을 추구한 목적 중 하나가 이것이 아니었을까? 바로 기도로 연결하신다. "예수는 물러가사 한적한 곳에서 기도하시니라"(눅 5:16)와 "새벽 아직도 밝기 전에 예수께서 일어나 나가 한적한 곳으로 가사 거기서 기도하시더니"(막 1:35)라는 말씀을 통해 알 수 있다. 우리가 한적함을 추구하는 것은 우리를 만드시고 우리의 형편을 가장 잘 아시는 하나님과 공감하는 시간을 갖기 위한 것이다. 자신은 물론 창조주 하나님을 잊을 정도로 일에 파묻혀 있는 일상에

서 스스로를 탈출시켜 하나님과 교제하는 시간을 갖도록 노력해야 한다. 특정한 장소나 시간이 아니어도 좋다. 그냥 걸으면서, 아니면 일터의 책상에서 잠시 벗어나 '주님과 커피 한 잔 같이 한다'라는 생각하에 여러 가지 고민을 이야기하고 도와 달라고 간구하면 된다.

좀 더 구체적으로 일터에 신우회가 있다면 주 1회 이상 그곳에서 기도 제목을 나누고, 없다면 믿는 동료와 비슷한 시간을 만들어 기도 제목을 토대로 함께 중보하면 된다. 그것도 안 되면 혼자라도 묵상과 취미를 혼합하면 더없이 좋다. 특히 재충전에 필요한 취미, 예를 들어 운동, 여행, 식물 가꾸기 등 일상의 '한적함'도 곁들이면 더욱 좋다. 그래서 회사에서 최소 주 1회 이상 하나님과 깊이 교제하는, 그래서 그 시간이 기다려지는 루틴이 필요하다. 특히 나에 대한 기도뿐만 아니라 동료와 회사를 위한 기도를 곁들이면 더욱 좋다. 기도의 지경이 넓어질수록 나의 영적 성숙도나 회복탄력성이 성장하기 때문이다. 이런 시간은 재충전을 넘어 삶과 일터의 원동력이기에 더욱 값지다. 일터에서 넉넉히 이기는 노하우이고 하나님이 가장 기뻐하시는 일일 것이다. 어쩌면 한가함으로 예수님이 보여주고 싶었던 것은 '나와 함께하자'라는 거룩함으로의 초대였음을 얼마 지나지 않아 알게 될 수 있다.

◎ 오늘의 묵상

Q 당신은 일에 매몰되어 스스로의 정체성을 잊고 일터에 있는 것은 아닌가?

Q 일터에서 '한적한' 시간을 갖고 있는가? 그것이 재충전의 원동력이 되고 있는가?

Q 당신에게 '한적함'은 '주님과 커피 한잔'으로 이어지고 있는가?

22. 천국 환송예배의 기쁨

그리스도인으로 가장 행복한 순간은 천국 환송예배를 드릴 때라고 생각한다. 성도는 죽음마저도 축복의 통로가 될 수 있다는 점에서 기쁨이 넘친다. 세상 기준으로 죽음은 단지 슬픔과 이별 이외의 그 어떤 것도 아니기에 믿는 자의 그것과 대조된다. 최근 세상에 웰다잉(Well dying)이라는 용어도 회자되고 있다. 결혼할 때 웨딩 플래너가 도와주는 것처럼 죽음에 대해 컨설팅하고 도와주는 봉사활동도 생겨, 그를 웰다잉 전도사라고 한다. 이런 직업이 생기는 이유는 무엇일까? 적지 않은 사람들이 치유 가능성이 없음에도 불구하고 인공호흡기나 심폐소생술과 같은 연명치료에 억지로 의존하고 있어 이를 피해야 한다는 논리다. 우선, 환자의 자기 결정권이 있어야 하고 자연스럽게 그런 문화를 존중해야 한다는 주장도 있다. 소위 존엄사에 대한 논쟁은 이제 글로벌적으로 대두되고 있다. 어쩌면 거의 모든 사람들이 한 번은 거쳐 가야 할 내용이기에 찬반양론이 뜨거운지 모르겠다. 그러나 이런 논쟁은 죽음에 대한 과정을 조금 변화시킬 수는 있지만, 근본적으로 의미를 바꾸지는 못한다.

성경적 관점에서 죽음은 끝이 아니다. 죽음으로 끝나는 것이 아니라 죽음을 통해 자신의 삶에 대해 책임져야 한다. 심지어 이 세상의 삶은 마지막 심판을 위한 준비 과정이라는 성경 구절도 있다. 예수님이 이 세상에 다시 오실 때 모든 사람이 부활하여 그리스도의 심판을 받게 된다. 최후의 심판을 통해 영벌과 천국이라는 극단적 이분법에 처해지는 것이다. 결국 물리적 생명의 죽음은 이 세상 생명의 끝을 의미하지만, 영생이라는 또 다른 국면이 전개된다는 점을 새겨야 한다. 따라서 인간 생명의 마지막과 마지막에 이르는 과정에 있는 사람은 어떤 태도를 취하는 것이 가장 성경적인지 논의하고 이를 붙잡는 삶이 매우 중요하다. 믿음 생활의 핵심이라고 할 수 있기 때문이다.

기독교의 성경적(신학적) 입장은 인간이 세상에서 죽는다고 끝에 이르는 것이 아니라는 점을 명심해야 한다. 이 세상에서 죽더라도 하나님 앞에서 살아 있다. 따라서 십자가 공로를 믿고 의지한 성도들은 그리스도와 함께 하나님 앞에 있고, 그 반대인 자들은 지옥의 고통으로 직행하게 되어 있다. 하나님이 창조하신 인간의 생명에 대한 끝은 사실상 없다는 의미다. 믿는 자는 영원히 천국에서 살고, 반대로 믿지 않는 자는 영원한 형벌을 감수해야 한다.

> 한번 죽는 것은 사람에게 정해진 것이요 그 후에는 심판이 있으리니(히 9:27)

살아서는 일터 기쁨이 최고, 죽음도 기쁨

죽음에 대한 일터의 관점은 무엇이어야 할까? 바울의 말에서 힌트를 얻을 수 있다. 사도 바울이 로마 감옥에서 죽을(순교) 수도 있다는 생각으로 쓴 글이 빌립보서이다. 여기에는 사는 것도 유익한데 죽는 것도 유익하다고 말한다. 내가 그 둘 사이에 끼었다고 고백하는데 이는 사는 것도 좋고 죽는 것도 좋다는 의미다. 이는 모든 그리스도인이 가져야 할 죽음에 대한 좋은 태도이다. 어느 한쪽만 좋다고 하면 영적이나 육적으로 병들었음을 반영한 것이다. 왜냐하면 두 가지 모두 유익이 있기 때문이다. 사도 바울이 "살아 있는 것이 너희에게 너무 좋은 것"이라고 했는데 이는 일터(삶)의 열매가 풍성해져 본인은 물론 다른 사람에게 유익이 되어 좋고, 죽으면 그리스도와 함께 있게 되어 좋다는 의미다. 죽음이 올 때에는 기쁨으로 받아들이지만, 이 세상에서 주님이 더 살라고 하면 기쁨으로 본연의 일에 매진해야 한다는 것을 시사한다.

> 나의 간절한 기대와 소망을 따라 아무 일에든지 부끄러워하지 아니하고 지금도 전과 같이 온전히 담대하여 살든지 죽든지 내 몸에서 그리스도가 존귀하게 되게 하려 하나니
> 이는 내게 사는 것이 그리스도니 죽는 것도 유익함이라 (빌 1:20-21)

갑자기 죽음이 왔을 때도 동일한 태도가 필요하다. 세상 사람들은 갑작스러운 죽음에 크게 놀라 싫어하거나 슬퍼하는 마음이 고조된다. 그러나 믿는 사람은 갑작스러운 죽음도 하나님 섭리 안에 있음을 기억하면서 유익한 일이기에 우리에게 왔다고 생각하고 기쁨으로 받아들여야 한다. 실제로는 매우 어렵지만, 하나님의 주권을 인정해야 한다. 또한 갑작스러운 죽음 후에도 주님과 함께 있음에 대한 기쁨이 우리의 마음을 지배해야 한다. 결론적으로 믿음으로 누리는 영생을 감사하면서 물리적 죽음도 주님과 함께 기쁨으로 받아들일 수 있어야 하고, 죽음 이후에 주님과의 교제를 갈망하며, 예수님이 재림하실 때에 주께서 몸도 일으켜 주시리라는 것을 믿고 기쁨으로 죽음을 향해 나아가야 한다.

특히 믿는 자들은 죽음으로 나아갈 때 그동안 보고 싶었던 이들을 대면하면서 선한 싸움을 마치고 하늘나라에서 기쁨으로 만나자고 하면서 귀한 사역을 잘 감당해 달라고 부탁할 수 있다. 또한 믿지 않는 자들에게도 소망의 이유를 두려움과 떨림으로 설명하면서

진정한 회개와 믿음을 전할 수 있다. 여기서 죽어 가는 자가 죽은 자(안 믿는 자)들을 살리는 기독교 신앙의 역설을 확인할 수 있다. 이런 관점에서 일터에서 기쁨으로 일하고 세상의 빛과 소금으로 자리매김하는 것은 성도의 의무다. 더 나아가 오늘 세상에서 삶을 영위하고 있다면 삶의 현장에서 하나님이 부여하신 미션이 더 남아 있다고 감사하며 그것을 위해 매진하는 모습을 보여야 한다.

◎ 오늘의 묵상

Q 당신에게 죽음은 어떤 의미인가?

Q 당신은 죽음마저도 기쁨으로 받아들일 준비가 되어 있는가?

Q 당신은 오늘의 일터를 어떻게 해석하는가?

23. 시간 낭비가 최대 비극

우리는 삶을 영위하면서 몇 가지 큰 원칙이 있어야 한다. 그 어떤 것과도 바꾸지 않겠다는 중요한 삶의 원칙이 있어야 한다. 그렇다고 세상을 새롭게 창조하겠다는 엄청난 것이 아니다. 세상을 조금 더 좋은 곳으로 만드는 데 내가 약간이라도 이바지했으면 하는 그런 바람이 우리를 이끌어야 한다. 이를 위해 '시간을 낭비하지 말자'가 나의 인생철학에서 가장 앞자리에 있다.

첫째, 우리에게 이 세상은 한정된 시간만 머물 수 있는 곳으로 임시 정거장과 같다고 제대로 인식하는 것이다. 1분 앞도 제대로 내다보지 못하는 유한한 존재라는 사실을 직시해야 한다. 잠시 시간을 쪼개서 어떤 일을 할 수 있음이 얼마나 큰 선물이고 귀한 것인지 알아야 한다. 만약 오늘 눈을 뜨고 새로운 하루를 맞이했다면 승리가 예정된 패자부활전이 주어진 것이다. 어느 날 감사 제목으로 '새로운 하루를 주신 것'에 감사한다고 글을 올리자 댓글과 답장이 여러 개 왔다. 어떤 분은 '무엇인가 내가 할 수 있는 기회를 얻었기 때문'이라고 응원해 주었다. 또한 모두에게 새로운 하루가 주어지는 것이 아니라는 점을 알게 해주어 감사하다는 답변도 있었다.

둘째, 시간을 제대로 쓰라는 의미는 변화를 추구하는 삶을 살라는 것이다. 아니 도전하는 삶을 이어가라는 의미다. 필자는 학교를 졸업하고 직장을 얻고 스스로 존재감이 올라가면서 계속 도전하였다. 은퇴 후에도 하루하루가 도전이다. 어느 날 무선 이어폰이 없어서 유선 이어폰을 갖고 헬스장에 갔다. 얼마 전까지 쓰던 이어폰이었고 휴대폰도 같은 회사이니 당연히 쓸 수 있다고 생각했으나 무용지물이어서 낭패를 당했다. 새로운 핸드폰은 유선 이어폰을 꽂을 곳이 아예 없어 세상의 급변을 처절하게 일깨워 주었다. AI의 파고에 휩쓸리지 않기 위해 매일 AI를 공부하는 습관에도 스스로를 채찍질하고 있다. 일을 잘한다는 정의가 무엇일까? 매일 조금이라도 일을 더 잘하려고 변화를 모색하는 것이다. 일터는 진화하지 않으면 망한다. 나이가 많아 경험 많은 선배이지만, 때가 되면 은퇴해야 한다. 체력과 지식의 문제가 아니다. 앞으로 변화될 세계는 과거에 기반하지 않고 오늘을 토대 삼아(때론 단절하여) 새로운 세계로 나아가야 한다. 과거에 매몰된 사람은 그에 적합하지 않다. 시간이 갈수록 과거의 경험이 회사에, 특히 업무에 짐이 된다는 점을 솔직히 인정해야 한다. 하나님이 인간에게 자녀를 주고 더불어 생로병사를 통해 발전하게 하는 이유는 변화가 필요하기 때문이다.

셋째, 시간을 낭비하지 말라는 말은 자기 일을 사랑하라는 것이다. 바로 그곳이 천국이다. 세계 최고의 부자였던 석유왕 록펠러의 자서전적인 책(록펠러의 편지)에 하루 종일 음악이 흐르는 곳에서 맛있는 음식과 오락을 탐하는 사람의 이야기가 나온다. 그는 천국에서 완전한 행복을 누린다고 생각했다. 그런데 곧바로 심심해져 불평을 쏟아낸다. "천국이 왜 이러냐?"라고 목소리를 높인다. 그러자 지배인은 말한다. "여기는 지옥입니다!" 일이 없는 곳이 어디일까? 지옥이다. 성경은 명확하게 스올에는 일도 없다고 말한다. 록펠러는 일을 즐겁게 생각했고 고역이라고 생각하지 않았다. 성공한 사람들은 일에 자신이 희생당했다고 하지 않는다. 일을 할 기회를 받았다면 감사해야 한다. 일터에서 최악의 인재는 하루빨리 일터를 벗어나려고 노력하는 사람이고, 천국의 삶을 사는 사람은 '즐겁게 일하기'에 매일매일 스스로를 던진다.

> 네 손이 일을 얻는 대로 힘을 다하여 할지어다 네가 장차 들어갈
> 스올에는 일도 없고 계획도 없고 지식도 없고 지혜도 없음이니라
> (전 9:10)

은퇴 이후 유유자적은 최대 비극

넷째, 진정으로 시간을 낭비하지 않는 사람은 세상의 끝이 어디로 연결되는지 아는 사람이다. 현재는 어딘가로 연결되는 디딤돌에 불과하다. 세상을 살아가면서 비극은 그 끝이 어디인지를 제대로 알지 못하는 데 있다. 더욱이 그 끝에 극단이 있다는 것을 알지 못하는 것은 삶에 대한 최대의 낭비이자, 최대의 비극이다. 남보다 앞서기 위해 열심히 달렸는데 갑자기 낭떠러지가 나왔다. 몸을 던질 수밖에 없는 상황에서 곧 날개를 얻고 나는 사람이 있고 반대로 땅으로 내동댕이쳐지는 사람이 있다. 시간이 하나님의 주권하에 있다는 것을 알아야 한다. 예수 그리스도가 나를 위해 죽으시고 나의 죄를 사해 주었다는 고백이 교회는 물론 내가 가장 많은 시간을 투입하는 일터에서 촌각을 다투면서 손과 발로 증명될 때, 시간을 낭비하지 않은 삶을 산 것이다.

존 파이퍼 목사님의 유튜브 영상 중에 죽음을 맞이한 사람의 이야기가 나온다. 그는 평생 독신 간호사로 헌신하면서 80년 이상 봉사했다. 예수 그리스도를 본받는 삶을 살기 위해 가난하고 병든 자를 위해 사는 데 혼신을 다했다. 그와 같이 일한 의사는 카메룬에서 봉사활동 중에 브레이크 파열로 차가 낭떠러지로 떨어져 죽는다. "이분들의 삶이 비극인가?"라고 존 파이퍼 목사님은 묻는다. 그는 이제 고전이 된 〈리더스 다이제스트〉의 짧은 스토리를 통해 진짜 비극을 이야기한다. 50대라는 조금은 이른 나이에 은퇴한 2명이 그 이

야기의 주인공이다. 그들은 요트 유람을 하고 소프트볼을 하며 해변에서 조개껍질을 주우면서 유유자적하며 산다. 이것이 진정 비극이다. 왜 비극일까? 세상의 변화와도 관련이 없고 일을 사랑하지도 않았으며 인생의 끝이 어디로 연결되는지도 모르면서 시간을 낭비하고 있기 때문이다. 그런데 더 큰 비극은 이 세상을 살아가는 적지 않은 사람들이 이런 모습을 성공했다고 말하고 그런 삶을 꿈꾸며 살아간다는 점이다.

믿는 자는 각자 주어진 일터에서 진짜 시간을 아껴야 한다. 우리의 꿈이 좋은 차, 좋은 집 그리고 좋은 직장이 아니어야 한다. 더욱이 조기 은퇴를 통한 한적한 삶과 조개껍질 줍기와 같은 낭비를 해서는 안 된다. 하나님 앞에 설 때 설렘으로 말할 수 있는 그 무엇인가를 오늘 당장 내가 하고 있어야 한다. 완성이 아니어도 좋고 헤매고 있어도 좋다. 결과는 하나님의 몫이기 때문이다.

> 또한 모든 것을 해로 여김은 내 주 그리스도 예수를 아는 지식이 가장 고상하기 때문이라 내가 그를 위하여 모든 것을 잃어버리고 배설물로 여김은 그리스도를 얻고(빌 3:8)

◎ 오늘의 묵상

Q 세상을 아름답게 하는 것이 무엇이라고 생각하는가?

Q 일이 없는 것, 그것이 지옥의 삶이라는 데 동의하는가?

Q 어떤 일로 바쁜가? 혹시 진짜 비극의 시간에 매몰되어 있는 것은 아닌가?

24. 평범한 성도, 비범한 기쁨

출신 집안이나 환경을 평가하는 방법으로 수저가 자주 거론된다. 흙수저와 금수저가 단골 메뉴다. 부모님 등의 환경적인 도움 없이 오로지 자신의 노력으로 세상을 헤쳐나가야 하는 청년들을 흙수저라고 하고, 그 반대로 집안의 재력이나 사회적 계급을 바탕으로 남들이 부러워할 스펙을 쌓아 자랑하는 무리가 금수저이다. 더욱이 이전과 달리 갈수록 계층 간 이동이 힘들어져서 수저 구분이 출발선의 구분을 넘어 평생의 계층이나 신분을 결정짓는 핵심 요소로 여겨지고 있다. 이제는 은수저와 동수저, 나무수저라는 표현도 나돌고 있다. 집안의 부유함 정도를 수저의 재료로 세세하게 구분한 것이다. 이를 빗대어 기울어진 운동장과 사다리가 연관되어 다뤄진다. 출발선부터 크게 다르기에 공정한 경쟁이 힘들고 노력을 통해 지도층이 되거나 재력을 확보하는 것이 힘듦을 비유적으로 설명하는 데 유용하기 때문이다.

최근에는 핵수저라는 용어도 회자하고 있다. 연일 핵실험을 이어가는 북한의 최고 지도층을 일컫는 말이기도 하지만, 소위 상위 0.001%급 재력과 지위를 자랑하는 사람을 지칭하기도 한다. 넘볼 수 없는 지위를 상징하지만, 불공평한 세상을 혹평하는 의미도 첨가되어 있다. 어느 날 색다른 수저 하나를 만났다. 동물수저가 그 주인공이다. 신학대학원 설교 실습에서 동기 전도사가 예수님을 흙수저 밑에 동물수저라고 표현하였다. 예수님이 동물의 거처(마구간)에서 태어났기 때문이었다. 누구보다 비범하고 어떤 사람과 비교해도 능력 면에서 뛰어난 예수님의 탄생 비화는 흙수저만도 못한 셈이다.

출산이 임박한 마리아는 베들레헴에서 출산에 적합한 장소를 찾지 못하고 마구간에서 출산을 해야 했다. 산모로서 가장 힘들고 위험한 순간에 세상에서 가장 안 좋은 환경이 주어졌고 예수님은 그곳을 인생의 출발점으로 자처하셨다.

예수님은 근본 하나님이시다. 모든 피조물과는 비교가 되지 않는다. 세상의 최고 권력도 그 아래에 있고 만물이 그로 말미암아 탄생했다고 성경은 강조하고 있다. 시기적으로 만물보다 앞서 계신다고도 말한다. 소위 만물의 머리가 되신다. 심지어 부활에 대한 문을 열어 모든 생명을 구원하신 첫 열매로, '최고 존엄'이라고 하는 데 전혀 손색이 없다. 실제로는 다이아몬드 수저를 넘어서지만, 동물수저로 오신 겸손함의 최고 상징이다.

> 그는 보이지 아니하는 하나님의 형상이시요 모든 피조물보다 먼저 나신 이시니
> 만물이 그에게서 창조되되 하늘과 땅에서 보이는 것들과 보이지 않는 것들과 혹은 왕권들이나 주권들이나 통치자들이나 권세들이나 만물이 다 그로 말미암고 그를 위하여 창조되었고
> 또한 그가 만물보다 먼저 계시고 만물이 그 안에 함께 섰느니라
> 그는 몸인 교회의 머리시라 그가 근본이시요 죽은 자들 가운데서 먼저 나신 이시니 이는 친히 만물의 으뜸이 되려 하심이요(골 1:15-18)

흙수저에게 손 내미시는 예수님

더욱이 반가운 표현은 예수님께서 교회의 머리가 되셨다는 점이다. 믿는 자의 후원자가 되셔서 모든 권력을 우리에게 물려 주

신다. 우리는 흙수저의 지위를 벗어나지 못하지만, 믿는다는 이유로 인해 다이아몬드 위쪽으로, 수직으로 상승하는 특권을 주셨다. 얼마나 기쁜 일인가? 내가 내 힘으로 올라간 것이 아니라 믿음으로 그런 기회가 있다는 점이 가슴을 뛰게 한다. 일시적인 관계가 아니라 자녀 삼아 주심이라는 근본적인 지위 변동이니 더욱 감격하게 된다. 회사에서도 자연스럽게 지위 변동이 있다. 피나는 노력으로 한 계단 한 계단 위로 올라간다. 그 과정에서 많은 좌절과 상처가 있다. 심지어 책상이 없어지기도 하고 복도로 내몰린 의자와 책상을 오래전에 뉴스에서 본 적도 있다. 수시로 지역을 달리하는 지방 발령으로 사표를 쓰게 만드는 보다 악랄한 인사조치도 있었다. 반면, 금수저는 곧바로 임원으로 입사하고 남들이 수십 년 걸려 오른 임원 자리를 1-2년에 한 단계씩 올라간다.

그러나 잠시 있는 세상의 이런 모습에 동물수저인 예수님은 희망을 안겨준다. 지금 어떤 변화가 없더라도 기쁨으로 일하게 만든다. 세상 일도 소중하고 귀한 순간이지만, 그 평가자와 지배자를 압도하는 예수님이 그 위쪽에서 우리에게 손을 내밀고 있기 때문이다. 우리를 동역자로 삼아 주시고 설사 동물수저라도, 최고의 자리로 같이 손잡고 가자고 다독인다.

얼마 전에 지인에게서 받은 문자다. "혹시 올림픽 시상대에서 누가 가장 행복하게 웃고 있는지 본 적이 있으십니까?"라고 시작하는 내용은 대충 아래와 같다. 금메달 딴 선수는 뭐 원래 잘했던 선수니까 기쁘기도 하고 안도하기도 한다. 은메달 딴 선수는 금방 있었던 시합에서 져서 아깝게 금메달을 놓친 선수이니, 표정이 상당히 어둡다. 아쉬움에 매몰되어 기쁨을 제대로 느끼지도 못할 것 같다. 제일 표정이 밝은 친구는 동메달을 딴 선수라는 주장이 백미다. 이 선수는 3-4위 전으로 떨어졌다가 잘못하면 고국에 빈손으로 돌아갈 뻔했는데 3-4위 전에서 승리를 거둬서 동메달을 손에 쥐게 되어 매트에서 펄쩍펄쩍 뛰면서 좋아한다. 결론적으로 동메달을 딴 선수의 표정이 제일 밝다.

세상은 경쟁을 부추기고 노력을 통해 얻은 지위나 재력을 칭송한다. 심지어 언론은 사람이나 사람의 노력을 우상화하기도 한다. 그러나 우리는 안다. 이것이 물거품에 가깝다는 것을. 믿는 자는 영원한 것을 추구하는 사람이다. 과거에 어떤 환경에서 자랐느냐보다 더 중요한 것은 미래가 어디로 향하고 있느냐다. 일터에서 아무리 힘들더라도 기쁨으로, 다시 그곳으로 출근할 수 있는 것은 그곳은 찰나의 과정이고 세상이 어떠하든 간에 우리의 미래는 초격차와 퀀텀(Quantum) 점프를 뛰어넘는 신분 변화를 앞두고 있기 때문이다. 신분 변화는 믿음이 시작되는 순간 이미 시현되었다. 오늘 삼류 인생을 살고 있더라도 기쁨과 감사로 웃을 수 있다.

◎ 오늘의 묵상

Q 당신은 어떤 수저를 물고 태어났나요?

Q 당신은 집안 환경이 개인의 성장에 매우 중요하다고 생각하나요?

Q 동물수저인 예수님은 당신에게 어떤 희망이 되나요?

II. 거룩한 일터와 선교

1. 회사는 나를 성장시키는 플랫폼

1990년에 처음 입사해서 2025년에도 일하고 있으니 적지 않는 기간이다. 그런데 일은 끝이 없다는 생각에 머물면서 시작과 종료 시점을 논하는 것이 무의미하다는 결론에 다다른다. 공부를 하든, 가정에 머물든 일터 행진은 계속된다. 왜냐하면 넓은 의미로 보면 장소와 관계없이 남과 관계를 맺는 모든 것이 일이기에 살아 있는 동안 일은 계속된다. 예수님도 특별히 일이 무엇이라고 한정하고 일터와 다른 곳을 구분하지 않으셨다. 하루하루 모든 것이 일이요, 그가 선 곳이 일터였다.

> 예수께서 그들에게 이르시되 내 아버지께서 이제까지 일하시니 나도 일한다 하시매(요 5:17)

예수님이 "하나님이 일하시니 나도 일한다"라고 말하는 대목이 많은 것을 시사한다. 여기서 전문 사역자인 예수님의 일은 선교나 설교만을 의미하지 않는다. 흔하게 우리가 접하는 일상을 의미한다. 우리의 일, 좀 넓게 보면 우리의 모든 삶이 하늘과 연결되어 소명임을 일깨워 준다. 그러면 예수님의 일과 삶에 대한 목적은 무엇일까? 생명을 살리는 것이라는 생각 외에 다른 생각이 떠오르지 않는다. 그분이 태어난 목적이자 십자가에 돌아가시고 부활하신 이유이기 때문이다. 이것이 일에 대한 명확한 방향을 제시해 준다. 매일매일 우리도 생명을 살리는 일을 해야 한다.

일터에서 생명 살리는 일이라고 하면 솔로몬의 지혜가 생각난다.

그는 부나 명예 그리고 무기를 구하지 않고 백성을 섬기기 위해(일을 잘하기 위해) 지혜를 구하여 생명을 살리는 재판에 활용하였다. 한 자녀를 두고 두 어머니가 싸우자 칼로 아기의 몸을 가르라고 말한다. 그때 진짜 어머니는 모성애가 발동하여 중단을 외치지만, 가짜 엄마는 반대 입장을 취한다. 이런 지혜를 통해 진짜 엄마와 그 자녀를 살리고 정의도 살린다. 진짜 엄마가 아기를 빼앗기고 살아가야 하고 자녀가 다른 엄마 밑에서 양육될 것을 상상하면 끔찍하다.

일은 솔로몬에게만 위대한 것이 아니다. 우선 일은 나에게 축복이라고 생각한다. 일은 나의 생명을 살리고 기쁘게 한다. 물론 이런 기조가 입사 초기부터 있었던 것은 아니다. 신입 직원 시절에는 만족과 기쁨보다 불만으로 가득했다. 스스로 생각할 때 최고로 열심히 일하는데 누구에게도 인정받지 못한 것 같았다. 급여를 적지 않게 받았지만, 내가 일한 것을 생각하면 불만이었다. 남들보다, 특히 선배보다 더 잘하고 성과도 좋았는데 연공서열적인 월급 체계가 불만의 발로였다. 더욱이 남을 비방하는 데는 상대방과 나의 구별이 없었다. 화장실 앞에 모이면 모두가 불만을 토로하기에 바빴다. 시간이 자유로운 식사 시간이나 커피 한잔하는 시간에는 모든 상사를 먹잇감으로 올려놓고 갈기갈기 찢기 시작한다. 그럴 때는 의견 통일도 쉽다. 시간도 빨리 간다.

월급에 덤으로 실력도 키워

그런데 중고참이 되고 나니 일터가 다르게 보였다. 회사가 나를 키워주고 있다는 생각이 들었다. 요즘 말로 회사가 나의 성장의 플랫폼 역할을 한다는 생각이 들었다. 나에게 월급을 주고 나에게 일하는 방법을 가르쳐주고 있다는 생각이 들었다. 실제로 그랬다. 직장에서 새롭게 일하는 방법을 배우고 선배로부터 공짜로 노하우도 전수받았다. 그렇게 생각하니 일이 힘들지 않았다. 아니, 일해서 월급도 받고 배우기까지 하는데…. 이런 관점으로 시각을 교정하니 완전히 회사가 다르게 보였다. 더욱 결정적인 순간은 해외연수를 갈 때였다. 중국이 한국 경제의 미래를 결정한다면서 모두 중국 가기를 선망하던 때에 해외 연수자로 선발되어 중국 대학에서 1년간 공부할 기회를 잡았다. 더구나 월급을 받으면서 학비와 생활비도 덤으로 받았다. 좋은 제도 덕에 책값도 따로 받은 기억이 있다. 일이 축복을 넘어 나에게 영광으로 다가왔다.

그러나 이런 영광은 출발에 불과하였다. 전문가로 신문에 기고도 하고 방송에도 출연했는데 가만히 되돌아보면 회사의 경력이 거의 모든 것을 결정하였다. 이력서를 건네면 면접 없이 거의 무조건 OK였다. 대학교에서 강의하는 데도 회사가 만들어준 경력을 바탕으로 모든 것이 일사천리로 통과되었다. 일과 회사는 원래 나의 수준보다 나를 더 키워주었다. 그런데 수업료를 지불하지 않았을 뿐만 아니라 월급을 받았다. 마지막에 정산(퇴직)할 때 신비롭다는 설명 외에 다른 것을 덧붙일 것이 없었다.

◎ 오늘의 묵상

Q 직장에서 생명을 살리고 있는가?

Q 일을 축복이라고 생각하는가, 아니면 저주라고 생각하는가?

Q 회사가 나를 성장시키는 플랫폼이라는 데 동의하는가?

2. 하나님은 나의 직장 멘토

오늘날 직업은 다양하다. 그러면 수천 년 전 창조시대의 직업은 단순했을까? 적지 않은 사람들은 상당 기간 동안 특별한 노하우가 필요 없는 목축업에 종사했을 것으로 추정한다. 그러나 우리는 성경 속 인물인 가인과 아벨을 통해 사람이 살기 시작한 후 얼마 지나지 않아 목축업 외에도 한 곳에 머물면서 농사를 짓는 직업이 시작되었음을 알 수 있다. 시간이 조금 더 흘러 창세기 4장에 특별한 직업이 등장한다. 현재와 큰 차이가 없음을 알려주는 인물들이 등장한다. 목축은 야발이 시조이며, 그의 동생 유발은 수금과 퉁소, 즉 악기를 능숙하게 다루어 새로운 직업을 개척하였다. 두발가인은 구리와 쇠로 기구를 제조하였다고 성경은 새로운 직업을 다시 거론하고 있다. 다시 말하면 인간의 역사는 다양한 직업과 함께 시작했다. 농사와 같은 1차 산업은 물론 악기를 통해 문화를 발전시키는 예술이라는 3차 산업도 있었고, 기구 제조를 통해 삶을 풍성하게 인도하는 제조업이라는 2차 산업도 아주 오래전에 개시되었다. 통상 직업이나 재능은 스승과 제자 관계를 통해 형성된다. 회사에서 멘토와 멘티를 통해 업무 노하우를 전수함을 감안할 때 하나의 의문이 생긴다. 인류 역사가 시작될 때 다양한 분야의 재능은 누구에게서 배웠을까?

아다는 야발을 낳았으니 그는 장막에 거주하며 가축을 치는 자의 조상이 되었고
그의 아우의 이름은 유발이니 그는 수금과 퉁소를 잡는 모든 자

의 조상이 되었으며
씰라는 두발가인을 낳았으니 그는 구리와 쇠로 여러 가지 기구를
만드는 자요 두발가인의 누이는 나아마였더라 (창 4:20-22)

다른 말씀을 보면 힌트가 나온다. 직업적으로 두발가인의 멘티였을 브살렐이라는 생소한 이름이 출애굽기 35장에 등장한다. 그는 금, 은, 놋을 활용하여 제품을 만들었고, 보석과 나무를 활용하는 데 뛰어난 재주를 갖고 있었다. 현대 용어로 '아주 탁월한 장인'이었음을 추정할 수 있다. 광야에서 성전 만들기에 헌신했던 그에게 흥미로운 점은 직업적인 지혜와 총명이 하나님에게서 왔다는 점이다. 실로 놀랍다. 구체적으로 현장 업무를 하는 전문가들의 재능이 회의실에서 만나 토의하고 실험실에서 테스트하면서 만들어졌다고 생각했는데 그 기원은 하나님이었다. 출애굽기 35장 32절에 '기술을 고안했다'는 것은 오늘날 표현으로 '창조했다'는 말이다. 고안은 없던 것을 새로 만들었음을 의미하기 때문이다. 우리는 하나님을 만나면 영적으로만 충만해지는 것으로 생각한다. 그러나 아니다. 부활한 예수님이 베드로에게 어업을 지도하듯이 제조업, 아니 구체적이고 정교한 기술도 하나님이 친절하게 안내하고 있음을 성경은 구체적으로 보여준다.

모세가 이스라엘 자손에게 이르되 볼지어다 여호와께서 유다 지파 훌의 손자요 우리의 아들인 브살렐을 지명하여 부르시고 하나님의 영을 그에게 충만하게 하여 지혜와 총명과 지식으로 여러 가지 일을 하게 하시되
금과 은과 놋으로 제작하는 기술을 고안하게 하시며

보석을 깎아 물리며 나무를 새기는 여러 가지 정교한 일을 하게 하셨고(출 35:30-33)

직업은 하나님으로부터 부여받은 임무

루터는 성직자에게만 쓰였던 단어 베루프(Beruf, 소명)를 일반 '직업'을 나타내는 단어로 사용했다. 그는 직업이 단순노동(Arbeit)이 아니라 베루프(소명)임을 천명한 것이다. 루터는 또 고린도전서 7장에 유독 많이 등장하는 '부르심'이란 단어를 직업을 의미하는 독일어 베루프로 번역하여 직업이란 '소명'(부르심)과 마찬가지이며, '신으로부터 부여받은 임무'임을 강조하였다. 이에 대해 독일의 사회학자 막스 베버는 루터가 근대적 의미의 직업 개념을 창출했다고 평가하였다(《FWIA BUCKET 일》, 순출판사). 소명론이 점잖은 이론이나 공허한 소리에 머물면 곤란하다. 힘이 없기 때문이다. 겉은 웅장하고 화려한 기계 설비이지만 작동하지 않는, 제품을 만들지 못하는 그런 수준에 머물면 안 된다. 그것은 소명론을 종이 호랑이로 만드는 것이다. 그래서 일터에서 우리는 하나님께 솔로몬이 구한 '지혜'를 넘어서는 아주 구체적인 재능도 구해야 한다. 브살렐에게 임한 하나님이 우리 일터에서도 역사하실 것을 확신하는 것이 바로 믿음이다.

지금은 창조의 시대다. 우리의 선배나 멘토에게 없던 AI와 빅데이터를 기반으로 일해야 한다. 앞의 32절에 '기술을 고안하게 하셨다'는 구절에 주목해야 한다. 최첨단 기술마저 너무나 당연하게도 하나님의 주권하에 놓여 있다. 기업들은 미래 전략을 마련하기 위해 오픈 이노베이션(Open innovation, 외부의 기술을 접목하는 혁신의 한 종류)이나 이업종 교류(다른 업종의 기업과 교류하여 기술융합화를 꾀하는 혁신 방안)에 적극 나서고 있다. 이것들은 새로운 기술이나 제품을 스스로의 재능이나 회사 내 기술에서만 찾지 않고 외부에 의존하는 최신 경영혁신 기법이다. 일터에서 매일 고민하는 우리는 새로운 제품과 기술이 하나님의 주권하에 있음에 유의해야 한다. 내 직업을 만드신 분이 하나님이니 나의 영원한 멘토도 역시 하나님이다. 그래서 하나님께 일터의 고민을 올려 드려야 한다.

◎ 오늘의 묵상

Q 일터에서 누가 당신의 멘토인가?

Q 일이 직업을 넘어 소명이라는 데 동의하는가?

Q AI 등 신기술도 하나님의 주권하에 있음에 동의하는가?

3. 해외 선교 VS 일터소명

성경에서 형통한 자로 대표된 인물이 요셉이다. 여호와께서 요셉과 함께하시므로 그가 형통한 자가 되었다(창 39:2)고 성경은 증거한다. 그가 노예로서 단순히 하나님과 비밀리에 소통하는 자에 그치지 않고 그 주인이 여호와께서 그를 범사에 형통하게 하심을 보게 하였다고 그다음 절은 언급한다. 어쩌면 요셉은 애굽의 경호실장이었던 보디발의 집에 노예로 팔려와서 일했던 것을 그의 경력에서 지우고 싶었을 것이다. 아버지에게서 사랑을 듬뿍 받았던 아들에서 노예로 전락한 것에 대한 억울함보다 동고동락했던 형들에게서 인신매매를 당했다는 사실에 복수심이 밀려왔을 것이다. 타지에서 잠도 제대로 자지 못하고 복수하는 악몽을 여러 번 꾸었을 것이다.

그런데 그에게 더 수용하기 힘든 일은 그다음이다. 보디발의 아내에 대한 강간 미수범이라는 누명이 덮어 씌워져서 노예에서 더 아래인 죄수로 전락한다. 여기서도 여호와께서 요셉과 함께하신다(창 39:21)는 대목이 나온다. '세상에 이런 일이'라는 프로그램에 나올 만큼 이해하기 힘든 일이다. 아니 억울하게 누명을 쓰고 인생 황금기인 20세 전후의 젊은 시절에 죄인이 되었는데 하나님이 함께하셨다고? 죄에 대한 누명을 벗겨주고 보디발의 아내에게 최소한 사과를 받아야 하지 않을까? 노예 신분을 벗어나 보디발의 아들로 입양되어야 하는 것이 하나님이 함께하시는 것이 아닐까?

그런데 그곳은 일반 잡범이 모이는 곳이 아니라 '왕의 죄수'를 가두는 감옥이었다. 각 분야에서 쟁쟁한 실력자들이 왕의 비서 등으로 근무하다가 눈 밖에 나서 잡혀 들어온 곳이다. 그러니 요셉은 당대 최고의 실력자들과 거의 하루 종일 교제하는 등 다양한 경험을 했을 것이다. 나중에 꿈을 해몽하는 것을 통해 새로운 전기를 마련하지만, 진짜 요셉의 실력은 죄수면서 죄인들과 교제하고 '죄수에 대한 제반 사무를 처리할 때'(창 39:22)에 터득했을 것으로 짐작된다. 여기서 간수장은 요셉에게 전권을 맡겼는데 그 이유가 '하나님이 함께 하셔서'라고 말한다. 죄수 때 얻은 지식은 나중에 총리가 되어 흉년에 대비(곡식을 거저 주지 않고 돈을 받고 팔고 창고를 지음)하는 등 다양한 프로젝트를 진행할 때 엄청난 도움이 되었을 것이다. 회사에서 인사 발령은 대부분 원하는 곳과 다르게 난다. 인사 책임자로 있을 때 기획실에서 홍보실로 발령 냈다는 이유로 한 직원의 가족으로부터 항의를 받아 힘든 시간을 보낸 적이 있다. 나는 확신한다. 당시에는 서운했어도, 아마도 훗날에 홍보실 경험이 귀하게 쓰였을 것이다.

> 여호와께서 요셉과 함께하시고 그에게 인자를 더하사 간수장에게 은혜를 받게 하시매
> 간수장이 옥중 죄수를 다 요셉의 손에 맡기므로 그 제반 사무를 요셉이 처리하고
> 간수장은 그의 손에 맡긴 것을 무엇이든지 살펴보지 아니하였으니 이는 여호와께서 요셉과 함께하심이라 여호와께서 그를 범사에 형통하게 하셨더라(창 39:21-23)

일에 대한 소명의식이 진짜 실력

요셉의 일터 현장은 하나님의 통치가 임한 곳이다. 분명히 요셉은 스스로 하나님이 미래를 위해(생명을 구하기 위해) 노예와 죄수로 보냈다(창 45:5)고 고백하고 있다. 다시 말해 요셉이 목동 ⟶ 노예 ⟶ 죄

수 …▸ 총리 등으로 이어지는 기구한 직업의 역사 가운데 한 번도 놓지 않았던 것은 하나님이 보내셨다는 소명의식이다. 좋은 자리, 빛나는 명예가 있는 곳만 소명의 일자리가 아니다. 지금은 힘들지만, 미래에 생명을 살리는 일에 쓰기 위해 그가 일하는 곳에 하나님의 통치(Reign of God)가 임하면 된다.

일반 회사에 다니다가 튀르키예에서 선교사로 일한 목사님이 있었다. 좀 더 하나님의 일에 전력투구하기 위해 생업도 포기하고 훈련을 받고 해외로 나갔다. 오직 하나님의 영광을 위해…. 일터소명에 대한 강의를 들으면서 이해가 가지 않는다고 질문했다. "하나님의 사역을 위해서는 소위 세상 일을 내려놓아야 하는 것 아닌가? 어떻게 기존 일을 계속하면서 하나님 사역을 한다고 할 수 있지? 하나님의 부르심을 의미하는 소명은 세상 직업을 벗어 던지고 선교사나 목사로, 풀타임으로 헌신하는 것이라고 생각했는데…." 목사님의 질문을 요약한 것이다.

하나님의 일을 하겠다면서 다니던 직장을 그만두고 해외로 나가는 사례가 적지 않다. 아주 귀한 일이다. 그것이 귀한 만큼 잊어서는 안 되는 것이 있다. 평신도로서 일터에서 하나님의 통치가 임한 가운데 요셉처럼 일한다면 해외로 나간 선교사 못지않게 귀한 것이다. 넓게 보면 선교사도 세상에 있는 여러 개의 직업 중에 하나다. 하나님의 입장에서 모든 사람에게 선교사로 헌신하라고 하지 않는 것처럼 각자의 은사대로 모두의 일터에서 하나님과 함께 일하는 은혜를 구하면 된다. 따라서 선교사로 헌신한 것이 귀한 만큼 일터 현장에서 하나님이 주신 은사를 갖고 세상에서 빛과 소금의 역할을 수행하고 있다면 또 다른 선교사다. 적지 않은 목회자들이 '평신도'라는 말을 싫어한다고 말한다. 성경에 근거도 없고 교회 직책을 서열화하는 느낌도 들기 때문이다. 성도에게 하나님은 서로 다른 은사를 주셨고 그것을 통해 세상을 살리고 아름답게 하는 일에 위와 아래가 있을 수 없음은 자명하다.

> 그가 어떤 사람은 사도로, 어떤 사람은 선지자로, 어떤 사람은 복음 전하는 자로, 어떤 사람은 목사와 교사로 삼으셨으니(엡 4:11)

◎ 오늘의 묵상

Q 당신은 오늘 어떤 일로 하나님께 영광을 돌리고 있는가?

Q 요셉에게 함께하신 하나님이 당신의 일터에서도 함께하시는가?

Q 당신은 '일터소명=일터에 대한 하나님 통치'에 동의하는가? 하나님의 통치는 무슨 의미인가?

4. 일터는 거룩한 사역지

좋은 직장에 대한 기준은 무엇일까? 오래전부터 알고 지낸 특이한 친구가 한 명 있었다. 좋은 건물을 갖고 있는 회사가 최고라는 것이 그의 평가였다. 출근할 때 뽐내며 사무실로 들어갈 수 있고 여자 친구와 데이트할 때도 은근히 자랑할 수 있다고 했다. 결정적인 한 방은 그다음에 나온다. 자가 건물을 갖고 있다는 것은 회사의 자산이 많다는 증거이고 영업 손실이 나도 임대 소득이 있으니 자금적으로 안정적일 수 있다고 했다.

필자도 좋은 건물을 갖고 있는 회사에 다녔다. 출근할 때 스스로 '슈퍼 엘리트'라는 마법을 걸었다. 좋은 건물에 좋은 근무 환경이니 나의 실력도 매우 높다고 세뇌를 하였다. 건물 외관과 관계없이 그만큼 일이 힘들었다는 방증이고, 다른 곳에서 의미를 찾지 못하니 회사 건물과 스스로 칭찬하기에 몰두한 것을 아닐까? 어찌하든 좋은 건물에 출근하는 것을 높게 평가했으니 지금 생각하면 헛웃음만 나온다.

신입 초기에 회사를 왜 다니느냐고 묻는다면 그야말로 퇴근하기 위해 다녔다고 할 수밖에 없었다. 모든 시간이 긴장이었고, 사람을 만나거나 전화로 많은 업무를 처리하는 것은 스트레스 그 자체였다. 이런 사고방식은 일터에서 퇴근 전후 1시간만 짧은 행복감을 느끼도록 나를 내몰았다. 퇴근을 앞둔 30분이 좋았고 퇴근 후 30분이 날아갈 듯 기뻤다. 이런 시간이 지나면 곧바로 내일 출근할 것이 걱정되었다. 당시로는 내 성격이 지극히 소심하여 누가 내 혈액형을 물으면 '트리플 A형'이라면서 이런 성격을 유전자 탓으로 돌렸다. 그러나 조금 지나자, 주말을 위해 회사에 다니는 사람으로 업그레이드되었다. 당시 토요일에도 오전에 근무했는데 걱정이 없는 시간이 토요일 오후부터 일요일 오전까지로 설정되었다. 여자 친구를 만나 데이트하고 각종 이벤트를 하면서 주말이 좋았지만, 그야말로 24시간에 한정되는, 잠시 머무는 행복이었다.

주님과 함께 출근하며 배우는 행복

어느 날부터 회사는 실력을 키우는 곳이라고 생각하게 되었다. 다행히도 회사가 다양한 복지 혜택을 시행하고 있어 우선 그 제도를 이용하니 너무 좋았다. 전공인 무역실무와 영어 회화가 내 먹잇감이었고, 그다음은 일본어와 중국어를 정복해 나갔다. 실제로는 어학에 별로 소질이 없어 정복과는 거리가 멀었지만, 공부하는 순간이 기뻤다. 예습과 복습하는 재미에 스트레스를 잊을 수도 있었다. 특히 새벽에 학원을 다니면서 아침 공기의 상쾌함과 남이 안 할 때 나만 공부한다는 기쁨이 있었다. 나중에는 학위에도 도전하면서 석사 학위는 회사에서 절반 정도 수업료 지원을 받았던 기억이 있다. 더구나 이때는 필요에 따라 공식적으로 공부한다고 일찍 퇴근할 수 있었고 처음으로 같이 공부하는 사람들과 대외적인 네트워크도 쌓았다. 더구나 아내는 공부하는 나를 응원해 주었고 딸과 아들에게도 열심히 사는 모습을 보여줘 더없이 좋은 유산을 물려주는 것으로 생각하였다.

스스로도 TV 앞에서 웃는 시간이 의미가 없어 보여서 한때는 거실의 TV도 없앴다. 그때 알게 되었다. 열심히 무엇인가를 배우면서 일하는 것이 좋은 직장을 만드는 최고의 비법이라는 생각을 깨달았다. 더 알고 더 잘하려는 노력은 퇴근 후 7시부터 10시 30분까지 거의 매일 공인노무사 시험을 준비하는 학원에 출근(?)하는 것으로 이어졌다. 그 당시 인사업무가 회사의 최대 현안일 때였다. 피곤했지만, 공부가 내 실력도 높이고 업무에도 도움이 된다고 생각하니 일석이조의 행복으로 다가왔다. 최고의 대박은 1년간의 해외연수였다. 업무를 떠나 새로운 체험을 하게 되었고 가족과 떨어져 있으면서 가족의 소중함을 덤으로 느끼게 해주었다. 이런 과정에서 열심히 배우고 그것을 바탕으로 업무를 더 잘한다고 알려져 회사에서 나의 평판도 좋아졌다.

　회사가 홍콩의 건물을 팔아 위기를 넘긴 적이 있다. IMF(국제통화기금) 구제금융 언저리여서 거의 1달러대 1,600원 정도로 환전했던 기억이 있다. 몇 달 전만 해도 1달러대 900원이었으니 담당 직원의 노력으로 거의 2배나 더 받은 것이다. 그런데 모두가 환호하고 절묘한 타이밍에 감탄해야 하지만, 내부에서는 반대 논리도 적지 않았다. 더 받을 수 있었는데 더 받지 못했다는 비난은 물론, 누구라도 할 수 있는 평범한 일이라고 평가절하하기도 하였다. 환율이 오른 다음에 건물을 파는 것이 뭐가 대단하다고 포상해야 하느냐는 논리가 고개를 들었다. 이어서 다른 부서는 두각을 나타내어도 겉으로 잘 드러나지 않는데 재무팀은 수치로 보일 수 있는 업무가 많아 승진에 유리하다는 주장도 비등하였다. 실제로 수백억 원의 이익을 가져왔지만, 약간의 포상금으로 막을 내린 사건이었다. 결국 지나친 경쟁의식으로 나도 행복하지 않지만, 남도 행복해하는 모습을 허락하지 않는 곳이 일터였다.

　어느 날부터 일터신학으로 무장하여 주님과 함께 출근하니 회사가 달라 보였다. 여전히 세상 논리가 지배하는 곳이지만, 하나님이 함께하시니 회사는 거룩한 곳이라는 생각이 들었다. 주님께 기도한 후에 일을 시작하고 지혜를 달라고 틈틈이 간구하면서 그곳이 예배 처소가 되었다. 그래서 모세에게 임했던 하나님의 목소리가 회사에서 들리는 것 같았다. "네 발에서 신을 벗어라." 호렙산에서 모세에게만 들렸던 말이 아니다. 전쟁터와 같은 일터에서 울려 퍼진 말이다. 이 말씀은 일하는 곳이 거룩한 곳이라는 의미이고 겸손과 순종으로 옆 사람을 섬기는 방식으로 예배를 드리라는 명령이었다. 회사의 CEO를 하나님으로 변경하면 일터는 거룩한 곳이자, 모두가 함께 행복한 곳이다. 무엇보다 최고의 선교지 중 하나라는 데 다른 의견이 없을 것이다.

> 여호와의 군대 대장이 여호수아에게 이르되 네 발에서 신을 벗으라 네가 선 곳은 거룩하니라 하니 여호수아가 그대로 행하니라 (수 5:15)
>
> 주께서 이르시되 네 발의 신을 벗으라 네가 서 있는 곳은 거룩한 땅이니라(행 7:33)

◎ 오늘의 묵상

Q 당신은 회사를 어떤 곳으로 생각하는가?

Q 당신에게 회사에서 가장 행복한 순간은 언제인가?

Q 당신의 일터는 전쟁터인가, 아니면 거룩한 곳인가?

5. 천국에서 볼 수 있다는 기쁨

"We'll see you in heaven"(천국에서 뵙겠습니다).

2025년 1월에 당시 미국 바이든 대통령이 지미 카터 전 대통령의 장례식장에서 낭독한 추도사 중 일부다. 바이든이 카터 전 대통령의 신앙심과 인간적 면모를 존중하며, 그가 천국에서 평화롭게 쉬기를 바라는 마음을 담은 표현이지만, 필자에게 예사롭지 않게 들렸다. 정치인으로서 같은 일에 종사한 선배에게 이보다 더 존경의 마음을 담은 표현이 있을까? 선배로서 많은 것을 지도해준 것에 대한 감사함도 진하게 묻어난다. 특히 '우리는 천국에서 볼 것'이라는 대목은 잔잔한 여운을 넘어 우리의 삶이 어떠해야 하는지를 말해준다면 너무 확대한 해석일까?

같은 날 추모식에는 제럴드 포드 전 대통령의 아들인 스티브 포드(Steve Ford)도 참석했다. 아버지가 카터의 정적이었음에도 불구하고 현장에 참석하여 감동 어린 추도사를 추가하여 청중에게 품격 높은 유머를 안겨주었다.

"Personally, Jimmy, I look forward to seeing you again. We have a lot of catching up to do. Thank you, Mr. President, and welcome home. As an old friend would say, welcome home"(개인적으론 지미, 다시 만나길 고대하네. 우리는 해야 할 이야기가 많으니. 고맙네, 대통령님, 고향에 돌아온 걸 환영하네. 오랜 친구로서 이렇게 말하고 싶네, 고향에 잘 돌아왔다고). 물론 아버지를 대신하여 속마음을 표현한 것이지만, 경쟁자로서의 모습은 간 곳이 없고 인간적 유대가 돋보이는 문장이었다. 특히 고향이라는 단어는 여기서 천국으로 해석될 수 있다. 지금 살고 있는 곳이 우리에게 임시 거처요, 그 신분은 나그네이다. 영원한 본향이 따로 있기 때문이다. 이 문장도 역시 "우리 천국에서 만나서 못다 한 이야기를 실컷 나누세"로 요약된다.

교회에서 함께 사역훈련을 받은 집사님은 대학생인 둘째 딸을 먼저 천국에 보냈다. 특히 어릴 때부터 유전적인 심장병으로 고통 가운데 있다가 유명을 달리하여 부모 마음이 찢어지는 듯했을 것이다. 당시 같이 많이 울어 주었던 기억이 아직도 생생하다. 그런데 우리는 그때는 물론 지금도 서로 위로할 수 있다. 천국에서 다시 만날 소망이 있기 때문이다. 이별은 잠시이고 조금만 있으면 재회하니 너무 슬퍼하지 말자고 다독일 수 있다. 그리스도를 믿는 성도였지만, 정반대 사례도 경험했다. 오래전에 입사 동기를 암으로 먼저 보냈다. 그 친구는 실력도 있고 매너도 좋지만, 생전에 다소 소심하여 상사와의 관계도 안 좋고 본가는 물론 처가와도 원만하지 못한 것으로 알려졌다. 그런데 상가로 조문하러 온 삼촌을 알아보지 못하는 동기의 자녀를 보면서 너무 마음이 아팠다. 얼마나 왕래가 없었으면 초등학생인 조카가 삼촌(아빠의 동생)을 알아보지 못할까? 가족임에도 알아보지 못하는 모습은 추도식 참석자 모두를 슬프게 만들었다.

일터 동료와도 천국 소망 작동해야

성도인 우리는 언젠가 다시 만난다는 소망을 품고 있다. 그런데 우리는 가족은 다시 만난다고 하면서 일터에서의 동료는 다시 만난다는 생각을 하지 못한다. 천국에서는 장가도 시집도 가지 않는다고 했으니, 가족만 만나는 것은 아닐 것이다. 일터의 사람도 분명히 다시 볼 텐데 '오늘 이렇게 해도 될까?'를 반문하고 말과 행동을 다듬어야 한다. 믿는 자가 누리는 최고의 특권은 장례식이 아닌 천국 환송예배라는 명칭에 있다고 생각한다. 그래서 죽음은 이별로 인한 슬픔이지만, 동시에 잔치여야 한다. 천국에 갈 것을 확신하고 이를 축하하는 모임이기 때문이다. 또한 먼저 가서 있으면 잠시 후에 다시 만날 것이니 조만간 보자고 약속하는 자리다.

믿음을 갖고도 일터에서 관계가 좋지 않은 사람을 너무나 많이 보았다. 교회에서의 모습과 일터에서의 모습, 그리고 가정에서의 모습이 너무 다른 사람도 적지 않다. 우리는 일터에서도 믿음의 성도답게 살아야 한다. 일터도 우주의 주인이신 하나님의 주권하에 있는 거룩한 곳이기 때문이다. 그곳에서 만난 사람도 천국에서 다시 볼 것을 전제하고 서로 기댈 수 있어야 한다. 아니 반드시 다시 보자는 마음으로 전도하고 일로 도와야 한다. 천국은 내가 가야 할 곳이기도 하지만 일터에서 만난 동료와도 못다 한 이야기를 나눠야 할 영원한 고향이다. 더욱이 그리스도인의 시민권은 태어날 때부터 하늘에 있으니 부수적인 세상일로 척을 져서는 절대로 안 된다.

◎ 오늘의 묵상

Q 일터의 동료를 천국에서 다시 본다는 생각을 한 적이 있는가?

Q 가족은 다시 만난다고 생각하면서 회사 동료는 그렇게 생각하지 않는 이유는 무엇일까?

Q 동료에 대해 '천국에서 다시 볼 사람'이라는 인식이 필요하다. 동의하는가?

6. 다윗이 당한 4배의 벌

직장에 다니면서 최고의 불만은 존경받지 못한 사람이 잘나간다는 것이다. 더욱이 후배들을 못살게 구는 사람이 먼저 승진하는 경우를 너무 많이 봤다. 아주 오래전이지만, 활동비로 물품을 부정하게 구입하여 윗사람을 잘 보살피거나 대외 네트워크를 강화하는 데 활용한 선배는 승승장구하였다. 또 6시쯤 퇴근이 임박해서 새로운 일을 부여하고 저녁 식사하고 올 테니 그때까지 일을 해놓으라는 선배가 있었다. 10시쯤 사무실로 돌아와 미션(?)을 검토하기 시작하면 새벽 1-2시가 되어서야 마무리된다. 한두 번도 아니고 계속 반복되면서 그 선배가 먼저 병원에 입원하였다. 그는 해외지부장에서 다른 지역 책임자로 영전하는 전무후무한 특혜를 누렸다. 해외지부장으로 나가는 것이 힘든 때에 2번 연속 해외지부장을 수행한 것이다. 이런 것이 악한 것은 아니지만, 불공정하다고 생각했다. 입사 후에 공정하다고 생각한 것보다 그렇지 않은 것이 더 많은 것이 회사라는 것을 아는 데 오래 걸리지 않았다. 그래서 나중에는 불공정이 일터에서는 당연한 것이라는 결론을 내렸다.

회사의 규모가 작든 크든 관계없이 일터 곳곳은 불공정이 판을 친다. 돈이 좀 있다는 이유로 운전사에게 나쁜 짓을 하는 최고 경영자들도 적지 않다. 가족 및 개인 일정은 물론 심지어 개인 소유 애완동물을 병원에 보내는 데 운전사를 동원하기도 한다. 또한 폭언도 예사여서 "너는 왜 이렇게 일을 못하느냐"라는 인격 무시의 말을 다반사로 하기도 한다. 높지 않은 임금과 많은 근무시간은 그다음 문제. 갑작스럽게 보복성 해고를 당하기도 한다. 얼마 전에는 재벌

오너가 난폭 운전을 했는데 그 밑의 직원이 대신 죄를 뒤집어쓰려고 자수했다가 들통난 사건도 있었다. 이런 사건은 한때 주목받지만 곧 잊혀진다. 그리고 그런 행위를 했던 경영자들은 아무 일 없었던 것처럼 이전과 똑같이 특권을 누린다.

성경에서 가장 잘나간 인물로 모두가 다윗을 주저 없이 들 것이다. 물론 고난의 세월이 없었던 것은 아니지만, 하나님의 마음을 흡족하게 했을 뿐만 아니라 이스라엘 민족을 번영케 하는 데 그만한 인물은 없었다. 오죽하면 성경은 예수 그리스도가 다윗의 혈통임을 반복해서 이야기하고 있을까? 그런데 그런 혈통에 이해하지 못할 부분이 등장한다. 바로 밧세바와의 간통이다. TV의 막장 드라마를 넘어서 직접 살인한 것이나 마찬가지다. 군대를 통솔하는 왕이 자기 군대는 전쟁터에 내보내고 왕궁에 머물면서 우연히 지붕을 거닐다가 목욕하는 아름다운 여인을 보게 되고 그를 불러들여 간통을 하게 된다. 그 여인은 자기 부하 군사인 우리아의 아내로 밧세바였다. 더 무서운 장면은 그다음이다. 자기로 인해 밧세바가 임신한 것을 알게 된 다윗은 자기 죄를 감추기 위해 우리아를 집에 보내 같이 있으라고 유도했으나 실패한다. 혼외 임신을 은폐하기 위한 술책이었다. 그러자 우리아를 전쟁터의 가장 위험한 곳으로 내몰아 끝내 죽게 만든다. 어떻게 보면 인간으로서 도저히 해서는 안 되는 막장이, 믿는 자들의 모델이자 인간 중 하나님의 자녀로 최고의 반열에 올라와 있는 다윗에게서 일어났다.

인간에게 어울리지 않는 '공평'

그는 나단 선지자가 간접적으로 그의 과오를 지적할 때에도 무심코 지나가는 모습을 보였다. 죄의식이 없었다. 그 반증이 사무엘하

12장 5절에 나온다. 나단 선지자가 자기에 대해 빗대어 말하고 있는데 그것마저 느끼지 못한 것이다. 당시 절대권력의 왕이었으니 그럴 수도 있다는 생각이 들지만, 하나님의 관점에서는 아닐 것이다. 다윗에게 회개의 기회가 없었던 것은 아니다. 밧세바와의 사이에서 태어난 아이가 병들어 죽게 된다. 이로 인해 잠시 회개하는 듯했지만, 자복하고 깊이 뉘우치지 못했음이 곧 드러난다.

그런데 말씀을 꼼꼼히 보면 다윗은 잘나기만 한 것이 아니라 하나님은 다윗에게 자녀의 죽음을 통해 그의 죗값을 당시 율법대로 충분히 지불하게(죽게) 하셨다는 것을 알게 된다. 양은 종종 사람을 상징하는데 양을 도둑질하면 4배로 갚아야 한다는 것이 당시 법이다. 밧세바와의 사이에 태어난 첫째 아들이 병으로 생후 1주일 만에 죽고 이복누이 다말을 욕보인 암논은 다말의 친오빠인 압살롬의 보복으로 죽임을 맞이하였다. 이어 압살롬은 반역을 일으켰으나 진압되는 과정에서 다윗 휘하의 장수에게 살해당했다. 다윗의 넷째 아들인 아도니아도 다윗의 마지막 후궁을 아내로 달라고 하면서 솔로몬의 격노를 사고 죽임을 당했다. 이렇게 보니 다윗은 성경에 등장하는 인물 중 최고로 불행한 삶을 살았다고 해도 과언이 아니다. 정확하게 우리아를 죽이고 4배의 벌을 받아 4명의 자녀를 잃었다. 더욱이 3명은 아버지 다윗과 형제 간의 반목과 질투가 그 원인이었다. 다윗은 자녀의 쿠데타로 왕궁을 떠나 쫓겨 다닌 데 이어 자녀끼리 죽이고 죽임을 당하는 참담한 결과를 보면서 인간사의 막장을 경험하였다.

본래 죄성을 갖고 있는 인간은 쉽게 변절한다. 믿을 수 없다. 이전에 다닌 대형 교회 목사님은 나에게 믿음의 롤 모델이었다. 그 목사님은 항상 "인간인 나를 너무 믿지 말라"고 강조하며 겸손해하셨다. 하나님을 가장 하나님답게 높였던 다윗마저 최악의 인간이 갖고 있는 죄성을 그대로 보여준다. 우리는 전적으로 하나님께 의존하고 "우리 속에 정한 마음을 창조하시고 정직한 영을 달라"(시 51:10)는 다윗의 기도를 읊조리고 또 읊조려야 한다. 공평이라는 단어는 우리 인간이 주장하기에 너무 버거운 단어다. 공평과 억울함을 주장하기 전에 스스로 자신을 돌아봐야 한다.

> 다윗이 그 사람으로 말미암아 노하여 나단에게 이르되 여호와의 살아 계심을 두고 맹세하노니 이 일을 행한 그 사람은 마땅히 죽을 자라(삼하 12:5)
> 사람이 소나 양을 도둑질하여 잡거나 팔면 그는 소 한 마리에 소 다섯 마리로 갚고 양 한 마리에 양 네 마리로 갚을지니라(출 22:1)

◎ 오늘의 묵상

Q 회사에서 억울한 일이 많은가? 그 원인은 무엇인가?

Q 혹시 당신 기준과 하나님 기준이 다른 것은 아닌가?

Q 당신은 다윗의 자녀 4명이 죽은 것이 무엇 때문이라고 생각하는가?

7. 출애굽기가 알려주는 일터 원칙

출애굽기는 단순히 옛날이야기가 아니다. 깊이 들어가고 묵상하면 묵상할수록 오늘을 사는 우리에게 그랜드 디자인을 제공한다. 가나안이 우리가 가야 할 하나님 나라임을 감안하면, 출애굽기는 모든 곳에서 예수 그리스도를 예표하고 있다. 더욱이 출애굽기 일터 버전은 엄청난 교훈을 던져준다. 출애굽기 전체 과정을 보면 우리의 인생, 특히 회사에서 어떤 삶을 살아야 하는지를 구체적으로 안내한다. 그런데 그 내용은 출애굽기에만 있지 않고 신명기에서 더 명확하게 드러난다. 하나님이 일터를 주신 것은 우리를 먹이는 데 목적이 있지만, 그 가운데 고난이 있음을 분명히 한다.

그러나 좌절하지 말라고 충고한다. 왜냐하면 우리를 겸손하게 하여 복을 주려는 것이 최종 목적이기 때문이다. 그 과정에서 좀 잘 나간다고, 너의 능력과 힘으로 성취했다고 착각하지 말라고 경고한다. 하나님은 출애굽기를 통해 여러 곳에서 말씀하신다. 요약하면 다음과 같다. "나는 너희 선조들과 한 약속을 반드시 지킬 것인데 너희도 반드시 '하나님 여호와'를 기억해야 한다. 사탄은 처음에는 달콤한 것으로 꾀지만, 그 끝은 파탄이다. 그러나 하나님은 처음에는 축복의 전주곡인 고난이 있지만, 그 끝은 심히 창대함으로 극명하게 엇갈린다." 하나님과의 언약이 나오는 이유는 무엇일까? 원래 너희는 자격이나 능력이 없는데 내가 약속했기 때문에 일방적으로 혜택을 베푼다는 의미다.

네 조상들도 알지 못하던 만나를 광야에서 네게 먹이셨나니 이

는 다 너를 낮추시며 너를 시험하사 마침내 네게 복을 주려 하심이었느니라
그러나 네가 마음에 이르기를 내 능력과 내 손의 힘으로 내가 이 재물을 얻었다 말할 것이라
네 하나님 여호와를 기억하라 그가 네게 재물 얻을 능력을 주셨음이라 이같이 하심은 네 조상들에게 맹세하신 언약을 오늘과 같이 이루려 하심이니라 (신 8:16-18)

하나님이 출애굽기를 통해 일터에 있는 우리에게 기억하라고 주신 내용을 인생이라는 돌판에 잘 새겨야 한다. 우선, 모세처럼 리더가 바로 서야 한다. 비전을 명확하게 전달하고 목표(사명)를 제시하는 리더가 필요하다. 리더는 공동의 목표를 향해 직원들이 힘을 합하도록 통솔해야 한다. 둘째, 여기에는 협력적 팀워크가 절대적으로 필요하다. 출애굽에서 모든 백성은 각자 역할이 있고 협력적 전술을 통해 어려움을 극복했음을 알아야 한다. 셋째, 홍해 사건은 위기를 의미한다. 회사가 앞으로도, 뒤로도 가기 힘든 절체절명의 위기 상황은 반드시 발생한다. 이때에 한 번도 해보지 않은 창의적 해법이 필요함을 알려준다. 이 해법은 너무도 당연하게 이성을 넘어 믿음이 기반이 되어야 한다. 넷째, 직원들은 일터에서 서로를 신뢰해야 한다. 특별히 백성들이 모세와 하나님을 신뢰했듯이 CEO 등 리더를 직원들이 신뢰하도록 윗선이 솔선수범해야 한다. 다섯째, 공동체 의식이 중요하다. 직원 간에 서로 배려하고 도우면서 공동체 의식을 통해 혁신을 도모해야 한다.

출애굽기는 공동체의 혁신모델

여섯째, 규율 준수를 통해 질서를 유지해야 한다. 십계명 등 규율과 지혜로운 재판은 조직을 안정되게 만드는 특효약이다. 필요한 사규를 만들고 리더부터 솔선수범해 이를 지켜야 한다. 일곱째, 광야에서 어려움이 닥치자 이집트로의 복귀를 원하는 목소리가 나온다. 그러나 변화에서 고통은 불가피하지만, 그래도 미래를 향해 전진해야 한다. 이전의 비즈니스 모델에 안주하면 생존할 수 없다. 새로운 프로젝트(신사업)와 조직 개편, 그리고 기술개발을 통해 두려움을 이기고 새로운 기회를 창출해야 한다.

여덟째, 명확한 의사 소통이 필요하다. 하나님의 메신저인 모세는 하나님의 의중을 백성에게 명확하게 전달했다. 곡해하면 안 된다. 지시사항을 제대로 전달해서 그것을 통해 모든 임직원이 일사분란하게 움직여야 한다. 아홉째, 모세의 장인인 이드로는 다양한 역할 분담, 특히 하부로의 권한이양을 통해 모두가 함께 일하는 분위기를 조성한다. 회사에서도 전문성을 존중하여 팀원들 모두가 책임감을 갖고 일하도록 해야 한다. 열 번째, 전혀 불가능한 상황에서 하나님의 은혜를 계속 마음껏 누린 백성조차 틈만 나면 불만을 토로한다. 한심하기 그지없다. 회사가 발전하기 위해서는 감사와 긍정의 마인드가 절실히 필요하다. 이를 통해 당면한 어려움을 해결하는 긍정에너지를 얻을 수 있다. 긍정과 부정 에너지는 전염성이 강해 한 명만으로도 전체를 정화하거나 오염시킬 수 있다. 따라서 모두가 긍정 에너지의 메신저가 되도록 노력해야 한다.

출애굽기는 신분과 환경을 바꾸는 혁신의 과정이다. 단순히 조금 변경하는 것이 아니다. 신분은 노예에서 하나님의 자녀로, 환경은 사탄이 득실대는 곳에서 하나님 나라로 각각 나아가는 과정이다.

과정이라는 말은 아직 완벽하게 도달하지 못했음을 의미한다. 그 야말로 정신을 바짝 차려야 한다. 한순간의 방심으로 개인이 사탄의 꼬임에 넘어가듯 회사가 쇠망의 길로 들어설 수 있다. 앞에 홍해가 있다고 애굽으로 다시 갈 수 없음은 명확하다. 모세의 노래가 우리의 사역지인 회사에서도 울려 퍼져야 한다. 하나님이 우리를 위해 말과 그 탄 자(당시 세계 최강의 애굽의 군대)를 바다에 던지셨음을 매일 되새겨야 한다.

> 이때에 모세와 이스라엘 자손이 이 노래로 여호와께 노래하니 일렀으되 내가 여호와를 찬송하리니 그는 높고 영화로우심이요 말과 그 탄 자를 바다에 던지셨음이로다 (출 15:1)

◎ 오늘의 묵상

Q 당신은 회사에서 하나님의 군사로 일하고 있는가?

Q 출애굽기와 회사 생활의 공통점과 차이점이 무엇이라고 생각하는가?

Q 당신 회사에는 믿음의 리더인 모세가 있는가?

8. 중동 복음화는 여성 일터 만들기

성경에는 많은 여성의 이름이 등장한다. 당시 이름은 저마다 의미를 담고 있다. 특히 자녀의 이름에는 어머니가 걸어온 삶의 여정이 담겨 있다. 그런데 성경 책 제목에 여자 이름이 올라간다면 무한한 영광일 것이다. 그 주인공은 단지 두 명으로 룻기와 에스더이다. 룻은 이방인으로 성경 제목에 당당히 이름을 올렸을 뿐만 아니라 다윗 왕조의 조상에 자리매김하는 기적의 인생살이를 한 인물로 알려져 있다. 더구나 이스라엘 민족을 줄기차게 괴롭혀온 모압 출신이다. 그녀는 기구한 운명을 갖고 살아온 인물이다. 모압으로 이민 온 남편을 만나 결혼했으나 남편이 일찍 죽게 된다. 시아버지와 남편의 형도 비슷한 시기에 사망하는 등 가세가 기울자, 시어머니(나오미)는 두 며느리에게 각자의 고향으로 돌아가라고 강권한다. 하지만 룻은 이스라엘을 사랑하시는 하나님을 자기도 사랑한다는 놀라운 고백을 하고 시어머니를 따른다.

룻이 남편 보아스를 만나는 장면은 영화의 클라이맥스처럼 멋있다. 누구의 소개로 맞선을 보거나 자기가 원하는 사람에게 직접 찾아가지 않는다. 당시 여자가 적극적으로 대외 활동을 하던 시대가 아니었기 때문으로 풀이된다. 대신 룻은 시어머니와 함께 먹는 문제가 시급했으므로 용기를 내어 남의 땅에서 이삭줍기에 나선다.

성경은 분명하게 일하는 룻이 "우연히"(룻 2:3) 먼 친척이 되는 보아스의 밭에 이르게 되었다고 기술하고 있다. 만약 룻이 이방인을 개나 돼지 취급하는 이스라엘 사람을 두려워하여 소극적으로 방에만 머물렀다면 보아스를 통해 예수 그리스도의 가문에 등장하지 못했을 것이다. 혹자들은 교회가 신부 된 모습으로 신랑인 예수 그리스도를 만나는 것에 빗대어 이방 여자 룻이 남편 보아스를 만났다는 것에 큰 의미를 둔다.

더 은혜로운 장면은 보아스가 룻에게 관심을 갖는 장면이다. 모압 출신임에도 룻은 잠시도 쉬지 않고 아침부터 일한다는 말을 듣고 보아스의 마음이 움직인다(룻 2:7). 열심히 일하는 사람임을 알고 자기 밭에서 계속 이삭을 줍도록 배려한다. 심지어 "곡식 다발에서 조금씩 뽑아 버려서"(룻 2:16) 룻에게 줍게 하라고 말한다. 물도 마음껏 마시라고 허락한다. 하나님의 긍휼이 느껴지는 대목이다. 룻이 얼굴을 땅에 대고 절할 정도로 당시로서는 큰 신분 차이가 있었음을 감안할 때 아주 특별한 혜택이었다. 룻은 하녀만도 못한 존재라고 스스로를 평가한다(룻 2:13). 결국 신분과 경제력의 차이에도 불구하고 일터가 있어 보아스와 룻이 만나게 된 것이다. 이를 통해 시어머니인 나오미의 이름 속에 왜 '기쁨'(즐거움)이라는 뜻이 있고 룻이라는 이름의 뜻이 왜 '동반자'(친구)인지 이해하게 된다. 하나님의 입장에서 보아스와 룻 사이의 일터에서의 교제가 기쁨이고, 하나님에 대한 룻의 충성이 이방인과 유대인을 한데 묶어 서로 동반자가 되게 만들었다고 해석하고 싶다.

> 모압 여인 룻이 나오미에게 이르되 원하건대 내가 밭으로 가서
> 내가 누구에게 은혜를 입으면 그를 따라서 이삭을 줍겠나이다
> 하니 나오미가 그에게 이르되 내 딸아 갈지어다 하매
> 룻이 가서 베는 자를 따라 밭에서 이삭을 줍는데 우연히 엘리멜렉의 친족 보아스에게 속한 밭에 이르렀더라
> 그의 말이 나로 베는 자를 따라 단 사이에서 이삭을 줍게 하소서

하였고 아침부터 와서는 잠시 집에서 쉰 외에 지금까지 계속하는 중이니이다(룻 2:2-3, 7)

일터는 여성에게도 기회의 땅

여자의 이름으로 된 또 하나의 성경은 에스더다. 그녀의 일터는 궁궐이다. 삼촌의 노력으로 왕후가 된 에스더는 사실 바사라는 이방 국가에 살고 있었다. 유대 민족의 후예임을 감안할 때 포로의 딸인 하찮은 백성이다. 그래서 삼촌은 에스더에게 출신 민족과 종족을 숨기라고 말한다. 에스더는 멀쩡한 왕비가 갑자기 폐위되면서 인간의 노력이 아니라 하나님의 섭리로 왕비가 된다. 유다 민족의 몰살이 예고된 상황에서 에스더는 죽음을 각오하고 자기 민족을 구하는 일을 실행에 옮긴다. 편하게 살 수 있었으나, 공동체 의식으로 무장하여 일터인 궁궐에서 그 유명한 "죽으면 죽으리이다"라는 말을 외치며 모두가 꺼려할 위험한 일을 맡게 된다. 이를 위해 먼저 유대인들에게 중보기도를 요청하고 금식하는 절박함으로 소명을 실천한다. 일터는 힘든 일의 연속이다. 때론 중도 퇴사도 각오하면서 옳은 방향을 관철해야 한다. 모든 것을 하나님께 맡기고 금식은 물론 중보기도도 주위에 요청해야 한다. 때론 직장과 동료를 위해 내가 십자가를 져야 한다는 비장함도 필요하다.

> 이때에 네가 만일 잠잠하여 말이 없으면 유다인은 다른 데로 말미암아 놓임과 구원을 얻으려니와 너와 네 아버지 집은 멸망하리라 네가 왕후의 자리를 얻은 것이 이때를 위함이 아닌지 누가 알겠느냐 하니(에 4:14)

여성도 일터를 통해 하나님과 동역한다. 성별의 구분 없이 일터를 통해 삶에 새로운 기회가 주어진다. 하나님의 나라에서는 여성도 민족을 구원하는 데 결정적인 역할을 수행한다. 그러나 무슬림 체제하의 중동은 아쉽게도 여성에게 일을 못 하게 한다. 일을 못하니, 남성에 절대적으로 의존한다. 고착화된 남성 우위라는 폐쇄적인 문화로 인해 여성에게 하나님을 제대로 알리기 힘들다. 중동의 복음화를 위해 무슬림 여성들의 인권 향상이 선행되어야 한다. 인권은 일을 통해 하나님을 만나는 것에서 출발한다. 일을 통해 자존감을 높이고 다양한 교제가 이뤄져야 한다. 무슬림 여성들이 그들의 일터에서 그리스도의 복음에 대한 씨앗을 심어야 한다. "이때를 위함이 아니냐"라는 에스더의 소명이 무슬림 여성들의 소명이 될 때 중동은 한순간에 복음의 땅이 될 것이다. 일터가 여성에게 기회를 제공하고 역사는 일터에서 여성 리더를 키우기 때문이다.

◎ 오늘의 묵상

Q 중동에서 선교 여행을 한 경험이 있는가?

Q 중동에서 여자에게 왜 일을 시키지 않는지 생각해 보았는가?

Q 여성이 일터를 통해 하나님과 동역하는 다른 사례도 이야기해보라.

9. 일터에서 긍휼은 의무

개인적인 관점이지만, 가장 좋은 회사의 기준은 직원이 휴가를 원하는 때에 갈 수 있느냐와 밀접하게 관련되어 있다고 생각한다. 당연한 권리인데 적지 않은 회사에서 휴가에 대해 눈치 보기가 일상이다. 입사 초기에 신입사원이 무슨 휴가냐면서 상급자에게 면박을 당한 적이 있다. 그래서 팀장과 실장, 그리고 임원이 되면서 직원들에게 휴가를 권하는 역할을 담당하자고 다짐하면서 나름대로 열심히 실천하였다. 샌드위치 데이에는 절반 이상 휴가를 가도록 하고 여름 휴가 날짜를 정할 때 입사 반대순으로, 즉 신참이 우선적으로 날짜를 선택하도록 하였다. 특별히 신입 직원에게는 연말연시에 가장 먼저 선택할 권리를 주었다. 또한 학원에 다니는 어린 자녀가 있는 경우에는 학원이 방학을 하는 8월 초에 휴가를 우선적으로 배정하였다.

요즘 회사에서 가장 힘든 일은 직원이 정신적인 질환을 앓고 있는 경우다. 실제로 직원 중 한 명이 젊은 나이임에도 하늘나라로 먼저 간 경우를 보았다. 평상시에 너무 얼굴이 밝고 오히려 다른 직원들의 멘토로서 너무 뛰어나게 능력을 발휘했지만, 정작 자신은 스스로에 대한 멘탈 관리에 실패한 것이다. 장례식에서 어린 자녀 두 명에게 도대체 어떤 말을 어떻게 해야 할지 몰라 무거운 마음으로 조용히 앉아 있다가 사무실로 복귀하였다.

모든 회사의 가장 시급한 일이 직원들의 정신건강을 챙기는 것이다. 정신건강을 관리해 주는 전문기업과의 핫라인을 통해 직원들이 언제든지 상담할 수 있도록 시스템을 만들고 누가 어떤 내용을 상담했는지 철저하게 비밀에 부쳤다. 상급자가 될수록 특정한 행사를 앞두고 극심한 스트레스를 호소하는 직원이 적지 않다. 스트레스로 인해 중간에 퇴사를 결정한 고참급 직원도 있었고 원인 모를 병으로 장기간 시달린 직원도 있어 안타까움을 더했다.

또한 직원 중 허리가 좋지 않은 직원들도 적지 않았다. 회사 차원에서도 허리가 아픈 직원을 위해 두 가지 배려를 하려고 노력하였다. 허리에 좋은 의자를 구입하여 원하는 사람에게 지급하였고, 책상 높이를 조절할 수 있는 여분의 책상을 배치하여 서서 업무를 볼 수 있도록 하였다. CEO로 있을 동안에는 회사 오피스를 새롭게 디자인하여 건강과 소통에 최대 주안점을 맞추었다.

정신건강에 대한 긍휼은 필수

일할 때 자기 밑에 직원이 한 명이라도 있다면 긍휼의 눈으로 바라보아야 한다. 업무로 인해 목소리를 높이고 지적을 할 수 있지만, 긍휼의 자세로 다독이는 것으로 마무리해야 한다. 실제로 성경에서 말하는 고아와 과부가 일터에 너무 많다. 직원이 힘든 사례뿐만 아니라 그 가족에게도 세심한 관심이 필요하다. 자녀 중에 장애인이 있는 경우 우선적으로 배려를 해야 한다. 특히 중증 장애인이 있는 경우 배려를 넘어 같이 양육한다는 자세가 필요하다. 또 가족 중 일부가 아프면 지방이나 해외 근무 발령 시 참고하면서 인사업무를 진행하였다. 요즘에는 출산과 육아를 감안한 인사는 배려를 넘어서 의무다. 직원들의 아픔을 잘 보듬어야 한다. 이전에는 회사가 직원의 개인사까지 챙겨야 하느냐고 주장했지만, 지금은 직원의 개인적인 고민을 챙기는 것이 경영의 중요한 요소로 떠올랐다.

'After Christ'를 그대로 해석하면 '그리스도를 본받아'라고 할 수 있다. 예수 그리스도를 본받는 것 중 제일 중요한 것은 긍휼한 마음이다. 그 절정은 십자가에 돌아가시기 직전이다. 예수께서 십자가에 매달려 고통이 극에 달하고 목숨이 경각에 달려 있을 때 옆에 있는 죄수를 위해 기도한다. 그가 나를 기억해달라고 하니 "오늘 네가 나와 함께 낙원에 있으리라"라고 위로를 건네다. 동시에 예수 그리스도를 십자가에 처형하면서 자기끼리 내기를 하는 병사들을 향해 "저들을 용서해 달라"라고 기도하신다. 천벌에 처해야 할 그들에게도 하나님은 긍휼을 발휘하신다.

> 이에 예수께서 이르시되 아버지 저들을 사하여 주옵소서 자기들이 하는 것을 알지 못함이니이다 하시더라 그들이 그의 옷을 나눠 제비 뽑을새 (눅 23:34)

긍휼은 원래 인간의 것이 아니다. 하나님의 성품이다. 이 세상에 사는 동안 긍휼을 얼마나 발휘하느냐가 성화의 척도라고 필자는 생각한다. 특히 일터에서 발휘되는 긍휼은 그 어느 곳보다 귀한 최고의 가치를 갖고 있다. 위에서 내려오는 지시와 긍휼이 어우러질 때 그곳이 최고의 일터가 된다. 약자를 보호하는 것은 하나님의 명령이자, 그리스도인의 의무다.

◎ 오늘의 묵상

Q 긍휼이 회사에서 필요한 이유가 무엇이라고 생각하는가?

Q 당신은 회사에서 어느 정도 긍휼의 마음을 갖고 있는가?

Q 일터에서 긍휼이 하나님의 명령이라는 것에 동의하는가?

10. 일과 일터에 대한 오해와 이해

교회에 다니는 분들 중에 적지 않은 분들이 오해하는 것이 있다. 특히 목회하는 분들도 상당수가 오해하고 있다고 생각한다. 바로 예수님을 제대로 만나면 하던 일을 그만두고 풀 타임 사역자로 나서야 한다는 논리가 바로 그것이다. 그래서 일부 성도는 교회 내에서 제자훈련이나 사역훈련에 만족하지 않고 선교사를 전문적으로 육성하는 국내외 교육기관에 발을 들여놓고 일정 기간 동안 훈련을 받는다. 이어서 가족과 함께 해외 선교지로 떠난다. 하나님의 일을 하는 표준 코스인 셈이다. 신대원의 목회학 석사과정에 입학하니, 상당수의 학생들이 공부에 전념하기 위해 그동안 하던 일을 그만두고 들어왔다고 했다. 하나님의 일을 제대로 하려면 일반적인 사회생활을 그만두어야 한다는 논리다.

교회에서 제자훈련을 같이 받은 동기 중 한 명도 그동안 하던 사업을 그만두고 부인과 자녀 한 명을 데리고 호주로 떠나 그곳에서 선교훈련을 1년 정도 받고 이후에 베트남에서 수년째 사역하고 있다. 현지에서 한국어를 가르치며 열심히 하나님 나라를 선포하고 있다. 오토바이를 타고 여러 곳을 다니면서 사역을 하다가 최근에 불행하게도 사고를 크게 당해 한국에서 여러 차례 수술을 받기도 하였다. 목발을 짚고 나타난 선교사의 모습을 보고 한없는 존경의 마음과 안타까움이 밀려왔다. 멀쩡하던 사업을 내려놓고 가족 모두가 한국을 떠나 해외로 향하는 큰 결단은 정말 박수받아 마땅한 귀한 섬김이자 예수 그리스도를 닮아가는 최고의 행위다.

얼마 전 이전 교회에서 동역했던 목사님의 교회에서 강연을 하는데 어떤 목사님이 질문했던 것이 생생하다. 그분도 국내에서 하던 일을 그만두고 선교사들의 무덤이라고 평가받는 튀르키예에서 3년간 선교사로 사역을 하였다고 한다. 지금 있는 곳에서 하나님 나라를 선포하는 일터소명에 대한 내용을 듣고 헷갈리기 시작한다며 손을 들었다. 하나님을 섬기기 위해 선교사로 나갔는데 국내에서도, 아니 기존에 하던 일상의 직장 생활을 하면서 그것이 가능하다는 나의 주장이 질문의 단초였다.

다시 말하지만, 예수님을 제대로 만나 영혼들을 한 명이라도 더 구원하기 위해 해외로 나가는 것은 귀한 일이다. 그런데 그것만이 최고의 방법일까? 예수님이 원하는 일일까? 심각하게 생각하고 기도해 봐야 한다. 하나님 나라를 이루는 다양한 방법이 있다. 하나님을 제대로 만났으면 그 방법도 함께 기도해 봐야 한다. 하나님 나라를 선포하는 데 내가 가장 잘할 수 있고 적합한 방법은 무엇일까? 하나님 나라는 세상 나라와 구별하여 어느 한쪽에 따로 별도의 나라를 세우는 것이 아니다. 바로 세상에 하나님 나라의 통치가 임하게 하는 것이다. 일부 선교사나 목회자가 잘못 생각하는 것은 하나님 나라를 위해 일하려면 세상 일을 그만두거나 소홀해야 한다는 이분법에 빠지는 것이다. 그러나 하나님이 말하는 하나님 나라는 우리가 오늘 살고 있는 곳이다. 그곳에 하나님 통치가 임하도록 해야 한다. 더욱이 파트타임이 아니라 풀타임으로 우리 모두는 사역하고 있는 것이다. 하나님과 동역이라는 비즈니스에서 일반 성도 사역자는 파트타임은 없다.

사역은 지금 일하는 곳에서 시작

하나님의 일을 많이 한 성경 인물 중 한 명을 손꼽으라고 한다면 나는 주저 없이 느헤미야를 떠올린다. 지금으로 보면 대통령 수석 비서관(술 맡은 관원)으로 최고의 권력을 갖고 있던 사람이었다. 포로로 잡혀 온 그는 인생 역전의 산증인이자 이스라엘인들의 성공 모델이었을 수도 있다. 그냥 현실에 안주하면서 남은 여생을 즐겁게 보낼 수도 있었지만, 고국에 남은 자들을 통해 "큰 환난을 당하고 능욕을 받으며 예루살렘 성은 허물어지고 성문은 불탔다"(느 1:3)는 말을 듣고 울고 슬퍼하면서 금식 기도까지 했다는 대목이 나온다.

그런데 그는 현직을 그만두고 바로 예루살렘으로 달려가지 않았다. 상사인 아닥사스다 왕이 묻자 "잠시 묵도하고" 놀라운 건의를 한다. 스스로를 예루살렘에 보내서 그 성을 건축하게 해달라고 간청한다. 그야말로 짧은 시간에 송곳기도를 하고 용기 있게 말을 이어갔다. "출장 좀 보내주세요. 그리고 그곳 관리들에게 협조 공문을 보내서 제가 하는 일을 잘 도와주라고 해주세요." 그 후에 성벽 재건은 많은 우여곡절에도 불구하고 일사천리로 진행된다. 느헤미야는 줄곧 세상의 현직을 유지한다. 성벽 재건을 위해 풀타임 사역자인 제사장이 되거나 적국에서 받은 관직을 바로 내려놓고 예루살렘으로 달려가지 않았다. 일터 현장에서 예루살렘의 회복과 하나님 나라의 재건을 위해 가장 효과적인 방법으로 뛰고 또 뛰었다. 그는 이스라엘의 회복 역사에서 최고의 일꾼이자 최고의 사역자였다. 만약 그가 현직을 내려놓고 일했다면 아마도 더 큰 난관이 있었을 것이라고 짐작할 수 있다.

열왕기하 5장에 나아만 장군이 뜬금없이 등장한다. 그는 당대 최고의 국가 중 하나였던 아람의 군대 총사령관으로 국가 서열 2위의 큰 용사였다. 그러나 문제는 나병 환자였다는 점이었고, 그는 고통스러운 나날을 보내고 있었을 것이다. 요단강에서 일곱 번 씻으라는 엘리사의 권유를 실천한 그는 "천하에 하나님 외에 다른 신이 없다"(왕하 5:15)라고 고백한다. 이어 "번제물과 희생 제사를 여호와 외 다른 신들에게는 드리지 않겠다"(왕하 5:17)라고 다짐한다. 이방인으로 하나님의 사람으로 거듭났지만, 하던 일을 그만두고 풀타임 사역자로 이직하지 않는다. 심지어 국가 행사인 림몬 제사에서 불가피하게 무릎을 꿇지만, 신앙고백을 통한 그의 거듭남은 의심할 바 없다. 그 후에 하나님 나라의 백성으로 선한 영향력과 삶은 쉽게 추정할 수 있다. 하나님의 사람 엘리사가 평안히 가라고 한 작별 인사가 그 근거다.

> 나아만이 이르되 그러면 청하건대 노새 두 마리에 실을 흙을 당신의 종에게 주소서 이제부터는 종이 번제물과 다른 희생제사를 여호와 외 다른 신에게는 드리지 아니하고 다만 여호와께 드리겠나이다
> 오직 한 가지 일이 있사오니 여호와께서 당신의 종을 용서하시기를 원하나이다 곧 내 주인께서 림몬의 신당에 들어가 거기서 경배하며 그가 내 손을 의지하시매 내가 림몬의 신당에서 몸을 굽히오니 내가 림몬의 신당에서 몸을 굽힐 때에 여호와께서 이 일에 대하여 당신의 종을 용서하시기를 원하나이다 하니 (왕하 5:17-18)

◎ 오늘의 묵상

Q 당신도 해외선교에 대한 꿈을 꾼 적이 있는가? 일터에서 제대로 사역하는 것과 비교해 보면 어떤 마음이 드는가?

Q 하나님이 당신에게 주신 은사가 다양하다는 것을 인정하는가?

Q 나아만 장군의 인생 여정을 보고 느낀 점은 무엇인가?

11. 일터에서 우상을 깨라

 필자가 일터에서 사용되는 단어 중 싫어하는 것이 있다. 우선 '월급쟁이'다. 피고용 관계에 있으면서 정해진 기한(통상 매월)에 맞추어 봉급을 받는 노동자를 가리키는 말로, 반대말은 사업 소득자이다. 쟁이라는 표현은 해당 분야에 있는 사람을 낮잡아 이르는 말이다. 그러니 월급쟁이는 출발부터 월급을 위해 일하는 사람이라는 뜻으로 직업에 대한 다양한 의미를 평가절하한다. 꼭 돈만을 위해 일하는 사람으로 존재를 깎아내린다. 또한 월급쟁이라는 말은 직업이나 업무에 따라 하는 일이 천차만별임을 포함하지만, 경영자에게 고용되어 수동적으로 일하는 사람으로 여겨진다. 심지어 오래전 모 재벌 회장은 직원에 대해 "주인인 내가 이 회사를 알지, 머슴이 뭘 압니까?"라는 표현으로 분노를 샀다.

 월급쟁이를 영어로 하면 Salary man인데 정작 미국 영어에는 없는 단어라고 한다. 이 단어는 일본에서 만들어진 영어로 조직에 대한 강한 충성심이나 장시간 일하는 문화를 함축하고 있다. 또한 개성이 없이 기계적으로 직장에 순응하는 모습이 투영되어 있기도 하다. 더 나아가 장시간 근무를 의미하는 과로와 워크홀릭(Workholic)이 연상되며, 실제로 그렇게 사는 월급쟁이가 적지 않다. 미국에서 샐러리맨에 해당하는 영어단어는 'White-collar worker'나 'Office worker'로 일하는 장소나 상징적인 옷을 개입시키는 단어를 사용하여 주관적인 평가를 자제하는 분위기이다.

 또한 필자가 싫어하는 용어는 '종업원'이라는 단어다. 종업원은 어떤 업무에 종사하는 사람을 뜻한다. 수동적으로 강제하는 느낌이 강하다. 비슷한 의미로 사용되는 노동자는 노사의 대결을 부추기는 측면이 있다.

이런 인식을 바탕으로, 일터에서 깨야 하는 우상은 승진과 월급에 대한 가치 평가다. 일을 잘하거나 좋은 평가를 받으면 통상 승진이라는 대가가 따라온다고 생각한다. 한국과 일본처럼 연공서열적인 요소가 강하면 높은 직급은 오래 다닌 사람이라는 의미로도 이해되기도 한다. 그러나 이제는 그런 시대가 아니다. 직급은 일하는 내용의 차이임을 냉정하게 인정해야 한다. 실무보다 관리에 보다 많은 비중을 두는 포지션이 상위 직급이지 능력 차이는 아니다. 그러니 승진이 늦었다고 능력이 부족하거나 일 처리에 미숙하다는 증거는 아니다. 최근 상당수 회사에서 직급이 높았다가 다시 낮아져 팀원으로 내려오는 사례도 적지 않다. 또한 전문 분야 일을 하면 관리자보다 훨씬 높은 임금을 받기도 한다. 이제 평가는 전문성, 즉 어떤 일을 하느냐가 기준이 되어야 한다. 또한 월급이 많다고 중요한 일을 하는 것이 아니라는 데도 동의해야 한다. 시장 논리로 이해하면 월급이 많다는 것은 해당 업체가 독점을 하고 있거나 노조의 힘이 강한 데 기인하는 경우도 적지 않다. 월급이 많은 것을 부정한 것으로 보자는 것이 아니라 단순히 월급으로 가치 있는 일을 한다거나 능력이 뛰어나다는 편견에서 벗어나야 한다는 점이다.

일터 가치에 예수님 기준 장착

일터에서 소명으로 일하는 자는 아주 다른 평가 기준을 가져야 한다. 아주 사소한 것에도 하나님이 함께하시기 때문이다. 직접 운전하여 출근할 때 보통 빨리 안전하게 도달하는 것이 목표다. 나에게는 좀 다른 목표도 있다. 운전하고 있다면 가는 중에 들을 것을 먼저 챙긴다. 말씀이나 중국어 및 영어를 듣기도 한다. 또 도중에 양보운전 10회 등을 실천하기도 한다. 전철을 타고 할 때는 눈 감고 가면서 피로 풀기와 이어폰을 활용하여 AI강좌 듣기를 실천에 옮겼다.

한 번에 세상을 바꾸고 이롭게 하는 것은 무리일 수 있지만, 회사를 바꾸고 옆 사람을 즐겁게 할 일은 어렵지 않게 찾을 수 있다. 매일 밀려오는 일에 허덕이는 수동적인 삶이 아니라 하루에 최소 한 가지 이상 장기적 관점에서 일을 대하는 습관이 필요하다. 그래서 오늘 하루 어떤 일을 했느냐보다 내가 오늘 하나님과 함께 좋은 작품을 만드는 과정에 있다는 기준으로 리셋해야 한다.

필자는 '열정'과 '가치'라는 단어를 좋아한다. 열정과 가치는 모든 일의 기본이자 좋은 작품을 만들기 위해 필수적으로 필요한 자양분이다. 그런데 예수님이 보여준 성경적 열정과 가치는 세상의 그것과 완전히 다르다. 평가의 기준과 주체가 다른 것이다. 세상 기준으로는 내가 좋아하는 것에 몰두하는 것이 열정인데, 성경은 다른 사람을 위해 내 이익을 포기하는 것을 그 의미에 포함한다. 가치도 내 기준이 아니라 하나님 나라의 기준이 되어야 한다. 예수 그리스도께서 어떻게 일했는지 떠올리면 된다. 일터에서의 우상 타파는 내 중심을 내려놓고 예수님 기준을 장착하면 된다. 오늘의 이익과 손해를 산정할 때 내 기준이 아니라 예수님 기준으로 해야 한다.

◎ 오늘의 묵상

Q 당신은 일터에 어떤 우상을 갖고 있는가?

Q 당신은 하나님이 좋아하실 행동을 일터에서 얼마나 실천하고 있는가?

Q 당신은 성경에서 말하는 열정과 가치를 갖고 있는가?

12. 변화는 뿌리째 갈아엎어야 가능

　중국에서 살면서 가장 인상 깊게 본 자연 풍경은 수도인 베이징에서 멀지 않은 곳에 존재하는 사막이다. 베이징에 인접한 내몽골자치구 내에 사막이 있는데 수도에서 직선거리로 80-90km 정도 떨어져 있다. 그래서 자동차로 당일치기 사막 관광이 가능하다. 문제는 이 사막이 그 지경을 더욱 확장하고 있어 매년 미세먼지로 시달리는 베이징 시민에게 건강상 큰 위협으로 다가오고 있다는 점이다. 그런데 그 주요 원인을 알고 나면 허탈함을 느낀다. 내몽골에는 초원이 적지 않아 양을 많이 키우는데 이 양들이 땅 위로 올라온 풀을 먹을 뿐만 아니라 땅속에 있는 풀뿌리까지 송두리째 먹는다. 그러니 나날이 초원이 감소하고 사막이 늘어나 베이징을 위협하는 가장 큰 공적이 되고 있다. 결론적으로 초원이 사막화되는 것은 양에 의해 풀이 뿌리째 뽑히는 데 기인한다.

　우리의 신앙도 확실하게 변하려면 비슷한 과정을 거쳐야 한다고 생각한다. 초신자 때 성경을 읽으면서 넘어가기 힘들었던 부분은 이중적(?)인 하나님의 인자하심이다. 참고 인내하시면서 우리가 돌아올 것을 한없이 기다리시는 자비의 하나님이라고 우리는 알고 있다. 그런데 전쟁터에 나서면, 특히 이방 민족이 거주하던 가나안에서 전투를 하면 적의 군인들만 죽이라고 하지 않는다. 당시로는 약자였던 여자도 죽이고 늙은이나 어린아이도 죽이라고 명령하신다. 더욱 이해가 가지 않는 것은 소, 양, 나귀 등 동물도 죽이라고 한다. 이들에게 무슨 잘못이 있는가? '그들은 저항할 힘도 없는데, 그럴 필요까지 있을까?'라는 의문이 든다.

또한 아간이 장물을 숨겨 개인적인 이득을 취했을 때 좀 너무한 것이 아닌가 하는 장면이 또 나온다. 당사자를 처벌하는 것은 너무 당연하다. 그런데 같은 편임에도 그의 아들, 딸, 소, 나귀, 양 등 그와 관련된 사람과 동물을 진멸한다. 당시 동물은 엄청난 재산이고 가난한 자에게 나눠주면 좋을 것 같다는 생각도 지워지지 않았다. 동족이었음에도 불구하고 돌로 치고 불사르는 장면을 성경은 명확하게 기술하고 있다.

> 그 성 안에 있는 모든 것을 온전히 바치되 남녀노소와 소와 양과 나귀를 칼날로 멸하니라(수 6:21)
> 여호수아가 이스라엘 모든 사람과 더불어 세라의 아들 아간을 잡고 그 은과 그 외투와 그 금덩이와 그의 아들들과 그의 딸들과 그의 소들과 그의 나귀들과 그의 양들과 그의 장막과 그에게 속한 모든 것을 이끌고 아골 골짜기로 가서
> 여호수아가 이르되 네가 어찌하여 우리를 괴롭게 하였느냐 여호와께서 오늘 너를 괴롭게 하시리라 하니 온 이스라엘이 그를 돌로 치고 물건들도 돌로 치고 불사르고(수 7:24-25)

한 방울의 영적 오염도 금지해야

지금까지 언급한 것은 그래도 생물이었다. 조금 이해가 갈 수 있다. 움직이는 것이니 말이다. 그런데 '말 뒷발의 힘줄을 끊어 힘을 못 쓰게 만드는 대목'(수 11:9)에서 곧바로 적군의 병거도 불로 사르는 장면으로 이어진다. 이런 행동은 여호수아의 자체 판단에 의한 것이 아니다. 분명하게 '여호와께서 자기(여호수아)에게 명령하신 대로'라는 설명이 전제되어 있다. 즉 하나님이 명령한 대로 했다는 의미다. 아

니 병거는 중요한 노략물로 이를 전투에서 활용하면 좋을 텐데 불사르라고 하는 것은 이해할 수 없다. 적의 무기가 우군에게 복수를 할 것도 아닌데…. 여호수아서에서 아이성을 점령하고 취한 조치는 더욱 이해하기 쉽지 않다. 아이성에서 칼날로 진멸한 인원은 모두 1만 2천 명이다. 아이성이 작지 않은 성이었음을 짐작할 수 있다. 그런데 성경은 아이성 전체를 불살라 영원한 무더기, 즉 황폐한 땅으로 만들었다(수 8:28)고 기록하고 있다.

　기업이 위기 극복을 위해 취하는 방법 중 하나는 회사를 파는 것이다. 회사가 다른 회사로 넘어간다는 의미는 무엇일까? 주인이 바뀌는 것이다. 회사의 소유주는 CEO가 아니다. 경영을 위임받은 자일 뿐 실제 소유주는 주주(이사회)다. 또 두 회사가 서로의 이익을 위해 M&A(인수합병)를 하기도 한다. 그런데 새로 회사를 인수하거나 합병하면 통상 기존 임원들은 대폭 물갈이된다. 새로운 지배구조를 만들기 위해 외부에서 자본도 수혈하지만, 더불어 새로운 사람들도 투입되는 셈이다. 왜 그럴까? 이전 회사 임직원이 능력이 없어서 만은 분명 아닐 것이다. 중요한 포인트는 인적 쇄신을 하지 않으면, 새로운 경영원칙이 자리 잡기 힘들기 때문이다. 기존 임원은 관성적으로 기존 방식을 고수한다. 특히 이전 경영층과의 관계도 계속 이어질 수 있다. 그래서 사람을 바꾸는 것이 회사를 새롭게 재탄생시키는 출발점이라고 경영전문가들은 설명한다.

　고대 근동 지방의 전쟁은 신들의 전쟁으로 통한다. 외관상 사람이 싸우는 모양새를 취하지만, 실질적으로는 신들 간의 싸움이다. 그래서 어느 지역을 점령하면 그곳을 지배하는 신이 바뀌는 것이다. 군사를 죽이는 것은 필수이고 그쪽 신을 마음에 두고 있는 사람은 물론 그의 지배를 받는 동물과 병기도 불태운다. 영적으로 오염되어 있고 그런 점이 후일에 가시가 되어 보복으로 돌아올 수 있기 때문이다. 한마디로 뿌리째 뽑지 않으면 잠시 새로운 신을 섬기다가도 이전으로 돌아갈 수 있기에 점령지에서 가혹하게 대하는 것이다. 당시 '신의 전쟁'이라는 말은 영적 전쟁이라는 말이다. 우리는 매일 세상과 영적 전쟁을 벌이고 있다. 오직 한 분이신 여호와 하나님을 섬기면서 다른 신(우상)은 모두 불태워 없애야 한다. 출애굽기에서 10번의 재앙은 사실 애굽인들이 섬기던 신들을 죽이는 과정이다. 그래야 진정한 신이 오직 여호와 한 분임을 만천하가 알고 섬기게 되기 때문이다.

◎ 오늘의 묵상

Q 위 글에서 중국의 초목이 사막으로 바뀌는 이유는 무엇이라고 주장하는가?

Q 오늘 당신이 살고 있는 곳도 근본적으로 기경해야 된다는 사실에 동의하는가?

Q 가나안 전쟁 시 점령지의 모든 것을 진멸하라는 명령에 동의하는가? 그러면 실제 삶에서도 그렇게 살고 있는가?

13. 일터에서 목숨을 던진다는 소명의식

필자가 다니는 교회는 성도 수가 50명을 넘지 않는 아주 작은 곳이다. 재정적으로 미자립에 가깝다. 탈북청년들이 적지 않게 있다. 교회를 개척하신 담임목사가 2년 전에 소천하면서 새로운 목사가 부임했다. 그는 박사 학위를 갖고 의사 면허증도 있다. 온실 속에서 활동해 왔을 것 같은데 실제로는 정반대다. 이집트에서 20년간 선교사로 활동한 바 있는 중동선교 전문가다. 최근 국내뿐만 아니라 미국, 캐나다, 아프리카, 중동 등에서 선교 훈련을 이끌고 있다.

흔히 해외 단기선교라고 하면 현지에 있는 베이스캠프와 연락하여 현지 사업을 도와주고 격려하는 차원에 머물지만, 새로운 담임목사는 완전히 다르다. 2024년 여름에 중동으로 단기선교를 갔다 왔는데 L10(누가복음 10장을 의미) 방식으로 진행하였다. 언어 등 별다른 준비 없이 무슬림 국가에 발을 내딛는다. 도착 후에 현지 캠프에서 적응 훈련 후에 잠시 쉰다. 이어 서너 명이 한 조가 되어 다양한 지역으로 가서 현지 무슬림에게 복음을 전하는 방식이다.

언어적인 문제는 휴대폰의 통역기를 활용하였다. 신용카드를 사용할 수 없으며 현금도 사전에 아주 제한된 한도 내에서만 휴대가 가능하다. 다양한 지역을 넘나드는 담임목사는 한마디로 야성을 강조한다. 그의 주일 설교도 2시간이 넘어가는 것이 보통이고 토요일은 거의 모든 주에 걸쳐 훈련이 진행된다고 보면 된다. 한 주 걸러 한국과 미국 등 외국을 왔다 갔다 하기도 하니 빡빡한 일정은 거의 일상화되어 있다. 그는 항상 목숨에 대해 초연해야 한다고 강조한다. 사역을 수행하다 죽으면 그것이 하나님께 영광이요, 순교이니 두려워하지 말라고 말한다.

그런데 성경에서 나타나는 일터도 그야말로 목숨을 건 장소가 수두룩하다. 다니엘서는 초대교회 모습이 쉽게 연상된다. 당시 믿음의 선각자들은 기독교를 믿는다는 이유로 사자 밥이 되기 십상이었다. 특히 종교적 신념으로 처형되기 전에 대기하는 장소가 있었는데 종교를 탄압하는 측은 고의로 높지 않은 울타리로 그들을 격리했다고 한다. 처형에 대한 공포감을 느껴 스스로 도망가도록 유도하기 위함이었다고 한다. 그런데 그 대기 장소에 많은 성도가 몰리면서 압사해 죽는 성도도 있었다. 생명을 구걸하거나 몰래 빠져나가 목숨을 구하려는 시도가 없었다는 의미다. 다니엘과 세 친구의 일터는 궁궐이었다. 그런 중에 다니엘은 모함에 의해 사자 굴에 던져지는데 털 끝 하나 손상당하지 않고 살아난다. 당시 왕은 다니엘을 사자 굴에 넣지 않기 위해 마음을 다해, 힘을 다해서 해질 때까지 건져 내기 위해 노력했으나 신하들이 친 덫으로 인해 다른 방도가 없었다.

> 나의 하나님이 이미 그의 천사를 보내어 사자들의 입을 봉하셨으므로 사자들이 나를 상해하지 못하였사오니 이는 나의 무죄함이 그 앞에 명백함이오며 또 왕이여 나는 왕에게도 해를 끼치지 아니하였나이다 하니라
> 왕이 심히 기뻐서 명하여 다니엘을 굴에서 올리라 하매 그들이 다니엘을 굴에서 올린즉 그의 몸이 조금도 상하지 아니하였으니 이는 그가 자기의 하나님을 믿음이었더라 (단 6:22-23)

'이때를 위한 것 아닌지'라는 결연함 필요

에스더와 하만도 궁궐에서 목숨을 건 사투를 벌인다. 재미있는

스릴러 영화를 보는 것처럼 반전에 반전이 거듭된다. 왕비로 간택된 에스더는 목숨을 부지하기 위해 종족과 민족을 드러내지 말라고 삼촌으로부터 당부를 받았다. 그러나 하만이 유다 민족을 말살하려는 흉계를 꾸미자, 유다 민족을 구하는 데 기도하고 금식하며 자기 목숨을 내놓고 모든 수단을 총동원한다. 신약에 등장하는 12명의 제자 중 자연사한 제자는 거의 없다. 아주 흉측한 처벌을 받으며 '죽으면 죽으리라'를 실천하였다. '바울'이라는 영화를 보면서 가장 감명 깊었던 장면은 그가 죽는 순간이다. 그는 미소를 지으며 전혀 주저함 없이 목을 내놓는다. 정말 담대하게 임한다. 너무 초연하여 오히려 "주님, 빨리 불러 주시니 너무 감사합니다"라며 미소 짓는 것 같았다. 사역자인 바울에게 일터는 매일매일 시한폭탄이 장착된 곳이었다.

직장 생활을 하면서 어려웠던 때를 회상하려니 내세울 것이 별로 없다. 굳이 이야기를 하자면 방송국 기자들을 모시고 해외 출장을 갔는데 혼자서 여러 기자들을 상대하면서 심한 스트레스로 인해 배탈이 나고 체하기도 하였다. 또한 중요한 행사에서 보고서를 발표해야 한다는 이유로 다음 날까지 꼬박 하루를 새거나 연속 2개월 정도 새벽에 퇴근한 경험도 있었다. 노사협상을 하면서 오해를 사고 욕을 엄청 먹으면서 힘들었던 시절도 있었다. 고위층이 노사문제로 지방노동청의 조사를 받게 될 때 간접적으로 들었던 육두문자도 잊을 수 없다. 무역센터가 집중호우 피해를 입어 지하 상가로 물이 스며들면서 밤새 직원들과 함께 물을 퍼냈던 때도 어제 일 같고 트레이드 타워 최고층(55층) 화재 때 위험을 무릅쓰고 담담하게 현장을 지켰던 기억 정도가 생생하다.

그런데 "직장에서도 하나님 나라를 위해 목숨을 걸어야 하느냐?"

라고 묻는다면 당연히 'YES'다. 솔직히 "너는 그렇게 살았냐?"라고 물으면 자신이 없다. 아니 그런 질문을 받을 정도로 믿는 자로 멋지게 생활하지 못했다. 그러나 진리는 말해야 한다. 그런 상황이 전개된다면 정당하게 반응해야 한다. 그리고 과감하게 사표를 던지고 나오는 것도 감수해야 한다. 교회에서 같이 봉사했던 모 장로님은 이전에 다니던 회사가 제대로 회계 관리를 하지 않는 것을 보고 과감히 사표를 던지고 나왔다. 거짓에 타협하지 않는 것이 믿는 자에게 기본이라고 생각했기 때문이다. 분명한 것은 생명까지는 몰라도 크리스천으로서 직장에서의 태도는 달라야 한다. 거친 일터에서 잠수를 타는 크리스천이 아니라 당당하게 고개를 내밀고 위기의 순간에 믿는 자임을 선포해야 한다. 필요할 때만 성도가 되는 유리 온실 속 신앙은 답이 아니다. 진리는 상황에 따라 변하는 것이 아니니 말이다. 안중근의 어머니인 조마리아 여사(기독교 신앙인)가 옥중의 아들에게 했다는 말이 떠오른다. "네가 항소를 한다면 그것은 일제에 목숨을 구걸하는 짓이다. 딴 맘 먹지 말고 죽으라."

◎ 오늘의 묵상

Q 신앙을 지키기 위해 목숨을 던진 인물을 알고 있는가?

Q 그런 상황에 당신을 대입시켜 보면 어떤 느낌이 드는가?

Q 당신은 일터에서 크리스천으로서 당당한가?

14. 일터는 천국 삶의 준비코스

"젖 짜는 하녀가 믿음으로 젖을 짤 때, 교황이 미사를 드리는 것보다 더 하나님을 기쁘시게 할 수 있다." 종교 개혁가 마르틴 루터가 한 말이다. 천주교 신자가 들으면 펄쩍 뛸 일이지만, 일터가 소중함을 넘어 거룩함이 스며 있는 곳임을 강조한 대목이다. 구약 성경에서 예수님을 예표하는 인물로 요셉이 거론된다. 형들을 통해 억울하게 팔려 가서 노예로 살고 심지어 감옥에도 들어갔지만, 성경은 그에게 형통하였다고 말한다. 그 이유로 하나님이 그와 함께했기 때문이라고 친절하게 안내해 준다. 그렇다. 일하는 세상에 하나님이 함께 계시면 그곳이 어떤 환경이라도 천국으로 변한다. 다시 말해 어떤 일을 할 때 믿음을 갖고 하나님께 하듯 성실하게 일하면 그곳에 하나님이 계신다. 요셉의 가장 큰 공은 7년 기근이 왔을 때 애굽은 물론 주위 국가 백성들을 구한 것이다. 미리 창고를 지어 풍년일 때 잘 보관한 후에 흉년이 들어 이를 적절하게 나눠 준 덕분이다. 흥미로운 구절은 기근에 시달린 백성에게 창고를 열고 그냥 준 것이 아니다. 성경은 "애굽 백성에게 팔매"(창 41:56)라고 분명하게 장사(비즈니스)했음을 말하고 있다.

모두가 공감하는 하나님 나라와 관련된 구절에도 비즈니스 용어가 등장한다. 한 관리가 예수님께 찾아와 영생에 대한 고민을 꺼낸다. 아마도 찾아오기 전에 밤잠을 설치고 스트레스를 받으며 엄청나게 고민했을 것이다. 일이 제대로 손에 잡히지 않아 중요한 결재도 많이 미루거나 일상적인 회의도 많이 생략했을 것이다. 개인적으로 큰 고민이 있으면, 불가피하게 회사 일은 뒷전으로 밀린다. 나도 그랬음을 솔직하게 고백한다. 그런데 예수님은 해결책으로 재산을 가난한 자에게 바로 나눠주라고 말하지 않는다. 우선, 갖고 있는 것들을 '다 팔아서'를 실행한 후에 나눠 주라고 한다. 비즈니스를 통해 돈을 확보해야 나눠주는 것이 효율적이고, 사람에게 직접 물건을 주면 필요 없는 사람에게 돌아가 낭비할 수 있기 때문이 아니었을까?

> 어떤 관리가 물어 이르되 선한 선생님이여 내가 무엇을 하여야 영생을 얻으리이까
> 예수께서 이르시되 네가 어찌하여 나를 선하다 일컫느냐 하나님 한 분 외에는 선한 이가 없느니라
> 네가 계명을 아나니 간음하지 말라, 살인하지 말라, 도둑질하지 말라, 거짓 증언하지 말라, 네 부모를 공경하라 하였느니라
> 여짜오되 이것은 내가 어려서부터 다 지키었나이다
> 예수께서 이 말을 들으시고 이르시되 네게 아직도 한 가지 부족한 것이 있으니 네게 있는 것을 다 팔아 가난한 자들에게 나눠 주라 그리하면 하늘에서 네게 보화가 있으리라 그리고 와서 나를 따르라 하시니 (눅 18:18-22)

천국과 비즈니스를 연결한 최고의 성경 구절은 달란트 비유다. 여기서 달란트는 은사(능력)와 시간 등 성도의 일생과 관련이 깊다고 생각한다. '장사'(마 25:16)라는 단어가 포인트다. 하나님이 주신 모든 것을 충분히 활용하여 성실하게 비즈니스를 해야 한다. 그냥 땅에 묻어 두면 안 된다. 우리 삶은 6일은 열심히 일하고 1일은 쉬는 것으로 구성되어 있다. 이 구절에서 더 중요한 시사점은 적게 받은 것이 문제가 아니고 받은 것을 제대로 활용하지 않는 것이 문제라는 점

이다. 모든 사람을 한 가지 기준으로 평가하고 서열을 매기는 문화가 있는데 이는 잘못된 것이다. 각자의 은사가 다르듯 일터에서 받은 그 어떤 것과 상황이 다를 수 있다. 또 여기서 새겨야 하는 포인트는 하나님의 뜻이 무엇인지 묵상하고 또 묵상하는 것이다. 그 오해(마 25:24-25)가 적나라하게 나온다. 제대로 뜻을 알지 못하면 엉뚱한 행동과 결과를 낳고, 이런 사람은 천국 소망에서 배제(마 25:30)된다.

비즈니스를 통해 천국을 제대로 체험

앞의 구절에서 창고를 열어 무상으로 그냥 나눠주면 요셉의 인기가 올라가고 애굽 정부의 지지율도 급상승했을 것이다. 그러나 무상으로 받은 것은 쉽게 낭비된다. 천국에 들어가는 은혜도 강력하게 소원하고 기도하며, 책임감을 갖고 하루하루 성화의 과정을 거칠 때 주어지는 것이지, 하루아침에 하늘에서 뚝 떨어지지 않는다. 코로나 시절에 각국이 지원금 경쟁을 하였다. 특히 미국이 돈을 마구 찍어 내어 인플레이션을 야기하고 고금리 기조를 만들어 냈다는 비난을 받았다. 그러나 더 큰 문제는 수만 달러를 일하지 않고 받은 미국의 젊은이들이, 코로나가 종식되었음에도 여전히 일하지 않고 보조금에만 기웃거리는 습성이 남아 있다고 한다. 무분별한 지원금이 땀을 흘리고 가정의 행복과 자신의 발전을 위해 노력하는 노동의 귀한 가치를 앗아간 것이다.

또한 하나님 나라는 행동하는 자의 몫이라는 점을 비즈니스를 통해 보여준다. 생명 유지에 필요한 곡식을 얻기 위해 수십에서 수천 킬로미터를 와서 사 가야 한다는 것은 믿음과 응답이라는 성경 원리를 그대로 알려준다. 어떤 이득을 얻기 위해서는 대가 지급이 반드시 필요하다. 신학대학원 시험에서 좋은 점수를 받기 위해서는 미리 공부해야 한다. 집이나 교회에서 간절히 기도만 한다고 좋은 점수를 주지 않는다. 손을 쓰고 발을 움직여야 하는 노동은 믿음과 순종, 아니 천국에 입성하는 방법과 권리를 자연스럽게 알려준다.

비즈니스나 노동의 가장 귀한 가치는 천국의 삶을 미리 맛보는 것이다. 제품이나 서비스를 만들어 그것을 이용하는 사람에게 지불한 가격 이상으로 만족하게 만드는 것이 비즈니스이자, 천국 모델의 예행 연습이다. 제품을 믿음으로 만들어 공급할 때 받는 것보다 주는 것이 더욱 값진 것이라는 점을 확인하게 된다. 일터에서 얻은 귀한 재정(돈)은 사회를 선하게 만드는 데 사용되는 보물이고, 미리 맛보는 천국 공동체인 가정을 지탱하게 하는 월급이다. 사회에서는 사랑을 전달하는 매개체이자 사랑이 살아 숨 쉬게 만드는 불쏘시개가 바로 땀 흘리고 받은 돈이다. 또한 일터에서 회식도 넓은 의미의 천국 교제다. 일만 하는 관계는 깊어지기 힘들다. 일터 동료와 식탁 교제를 하면 단시간에 폭넓은 교제를 하고 깊이 있는 이야기를 나누어 나중에 동역자로 올라서기도 한다. 더불어 상대의 아픔을 감싸는 귀한 시간이 되기도 한다. 천국이 바로 그런 곳이다.

◎ **오늘의 묵상**

Q 당신은 성경에 비즈니스 관련 단어가 왜 많이 등장한다고 생각하는가?

Q '비즈니스=천국 연습'에 동의하는가? 동의한다면 그 이유는 무엇인가?

Q 일터에서 천국 생활에 대한 연습을 하고 있는가?

15. 말하는 기계인 노예와 진짜 사랑

고린도는 그리스의 도시 이름이다. 무역항으로 상인들이 활개를 치면서 매우 번성했다고 한다. 그러면 모두가 잘 먹고 잘 살았을까? 당시 고린도의 엘리트 계층은 3%에 불과하고 중산층도 17%로 낮은 비중을 기록하여 '그런대로 잘 먹고 사는 사람'의 비중은 20% 안팎이었다고 한다. 나머지 80%는 하루하루 끼니를 걱정할 정도의 극빈층이었다. 극빈층 중 상당수가 노예(종)였다는 설명도 문헌에서 쉽게 찾을 수 있다. 당시 고린도와 같이 로마의 지배를 받던 도시들의 인구 중 순수 노예 비중이 30-40%에 달했다는 기록도 있다.

기원후(AD) 1세기 노예들의 삶을 좀 세밀하게 들여다보자. 그들을 상징하는 단어인 '말하는 기계'라는 설명이 가슴을 친다. 외형적으로는 같은 인간이었지만, 주인 발톱의 때만도 못한 취급을 받았다는 설명을 들은 적도 있다. 인간이 아니라 기본권조차 없고 매매가 가능한 재산이라는 설명은 그래도 점잖은 편에 속한다. 주인은 노예를 마음대로 매매하는 것을 넘어 마음대로 죽일 수 있어 법적 보호에서 벗어나 있었다. 더욱 적나라하게 그들의 실상을 보여주는 것이 노예의 평균 수명이다. 그들의 평균 수명은 30세 미만이었다고 한다. 광산에서 사슬에 묶인 채 하루 16시간 이상 일하면서도 채찍질을 당해야 했다. 하루 식사로 약간의 빵과 올리브 잎이 제공되어 하루하루가 그야말로 '연명' 수준에 머물렀다. 가장 비참했던 사실은 여성 노예 중 대부분이 20세 이전에 강제로 출산했으며, 그 자녀들은 곧바로 시장에서 매매되었다는 사실이다.

유럽에 가면 멋진 건물들이 매우 많다. 관광객 모두의 감탄을 자

아내고 인간의 능력이 무한함에 대한 근거로 활용된다. 위대한 예술가와 건축가의 탄생을 축복하는 통로가 되기도 한다. 그러나 우리는 알아야 한다. 그것들 중 대다수가 노예들의 목숨과 바꾼 것이라는 사실을. 예를 들어 대형 경기장인 콜로세움을 건설하는 데 6만여 명이 동원되었는데 그 과정에서 수많은 사상자가 있었음을 부인하기 힘들다. 중국에 가면 만리장성이 위용을 자랑한다. 죄수 등 노예로 취급받던 사람들이 강제로 동원되어 만든 만리장성의 슬픈 역사를 알면 '멋지다'라는 감탄보다 탄식이 먼저 나오고 구전되는 안타까운 스토리를 들으면 숙연해진다. 심지어 만리장성을 축조하면서 죽은 사람들의 시체를 쌓으면 만리장성보다 더 길고 더 높다는 말도 나돈다.

멋진 건물과 수많은 종의 죽음

성경에는 종들에 대한 이야기가 적지 않게 나온다. 세밀하게 보면 성경 전체가 종에 대한 이야기라고 해도 과언이 아니다. 하나님 입장에서 보면 인간은 종만도 못할 수 있다. 더욱이 생육하고 번성하라는 명령을 어기고 죄를 지었으니 더욱 그러하다. 그래도 주인이 종을 따뜻하게 대우한 스토리도 간혹 성경에 등장한다. 백부장과 그가 사랑하는 종에 대한 이야기(눅 7장)가 대표적이다. 예수님이 가버나움이라는 도시로 들어갈 때 백부장을 간접적으로 만난다. 그는 지도층이고 로마 사람일 가능성이 높다. 백부장은 유대인 장로를 통해 아픈 종의 치료를 예수님께 간청한다. 소문을 듣고 사람을 보내 요청했다는 설명과 함께 등장하는 '간절히 구했다'라는 표현은 장로들이 백부장의 마음을 대신 전한 것으로 해석된다.

종에 대한 사랑은 겸손함과 동전의 양면이다. 예수님이 방문하려고 하자 감당할 능력이 없는 미천한 자라고 스스로를 낮추면서 말씀만으로도 족하다고 존경을 표한다. 이 스토리의 결론은 이스라엘 최고의 믿음이라는 칭송으로 모아진다. 사랑할 수 있는 사람을 사랑하면 그 사랑은 가치가 낮아진다. 진짜 사랑은 스스로 의지를 꺾어 가장 낮은 곳에 임한 사람, 그리고 가장 어려운 사람에게 시선을 돌린 것이다.

> 어떤 백부장의 사랑하는 종이 병들어 죽게 되었더니
> 예수의 소문을 듣고 유대인의 장로 몇 사람을 예수께 보내어 오셔서 그 종을 구해 주시기를 청한지라
> 이에 그들이 예수께 나아와 간절히 구하여 이르되 이 일을 하시는 것이 이 사람에게는 합당하니이다
> 그가 우리 민족을 사랑하고 또한 우리를 위하여 회당을 지었나이다 하니
> 예수께서 함께 가실새 이에 그 집이 멀지 아니하여 백부장이 벗들을 보내어 이르되 주여 수고하시지 마옵소서 내 집에 들어오심을 나는 감당하지 못하겠나이다(눅 7:2-6)

아람 왕국의 군대 장관인 나아만 장군의 이야기(왕하 5장)는 그가 엘리사의 권유대로 행하여 나병을 치유받았다는 것이 핵심이다. 그러나 더 중요한 포인트가 숨어 있다. 종을 따뜻하게 인격적으로 대하는 그의 성품으로 인해 난치병에서 벗어났다는 점이다. 그가 이스라엘로 출발하게 된 동기는 어린 소녀(종)에게 나왔다. 전쟁 후에 장물(?)로 끌려온 그녀는 억울함과 복수심으로 가득했을 것이다. 그런데 소녀 종이 진심으로 주인을 위해 발 벗고 나서는 것을 보면서 나

아만이 평소 어떤 주인이었을지 추정하는 데 어려움이 없다. 나아만은 그녀(종)의 말을 귀하게 생각해 왕과 상의하고 먼 길을 떠났다. 또한 나아만은 이스라엘에 도착한 후에 요단 강에 가서 일곱 번 씻으라는 치유법을 들었을 때 분노했으나, 종들의 권유를 받고 실행에 옮겨 완치의 기쁨을 누렸다. 종들의 호칭이 은혜롭다. 종들이 주인님이 아닌 '아버지여'라고 부르는 것을 보니 그는 평소 종들을 자녀처럼 잘 보살폈을 것이다. 요단 강에서 씻는 것은 요식행위이고 미천한 종들에 대한 사랑이 나병을 낫게 했다는 점이 핵심이다.

여기서 하나님 사랑을 일부라도 맛볼 수 있다. 예수님이 몸소 보여주신 참사랑과도 결이 같다. 에덴동산에서 죄를 지었지만, 곧바로 가죽옷을 지어 입히신 것을 압축하면 '하나님은 사랑이시라'로 바로 연결된다. 이런 스토리를 옛날 기록인 성경에만 등장하는 이야기로 국한하면 안 된다. 종일 수밖에 없는 나를 자녀로 삼아주는 그 과정을 기록한 책이 성경이다. 내가 행동한 바를 보면 도저히 수긍할 수 없지만. 모든 것을 던져 종을 왕 같은 제사장으로 만드셨다. 오늘 그 감격이 우리의 삶과 일터 속에 옆 동료를 통해 흘러넘쳐야 한다.

◎ 오늘의 묵상

Q 당신은 종에서 하나님의 자녀가 되었다는 감격이 있는가?

Q 나아만 장군과 종의 스토리를 묵상하면서 드는 느낌은 무엇인가?

Q AD 1세기에 살았던 종의 처참함을 묵상하면서 어떤 점이 은혜로 다가오는가? 예수님의 사랑과 대비해 더 깊이 묵상해 보자.

16. '예수는 주' 고백은 목숨 건 반역

헬라어(그리스어)로 쓰인 신약 성경 중 예수 그리스도와 관련하여 그의 위상을 제대로 보여주는 구절이 있다. '퀴리오스 예수'(Κύριος Ἰησοῦς)가 그 주인공이다. 너무 명백하게 '예수 그리스도는 주님'이라는 뜻으로 해석되고 신약 성경의 뼈대를 이룬다고 할 정도로 곳곳에 등장한다. 더 나아가 오늘 우리가 삶으로 이 구절을 고백해야 한다는 데도 다른 의견이 없을 것이다. 그동안 해당 구절이 나와도 습관적으로 찬양하며 감동 없이 성경 본문을 읽고 넘어갔다. 고린도전서 12장 3절에도 해당 구절이 나오는데 오늘 문득 숙연하고 비장하게 다가온다. 그동안 세상에 물든 고린도 교인들을 탓하면서 해당 구절을 읽었는데 그 화살이 바로 나를 향하고 있음을 깨달았기 때문이다. 내가 나를 주인으로 섬기면서 삶을 누리고 있는 것은 아닌가? 아니면 성경 구절처럼 예수 그리스도를 주인으로 제대로 모시고 살고 있는가?

> 형제들아 신령한 것에 대하여 나는 너희가 알지 못하기를 원하지 아니하노니
> 너희도 알거니와 너희가 이방인으로 있을 때에 말 못하는 우상에게로 끄는 그대로 끌려갔느니라
> 그러므로 내가 너희에게 알리노니 하나님의 영으로 말하는 자는 누구든지 예수를 저주할 자라 하지 아니하고 또 성령으로 아니하고는 누구든지 예수를 주시라 할 수 없느니라 (고전 12:1-3)

기원후 1세기에 고린도라는 도시는 상업으로 부흥하는 곳이었다. 항구 도시로서 에게해, 아드리안해, 지중해 등 3개의 바다를 끼고 있어 다양한 물건이 융통되고 상업(무역)의 중심지로 돈이 몰렸다. 더구나 로마가 해당 지역과 인근 도시를 관장하는 총독부를 고린도에 설치하고 로마의 퇴역 군인들을 이주시켜 행정도시이자 휴양 도시가 되었다. 여기에다 1세기의 고린도인들은 당시 세계 학문(철학)의 양대 산맥인 에피쿠로스 학파(그리스 주도)와 스토아 철학(로마 주도)의 영향을 받아 교회 내에도 다양한 파벌이 생겼다. 이런 분위기는 성도 간 분열과 우상숭배 등 다양한 교회 문제를 야기하였다. 분열의 중심에는 무엇이 진리이고 성도의 삶이 어떤 푯대를 향해야 하는지를 두고 교회 밖은 물론 교회 안에서도 헷갈림이 있었다.

교회 밖에서 큐리오스는 종의 반대편인 주인을 말한다. 주종관계로 주인은 종의 소유자일 뿐만 아니라 종을 팔거나 심지어 거리낌 없이 죽일 수도 있었다. 좀 더 범위를 확대하면 주인은 로마 황제를 의미하게 된다. 당시 세계를 호령하던 로마 황제는 피지배민에게 큐리오스이자 구세주로 통한다. 그런 상황에서 예수를 주인이자 구세주로 고백하는 것은 반역이자 체제 전복을 도모하는 세력을 지칭한다. 우리는 흔히 교회에서는 하나님, 직장 등 세상에서는 세상 논리를 존중하며 사는 이원론에 익숙하다. 그러나 당시 고린도에서는 교회뿐만 아니라 사회에서도 황제가 모든 것을 관장했고, 그것을 거부하는 것은 타협 없는 반역이었다. 본인뿐만 아니라 가족의 목숨도 담보하지 못하는 엄청난 도박이었다는 점을 알아야 한다. 그럼에도 '예수 그리스도는 주'라는 고백은 황제보다 더 높은 권위를 예수께 부여하고 예수께 순종하겠다는 의미이다.

목숨을 건 고백이 일터로 이어져야

오늘 우리가 '예수 그리스도는 주'라는 외침은 너무 무기력하고 입술로만의 고백일 뿐 삶으로 연결하는 비장함이 거의 없다. 교회에서는 찬양하고 기도하고 말씀을 보면서 어느 정도 시늉을 하지만, 1주일에서 서너 시간의 교회 활동을 빼면 전혀 딴판인 생활을 너무나 당연하게 세상의 논리에 파묻혀 이어간다. 주일에 "예수 그리스도는 주님"이라고 고백하고 평일 직장과 가정에서는 다른 나라로 이민간 것처럼 살고 있다. 주님 나라의 법과 생활양식을 좇아 살아가는 모습은 찾기가 쉽지 않다. 삶으로 진정한 고백이 없다. 다음 주일이 되면 다시 국적을 변경하고 교회로 오면 되기 때문이다. 예수 그리스도를 주로 고백하는 것은 내가 죽고 내 안에 주님이 사는 것이다. 그러니 그의 지상 명령인 이웃 사랑을 실천해야 한다. 하루에 10시간을 보낼 정도로 가장 많은 시간 동안 머무는 일터에서 일로 옆 동료를 도와야 한다. 그런데 대부분은 세상 논리로만 접근한다. 이익이 될 사람만 돕고, 전에 나에게 잘해준 사람만 돕는다. 친교 활동이나 식사도 좋아하는 사람하고만 한다. 전도에 엄청나게 신경 쓴다고 고백하면서도 친구나 가족만 떠올릴 뿐 회사 사람은 쉽게 제외된다. 성도로서 이중인격에 가까울 정도로 회사 안팎의 생활이 다르다.

교회 안에서의 주인과 교회 밖에서의 주인이 다르면 안 된다. 목숨을 걸고 지킨 1세기 신앙인의 모습을 떠올려야 한다. 화형에 처해져서 가로등 기둥에 즐비하게 내걸렸던 시체가 그런 성도 상을 확증해 주고 있다. 대표적인 사례가 네로 황제에 의한 박해가 최고조에 달할 때 일어났다. 로마의 대화재(AD 64년)로 인해 황제 지위가 위태로워지자, 기독교인들에게 책임을 돌리면서 극형을 가했다. 예수 그리스도를 믿는다는 이유로 개들에게 찢겨 죽임을 당하게 하거나 십자가형에 처하기도 하였다. 더욱이 산 채로 화형에 처해 밤에 횃불처럼 사용했다는 자료도 본 적이 있다. 또한 원형경기장에서 사자 밥으로 던져져 끔찍한 장면이 연출되는 일도 있었다.

　우리는 오늘 자유가 보장된 일터에 있다. 그럼에도 사람 관계로 어려움을 겪는 일터가 적지 않다. 모두가 힘들고 쉽게 치유할 수 없는 정신병에 내몰리기도 한다. 그곳에 세상 논리가 판치고 있지만, 하나님의 지배에서 벗어난 곳이 아니다. 아니 세상의 빛과 소금으로 하나님 나라를 제대로 세워야 할 곳이 직장이다. 믿는 자의 CEO이자 상사는 하나님이다. 그러니 힘들 때 반드시 하나님께 의존하고 기도해야 한다. 하나님과 함께 출근하고 같이 식사하고 교제해야 한다. 기도 제목 없이 세상에서 너무 편하게 직장 생활을 하고 있다면 오히려 이상한 것이다. 세상에 동화되어 살아가는 것이 아니라 세상에 반역한다는 자세로 절박한 심정으로 나서야 한다.

◎ 오늘의 묵상

Q '예수 그리스도는 주님'이라는 의미를 아는가?

Q 당신은 예수 그리스도와 함께 일터에 있는가? 그렇다면 어떤 차이가 있는가?

Q 일터에서 하나님을 찾지 않으면 그것이 반역이라는 생각을 해본 적이 있는가?

17. 창조원리를 거스르는 대한민국

　어느 신문사(《조선일보》, 2014년 1월 16일 자)가 전한 설문조사 결과를 보고 충격을 받은 일이 있다. 홈퍼니싱 제품과 솔루션을 제공하는 이케아가 전 세계 38개국 3.7만 명을 대상으로 조사한 바에 따르면 '집에 홀로 있을 때 즐거움을 느낀다'라고 응답한 한국인의 비율이 40%로 조사 대상 국가 중 압도적인 1위를 기록하였다. 얼추 2명 중 1명이 '혼자 있는 것이 좋사오니'의 고백을 한 것이다. 전 세계 평균인 30%보다 10%포인트나 높았다. 이어 비슷한 질문인 '집에서 혼자 낮잠 자는 것이 좋다'에도 한국인의 28%가 동의하여 선두권 그룹에 포함되었다. 혼자는 관계 단절을 의미한다. 물론 때론 혼자서 휴식을 취하고 스스로를 돌아보면서 다독이는 시간을 갖는 것은 절대로 필요하다. 그러나 습관이 되면 안 된다. 더욱이 그것을 계속 즐기면 안 된다. 인생은 사람 간 교제가 본론이고 혼자 있는 것은 곁가지이기 때문이다.

　위의 조사에서 '식구들과 함께 웃는 시간이 즐겁다'라는 질문에 대해 한국인들은 14%만이 그렇다고 응답하였다. 전 세계 평균이 33%임을 감안하면 매우 낮은 수치다. 필자의 기대는 거의 100%에 육박할 것 같은데 전혀 다른 결과다. 아니 같이 있는 가족(식구)과 함께 있으면서 웃는 것은 금상첨화의 상황이 아닌가? 인간으로 살아가면서 최고의 행복은 그런 모습이 아닌가? 가정은 인간이 누리는 가장 작은 단위의 공동체라고 생각한다. 왜 가정을 우리에게 주셨을까? 가정이라는 공동체를 통해 서로 사랑하고 기쁨을 나누는 '함께 함'을 연습하라는 것이다. 교회도 비슷한 목적이 있다고 생각한다.

이전에 다녔던 교회에서 가장 감명 깊은 슬로건은 '함께 웃고 함께 우는 ○○○○교회'이다. 성도 간에 기쁨이나 슬픔을 같이하는 것, 그것이 믿음 생활의 출발이고 완성이다. 공동체 명령을 거부하고 혼자 있는 것만 좋아하는 것은 담배 피우기를 즐기는 것과 같다고 어떤 정신과 의사가 설명한 것을 전파를 통해 들은 경험이 있다.

고독을 즐기는 것은 인간에 대한 창조 원리는 물론 함께 협력해야 하는 일터에서의 원리와도 맞지 않는다고 생각한다. 모든 회사는 조직을 만든다. 팀과 실, 그리고 본부 등이 대표적이다. 다른 사람과 같이 어깨를 부딪치며 함께 일하라는 의미다. 혼자 있는 것이 좋지 않다는 것을 성경은 우리에게 선명하게 말해주고 있다. 일하면서도 때론 희생하고 양보하면서 다른 사람을 배려하는 것이 하나님의 존재를 인정하고 하나님 명령인 사랑을 실천하는 것이다. "하나님은 사랑이시라"라는 것은 인간으로 창조되었다면, 다른 사람을 사랑하고 그 사랑을 흘려보내는 것이 본업이라는 의미다. 마음에 맞지 않는 사람이 우글거리고 경쟁이 치열한 직장에서 사랑은 더욱 빛난다.

> 여호와 하나님이 이르시되 사람이 혼자 사는 것이 좋지 아니하니 내가 그를 위하여 돕는 배필을 지으리라 하시니라(창 2:18)

옆 동료의 승진을 위해 출근

일터는 조금 터프하지만, 진정한 사랑을 연습하는 곳이다. 나는 하나님 나라를 제대로 먼저 살아보는 곳이 일터라고 생각한다. 가정은 아무런 거리낌 없이 본능적으로 공동체로 묶여 있지만, 일터는 서로 양보하고 도와주면서 서로 경쟁해야 하기 때문에 버티기 쉽지 않다. 그래서 '함께'라는 이념이 지배하는 공동체를 연습하기에 최적의 장소이다. 회사에서 혼자 있다면 끔찍하다. 혼자 있으면 우선 외롭다. 외로움은 외부로부터 단절이고 소외로 연결되어 스스로를 무가치하다는 쪽으로 몰아가기도 한다. 또한 업무량이 많거나 난이도가 높을 때 이를 도와 줄 사람이 없으니, 쉽게 좌절하게 된다. 더욱이 업무를 배울 대상이 없으니 발전이 더디고, 협업을 할 수 없으니 시너지도 없다. 결국 혼자라면 일하면서 느끼는 기쁨이 크게 감소하고 일하면서 느끼는 성취감도 줄어든다.

그래서 채용을 위한 면접 질문은 창조 원리를 제대로 알고 실천하고 있느냐를 체크하는 시간이다. 믿음을 떠나 면접 질문은 동일한 풋대를 지향한다. 우선, 귀한 존재로 자신을 물론 다른 동료를 사랑할 기본적인 소양이 있느냐를 체크한다. 하나님 형상으로 창조된 사람은 어떤 것을 했느냐와 할 수 있느냐(Doing)로 귀하다고 보지 않는다. 존재 자체의 귀함(Being)으로 출발한다. 실력 있는 사람만, 더욱이 담당업무나 직위로 존귀를 평가하지 않는다. 일터는 각 개인적 존재적 귀함과 함께 상호 존중을 원한다. 하나님이 우리에게 항상 말씀하신다. "너는 귀하다. 너는 내 아들이다. 사랑한다." 일터에서도 동일한 말이 누구에게나 울려 퍼져야 한다. "선배님, 사랑합니다. 함께 일하게 되어 영광입니다. 그리고 많이 가르쳐 주세요. 잘 배우겠습니다." 이런 말이 우리의 고백이어야 하고 옆 동료와 선후배에게 이런 마음이 막힘 없이 흘러야 한다.

직장에서 "너도 귀하다"라는 고백은 서로를 살린다. 그래서 일터에서 협업은 상호 간에 격려라는 의례적인 관계를 넘어 생명을 살리는 일이다. 젊은이가 일터에서 멀어지면 활기가 없어지고 자존감도 낮아진다. 파트너 없이 혼자 일하기 때문에 이런 논리와 무관하다고 말하는 사람도 있다. 아니다. 혼자 일해도 외부 거래처와 동일한 관계여야 하고 나중에는 고객과도 이런 사랑의 대화가 있어야 한다.

취업 질문의 두 번째 타깃은 상사는 물론 팀장이나 임원이 되어서 후배나 동료에게 주께 하듯 충성을 다할 사람인지를 체크하는 단계다. 혼자 하면 쉽게 지치지만, 함께 하면 그 어떤 어려움 속에서도 오래 버틸 수 있고 만약 좌절해도 쉽게 회복된다. 함께 있는 것이 너무 아름다우니 오늘 조금 더 양보하고 손해 보라고 예수님은 말씀하셨다. "내가 그걸 너에게 보여주지 않았니?"라고 질문하면서. 혼자이면 힘들지만 함께해서 옆 사람을 살리는 곳, 더 나아가 옆 사람의 승진을 위해 일하는 것은 크리스천의 몫이요, 일터에서 존재의 의미다.

◎ 오늘의 묵상

Q 창조 원리를 일터에 적용할 때 필요한 것 두 가지는 무엇인가?

Q 옆 동료의 승진을 위해 일한다는 고백이 당신에게도 해당하는가?

Q 일이 옆 동료의 생명 살리는 선교사역의 핵심이라는 데 공감하는가?

18. 1승 그리고 20억짜리 관문

취업은 청년들에게 매우 중요하다. 사회로 나가는 디딤돌이자 제대로 홀로서기 하는 시금석이기 때문이다. 필자는 아픈 경험이 하나 있다. 딸이 교회도 다니면서 부푼 꿈을 안고 외국계 회사에서 열심히 인턴을 하였다. 첫 월급도 하나님께 십일조가 아닌 십의 십조(100%)로 드렸다. 딸은 밤 12시가 넘어서 퇴근하기 일쑤였지만, 그래도 다음 날에 또다시 열심히 뛰었다. 그런 덕분에 상사에게서 칭찬을 적지 않게 받았고 정규직 전환에 대한 약속도 받았다. 그런데 인턴을 마무리하는 시점에서 날벼락을 맞았다. 글로벌 본사에서 정원(T/O) 확대에 대한 승인이 나지 않아 채용할 수 없다고 회사가 입장을 바꾸었다. 낙심한 딸은 "추가로 인턴을 더하면 정규직 전환이 가능하다"라는 유혹을 과감하게 뿌리치고 새로운 직장을 찾아 나섰다. 그 후에 외국으로 눈을 돌려 지금은 해외에서 직장 생활을 하고 있다. 여전히 어려움이 없는 것은 아니지만, 기쁨과 감사로 직장 생활을 하고 있다. 첫 직장이 될 뻔한 곳에서 겪은 여러 가지 어려움으로 인해 일을 할 수 있다는 것이 얼마나 귀한 것인지 일부나마 이해하고 있기 때문이 아닐지 짐작해 본다.

취업하는 과정과 일터에서 초년병으로 일을 배울 때는 다양한 경험을 하게 된다. 끊임없이 내야 하는 지원서로 자존심이 상하기도 하고, 법적 보호도 못 받는 인턴이라는 열악한 조건에 놓이기도 한다. 패기로 서너 번의 고난을 넘기지만, 줄줄이 이어져 달려오는 실패 앞에 좌절하지 않는 것이 오히려 이상할 수 있다. 필자가 직장에서 큰 어려움을 당할 때 묵상한 내용은 출애굽에 소요된 시간이다. 처음에는 '왜 그렇게 오래 걸렸을까?'라는 의문이 묵상의 포인트였다. 이해가 잘 가지 않았다. 여전히 출애굽 경로가 완전하게 검증되지 않았지만, 전체 여정은 대략 400-500km로 추정되고 있다. 이스라엘 민족은 그 길을 40년 동안 걸어야 했다. 정확하게 표현하면 걸은 것이 아니라 거의 제자리를 맴돈 것이라는 평가가 가능하다. 옛날 선지자들은 이동할 때 하루에 20km를 적정한 거리로 보았다. 이런 기준으로 계산하면 25일이면 가능한 거리다.

출애굽 당시 어린이도 있고 동물도 있어서 하루 이동 거리를 절반으로 줄여도 50일이면 족하다. 현대판으로 생각을 전환하면 너무 우스운 결과가 도출된다. 이집트 카이로에서 가나안 지역인 이스라엘 텔아비브까지는 430km(비행 거리 기준) 정도로 1시간이면 충분하다. 엄청난 시간 차이가 낭비였을까? 전능하신 하나님은 실수하지 않으신다. 출애굽한 백성들은 군사적인 측면에서 최약체다. 노예로 평생 살았으니 군사적인 전술 면에서 빵점이었을 것이다. 제대로 된 무기도 없었을 것이다. 그들이 당시 최강이었던 블레셋을 만나면 곧바로 전멸했을 것이다. 성경은 길을 곧바로 가지 않고 돌아가게 한 것은 블레셋 군대를 만나 다시 노예로 돌아가지 않도록 하려는 하나님의 배려가 있었다고 분명히 말한다. 또한 40년은 거리의 문제가 아니라 타락한 세대를 징계하고 훈련하기 위한 기간이고, 노예에서 하나님의 자녀로 바로 서게 하는 소중한 기간이었다.

> 바로가 백성을 보낸 후에 블레셋 사람의 땅의 길은 가까울지라도 하나님이 그들을 그 길로 인도하지 아니하셨으니 이는 하나님이 말씀하시기를 이 백성이 전쟁을 하게 되면 마음을 돌이켜 애굽으로 돌아갈까 하셨음이라(출 13:17)

출애굽은 비행기로 1시간, 당시 40년은 보약

이를 취업 과정으로 전환해서 적용해도 무리가 없다고 생각한다. 끊임없는 구직 여정은 쉽지 않지만, 하나님의 주권하에 있다. 회사에서 어려움도 하나님의 주권하에 있다. 도저히 이해할 수 없지만, 지나고 나면 알게 된다. 필자의 딸이 현재 직장에서 잘 견디는 것(정확하게 버티는 것)은 이전 직장에서 혹독하게 훈련받은 결과요, 감사함으로 일하는 것은 일하는 기회가 모두에게 주어지는 축복이 아니라는 경험에서 기인한다. 더불어 하나님께 매달려 기도하게 하는 힘도 같은 맥락에서 이해할 수 있다. 그리고 우리는 이미 일터에서 승리가 확정되어 있다. 출애굽 백성에게 광야는 낭비의 시간이 아니다. 젖과 꿀이 흐르는 가나안으로 가는 여정이고 하나님의 백성으로 바로 서는 훈련 과정이다.

창세기에서 가장 은혜로운 부분은 3장 21절에 나오는 '가죽옷'이다. 우리를 구원하기 위해 수천 년 전에 하나님은 예수 그리스도를 준비하셨다. 광야와 가죽옷이 상징하는 것은 인내라고 생각한다. 하나님은 우리의 구원 과정을 수천 년의 스케줄로 관리하신다. 우리가 일터에서 좌절하거나 지칠 수 없는 이유다.

취업의 여정에서도 하나님이 낮에는 구름 기둥으로, 밤에는 불기둥으로 인도하신다는 확신이 필요하다. 성경은 성도가 고난을 통해 배우고 하나님의 자녀로 바로 선다는 점을 강조하고 또 강조한다. 그래서 취업 준비생에게 말씀과 기도가 절대적으로 필요하다. 우리 인생에서 큰 일이지만, 제대로 기도하거나 제대로 훈련받지 않은 분야가 두 개가 있다. 하나는 결혼이고 다른 하나는 취업이다. 취업은 1승만 하면 된다. 2승이 필요 없다. 그런데 소명이 스며들어 간 직업이어야 한다. 왜냐하면 지금 일하는 세대는 평균적으로 1년에

7천만 원(인플레이션 고려)을 벌며 직장에서 30년(총 20억 원 정도)은 일해야 하기 때문이다. 실력으로만 합격한다고 생각하면 큰 오산이다. 설사 취업한 뒤 적성에 맞지 않는다고 곧바로 퇴사를 결정하는 직원이 한둘이 아니다. 그래서 취업 준비생은 스스로 기도하고, 교회 공동체는 중보로 힘을 보태야 한다. 우연히 어떤 곳에 들어간 것은 광야에서 금송아지 만드는 행위와 비슷할 수 있다. 외부적인 조건에 휩쓸리거나 친구 따라 강남 간 경우일 수도 있기 때문이다.

일터에 대한 소명 의식은 매우 값지다. 하나님의 계획이 모든 사람에게 있기 때문이다. 그 과정에서 겪는 어려움도 어쩌면 반드시 필요할 수 있다는 자세 전환이 필요하다. 이스라엘 민족에게 광야에서의 시간이 필요 없는 낭비였다고 할 수 없는 것처럼…. 따라서 느긋하면서도 말씀과 기도로 취업을 준비해야 한다. 더불어 그 과정에서 겪은 어려움도 하나님의 주권하에 있음을 인정해야 한다. 입사해서도 하나님께 능력을 달라고 매달리고 함께 일하는 사람과의 관계도 하나님께 올려 드리는 간구가 필요하다. 하나님은 나의 직장을 수천 년 전부터 준비했음이 확실하기 때문이다.

◎ 오늘의 묵상

Q 당신은 취업을 앞두고 어떤 여정을 겪고 있는가?

Q 만약 이미 취업했다면 과거의 어려움이 지금 일하는 데 도움이 되고 있는가?

Q 당신은 취업과 일터를 하나님이 수천 년 전에 준비했다는 것을 믿는가?

19. 사도행전은 비즈너리(Businary) 모델

　신앙과 생활이 따로국밥 같은 시류 속에서 신앙생활과 생활신앙을 일치시키는 노력처럼 비즈니스와 선교가 다른 이야기가 아니다. 100% 비즈니스맨이면서 100% 선교사라는 비즈너리의 정의는 총체적 선교를 요구하는 오늘날 선교의 흐름을 미리 읽고 앞서 나간 혜안이었다. 지난날 한국교회는 잘못된 성속 이원론과 더불어 7분의 1의 주일 성수는 강조했지만, 7분의 6인 월요일부터 토요일의 삶은 제대로 가르쳐 주지 못했다.

　위의 내용은 《나는 비즈너리입니다》(쿰란출판사)라는 책의 추천사 중 일부다. 필자가 교회와 미션스쿨 그리고 킹덤 컴퍼니를 표방하는 기업들에게 일터소명을 강의하면서 가장 아쉽게 느끼는 것은 일터와 선교가 양립할 수 없다는 성속이원론이 뿌리 박혀 있다는 사실이다.

　해외선교를 하다가 귀국한 선교사를 만나는 것은 이제 흔한 일이 되었다. 코로나와 주재국 정부의 강제출국 조치로 너무나 많은 분들이 사역을 그만두고 한국으로 돌아왔다. 이제는 뉴스도 아니다. 그런데 정확하게 보면 추방당한 것이다. 선교사를 추방한 대부분의 나라에는 종교국이라는 행정부서가 있다. 당연히 교회와 관련 분야에 종사하는 사람들을 보호할 것으로 여겨지지만, 현실은 다르다. 사회주의 국가에서는 정부보다 정당과 같은 정치집단이 행정부의 상위기관 역할을 하고 있어 정치에 도움이 되지 않을 경우 교회를 반기지 않는다. 일당 독재 국가라면 더욱 그러하다. 사회주의 국가의 외교관을 만나 이야기할 기회가 있었다. "왜 선교사를 추방하나요? 좋은 일도 많이 하는데…. 현지인들에게 종교를 강요한 것도 아니고." 답은 간단하다. "입국 목적과 다르게 행동(활동)하고 있으니, 추방은 당연하죠."

기존에는 선교 미션에서 비즈니스를 논하면 곧바로 재정후원을 떠올렸다. 직접 본인이 나가는 것이 아니라 선교사를 파송하는 데 재정적 후원을 해야 한다고 생각하였다. 여러 여건상 '보내는 선교사 역할'을 자임한 셈이다. 그러나 이제는 BAM(Business as Mission)이라는 용어가 일반화되고 있다. 교회의 지원에 전적으로 의존하여 선교에 헌신하는 것을 평가절하하는 것은 절대로 아니다. 비즈니스를 하면서 선교를 꿈꾸는 새로운 문화가 아직도 금기시되고 있음이 안타까운 것이다.

비즈너리 선교사를 위한 10가지 변명

그들이 제일 신봉하던 사람은 사도행전의 주인공 사도 바울이다. 뛰어난 배경을 모두 뒤로 하고 평생 독신을 영위하면서 선교에 전력했다는 사실은 잘 믿지 않는 자들에게도 상식이다. 그런데 그가 비즈니스에 종사한 선교사였다는 점은 상대적으로 잘 주목받지 못한다. 다양한 곳에 교회를 개척하여 충분한 후원이 가능했지만, '그리스도의 복음'에 지장이 없게 하려고 '자비량 선교'에 매진했다고 고백하였다. 즉 자신의 물질적 권리를 주장함으로써 전도가 방해받을 가능성이 있어 이를 차단하려는 의도였다.

한 목사님이 세미나에서 이런 주장을 편 적이 있다. "이중직(목회와 다른 직업 보유)을 하는 목회자들의 모임을 만들어 보다 효과적으로 사역을 하려고 노력했으나 실패했습니다. 본업인 사역을 소홀히 하려는 것 아닌가 하는 이상한 시각이 참여자 간에 적지 않았습니다."

한 예비 사역자는 세미나에서 이런 질문을 하였다. "같은 교회의 풀타임 전도사가 경제적으로 상황이 어려워 교회 근무시간을 피해 아르바이트를 한 적이 있는데 담임목사로부터 심한 꾸중을 들었어요. 세상 일과 교회 일을 제대로 구분하지도 못하여(정확하게는 세상 일도 하고 교회 일도 하고 있다고) 헌신과 순종을 삶으로 제대로 실천하지 못하고 있다는 이유로요."

> 어찌 나와 바나바만 일하지 아니할 권리가 없겠느냐
> 누가 자기 비용으로 군 복무를 하겠느냐 누가 포도를 심고 그 열매를 먹지 않겠느냐 누가 양 떼를 기르고 그 양 떼의 젖을 먹지 않겠느냐(고전 9:6-7)

해외선교 시에도 일을 동반한 비즈너리를 적극 검토해야 하는 이유는 무엇일까? 10가지 정도로 정리할 수 있다고 본다. 첫째, 재정적 후원은 언제든지 끊어질 수 있다. 비즈너리를 통해 스스로 재정안정을 도모할 수 있어 안정적으로 선교하는 데 특효약이다. 둘째, 투명하지 못한 재정관리에 대한 오해가 적지 않다. 지출처에 대한 제대로 된 소명이 힘든 것이 선교 현장이다. 셋째, 비자를 쉽게 받고 안정적으로 거주하는 데 더없이 큰 도움이 된다. 넷째, 현지인을 만나는 자리가 쉽게 마련된다. 비즈니스 네트워크는 곧 선교 네트워크로 발전할 수 있다. 다섯째, 현지인 제자화가 용이하다. 생업과 선교를 분리하지 않아도 되기 때문에 현지에서 보다 많은 헌신자를 확보하기가 쉽다.

여섯째, 재정적 안정과 탄탄한 현지 네트워크는 장기선교를 가능하게 한다. 일곱째, 현지 사회에 필요한 지원이 가능하여 총체적 선교의 디딤돌이 될 수 있다. 빈민 사역과 의료 사역이 대표적이다. 여덟째, 다양한 경험과 어려움을 극복하는 과정에서 하나님의 일하심에 대한 경험이 늘어 영적으로 더 충만할 수 있다. 아홉째, 젊은 층이 선교사로 헌신하는 데 보다 유리한 상황을 제공한다. 열째, 코로나 등 대외변수에 흔들지 않는다. 코로나로 적지 않은 선교사들이 귀국해야 했지만, 비즈너리는 해외 선교 현장을 더 잘 지킬 수 있었다.

그러나 비즈너리에도 약점이 있다는 점을 명심해야 한다. 해외 선교가 비즈니스 중심으로 흘러갈 수 있다. 목적과 수단이 뒤바뀌면 안 된다. 선교를 하든, 비즈니스를 하든 하나님만을 섬기는 데 소홀해서는 안 된다. 심지어 해외에서 하나님의 뜻을 구하며 비즈니스를 하는 것은 그 자체만으로 귀하다. 세상의 빛과 소금이 되어야 한다는 대전제가 성립된다면 단기간에 전도 숫자로 성과를 자랑하고도 쉽게 와해되는 전임 선교의 단점을 크게 보완할 수 있다. 더구나 하나님이 주신 은사인 '물맷돌'을 사장시키지 않고 잘 활용하는 것에 대해 하나님이 매우 기뻐하지 않을까? 본국에서 일이 예배일 수 있듯이 해외에서도 일한다는 것 자체가 하나님 나라의 확장의 수단이요, 예배이다.

◎ 오늘의 묵상

Q 비즈니스와 선교가 양립할 수 있다고 생각하는가?

Q 당신은 비즈너리의 장점에 동의하는가?

Q 당신이 혹시 선교에만 올인하고 있다면 하나님이 주신 가장 큰 장점(은사)을 사장시키고 있는 것은 아닌가?

20. 돈은 예수님도 팔게 만드는 흉기

공동체를 무너지게 만드는 것이 있다. 돈, 아니 정확히는 엉망인 재정관리다. 돈을 못 벌어 무너지는 경우보다 잘못 관리하여 무너지는 공동체가 더 많다고 생각한다. 더욱이 돈에 약점을 보이면 훨씬 더 비참한 나락으로 떨어지고 주위 사람에게 큰 상처를 주기도 한다. 가정도 예외가 아니다. 부부간에 하나 됨은 재정도 포함한다. 각자의 수입을 따로 관리할 수 있으나, 서로 투명해야 한다. 양가 웃어른에 대한 용돈 지급도 공평하게 해야 한다고 생각한다. 특히 엇갈려 주는 것이 더 은혜로워 보인다. 남자가 장인과 장모님에게, 여자 쪽이 시부모님께 드리면 화목함의 상징이 된다. 필자 세대는 남자의 비상금을 두고 해프닝이 자주 발생하였다. 지금도 비슷한 일이 없지는 않겠지만, 가장 중요한 돈 관리 원칙은 투명성이다. 따라서 수입과 지출 목록은 부부간에 구글 시트 등을 통해 항상 공유할 수 있도록 해야 한다. 돈을 함께 관리해야 신뢰도 쌓이고 사랑도 무럭무럭 자란다.

회사로 눈을 돌리면 투명한 재정관리는 생존을 위한 필수 요건이다. 밖에서 열심히 벌어도 안에서 새면 하루아침에 망한다. 뉴스를 타는 대부분의 재정 관련 부정은 시스템이 제대로 작동하지 않은 데서 기인한다. 회사에서 돈을 집행할 때는 반드시 복수의 점검 절차가 작동해야 하고 임원급에서 수시로 실물과 서류를 대조해야 한다. 이들을 대조한다는 것은 금융기관을 직접 방문하여 서류상 잔액이 실제와 맞는지 확인하는 것이다. 이전에는 잔고증명서를 첨부하는 것이 대안이었지만, 하루 이틀 차이로 금액의 변동이 매우

심하거나 그 증명서조차도 쉽게 위조할 수 있어 월 1회 정도 자금담당 임원이 직접 은행을 방문하여 서류를 발급받아야 뒤탈을 줄일 수 있다. 최근에는 온라인으로도 잔고증명서 진위를 쉽게 확인할 수 있어 너무 다행이다.

중소기업이라면 CEO가 일정 금액 이상의 출금 건에 대해 문자로 받도록 보다 정교한 관리 체제를 마련해야 한다. 그런데 요즘에는 나가는 돈의 문제보다 들어오는 돈이 적절한 통로로 오지 않는 경우가 더 많음에 유의해야 한다. 정식 계좌로 들어와야 할 돈이 처음부터 새는 경우가 적지 않은 것은 지출보다 잘 발각되지 않기 때문이다. 오래전 필자의 회사에서도 관련 사고가 적지 않았다.

이전 교회에서 마지막으로 봉사한 부서는 감사부였다. 회계사와 금융 전문가 등을 포함하며 7-8명으로 구성된 부서다. 교회에서 돈이 나가는 것과 관련하여 거의 모두 서류를 다 뒤진다. 문제가 없는지 체크하고 또 점검하고 서류의 적격성도 따진다. 비용 절감을 이유로 간이 영수증을 받는 것에도 경고장을 날리고 재발 방지책도 요구한다. 대외적으로 송금되는 경우 세금에 대한 원천징수도 철저하게 이행한다. 그동안 교회는 재무관리의 사각지대였다는 지적에 자유롭지 못했다. 그러나 이제는 '돈을 잘못 관리하면 예수님도 팔 수 있다'는 생각으로 비상한 각오로 임해야 한다. 2년 반 동안 수천억 원의 돈과 수조의 자산을 관리했던 CFO(최고재무관리자) 자리에 있었던 필자는 돈을 받고 예수님을 판 가룟 유다가 언제든지 거의 모든 교회나 선교단체에서 나타날 수 있다고 생각한다. 사람의 의지와 청렴함에만 기대면 안 된다. 인간인 이상 그 누구도 돈의 유혹에서 완벽하지 않기 때문이다. 따라서 교회에서도 기업에 버금가는 시스템이 작동해야 한다.

이중 삼중 돈 출납 점검 시스템 도입을

따라서 교회 내 재무관리에 대한 몇 가지 원칙을 공유하고자 한다. 우선, 정식 증빙이 없는 지출은 안 된다. 담임목사라도 예외가 되어서는 안 된다. 만약에 예외라면 그 사유를 증명해야 하고 적당한 대안을 마련해야 한다. 두 번째로 도장과 통장을 분리하여 2명 이상이 동의해야 출금할 수 있도록 만들어야 한다. 통장 실물이 없는 경우에는 직인을 현금 출납 담당자가 아닌 상급자에게 맡겨야 한다. 재정담당 목사나 담임목사가 분기 당 최소 1회는 금융기관을 방문하여 잔고증명서를 발급받아 대조해야 한다. 아주 작은 교회라도 재정팀을 카톡으로 묶어 서로 체크하고 정기적으로 통장의 잔고를 사진 찍어 올리도록 해야 한다. 연간 또는 반기로 재정집행 현황을 모든 성도에게 보고하고 일정 기간 열람도 가능하도록 시스템을 만들어야 한다.

예수님의 제자 중 재무 담당인 유다는 돈으로 망한 인생이다. 돈의 유용액이 많고 적음이 문제가 아니다. 특히 교회에서는 아주 적은 돈도 성도들을 화나게 만들고, 교회를 떠나게 만든다. 아니 믿음을 등지게 만들어 교회를 파는 행위로 연결된다. 말단 실무자가 아니라 교회 최고 책임자가 이런 사건에 연루되면 교회가 쉽게 쪼개진다. 돈은 그야말로 믿음을 굳건하게 하는 선교의 주춧돌이 되기도 하지만, 잘못 사용하면 교회를 가장 심각하게 위협하는 흉기가 된다. 오늘도 황금 송아지를 만들고 있는 것은 아닌지 경계해야 한다. 단순한 경각심을 넘어 시스템화하고 객관적인 서류로 확인하는 경계심이 필요하다. 사단은 예수님 자리를 빼앗으려고 돈을 가장 유용한 무기로 사용한다는 점을 알아야 한다. 더불어 재직자와 성도들에게 재정관리 교육은 절실히 필요하다. '황금 보기를 돌 보는 것같이 하는 마음'에 의존하라고 가르치는 도덕적인 교육보다 돈을 영혼 구원의 도구로 제대로 사용하는 비법을 정기적으로 말씀과 함께 배워야 한다. 인간은 약간만 방심해도 언제든지 황금 송아지를 신으로 만들 수 있기 때문이다.

> 백성이 모세가 산에서 내려옴이 더딤을 보고 모여 백성이 아론에게 이르러 말하되 일어나라 우리를 위하여 우리를 인도할 신을 만들라 이 모세 곧 우리를 애굽 땅에서 인도하여 낸 사람은 어찌 되었는지 알지 못함이니라
> 아론이 그들에게 이르되 너희의 아내와 자녀의 귀에서 금 고리를 빼어 내게로 가져오라
> 모든 백성이 그 귀에서 금 고리를 빼어 아론에게로 가져가매
> 아론이 그들의 손에서 금 고리를 받아 부어서 조각칼로 새겨 송아지 형상을 만드니 그들이 말하되 이스라엘아 이는 너희를 애굽 땅에서 인도하여 낸 너희의 신이로다 하는지라 (출 32:1-4)

◎ 오늘의 묵상

Q 당신이 속한 일터의 재무관리 상태는 어떠한가?

Q 당신에게 하나님을 멀리하게 만드는 황금 송아지가 있는가?

Q 당신은 성경적 재정관리 교육을 받은 적이 있는가?

21. 일은 하나님 찬양의 최고 도구

찬양이라는 단어가 나오면 고민하는 내용이 있다. 이사야는 43장 21절("이 백성은 내가 나를 위하여 지었나니 나를 찬송하게 하려 함이니라")을 통해 하나님이 인간을 창조한 목적을 확실하게 밝힌다. 이는 은혜가 되는 구절이지만, 인간을 찬양의 도구로만 사용한다는 말인가? 초신자 때에 거북함이 올라와 은혜가 줄어든 경험이 있다.

신학을 배우면서 묵상하다가 찬양을 잘못 이해했다는 생각이 들었다. 참된 찬양은 입술로 단순히 고백하는 것이 아니다. 진실된 찬양 예배는 하나님은 어떤 분이시고, 어떤 일을 하고 계시며, 앞으로 어떻게 하실 것인지를 아는 것으로 시작한다. 이런 의미에서 찬송은 신학의 일부이지만, 또 신학의 최고봉, 즉 핵심이라고 할 수 있다. 찬양이 성자 하나님과 보혜사 성령님의 도움을 통해 시와 찬미로 하나님의 속성을 선포하기 때문이다. 찬양은 즐기는 노래이거나 멋있고 화려하게 합창하는 CCM(현대 기독교 음악)에 머물면 안 된다. 오직 하나님만 높여야 한다. 회중의 즐거움을 위한 부분은 뒤로 물러나야 한다. 예배 음악은 하나님 한 분에게 초점을 맞추어야 한다. 인간 중심이 아니다. 손이 달이나 태양을 가려서는 안 된다. 찬양 사역자가 더 높여져서는 더욱 안 된다. 또한 성도 간에 스트레스를 해소하는 인간의 친교 시간은 더욱 아니다. 찬양에 참여하는 것 자체가 인간에게 최고의 행복을 안겨주는 것이다.

또한 찬양을 생각하면서 오해했던 부분은 말씀 선포를 위해 분위기(?) 잡는 용도로 생각했다는 점이다. 그러니 찬양이 예배의 핵심이 될 수 없었다. 그러나 찬양은 하나님과 하나님 백성 간의 만남이다. 이 만남을 통해 대속의 은총과 감격, 성령의 보호하심을 깊게 느껴야 한다. 하나님에 대한 올바른 마음가짐을 가진 찬양을 통해 최고의 기쁨을 느낄 수 있어야 한다. 더불어 오늘을 사는 일상 생활 가운데 힘이 되어야 한다. 찬양으로 하나님을 제대로 만나 삶에 대한 감탄과 감격이 살아나야 한다. 이를 통해 하나님을 체험하고 삶이 변화될 때 비로소 찬양이 완성된다. 베드로도 물고기 잡는 곳에 찾아오신 예수님을 체험하고 죄인임을 고백한다. 진정한 예배자로 변화하는 사례다. 일터에서 죄를 깨닫고 순응자로 제대로 서는 것이 찬양과 예배의 출발점이다.

따라서 찬양은 성도에게 의무다. 목소리를 높이는 것만이 찬양이 아니다. 말씀 선포 전에 분위기를 잡는 것으로 평가절하해서는 안 된다. 삶 전체가 찬양이 되어야 한다. 일터에서 전체 활동 시간의 90% 이상을 보내는 성도는 '일로 하나님을 찬양해야 한다'가 예배의 핵심이다. 단순히 주일에 성스러운 형식에 치우친 예배로는 부족하다.

미국에서 목사로 활동하시는 브라이언 채플(Bryan Chapell)은 《일과 은혜》(생명의말씀사)라는 책자를 통해 "하나님은 우리의 일을 통해 다른 사람을 돕고 다른 사람의 삶을 개선하며 하나님 나라의 영향력을 확장하니 당신이 일하는 곳이 당신의 선교 현장"이라고 강조하였다. 특히 그는 "믿는 성도가 만든 제품이나 일하는 방식을 통해 죄로 망가진 세상에서 구원의 통로를 연다"라고 덧붙이고 있다. 하나님 나라의 확장과 인간 구원이라는 찬양의 목적을 일과 잘 연결하고 있다.

Worship에서 Workship으로 변신을

일터를 경배의 장소와 동일시하는 단어를 본 적이 있다. 경배와 찬양을 의미하는 Worship에 'k'라는 알파벳을 추가하여 Workship이라는 단어를 만들면서 성도의 일에 중요함을 강조하였다. 결국 삶이 예배여야 한다. 하나님이 가장 기뻐 받으시는 산 제사는 일터를 제외하고 이야기할 수 없다. 로마서 12장에서 말하는 영적 예배는 진정한 예배를 의미하고 "너의 몸을 드려라"와 "거룩한 제사"라는 말은 단지 예배당에서 형식적인 것(옛 언약의 동물 제사와 같은)에 몰두하지 말고, 삶의 현장에서 일로 찬양하는 예배를 강조하고 있다.

> 그러므로 형제들아 내가 하나님의 모든 자비하심으로 너희를 권하노니 너희 몸을 하나님이 기뻐하시는 거룩한 산 제물로 드리라 이는 너희가 드릴 영적 예배니라 (롬 12:1)

인간은 하나님의 작품이다. 하나님의 형상과 연결했다는 점에서 제품이 아니라 작품이다. 걸작을 지향하고 있다. 1등을 하라는 의미가 아니다. 하나님이 우리를 만들 때 그 의도를 잘 반영해야 한다는 의미다. 흔히 우리의 능력을 지적인 것과 재물적인 것으로 설명한다. 하나님이 여기에 동의하실까? 부정적인 답이 떠오를 것이다. 하나님이 생각하는 우리의 능력은 하나님의 하나님 됨을 조금이라도 닮는 것을 말한다. 하나님의 가장 큰 특성은 단연코 사랑이다. 하나님은 성도들을 사랑하신다. 그러면 믿지 않는 사람들은 미워하실까? 절대로 아니다. 하나님을 믿지 않는 자들도 역시 사랑하신다. 하나님이 사람을 사랑해야 하기 때문에 사랑하는 것이 아니라 참생명을 인간에게 불어넣는 유일한 방법이 사랑이기 때문에 사랑한다. 그래서 하나님을 제대로 찬양하는 방법은 일터에서 하나님의 속성을 제대로 드러내도록 노력하는 것이다. 매일매일의 대부분을 보내는 일터에서 원수를 사랑하며, 즉 나를 힘들게 하는 상사와 동료를 위해 기도하는 것이다. 하나님의 아들이 되는 필수 조건이니 한눈을 팔면 안 된다. 우리는 일터에서 일로 하나님을 찬양할 때 제대로 예배(Worship)를 드리는 것이 될 뿐만 아니라 일터에서 실력 있게 사는 Workship을 진짜로 실천할 수 있다.

> 나는 너희에게 이르노니 너희 원수를 사랑하며 너희를 박해하는 자를 위하여 기도하라
> 이같이 한즉 하늘에 계신 너희 아버지의 아들이 되리니 이는 하나님이 그 해를 악인과 선인에게 비추시며 비를 의로운 자와 불의한 자에게 내려주심이라 (마 5:44-45)

◎ 오늘의 묵상

Q 오늘 무엇으로 하나님을 찬양하고 있는가?

Q 일이 구원사역의 주요 도구라는 점에 동의하는가?

Q 당신은 Worship과 Workship을 실천하고 있는가?

22. 바울처럼 180도 달라지는 일터 십계명

나는 왜 변하지 않을까? 믿음의 행진을 오랫동안 하고도 자주 스스로에게 던지는 질문이다. 믿음으로 섰다면 우선 남을 배려하는 마음이 앞서야 하는데 그러하지 못함에 자괴감이 들기도 한다. 그러나 또다시 시작하며 다짐한다. 바울이 예수님을 만나고 180도 변한 것이 나의 모습이 되기를, 소망에 머물지 않기를 기도한다.

바울은 원래 예수 그리스도를 믿는 자를 박해하는 일에 최선을 다했다. 아니 믿는 자의 편에서 보면 악랄했다. 사도행전 9장은 "주의 제자들에 대해 위협과 살기가 등등하여"라고 말하고 있다. 단순히 선도하거나 권면하는 입장 정도가 아니었다. 내 말을 듣지 않으면 죽이겠다는 결연한 의지가 엿보인다. 믿음의 근거지인 예루살렘에서만 그런 것이 아니다. 그는 이스라엘 북쪽 맨 끝에 위치한 다메섹이라는 곳까지 올라가 예수를 믿는 자들을 잡아들이는 데 최선을 다했다. 장소와 때를 구분하지 않고 오직 유대교를 위해 모든 것을 걸겠다는 심산이었다. 다메섹에서 결박하여 예루살렘으로 호송하고 만약 저항하면 살인도 불사하려는 마음이 엿보인다. 그런데 그가 모든 것을 내려놓고 예수 그리스도를 전하는 데 목숨을 거는 사람으로 돌변하였다. 이를 가장 잘 반영한 구절은 고린도전서에 나오는 "나는 매일 죽는다"(15:31)라고 고백하는 구절이다.

바울처럼 예수 그리스도를 제대로 믿으면 자신은 죽고 그 속에 예수 그리스도가 살아야 한다. 그것의 표징이 마음이 변하는 것이고 다른 사람과의 관계가 틀어져 그 마음이 표출될 때 확증된다는 점을 알아야 한다. 폭풍이 없을 때, 즉 잔잔한 호수와 같은 상태에서는 누구나 잠잠할 수 있다. 예수 그리스도의 마음을 품고 실천할 수 있다. 그러나 내 마음에 돌을 던지고 상처를 주는 사람이 나타날 때도 동일한 마음이 나타나야 하는 데 필자는 전혀 아닌 경우가 허다했다. 순간 믿음의 장막은 사라지고 내 본성이 꿈틀거리면서 목소리는 높아지고 얼굴이 붉어지며 모든 것을 내가 설정한 논리로 따진다. 믿기 전에 했던 것과 한 치의 오차도 없이 동일하다.

이런 이중성은 일터에서 가장 흔하게 발견된다. 믿음이 바로 서면 교회에서뿐만 아니라 세상에서 그리스도의 향기를 내뿜어야 하는데 바울과 정반대로 변함이 없다. 평상시 예수 그리스도를 위해 목숨마저 하찮게 여기겠다는 입술과 찬양의 마음은 자취를 감추고 내 앞 사람의 주장과 행동에 가차 없이 채찍을 가한다. 나는 살고 상대방은 죽이는 믿음의 역설이 등장한다. 가장 중요한 순간에 믿음은 사라지고 믿기 전에 내 마음이 용솟음쳐 모든 것을 지배한다. 처음에는 일에 대한 열정이 높아서 그런 줄 알았다. 나중에는 제대로 깨달았다. 아! 그동안 믿고도 껍질만 변했구나!

회사에서 일을 잘한다는 적지 않은 선배들을 만났다. 그런데, 이 중 상당수는 지금도 닮고 싶은 선배로 생각되지 않는다. 분명히 실력도 있고 열심히 사는 모본을 보였지만, 그들에게 있는 공통점 중 하나는 옆이나 밑의 직원들을 보지 않았다는 점이다. 오직 상사만이 그들에게 중요하였다. 모셨던 한 선배는 수단과 방법을 가리지 않고 윗분을 받들었다. 해외 근무 중에도 편지를 써서 아첨하는 정보를 전달하고, 심기에 대한 경호와 좋은 선물에 몸을 던졌다. 이런 모습을 보면서 나는 그러지 말아야지 했지만, 순간순간 정도는 다르지만 비슷한 행동이 있었음을 고백하며 회개한다. 오직 성과를 위해, 오직 목표를 달성하기 위해, 오직 윗사람이 좋아한다는 이유로 주위 동료와 직원들을 살기 등등한 어투로 결박한 것은 아니었을까?

믿는 자라면 일을 열심히 하는 방법이 달라야 한다. 바울이 예수님을 만나 180도 변한 것처럼 일터에서 내가 그렇게 변해야 한다. 나를 위해 일하는 것이 아니라 동료의 승진을 위해 일하고 더 나아가 내가 일하는 방식을 통해 믿는 자는 달라도 진짜 다르다는 향기가 사무실에 가득해야 한다. 내가 매일 죽어 예수 그리스도로 말미암아 180도 달라진 바울이 투영되어야 한다.

동료에게 화를 내고 욕하면 살인

그 출발점은 마음가짐이다. 마음은 쉽게 포장지로 가릴 수 있다. 제대로 믿는 자처럼 마음과 다르게 행동할 수 있다. 그러나 하나님은 우리의 중심을 보신다. 믿음과 다르게 행동할 가능성이 높은 일터라면 더욱 그러할 것이다. 나와 의견이 다를 때 분노가 쉽게 솟아오르고 사람 관계에 편식이 있으면 하나님 이외에 다른 신을 섬기고 있는 것과 같다. 남(다른 팀)과 협업하지 않고 오로지 나와 내 팀만으로 성과를 내서 다른 사람과 팀의 코를 납작하게 해주는 데 일의 목적이 있다면 우상숭배에 나서고 있음을 알아야 한다. 지키지 못할 약속을 쉽게 하고, 더구나 타인과 했던 약속을 소홀히 여긴다면 하나님을 망령되이 일컫는 것이다.

스스로 지키지도 못할 것을 남발하는 것은 인성을 넘어 악행이다. 주일에 팀원이 쉬는 것을 제대로 지켜주지 못했다면 안식일 절도죄에 해당된다. 나이가 많음에도 부하 직원이라는 이유로 함부로 대했다면 "네 부모를 공경하라"라는 십계명을 어긴 것이다. 가장 심각한 것은 제6계명 "살인하지 말라"다. 누구나 이 계명에서 자유롭다고 생각한다. 사람은커녕 미생물조차도 죽인 적이 없다고 자부심을 뽐낸다. 그러나 성경은 말한다. 형제에게 노하거나 욕을 하면 사망보다 더 큰 지옥에 던져지는 처벌에 처하게 된다는 무시무시한 구절을 기억해야 한다. 더욱 직설적으로 말하는 내용도 있다. 형제를 미워하는 마음은 곧바로 살인이라고 말한다. 간음과 음욕을 동일하게 보고 탐심을 가지면 이미 도둑질을 한 것이라고 단정한다. 직장 내 왕따는 거짓 증거에 해당하며 이웃집의 것을 탐하지 말라는 마지막 계명은 남의 공적을 질투하지 않게 마음을 잘 지키라고 말한다. 마음을 도둑맞으면, 아니 마음이 예수 그리스도에게 향하지 않으면 우리의 일터행전과 믿음은 이미 죽은 것이다.

> 옛 사람에게 말한 바 살인하지 말라 누구든지 살인하면 심판을 받게 되리라 하였다는 것을 너희가 들었으나
> 나는 너희에게 이르노니 형제에게 노하는 자마다 심판을 받게 되고 형제를 대하여 라가라 하는 자는 공회에 잡혀가게 되고 미련한 놈이라 하는 자는 지옥 불에 들어가게 되리라 (마 5:21-22)
> 그 형제를 미워하는 자마다 살인하는 자니 살인하는 자마다 영생이 그 속에 거하지 아니하는 것을 너희가 아는 바라 (요일 3:15)

◎ 오늘의 묵상

Q 당신은 오늘 어떤 마음입니까? 믿기 전과 어떻게 다른가요?

Q 열심히 일하는 것과 열심히 믿는 것이 동일하다고 생각하나요?

Q 당신 스스로 일터 10계명을 만들어 보세요.

23. 일터는 도시선교의 최고 보루

　선교에 두 갈래의 길이 놓여 있다. 예수 그리스도의 죽음과 부활을 통해 죄인들을 용서한다는 순수 복음을 강조한 복음주의가 있고 다른 한편에는 가난한 자와 병든 자 등으로 눈을 돌려 하나님의 사랑을 표현해야 한다는 사회 참여 강조형 선교가 있다. 이를 말씀과 행위가 둘로 쪼개져 있다고 표현하기도 한다. 해외로 나가면 위의 두 가지 측면이 단번에 시현될 것 같다는 생각을 하게 된다. 특히 일부 국가의 복음화율을 알게 되면 해외선교에 대한 소망이 용솟음치기도 한다. 그러나 해외에 나가 수년간 한 명도 전도하지 못한 선교사가 있고 다른 나라 땅을 밟자마자 말 한 마디도 못하고 순교한 곳이 대한민국이라는 점도 새겨야 한다. 이런 측면에서 선교에 대한 어떤 흐름이나 중요한 포인트를 예단하는 것은 인간의 영역이 아니라는 진단을 조심스럽게 내려본다.
　이런 상황에서 선교학자 존 보쉬(D. Bosch)의 말은 우리 시대에 큰 화두를 던진다. "한 사람의 개인적 경건이 자기와 자기 동료 사이의 관계를 어색하게 하거나 그의 종교적 헌신으로 이웃이 오히려 마음을 닫게 만들 때 우리는 스스로를 되돌아봐야 한다." 우리만의 예배에 몰두한 나머지 세상을 잊어버리고 이분법으로 교회 밖에 있는 세상 사람들을 방치할 때, 우리는 하나님 앞에 나아갈 수 없다. 성경의 말씀과 예수 그리스도의 제자도를 글자와 형식으로만 이해하고 있기 때문이다.
　선교라면 겉치레적인 적당한 표현이 아니라 고통받고 있는 삶의 현장에 뛰어들어야 한다. 죽을 정도로 힘들고 배고픈 사람에게 복음은 들어갈 수 없다. 일은 하나님 사랑(말씀)과 이웃 사랑(구제)을 지속적으로 가능하게 하는 최고의 수단이다. 교회의 강대상에서만 작동하는 믿음이 아니라 믿음의 선배는 일과 일터를 놓고 고민하는 청년들에게 멘토가 되어 그들의 고민을 해결해 주어야 한다. 일이 없는 곳에서 일을 만들고 일터에서 잘 적응하도록 안내하여 그곳을 아름답게 가꾸어야 한다. 일에서 만족하지 못하면 삶에서 피폐함이 급속도로 진행되고, 이런 시간이 지속되면 삶은 무가치하다고 스스로 쉽게 정죄하기도 한다.

일을 좋아하지 않을 뿐만 아니라 저주로 보고 어떻게 하면 일을 줄일 것인가가 세상을 지배하는 흐름 중 하나다. 가장 많은 사람들이 대부분의 시간을 보내고, 가장 많은 사람을 만날 수 있는 일터, 특히 도시 내 일터를 더 이상 선교의 무풍지대로 방치해서는 안 된다. 전 세계적으로 전체 인구의 절반 정도가 도시에 거주하고 있다는 최근 통계가 있다. 2050년에는 이 수치가 80%에 달할 것으로 예측되고 있다. 이전에는 대부분의 빈곤층이 농촌에 거주했으나 이제는 도시에 거주하고 있다. 특히 도시는 범죄가 늘고 마약이 점령하는 곳이 되어 선교의 시급함은 그 어느 때보다 높다고 하겠다.

더불어 새로운 트렌드도 있다. 예멘, 모로코, 리비아, 알제리, 이라크, 이집트 등지에서 난민들이 한국으로 몰려오고 있다. 특히 무슬림에 대한 전도는 종족을 넘어서 세계 선교에 대한 마지막 대상으로 인식되고 있음에 유의해야 한다. 또한 외국인 근로자들이 새로운 일터를 찾아 한국의 도시를 방문하고 있다. 수년간 머물기도 하고 한국인과 결혼도 낯설지 않다. 이주민에게는 모든 것이 불안하고 불확실하다. 하나님의 이웃 사랑 정신으로 다가설 때 도시선교가 해외에서 거둘 수 있는 열매보다 더욱 풍성해질 수 있다. 여기에다 조선족과 고려인 등 우리 동포에 대한 선교의 문도 활짝 열려 있다. 이들에게 언어와 문화적 동질감이 있어 보다 쉽게 다가갈 수 있다. 상대적으로 약자인 외국인 여성과 어린이들도 선교 차원에서 눈여겨봐야 한다. 좀 더 시야를 넓혀 다문화 가정과 그의 자녀들에 대해서도 사역의 손길을 내밀어야 한다. 국내 일부 도시에서 초등학교 학생 수의 절반 이상이 다문화 가정이라고 한다.

선교의 주도자는 하나님(Missio Dei)

이런 도시선교의 중심에 일과 일터가 핵심이 되어야 한다. 기존에는 교회에서 일터사역을 떠올리면 목사를 후원하는 것에 머물렀다. 선교라는 단어와 비즈니스를 같이 이야기하면 두둑한 수표 책을 통해 후원하는 것으로 그 의미를 한정하였다. 일의 가치를 다른 목적을 수행하기 위한 수단으로 깎아내리면 곤란하다. 일과 신앙을 통합해야 한다. 일은 가난을 줄여 인간의 인간 됨을 증진시키고 사회와 가정을 아름답게 회복하여 하나님의 창조명령을 실행하는 방법 중 핵심이기 때문이다. 형제의 궁핍함을 보고도 마음을 닫으면 하나님의 사랑이 퍼질 수 없으며, 형제나 자매가 헐벗고 있는데 평안히 가라고 하거나 배부르게 하라고 하면(약 2:16) 아마도 역효과가 날 것이다. 일이 최고의 복지이듯, 가난하고 소외된 자를 선교하는 데 일터가 가장 효과적인 선교 플랫폼이 될 수 있다.

> 누가 이 세상의 재물을 가지고 형제의 궁핍함을 보고도 도와줄 마음을 닫으면 하나님의 사랑이 어찌 그 속에 거하겠느냐(요일 3:17)
>
> 만일 형제나 자매가 헐벗고 일용할 양식이 없는데

> 너희 중에 누구든지 그에게 이르되 평안히 가라, 덥게 하라, 배부르게 하라 하며 그 몸에 쓸 것을 주지 아니하면 무슨 유익이 있으리요 (약 2:15-16)

선교 분류법에 집착할 필요는 없다고 본다. 선교는 오직 한 분이신 하나님이 주도(Missio Dei)하시고 교회와 성도는 객체로 참여할 뿐이다. 이 땅에 오신 1호 선교사는 예수 그리스도시다. 그러므로 선교할 때 연약한 우리는 항상 성령님의 인도함을 받아야 한다. 그런 겸손함이 있어야 한다. 그리고 일터에서 항상 기도해야 한다. 고정된 생각을 벗어나 새로운 시각이 있어야 한다. 도시선교가 새로운 선교의 미개척지이며, 일터신학을 통해 그 난관을 뚫고 나아가야 한다. 로잔대회의 정의를 참고할 필요가 있다. "비즈니스는 선교이자 소명이며, 그 자체로서 사역이다." 일터 내의 근로자와 경영자는 물론 외부의 고객과 거래처, 심지어 경쟁자도 선교 대상이다. 외부 성직자는 쉽게 들어가지 못하지만, 일터에 있는 성도들은 자유롭게 헤집고 다닐 수 있고 삶으로 증명할 수 있다. 그래서 우리는 일터에서 끊임없이 주님께 동행해 달라고 간구해야 한다.

◎ 오늘의 묵상

Q 도시선교라는 말을 들어본 적이 있는가?

Q 해외선교보다 도시선교가 더 중요하다는 데 동의하는가?

Q 하나님이 주도하시는 Missio Dei를 생각해본 적이 있는가?

III.

믿음과 실력 있게 일하기

1. 정제된 말, 감사, 인내가 진짜 실력

사람마다 인간적인 특성이 다르다. 이를 반영하여 가장 흔하게 회자되는 말이 모든 사람은 성격이 다르다는 것이다. 회사 생활을 하면서 그 적나라함을 만끽하였다. 어느 곳이나 사소한 것으로 자주 싸우는 사람이 있다. 때론 언쟁을 넘어 삿대질이 오가기도 한다. 얼굴이 붉어져 스스로 분을 참지 못하고 입에 담아서는 안 될 말도 한다. 더욱 이해할 수 없는 것은 회식 자리가 아닌 사무실에서도 하루가 멀다 하고 같은 일이 반복된다는 점이다. 기분대로 말하는 저런 성격으로 어떻게 회사에 다닐지 우려되지만, 며칠 지나면 또 아무 일 없다는 듯이 지나간다. 이런 직원을 동료들은 다혈질이라고 진단했다. 성격이 좀 급해서 먼저 말이나 행동을 하고 나중에 주워 담는 사람이라고 이해하였다.

그다음에 꼭 붙는 말은 "원래 천성은 착한 사람"이라는 수식어였다. 심지어 열정이 넘쳐서 그렇지 실력 있는 사람이라는 칭찬 아닌 칭찬도 항상 따라다녔다. 필자는 목소리가 상당히 큰 편이었다. 입사 후에 처음으로 근무한 부서의 사무실이 100평이 넘을 정도로 매우 큰 곳이었는데 아주 멀리 있는 곳에 앉은 사람에게도 내 전화 소리가 들릴 정도였다. 내 귀에 들어오는 것은 목소리가 커서 씩씩하다는 칭찬이었다. 다른 상사는 시원시원하게 말하니 활력이 있다고 했다. 그러나 얼마 지나지 않아 전혀 다르게 생각되었다. 목소리가 커서 다른 사람들의 업무를 방해하니 좀 작게 하라는 말을 우회적으로 한 것이라는 것을 알게 되었다.

이제는 오랜 경험을 통해 자신 있게 말한다. 화를 자주 내고 통제

되지 않는 행동을 하는 것은 성격이 아니라 실력이 없음을 주위에 천명하는 것이다. 화를 자주 내는 것은 열정이 아니라 자신의 수준을 낮추는 가장 흔한 방법이다. 주위 상황을 고려하지 않고 말을 크게 하고 앞다퉈 남보다 먼저 의견을 제시하며, 자주 발언하는 것이 적극성이 아니라 쓰레기 같은 말을 내뱉는 것일 수 있다는 생각에도 도달하였다. 사전에 정제되지 않고 신중한 검토 끝에 나온 의견이 아니면 모두를 혼란에 빠뜨리는 잡음이다. 특히 언어는 배를 움직이는 키와 같아서 한 사람의 인생을 좌우하는 등불 역할을 한다. 가장 수준 낮은 말이 그 사람의 인생 항로를 결정한다는 점을 새겨야 한다.

감사는 미리 선포하는 것

감사하면 감사할 일이 더 생긴다. 이 말을 두고 처음에는 보다 긍정적인 성격을 좋은 수식어로 잘 표현하는 것으로 생각하였다. 감사에 대해, 좀 느긋한 사람이나 낙천적인 사람만의 전유물로 간주하였다. 그러나 실력의 출발이 관계에서 나온다는 점을 전제하면 감사는 낙천적인 사람의 결과물이 아니라 그 사람의 실력이 된다. 사소한 것에도 감사하면 주위 사람을 행복하게 하고 그들이 좀 더 그 사람을 도와주면서 관계가 매우 좋아지게 된다. 특히 아무 일 없음과 평범함에 감사하는 수준이 되면 실력이 일취월장하게 된다. 감사함으로 반응을 받은 주위 사람들이 함께 일할 때 잘 도와주면 팀웍이 단단해질 뿐만 아니라 스스로 주위에 선한 에너지를 발산하면서 일하기 때문이다.

일터에서 30년 이상 보낸 후에 곰곰이 묵상해 보면 가장 크게 변한 것이 하나 있다. 상황 변화에 쉽게 흔들리지 않을 정도로 인내라는 단어가 체화되었다는 점이다. 처음에는 지식과 일하는 테크닉이 실력이라고 생각했으나 크고 작은 조직의 리더가 되면서 완전히 달라졌다. 바람에 휘날리는 겨처럼 우왕좌왕하지 않고 사물과 상황을 꿰뚫어 보고 판단하는 것이 진짜 실력임을 알게 되었다.

이 과정에서 반드시 필요한 것이 인내다. 성경은 인내가 어려움을 참아냄을 통해 만들어지는 것으로, 성격을 넘어 인간을 인간답게 만드는 특효약이라고 말한다. 십자가의 길을 묵묵히 걸어가 완성한 예수 그리스도의 성품이기도 하다. 결국 온전하여 조금도 부족함이 없고 싶은가? 인내가 절실히 필요하고, 이를 위해 고난이라는 밑거름이 절대적으로 있어야 한다고 고개를 끄덕이는 것이다. 이런 변화를 일터에서 제대로 깨닫느냐가 그 사람의 앞날을 좌우한다는 데 이견이 없다. 믿는 자라도 상당수는 일터에서 전혀 깨닫지 못하고 은퇴 후에도 그 해법이 믿음과 전혀 상관없다고 생각한다. 더욱이 인내를 통해 결과물을 얻을 때쯤 포기하고 다시 시작하기를 반복한다. 그에게는 고난만 있지 성숙이 없고 더 나아가 실력도 없다.

하나님은 오늘도 우리에게 강조하신다. 일터에서 어려움이 많은가? 덜렁거리는 성격을 여전히 품고 있는가? 인내가 해답이다. 내 마음대로 하려는 마음을 중단하고 묵묵히 끝까지 잘 수행하는 태도를 갖도록 노력해야 일터에서 가장 중요한 책임감에서 좋은 점수를 받을 수 있다. 내가 하고 싶은 대로 일터에서 해서는 안된다. 더욱이 하나님의 성품과도 관련이 없다. 정제된 말과 태도를 바탕으로 인내와 감사를 매일 실행할 때 나로 인해 하나님 나라는 확장되고 또 확장된다.

내 형제들아 너희가 여러 가지 시험을 당하거든 온전히 기쁘게

여기라

이는 너희 믿음의 시련이 인내를 만들어 내는 줄 너희가 앎이라
인내를 온전히 이루라 이는 너희로 온전하고 구비하여 조금도 부
족함이 없게 하려 함이라(약 1:2-4)

◎ 오늘의 묵상

Q 당신은 나쁜 버릇을 성격이라고 쉽게 생각하지는 않는가?

Q 주위 동료에 대한 감사함이 능력이라는 데 동의하는가?

Q 당신에게 일터에서의 인내는 무엇인가?

2. 오늘 잘 버틴 것도 승리

늦게 퇴근하더라도 잠들기 전에 항상 하던 일이 있었다. 하루를 돌아보면서 내가 나를 칭찬하는 시간을 갖는다. 대단한 것을 했다고 칭찬하는 것이 아니다. '오늘 하루도 힘든 일이 많았지만, 상사에게 말대꾸하지 않았고, 또한 외부 고객에게 참기 힘든 모욕을 당하기도 했지만, 화를 내면서 대들지 않았다.' 이처럼 하루하루를 되돌아보면서 '성공하는 삶은 오늘 잘 버틴 것'이라는 결론에 다른 의견이 없다. 자기 전에 자기 등을 토닥이면서 오늘 잘 버티었다고 칭찬하니 잠도 잘 왔다. 오늘 생긴 찌꺼기를 말끔하게 배출하고 깨끗하게 정돈된 곳에서 새날을 맞는 기분이었다.

이런 습관은 후배들에게도 자주 권하였다. 직장에서 가능성이 거의 없는 남의 칭찬을 기대하지 말고 스스로 칭찬하라고. 인생이라는 긴 여정을 생각하면 좋은 일보다는 나쁜 일이 더 많다. 그때마다 좌절하거나 보복하지 않고 잘 견딘 것은 미래에 좋은 기회를 맞이하기 위한 밑거름이고, 이를 통해 내공이 더욱 높아진다.

씨름에서 가장 많이 사용된 기술이 '버티기'라는 글을 읽은 적이 있다. 적지 않은 선수들이 화려한 기술로 주목을 받기도 하지만, 버티기 기술로 넘긴 세월이 없었다면 그 영광의 시간도 맞이하지 못했을 수 있다. 잘 버틴 후에 반격하는 것이 가능하기 때문이다. 흔히 '달인'이라는 좋은 표현을 TV 프로그램이나 상호에서 자주 만난다. 남보다 월등히 실력이 높다는 의미다. 그런데 그것은 대부분 많은 시간을 투입해 나타난 결과이다. 같은 일을 지겹도록 지속적으로 하면 숙달된 기술이나 재능을 보유하게 된다. 재능을 의미하는 한자는 기(技)라는 글자다. 그런데 글자의 왼쪽은 손(手)을 의미하는 것이고 오른쪽은 버티거나 지탱한다는 의미의 지(支)이다. 결국 잘 버팀은 기예인 능력을 약속한다. 이에 대한 구체적인 비법은 손을 오랫동안 써서 익숙해질 때까지 반복해 사용하면서 잘 버틴 결과라는 사실을 한자가 상징하고 있다.

달인은 평범한 일에 숙달된 사람

잘 견딤의 대표적인 성경 인물로 바울을 생각할 수 있다. 그는 끊임없는 선교여행을 통해 세계 곳곳에 교회를 세웠는데 옥에 갇히고 수도 없이 매를 맞으며 춥고 굶주린 나날의 연속이었다. 거센 폭풍우도 그를 주저앉게 할 수 없었다. 그가 에베소서에서 주장하는 무기는 진리의 허리 띠, 의의 호심경, 복음의 신발, 믿음의 방패, 구원의 투구 등 잘 견디는 데 필요한 방어 무기로 남을 공격하는 무기는 성령의 검(말씀) 하나뿐이다. 그의 여정을 보면 이기기 위해 대단한 무기를 사용한 것이 없음을 확인할 수 있다. 그리고 무엇을 했다기보다는 고통과 고난을 잘 견딘 내용이 즐비하다. 오늘 아무리 힘들더라도, 바울을 떠올리면 못 견딜 이유가 하나도 없다는 결론에 도달한다. 더욱이 무수히 많이 맞은 것과 생명을 위협하는 여정에도 잘 버틴 것이 그의 장기였다.

> 그들이 그리스도의 일꾼이냐 정신없는 말을 하거니와 나는 더욱 그러하도다 내가 수고를 넘치도록 하고 옥에 갇히기도 더 많이 하고 매도 수없이 맞고 여러 번 죽을 뻔하였으니
> 유대인들에게 사십에서 하나 감한 매를 다섯 번 맞았으며
> 세 번 태장으로 맞고 한 번 돌로 맞고 세 번 파선하고 일 주야를

깊은 바다에서 지냈으며

여러 번 여행하면서 강의 위험과 강도의 위험과 동족의 위험과

이방인의 위험과 시내의 위험과 광야의 위험과 바다의 위험과 거

짓 형제 중의 위험을 당하고

또 수고하며 애쓰고 여러 번 자지 못하고 주리며 목마르고 여러

번 굶고 춥고 헐벗었노라 (고후 11:23-27)

잘 견딘 믿음의 선조가 내미는 히든카드는 미국의 작가 매리 스티븐슨(Mary Stevenson)이 1936년에 쓴 시 '모래 위 발자국'(Footprints in the Sand)에 잘 드러나 있다. 그는 항상 하나님이 함께 있다는 생각으로 힘을 내고 고통의 순간을 이겨냈는데 어느 날 그가 걸어온 길을 되돌아보니 모래 위에는 하나의 발자국만 있다고 절망하고 항의했다. 그때 하나님의 대답은 다음과 같다. "사랑하는 나의 아들아! 내가 왜 너를 버리겠느냐? 네가 보았던 그 발자국(한 쌍)은 너를 업은 나의 것이었노라." 우리가 잘 견디는 힘, 아니 잘 견딜 수밖에 없는 힘은 하나님이 매 순간 우리가 잘 버틸 수 있도록 함께하시기 때문이다. 요셉이나 다윗에게 함께하셨던 하나님이 일터에서 허우적거리는 나에게 오늘 함께하신다.

◎ 오늘의 묵상

Q 하루하루 성과에 만족하지 못하는 경우가 많은가?

Q 오늘 잘 버틴 것이 큰 성과라고 생각하는가?

Q 성경 인물 중 누구를 좋아하는가? 왜 그런가?

3. 일터에서 하나님을 만나는 비밀공간

30년 이상 직장 생활을 하면서 언제부터인지 명확하지 않지만, 회사 안에 나만의 비밀공간이 있었다. 언제든지 이용할 수 있고 남으로부터 어떤 간섭도 받지 않는 별도의 공간이었다. 임원이 되고 CEO가 되면서 확보한 별도의 집무실 이야기가 아니다. 말단 직원 때부터 정신이 혼미하거나 조용히 기도하고 싶을 때 그곳을 자주 찾았다. 나름 큰일을 한다면서 관련 보고를 할 때나 중요한 일을 결정할 때에도 이용했다. 그 공간은 바로 화장실이다. 통상 화장실은 생리적 요구를 해결하기 위해 찾는 공간이다. 믿는 자라면 겸하여 또 다른 특권을 누릴 공간이어야 한다고 강조하고 싶다. 회사라는 공동체에서 아무에게도 간섭받지 않고 나만의 시간을 가지면서 하나님과 소통할 수 있는 최적의 공간이기 때문이다. 성경에 나오는 그 '골방'이 일터에서 화장실이라고 생각한다. 은밀하게 나만의 기도가 가능하고 소음이 없어 눈을 감고 하나님의 음성도 들을 수 있다.

일터에서 하나님의 자녀로 올바로 서기 위해 하루 세 번 기도하라고 말하고 싶다. 먼저, 출근해서 자리에 앉기 전에 일터를 허락하신 하나님께 감사하고 충성된 청지기가 되어 모든 일(하나님께서 맡겨주심)을 주께 하듯 제대로 할 수 있도록 능력 달라고 기도한다. 이어 점심 후에 일의 즐거움을 경험하게 하고 그리스도의 희생과 섬김을 닮아 다른 사람에게 본을 보이게 해 달라고 기도해야 한다. 퇴근 전에도 기도의 시간을 가져야 한다. 하루 일과에 대한 감사에 이어 퇴근 후에 영적 안식과 함께 건강한 가정을 세우는 일에 소홀함이 없게 해달라고 간구해야 한다('온누리교회 일하세' 자료 참조).

믿음의 거목인 다니엘이 자기 집에서 하루 세 번씩 무릎을 꿇고 기도하고 하나님께 감사한 것(단 6:10)을 벤치마킹한 것인데, 아마도 일터에서 시간에 쫓겨 생활하는 성도에게는 세 번의 기도를 위해 화장실이 안성맞춤일 것이다. 방해받지 않고 짧지만 확실하게 기도할 나만의 공간이기 때문이다. 필자는 자기 전에 한 번 더 기도할 것을 권한다. 오늘 함께 해주신 하나님께 감사하고 나를 힘들게 한 지체(동료)를 용서해 달라고 기도한 후에 숙면을 취할 수 있다. 또 내가 다른 사람에게 잘못한 것이 있으면 내일 꼭 깨닫게 하고 사과할 용기를 달라고 소망하는 것도 잊지 않으려고 노력했다.

화장실이 좋은 또 다른 이유도 있다. 거의 모든 화장실은 손을 씻을 수 있고 거울을 볼 수 있다. 긴 시간은 아니지만, 일터에서 내가 나를 볼 수 있는 거의 유일한 시간이다. 우리는 일터와 삶에서 그리스도가 투영되어야 한다. 내가 거울을 볼 때 그리스도의 얼굴이 투영되어야 한다. 이것이 너무 큰 숙제라면 최소한 어떤 환경이나 상황에서도 하나님이 함께하심으로 웃을 수 있어야 한다. 내가 나를 보면서 "감사합니다"와 "아멘"이라는 작지만, 굵은 목소리를 낼 수 있는 곳이 화장실 거울 앞이다. 손을 씻으면서 세상에 휩싸이는 것이 아니라 세상을 씻어내고 주님이 은혜와 능력으로 무장하게 해달라고 간구하는 마음도 은혜롭다.

중요한 결정을 앞두고 '송곳기도' 필수

피부병으로 오랫동안 고생한 적이 있다. 전에 그런 경험이 전혀 없었기에 간지럽다는 것이 그제서야 얼마나 큰 고통인지 알 수 있었다. 나보다 1~2개월 전에 심한 가려움으로 고생한 아내를 더 잘 이해할 수 있는 시간이기도 했다. 여러 차례 치료에도 차도가 없어 과감하게 멀리 있는 다른 병원으로 옮겼다. 그런데 그곳은 가는 시간을 제외하고도 진료를 받기 위해 1시간 정도 기다려야 할 정도로 환자가 많았다. 무료하게 핸드폰을 보면서 기다리다가 내 차례가 되자 (간호사 입에서 내 이름이 호명되자) 갑자기 성령님의 인도하심을 따라 짧지만, 선명하게 기도하였다. "주님! 제 병을 진단하고 치료하는 의사에게 능력을 더하사 제 피부병을 제대로 보게 해주세요!" 나지막하게 외쳤다. 너무나 은혜롭게도 새로운 병원의 약을 먹자마자 병세에 차도가 있었고 2번째 처방전을 받고 말끔히 치유할 수 있었다.

필자는 삶의 현장과 일터에서 드리는 이런 기도를 '송곳기도'라고 칭한다. 정확하게 필요한 분야에 집중해(송곳으로 찌르듯이) 짧게 하는 기도이다. 다른 일터사역 전문가는 짧은 시간을 강조해 '단숨기도'라고 말하기도 한다. 중세를 전후하여 스스로 고행을 자초하며 사막으로 나간 믿음의 교부들이 사용한 기도 방식도 있다. 바로 '화살기도'다. 짧은 한 문장의 형태로 하나님께 간청하기 위해 땅에서 하늘을 향해 마음의 화살을 쏜다는 의미다. 짧다는 형식 외에도 신속하고도 간절하게 도움을 구한다는 의미도 담고 있다.

원칙적으로 일터에서 우리는 기도를 위해 긴 시간을 낼 수 없다. 그러나 수시로 아니 항상 주님의 은혜를 간구해야 한다. 연약한 우리에게 능력이 없으니 바쁠수록 더 기도해야 한다. "너무 바빠서 기도합니다"라는 고백이 일터에 선 우리의 고백이 되어야 한다. 성벽을 건축하는 일을 하면서도 한편으로는 무기를 든 느헤미야가 우리의 일터 모델이어야 한다. 그는 절반은 일하고 절반은 창, 방패, 활을 갖고 수비했으며, 물을 길으러 갈 때에도 병기를 잡았다. 주어진 일을 열심히 하되, 영적으로 우리를 지키기를 게을리해서는 안 된다.

왕이 내게 이르시되 그러면 네가 무엇을 원하느냐 하시기로 내가 곧 하늘의 하나님께 묵도하고(느 2:4)

그때로부터 내 수하 사람들의 절반은 일하고 절반은 갑옷을 입고 창과 방패와 활을 가졌고 민장은 유다 온 족속의 뒤에 있었으며 나나 내 형제들이나 종자들이나 나를 따라 파수하는 사람들이나 우리가 다 우리의 옷을 벗지 아니하였으며 물을 길으러 갈 때에도 각각 병기를 잡았느니라(느 4:16, 23)

◎ 오늘의 묵상

Q 중요한 일을 하기 전에 '묵상'(기도)이 있는가?

Q 일터에서 기도하는 골방은 어디인가?

Q 일터에서 하루에 몇 번이나 기도하는가?

4. 축도는 일터로의 파송의식

제법 큰 교회에 다녔을 때의 이야기다. 목사님이 여러 번 강조했지만, 고쳐지지 않는 것 두 가지가 있었다. 먼저, 예배 시간에 지각하는 것이다. 적지 않은 인원이 예배에 늦는다. 1시간 전에 와서 미리 기도로 준비하는 사람이 있는가 하면 상당수가 아슬아슬하게 제 시간에 골인하고, 심지어 적지 않은 인원은 늦게 도착한다. 궁여지책으로 시작기도 시간에는 예배당 문이 닫히고 입장도 잠시 동안 허용되지 않는다. 두 번째 문제는 축도가 시작되자마자 큰 일이 갑자기 일어난 것처럼 튀어 나가는 성도가 적지 않았다. 이 둘의 문제점은 예배를 형식으로 본다는 공통점을 갖는다. 하나님을 만나는 성스러운 시간이 아니라 주일이니 의무감에서 교회에 왔다는 생각을 갖는 성도들의 행동 패턴이 아닐까?

지각은 교통 및 주차 상황 등 여러 이유를 들 수 있지만, 축도 중간에 나가는 것은 너무나 이해가 가지 않는다. '그렇게 급하고 예배를 평가절하한다면 왜 교회에 왔을까?' 그런 질문이 일어난다. 축도는 말 그대로 축복을 받는 시간이다. 성부와 성자, 성령의 이름으로 성도를 축복하는 의식이다. 특히 그날 설교와 연결 지어 성도의 삶에서 믿음의 사도행전을 쓰라는 명령이자, 하나님께서 성도가 그렇게 할 수 있도록 능력을 달라는 요청의 시간이기도 하다. 또한 세상 가운데 다양한 공격으로부터 성도를 보호해 줄 것이라는 하나님의 음성을 듣고 용기를 내는 시간이다. 이를 모이는 교회에서 흩어지는 교회로 파송하는 의식이라고 해석하기도 한다. 따라서 축도는 사무실에서 흔히 작성하는 중요한 서류의 없어도 되는 별첨 자료가 아니다. 보다 적극적으로 표현하면 그날 예배의 하이라이트이자 결론이다. 축도 중에 먼저 나간 사람은 예배를 반쪽만 드린 사람이다. 아니 세상으로 나가 6일 동안 의지해야 할 무기를 두고 나간 병사와 같다. 주중에는 성도가 아닌 일반인으로 아무 생각 없이 살겠다고 선언한 것과 차이가 없다.

주 예수 그리스도의 은혜와 하나님의 사랑과 성령의 교통하심이
너희 무리와 함께 있을지어다(고후 13:13)

일터에서도 반드시 승리하라는 의식

회사에도 똑같은 유형이 있다. 몸은 겨우 9시 이전에 도착했지만, 이곳저곳 기웃기웃하고 남 일에 농담을 던지고 참견하며 커피 한 잔에 이어 남을 꼬드겨(꼭 혼자 가지 않는다) 담배를 피우러 밖으로 나간다. 필자가 근무했던 사무실은 50층이 넘는 고층이어서 담배를 피우기 위해 1층 흡연구역으로 내려갔다 올라오는 것만으로도 최소 20분이 소요된다. 이어 잠깐 인터넷으로 시사 뉴스를 검색하고 개인 메일을 확인하며 신문도 들춰보면 거의 1시간이 획 흘러간다. 점심시간에도 10-20분 먼저 나가고, 같은 시간만큼 빨리가 아니라 더 지난 후에 사무실에 복귀한다. 퇴근의 풍속도로도 업무의 열정을 확인할 수 있다. 퇴근을 30분 남겨두고 미리 책상을 정리한다. 저녁 약속이 있으면 전화나 메신저로 메뉴를 확인하고 장소도 확인한다. 화장실도 미리 들러 옷 매무새를 확인하고 화장도 고친다. 축도를 빼먹고 먼저 예배당을 나오는 것처럼 10여 분 먼저 퇴근 대열에 합류한다.

오래전에 지방의 모 자동차 회사 공장 앞에서 퇴근 물결을 본 적

이 있다. 처음에는 '와, 장관이구나!' 하면서 감탄했지만, 지금은 의구심이 든다. '수천 명이 어떻게 동시에 나오지?' 분명 퇴근 시간 전에 미리 준비했을 것이다. 이런 일터에는 소명이 자리 잡을 공간이 없다. 장인정신은 고사하고 열정도 거의 없을 것이다. 필자는 그런 곳에는 일을 통한 실력 다지기가 원천적으로 뿌리내리지 못한다고 생각한다. 9시 전에 미리 할 일을 메모하고 조용히 묵상하면서 효율적인 방법을 찾고, 퇴근 시간이 임박하면 오늘 반드시 해야 할 일을 빠뜨린 것은 없는지 잘 체크하고 내일 진행될 일에 대해 준비했는지 미리 짚어봐야 한다. 그것이 실력이다.

덕수궁에 가면 폐문 의식이라는 것이 있다. 우연히 본 장면인데 한두 번은 눈여겨볼 만하다. 군사들이 집결하고 폐문 명령을 확인한다. 일몰 전에 진행되는 폐문 의식은 도성을 적으로부터 잘 지키기 위해 행하는 의식이다. 특히 밤은 취약한 시간이니 문을 아예 걸어 잠그고 철저하게 보호하겠다는 의식이다. 단순한 의식을 넘어서 장엄함으로 인해 도성의 백성은 안심하고 밤을 보낼 수 있을 것이다. 기독교에서 비슷한 폐문 의식이 축도다. 교회는 '부르심을 받은 사람들의 모임'이라는 원뜻이 있다. 물리적 측면에서 해석하면 원래 있던 곳이 있다는 것이고 돌아갈 곳이 있다는 의미를 전제하고 있다.

그러니 때가 되면 원래 있던 곳으로 가야 한다. 예외 없이 모두가 가야 한다. 그래서 성도가 세상 속에서 살아가는 동안 흩어지는 교회라는 팻말 아래 바로 서야 한다. 마르틴 루터는 주일 오후 폐문 의식에 상당한 의미를 부여했다고 한다. 단순히 예배 마무리가 아니라 성도를 세상으로 파송하는 의식을 거행한 것이다. 돌아갈 곳은 1차적으로 가정이지만, 궁극적으로 일터가 교회에서 돌아가 활동할 주요한 장소다.

진짜 중요한 점은 누가 왜 일터로 보냈는지 아는 것이다. 북경에서 만나 뵌 모 장로님이 《하나님의 대사》(규장)라는 책을 써서 주목을 끈 적이 있다. 직업으로도 대사였지만, 그 책의 골자는 이 땅에 사는 동안 우리 모두는 하나님의 대사라는 점을 일깨워 주는 데 초점을 맞추고 있었다. 축도와 폐문 의식은 우리에게 말한다. 세상으로 나가는 순간 새로운 예배가 시작된다고. 아니 진정한 예배는 주님과 함께 세상 일을 할 때 믿는 자들의 대표 선수인 하나님의 대사라는 정체성을 갖고 일하는 것이라고.

> 예수께서 또 이르시되 너희에게 평강이 있을지어다 아버지께서 나를 보내신 것같이 나도 너희를 보내노라
> 이 말씀을 하시고 그들을 향하사 숨을 내쉬며 이르시되 성령을 받으라 (요 20:21-22)

◎ 오늘의 묵상

Q 축도의 의미가 무엇이라고 생각하는가?

Q 흩어진 교회와 모인 교회에 대한 개념이 있는가?

Q 축도는 '세상 교회로 파송하는 의식'이라는 데 동의하는가?

5. 인체 신비에 담긴 영적 의미

"나에게는 손이 두 개 있습니다. 하나는 나를 위해 사용해야 하고 다른 하나는 남을 돕는 데 사용해야 합니다"(I have two hands. One is for helping myself, and the other is for helping others). 오드리 헵번이 한 말이다. 그녀는 유명한 배우이기도 했지만, 삶의 철학과 유니세프(UNICEF)를 통한 인도주의적 활동을 통해 우리에게 깊은 감명을 안겨 주고 길지 않은 생을 마감했다. 짧지만 우리의 가슴을 뭉클하게 만들면서 삶이 어떠해야 하는지를 잘 보여주었다.

그녀는 입술과 눈에 대한 내용도 덧붙인다. "아름다운 눈을 갖고 싶으면 다른 사람에게서 좋은 점을 보고, 아름다운 입술을 가지고 싶으면 친절한 말만 하라. 좋은 자세(모습)를 갖고 싶다면 네가 결코 혼자 있지 않다는 점을 인식하면서 걸어라"(For beautiful eyes, look for the good in others; for beautiful lips, speak only words of kindness; and for poise, walk with the knowledge that you are never alone). 아름다운 눈과 입술, 그리고 걷는 자세에 대해 우리는 어느 정도 타고난다고 생각한다. 오드리 헵번은 더욱 그러했을 것이다. 그러나 그녀가 고백한다. 진정한 아름다운 외모는 우리의 노력을 필요로 하고 행동이라는 실천을 통해 완성된다고.

우리의 인체는 신비의 연속이다. 어떻게 그렇게 조화롭고 그 기능을 완벽하게 소화할 수 있게 만들었을까? 그런데 더욱 신비로운 것은 겉으로 드러난 외모가 전부가 아니라는 사실이다. 진정한 아름다움은 창조주의 뜻을 실현할 때 각 신체들이 갖고 있는 본래 모습이 드러난다는 사실이다. 앞의 내용을 새로 해석하면 두 손을 준 것은 남을 도우라는 것이고, 눈은 남의 장점을 보라고 있으며, 입술은 남에게 친절하게 말하라고 있는 것이다. 걸을 때 남과 함께 있음을 의식해 당당해지라고 말한다.

다행인 것은 우리는 이런 기능이 작동하도록 선택할 수 있고 모두가 선택할 능력도 갖고 있다는 점이다. 더욱이 혼자가 아니라 여러 사람이 함께 있는 공동체에서 그런 기능은 더욱 빛을 발할 것이다. 일터에서 이런 기능은 성격을 넘어 능력이 된다. 내가 동료에게 이런 기능을 제대로 발휘했다면 그것이 나에게 반사되어 나를 이롭게 한다. 남의 장점을 이야기하면 그가 내 장점을 이야기할 뿐만 아니라 칭찬을 받은 그가 나중에 실제로 나를 도와줄 가능성이 높기 때문이다. 동료가 필요로 하는 정보를 공유할 때 입술이 아름답고, 일하는 방법을 공유할 때 그 손과 발이 창조원리를 따라 능력을 갖게 된다. 그리고 믿음을 갖고 동료에게 용기를 불어넣어 주고 축복할 때 일터에 하나님 나라가 임하게 된다. 아마도 창조주는 단순히 말하라고 입술을 만든 것이 아니라 원래 남의 좋은 점만 이야기하라고 만든 것은 아닐까? 손을 만든 것은 원래 남을 도와주라고 만든 것은 아닐까? 그런 상상을 해보며 그동안 '만든 의도와 다르게 사용한' 나를 되돌아보며 회개의 길로 나선다.

일터에서 영적인 의미를 잘 실천해야

우리는 '왜 입은 1개인데 귀는 2개일까?'에 대한 이야기를 많이 들었다. 말하는 것보다 2배 이상 남의 말을 잘 들어야 한다는 경청의 중요성이 가장 평범하게 다가온다. 또한 균형을 잘 잡으라는 의미로도 이해된다. 특히 2개의 귀는 신체적 균형에도 도움이 될 뿐만 아니라 세상을 이해할 때 찬성과 반대 의견을 같이 고려하고 겉(외형적으로 드러난 소리)과 속(숨겨진 소리)을 함께 감안하여 조화에 힘쓰라는 의미다. 과학적으로는 소리의 방향을 감지하고 음질을 보다 풍성하게 듣기 위해 귀가 2개 필요하다고 한다.

하나인 심장과 뇌도 우리 삶에 심오한 진리를 던져주고 있다. 생명을 상징하는 심장은 외형은 하나지만, 두 개의 심방으로 구분되어 있다. 피를 내보내는 쪽과 받는 쪽을 구분하여 받는 것과 주는 것의 균형, 더 나아가 심장처럼 내보내는 것을 의미하는 베풂과 나눔에 방점을 두고 있다. 뇌도 좌반구와 우반구로 나눠지는데 이는 이성과 감정의 균형을 상징한다고 한다. 어떤 일을 처리할 때 이성적인 논리도 필요하지만, 상대의 감정도 고려하는 균형이 절대적으로 중요하다. 입이 하나인 이유도 묵상하면 더욱 은혜롭다. 쉴 새 없이 계속 기능을 하라는 의미가 아니라 침묵과 말하는 시간이 균형을 이뤄야 한다는 뜻이 내포된 것은 아닐까? 삶을 살면서 실수가 가장 많은 신체는 입이다. 더욱이 말보다 더욱 깊은 의미 전달이 침묵일 때도 많다. 일터에서 침묵해야 할 때 침묵하는 것이 진정한 능력자의 모습이다.

더 나아가 믿는 성도는 각 신체의 기능에 영적인 의미가 있음을 알아야 한다. 눈은 단순히 사물만 보라고 있지 않다. 눈은 몸의 등불(마 6:22)로 말씀과 창조주와의 소통을 통해 몸을 밝게 해야 한다. 귀는 하나님의 말씀을 듣는 창구로 '들음에서 믿음이 난다'라고 했으니, 전도의 통로라는 점도 알아야 한다. 입과 혀가 단순히 말하기에 그치지 않고 그것에 의해 삶과 죽음이 결정될 정도로 강력한 힘이 있음을 알아야 한다(잠 18:21). 살리는 말에 힘쓰라는 의미다. 손은 우리가 부지런히 일해야 함을 일깨워주고 발은 말씀으로 인도받아야 제 기능을 하고 있다고 할 것이다(시 119:105).

너희 몸은 너희가 하나님께로부터 받은 바 너희 가운데 계신 성령의 전인 줄을 알지 못하느냐 너희는 너희 자신의 것이 아니라 (고전 6:19)

우리가 한 몸에 많은 지체를 가졌으나 모든 지체가 같은 기능을 가진 것이 아니니

이와 같이 우리 많은 사람이 그리스도 안에서 한 몸이 되어 서로 지체가 되었느니라(롬 12:4-5)

◎ 오늘의 묵상

Q 말하기보다 침묵, 이성보다 감정, 지적보다 축복을 실천하고 있는가?

Q 혀의 실수를 줄이기 위한 당신만의 처방은 무엇인가?

Q 당신은 영적으로 신체기능을 사용하고 있는가?

6. 디테일이 진짜 경쟁력

호텔 도어맨으로 성공 신화를 쓴 앤드루 권(Andrew Kwon). 47년 동안 새벽 5시 30분에 출근하면서 단 하루도 지각한 적이 없다는 그의 노력이 신문에 보도되었다(《중앙일보》 2024년 7월 19일 자). 그는 성실함을 상징하는 수식어 뒤에 최고의 프로가 되기 위해서는 어떠해야 하는지 보여주고 있다. 그는 어지간한 차량 번호는 물론 각 사람마다 어떻게 응대해야 하는지를 모두 암기하고 있다. 적게는 하루 500번, 많게는 1천 번 인사를 하면서도 손님별로 좋아하는 각도까지 고수한다. 너무 고개를 숙이면 쑥스러워하는 사람에게는 15도로 인사하고, 챙겨주기를 원하는 사람에게는 45도로 응대한다. 도어맨이 문을 열어 주는 것을 선호하지 않는 까닭에 무작정 기다리는 경우도 있다. 매일 일간지 동정란을 빼놓지 않고 보면서 그때그때 시의성 있는 인사말을 건네고 호텔에 대한 불만을 끊임 없이 토로하는 진상에게는 간을 빼줄 자세로 참고 들어준다. 그의 디테일(Detail)은 거기서 머물지 않는다. 택시는 카드결제가 진행될 시간을 감안하여 문을 천천히 열고, 날씨가 너무 춥거나 더운 경우 천천히 문을 열어 충격을 줄이며, 내리기 전에 슬리퍼에서 구두로 갈아 신는 습관이 있는 단골은 그 시간을 감안하여 다가선다.

회사에서 디테일이 제일 확실하게 차이 나는 경우는 신입직원 선발 때이다. 필기시험의 백미인 논술을 채점할 때 변별력은 양이나 멋진 글에 있지 않다. 독특한 표현과 정확한 경제용어 구사와 이해는 기본이다. 1-2점으로 당락이 좌우되는데 가장 중요한 점은 디테일에 있다. 논조가 자신 있고 정확하게 연관관계를 설명해야 플러스

점수를 받는다. 특히 조사 1-2개만 보면 전체를 이해하고 답을 작성했는지, 아니면 무조건 외워서 답을 쓴 것인지 쉽게 분별할 수 있다. 수백 명을 3-4일 사이에 모두 채점하고도 자신감 있는 답변, 즉 조사를 세밀하게 분별한 답안을 작성한 응시자는 오래 기억에 남는다.

무역센터에는 수백 개의 상점이 있다. 그곳에 오랫동안 지속적으로 골머리를 앓아온 고질적인 문제점이 있다. 처음부터 완전한 기획을 통해 한 번에 완성된 상가 구도가 아니고 계속 부분마다 확장한 결과로 정방형 구도로 동선이 되어 있지 않다. 그러니 고객들이 한 번 헤매기 시작하면 대책이 없다. 수십 년 그곳에서 상주해 온 직원들도 헷갈린다고 다소 과장 섞인 말을 한다. 신입직원에게 지하에서 제대로 길을 찾는 것은 힘드니 잘 모르면 무조건 지상으로 나와서 사무실로 찾아오라고 안내한 적도 있다. 그 해법은 아주 사소한 아이디어에서 찾을 수 있었다. 전체 동선 중 근간이 되는 부분에 파란색 고무판을 길처럼 깔아(별마당 길) 쉽게 목적지를 찾아가도록 하였다. 특히 고무판은 쿠션 효과도 있어 오래 걸어도 발이 덜 피곤하여 마케팅에도 도움이 되는 부수적인 효과가 있다.

정교함은 하나님이 일하시는 방법 상징

성경 말씀에도 세밀함을 곳곳에서 강조하고 있다. 작은 것이 곧 큰 것을 결정한다고 누가복음 16장은 강조한다. "일터에서 승진하고 싶으냐? 자기 일을 능숙하고 꼼꼼하게 처리하라"고 말한다. 사실 회사에서 업무 처리나 보고서 작성은 아주 작은 곳에서 우열이 갈린다. 그럼에도 심지어 지난해 시행안에 날짜만 바꿔 가져오는 사람도 있다. 1년 사이에 상황이 많이 변했는데 기계적으로 일하는 것이다. 필자는 이런 말을 자주 하였다. "네가 너의 존재 이유를 증명해야 한다. 누구나 할 수 있는 것을 보고서나 아이디어로 가져오면 너는 스스로 존재 이유를 부정하는 것이다. 너니까 할 수 있는 카드가 있어야 한다."

앞서 단어 품사 중 사소한 조사가 논술 점수를 넘어 입사에 대한 당락을 결정한다고 언급했다. 그런데 좀 더 자세히 보면 조사 하나로 1년을 다시 준비해야 하고 평생 원하지 않는 회사에 다녀야 할 수 있다. 면접을 실시하고도 동일한 점수로 탈락자를 정하지 못하고 오랫동안 회의했던 경험이 있다. 그런데 강력한 것은 역시 디테일에서 나왔다. 고민 끝에 아주 작은 한마디에서 당락을 결정했다. 택시 운전사로 성실하게 일하시는 아버지를 존경한다는 한마디가 응시자를 합격 대열에 합류하게 만들었다. 또 해외에서 200km를 걷는 끈질김으로 워킹홀리데이를 보냈다는 수치 하나가 면접자들을 웃게 만들었다.

믿는 자들도 하나님이 주신 정교함을 세상에 드러내야 한다. 모세는 하나님이 주신 성막 설계도를 지나칠 정도로 한 치의 오차도 없이 그대로 이행하였다. 타협이나 적당함을 거부한 것이 모세를 모세 되게 만들었다고 생각한다. 또한 성전 만들기에 공을 세운 브살렐과 오홀리압은 성전에 필요한 보석을 깎아 물리며 나무를 새기는 일에 '진짜 정교함'으로 일했다(출 35장)라고 성경은 말하고 있다. 그리고 그 힘의 원천이 하나님으로부터 받은 영적인 지혜에 근거했다고 강조한다. 느헤미야는 성벽을 재건하기 위해 대충대충 하지 않았다. 아무도 몰래 밤새 성벽을 살펴보는 등 준비에 혼신을 다했다. 역시 그 원동력은 '하나님께서 예루살렘을 위해 무엇을 할 것인지 내 마음에 주신 것'(느 2:12)이라고 하나님과의 교통을 언급하였다. 하나님 마음에 합한 자는 장소나 업무 내용을 떠나 디테일로 승부한다. 정교함이 하나님이 주신 능력의 표출이고 그것만이 자신이 존재하는 이유이기 때문이다.

> 지극히 작은 것에 충성된 자는 큰 것에도 충성되고 지극히 작은 것에 불의한 자는 큰 것에도 불의하니라(눅 16:10)
> 네가 자기 업무에 능숙한 사람을 보았느냐 그는 왕 앞에 설 것이요 천한 자 앞에 서지 아니하리라(잠 22:19)

◎ 오늘의 묵상

Q 당신에게 일의 디테일은 무엇인가?

Q 당신에게 일처리 정교함의 원천은 무엇인가?

Q 당신이 대충대충 일할 때 어떤 문제가 있는가?

7. 하나님이 최고로 기뻐하는 일

　최근 TV나 신문 등 언론에서 쉽게 볼 수 있는 이슈가 있다. 공무원이 최고 안정된 직장이었는데 이제는 MZ세대가 대거 그 자리에서 퇴사하고 있다는 뉴스가 그 주인공이다. 인터뷰하는 장면에서 공통으로 등장하는 멘트가 있다. "업무 능력으로 일을 하고 싶은데 대인관계가 힘들어서 버티기 힘듭니다." 한편으로 안쓰럽다고 생각하면서도 그 젊은이가 직장에 대해 한 가지 큰 오해를 하고 있다는 생각이 지워지지 않는다. 지식은 능력이 아니다. 단순히 앎이다. 진정한 능력은 그것을 활용하여 관계를 잘 맺는 것이다. 좀 극단적으로 이해하면 업무에 필요한 지식은 기초일 뿐이고 능력과는 거리가 멀다. 연차가 높아질수록 관계로 문제를 풀어야 하고 그것을 관리하는 것이 진정한 능력이라는 것을 알게 된다.

　그러면 능력을 높이는 실효적인 비법은 무엇일까? 묻는 것이다. 본격적으로 묻기 전에 내가 해야 할 일에 대한 자료를 찾아 핵심 질문 10여 개를 만들어 본다. 특별히 이전에 실패했던 원인 분석에 대해 세밀하게 파고들어야 한다. 이어 본격적으로 일에 착수하기 전에 최소 2명에게 질문을 해야 한다. 방법은 대면으로 해도 되고 메신저를 이용해도 되니 형식은 중요하지 않다. 우선, 과거에 그런 프로젝트를 했던 경험자에게 자문을 구해야 한다. 사전에 "평소 선배님에게 꼭 배우고 싶은데, 이전에 선배님이 했던 일을 맡게 되어서 영광"이라는 작업 멘트를 먼저 날리고 상황, 목적, 방법 그리고 결과를 물어봐야 한다. 사실 챗GPT에게 물어보는 방법과 비슷하다. 결과를 파악할 때 좋은 성과를 냈던 비결을 우선 물어보고 실패라는 용어보다 보완할 점이나 아쉬운 점을 자문받는 방식으로 접근해야 한다.

이를 통해 일할 방향을 설정하고 업무를 지시한 상급자에게 이해한 내용을 물어봐야 한다. 그리고 정확하게 제목을 정해야 한다. 정확하게 제목만 잘 잡아도 일이 낭패로 끝날 가능성이 현격히 줄어든다고 베테랑들은 말한다. 필자는 보고서를 쓰면서 제목 잡기가 힘들어 글을 마무리할 때까지 수정에 수정을 거듭한 경험을 갖고 있다. 또한 제목에는 다른 요소 한 가지를 더 반영해야 한다. 하는 일이 매우 중요하다는 점이 녹아들어야 한다. 예를 들어 단순한 대책보다 리스크 관리전략이 더 시선을 끄는 것처럼, 자료의 중요성을 강조하거나 한발 더 나아가 '수익성 개선을 위한 혁신방안'과 같이 무게감을 더해야 한다. 심하게 부풀릴 필요는 없지만, 일을 시킨 사람의 시각에서, 되도록 회사에 절실한 내용을 제목에서 터치해야 한다. 이어 3-4개의 목차를 덧붙여 다시 상사에게 질문하고 컨펌받는 절차가 중요하다. 왜냐하면 일을 하는 과정에서 가장 큰 문제점은 출발이 잘못된 경우인데 시간이 어느 정도 흐르면 이를 나중에 수정하기 힘들기 때문이다.

상사에게 묻기는 신뢰와 존경을 의미

자기에게 묻는 것을 싫어하는 상사는 거의 없다. 도와달라는 의미의 존경형 질문, 즉 "제가 잘 몰라서 그러는데 경험 많은 선배님, 도와주세요"라는 멘트와 함께 물어보면 십중팔구 긍정적인 답변을 보내온다. 여기에는 신뢰와 존경에 대한 마음이 담겨 있기 때문이다. 매우 중요한 업무라면 마무리하기 전에 다시 한번 일을 지시했던 상사에게 보여주는 것도 필요하다. 물어보는 것은 나 스스로 실력을 높이는 최고의 방법이다. 일을 시킨 상사에게 반드시 물어야 하고 가끔 옆의 동료에게도 물어야 한다. 올바른 답안을 작성하는 데 도움이 될 뿐만 아니라 관계를 개선하는 데 특효약이기 때문이다. 일을 통해 관계가 멀어지는 사람이 있고 반대로 더 가까워지는 경우가 있다. 원인은 단순하다. 중간중간 위 사람의 시각에서 문제를 해결하려고 노력하고 자주 묻기를 통해 신뢰를 쌓으면 결과는 긍정적이다. 자녀와의 관계를 통해 배운 진리 아닌 진리다. 자녀가 아주 사랑스러운 때는 자녀가 나에게 물어볼 때이다. 특히 요구사항이 아니라 부모의 지혜와 경험에 의존하면서 자문을 구하는 경우다. 그 경우 기본적으로 존경과 신뢰가 담겨 있기 때문이다.

일터에서 하나님과 가까워지는 최고의 방법은 무엇일까? 하나님께 묻기가 그 해답이다. 다윗의 영성과 능력은 하나님께 묻기에서 찾을 수 있다. 단순히 영성만을 말하지 않고 능력이라는 설명을 붙이는 것은 다윗이 그것을 통해 그의 일터인 전쟁터에서 승리할 수 있었기 때문이다. 묻기는 단순하게 해도 되고 안 해도 되는 그런 문제가 아니다. 그에 따라 결과가 달라진다.

다윗은 새로운 직업(왕)을 갖고 전쟁터에 데뷔할 때 먼저 하나님께 물었다. 한 번만 물은 것이 아니다. 역대상 14장 10절에 이어 14절에 "또 하나님께 묻자온대"가 등장한다. 우리의 일터는 하나님께 묻는 것의 연속이어야 한다. 반면 묻지 않아 낭패를 본 사례가 성경에 나온다. 기브온 사람은 곰팡이 난 떡 등 치밀한 눈속임으로 이스라엘을 속인다. 그런데 이는 다윗의 시대에 3년 기근으로 연결된다. 화친을 약속하고도 사울이 기브온 사람을 죽였기 때문이라고 진단한다 (삼하 21:1). 나중에 기브온 사람을 학살한 자의 후손 7명의 생명을 기브온에게 내주어 그들에게 원수를 갚는 기회를 주는 것으로 기근을 끝내는 장면이 나온다. 이런 결과가 왜 초래되었을까? 그 단초는 여

III. 믿음과 실력 있게 일하기

호수아 9장 14절에 나온다. "여호와께 묻지 아니하고"라고 기술하여 인간의 판단에만 의지해 야기한 뼈아픈 실수를 성경은 명확하게 밝히고 있다. 오늘 일터에서 내가 해야 할 가장 중요한 일은 하나님께 묻기이고 그 답을 경청하는 것이다. 질문을 받아 기뻐하는 부모보다 하나님이 아마 더 기뻐하실 것이다.

> 다윗이 하나님께 물어 이르되 내가 블레셋 사람들을 치러 올라가리이까 주께서 그들을 내 손에 넘기시겠나이까 하니 여호와께서 그에게 이르시되 올라가라 내가 그들을 네 손에 넘기리라 하신지라 (대상 14:10)

◎ 오늘의 묵상

Q 내 지식보다 묻는 것이 업무능력에서 더 중요함을 인정하는가?

Q 묻기를 잘하는 사람이 실력자임을 인정하는가?

Q 당신은 하나님과의 관계에서 얼마나 묻고 있는가?

8. 시간 도둑질, 가장 큰 죄다

　세상에서 너무 귀중한 것 중의 하나이면서 모든 사람에게 아주 공평하게 분배된 것은 무엇일까? 바로 시간이다. 돈과 재산은 물려받은 것 때문에 차이가 난다고 하지만, 시간의 공평함에는 변명거리가 없다. 직장의 초년생이든 CEO든 가난한 자든 부자든 모두에게 한 치의 오차도 없이 같은 수치가 부여된다. 하루 24시간, 1주일이면 168시간이 그것이다. 더 세분하면 1주일이 10,080분이고 604,800초이다. 반드시 쪼개서 시간을 봐야 하는 이유는 1초 없이 1분이 없고, 1시간을 건너뛰어 하루로 곧바로 가지 않기 때문이다. 하루를 1시간 단위로 계획을 세우는 사람이 있는 반면 초까지는 아니더라도 시간이 아깝다면서 몇 분 단위로 촌각을 다투면서 일하는 사람이 있다. 결론적으로 분과 초 없이 바로 하루라는 단위로 시계추가 움직이는 사람은 없다.

　얼마나 쪼개서 시간을 잘 활용하느냐에 바로 시간 관리의 비법이 숨겨져 있다. 세밀하게 나누어 사용하고 그것에 예민하게 반응하는 사람이 결국 시간을 잘 쓰는 사람이다. 세상에서 성공한 사람과 그렇지 않은 사람의 계획표는 차이가 난다. 일정을 많이 소화해야 하는 사람은 두리뭉실하게 시간 계획을 짜지 않는다. 일전에 상사를 모시면서 15분이나 30분 단위로 일정을 짰다. 내부 보고는 10-15분 단위, 외부 손님은 30-60분 단위로 각각 스케줄을 잡았다.

　시간의 마법은 누구도 저축하거나 템포를 조절할 수 없다는 특징이 있다. 그래서 개인차를 넘어 누구나 잘 활용해야 한다. 일터에서 매우 소중하게 시간을 생각하는 사람이 있는 반면 그야말로 시간을 때우려는 사람도 있다. 일터에서의 회의나 발표 시 미리 준비하지 않는 경우가 낭비의 대표적인 케이스다. 회의에 몸만 참가해서는 곤란하다. 미리 발표하거나 논의될 주제를 보고 대안을 마련하여 아이디어를 갖고 와야 한다. 이런 분위기를 조성하기 위해 최소 회의 1일 전에 자료가 공유되고 논의될 주제가 미리 공표되어야 한다. 이런 시스템은 회사에서는 최소한의 예의이자 실력이다.

Already-not yet이 작동하는 시간의 마법

또한 상습적으로 남의 시간을 훔치는 사람들이 있다. 기본적으로 회의나 만남에 늦는 사람들이 그들이다. 필자는 나름대로 약속에 늦지 않도록 최선을 다했다. 아마도 가장 많이 기도했던 주제 중 하나가 교통 체증으로 늦지 않게 해달라고 하나님께 간구한 것이다. 교통 체증으로 지각의 위기에 여러 번 몰리기도 했지만, 대부분 하나님의 은혜로 막판에 역전을 하고 제시간에 골인하였다. 외부 강의나 회의 때에는 최소 30분 전에 도착하여 차 안이나 휴게실 등에서 자료를 검토한다. 시간 준수가 중요한 것은 다른 사람의 시간을 훔치는 것으로 연결되기 때문이다. 늦으면 회의 목적을 달성하지 못할 확률이 높아질 뿐만 아니라 5명이 참가한 회의였다면 늦은 시간에 5배를 더한 만큼 시간을 절도한 셈이다.

요점 없이 우왕좌왕하는 발표도 역시 절도죄로 처벌받아야 한다. 주위 사람을 힘들게 한다는 측면에서 어쩌면 더 큰 죄일 수 있다. 이런 것을 방지하기 위해 모래시계를 모든 회의실에 배치했고 앉는 것보다 내부 회의라면 서서 하는 것을 장려하기도 했다. 회의는 남의 시간과 지식을 빌려 쓰는 소중한 의식이다. 남의 것을 존중하는 배려심이 일하는 에티켓이자 일하는 능력이다.

평상시에 예수님 생애를 보면서 공생애가 왜 3년 언저리일까를 생각했다. 너무 짧다는 생각을 했다. 아니 인류를 구원하는 중차대한 소명을 띠고 이 세상에 왔다면 평생 그 사역을 하다가 십자가에 돌아가셔도 시간을 낭비했다고 비평하는 사람은 없었을 것이다. 그러나 시간의 중요함을 절감할수록 3년 반의 절묘함이 느껴진다. 신약은 흔히 '이미와 아직 아닌'(Already-not yet) 하나님 나라라고 말한다. 예수 그리스도께서 오셔서 하나님 나라가 시작되었지만, 재림이 임하지 않아 아직 완전하게 이 땅에 하나님 나라가 구현된 것은 아닌 셈이다. 성도의 삶이 힘든 이유도 그런 시간 구성에 기인한다고 생각한다. 하나님 나라를 누리고 오늘도 은혜로 살지만, 또 넘어지고 절망한다. 그러나 곧 임할 하나님 나라를 기대하며 오늘도 희망과 기쁨의 사도행전 29장을 써간다. 그러니 나태할 수도 없고 대충 살 수도 없다. 이미 시작되었으나 언제 완전히 임할 줄 모르는 하나님 나라는 긴박함을 내포하고 있다. "마라나타"(주 예수여 어서 오소서)를 외치면서….

> 무화과나무의 비유를 배우라 그 가지가 연하여지고 잎사귀를 내면 여름이 가까운 줄을 아나니
> 이와 같이 너희도 이 모든 일을 보거든 인자가 가까이 곧 문 앞에 이른 줄 알라(마 24:32-33)

◎ 오늘의 묵상

Q 시간을 낭비하는 것이 왜 죄인지 말해 보라.

Q 당신은 만남이나 회의 시 시간을 잘 준수하는가?

Q 당신의 시각으로 신약에 나타난 시간의 긴박성을 설명해 보라.

9. 영혼 없는 사람의 몸값은 제로

 필자는 3년 정도 모 기관의 적극행정자문위원회 위원으로 임명받아 간접적으로 공무원들의 일 처리를 가까이 접한 적이 있다. 현실적인 법규로는 금지하거나 처벌해야 하지만, 사건의 성격과 상황 등을 감안할 때 반대 결정을 해야 한다고 위원회에 출석한 공무원들은 주장한다. 실무자와 책임자들이 다양한 문서와 자료를 들고 나와서 열심히 위원들을 설득하고 위원회에서 허용하면 그대로 실행하는 제도다. 해당 공무원은 그 일로 인해 야기되는 불법성 등 책임에서 벗어나게 된다.
 공무원들이 열과 성을 다해 자발적으로 적극 행정을 주문하는 것은 단순히 책임에서 벗어나려는 것만은 아닐 것이다. 공적인 차원에서 이익이 더 크고 제도의 엄격한 적용에 선의의 피해자가 생기기 때문이다. 단순히 월급만큼만 일하지 않고, 또 업무 규정에만 얽매이지 않으면서 국가와 사회발전을 위한다는 사명감이 '영혼 있는 공무원'을 만드는 원동력일 것이다. 공무원들이 민원인 입장에서 일을 처리하는 것을 경험하거나 목격할 때 너무나 감사하고 기쁘다. 반대로 영혼 없이 민원인을 대하는 공무원은 서운함을 넘어 분통이 터지게 만든다. 같은 공무원의 일 처리인데 극과 극의 결과가 양산되는 셈이다. 한마디로 영혼 여부가 일 처리 품질을 좌우한다.
 일 처리에 영혼이 있고 없고가 얼마나 중요한지 뼈저리게 느끼는 것은 단지 공무원에만 해당하지 않는다. 모든 일터에서 같은 논리가 작동한다고 생각한다. 분명히 일은 사람이 하는데 그 결과가 천차만별이다. 얼마 전에 우연히 모 방송에서 들었던 내용이다. 인간의 몸을 구성하고 있는 물질은 무엇인 줄 아는가? 여러 가지를 아주 자세하게 언급했는데 대충 이런 내용이다. 인체는 산소 65%, 탄소 18%, 수소 10%, 질소 3%, 칼슘 1.5%, 인 1.0%, 칼륨 0.4%, 황 0.3%, 나트륨 0.2%, 염소 0.2%, 마그네슘 0.1%로 구성되며, 기타 미량 미네랄인 아연, 철, 구리, 셀레늄, 붕소, 크롬, 망간, 코발트, 요오드, 몰리브덴, 바나듐, 실리콘 등을 합쳐서 0.3%이다. 대부분 너무 생소한 원소 이름의 나열이다. 이를 요약하면 산소와 수소가 압도적으로 많다. 우리의 상식대로 물이 대부분이라는 의미와 상통한다. 이것들의 구성 요소를 가격으로 환산해 보면 모두 팔아도 점심 한 끼 값에도 미치지 못한다고 어떤 목사님은 설명하였다. 더구나 인간이 죽어 육체가 썩으면 산소, 탄소, 수소 등 전체의 97%가 미생물에 의해 분해되어 흔적도 없이 사라진다고 한다. 결국 죽으면 그나마 미약했던 가치도 다 날아간다.

인체 구성 요소 가격은 제로, 거듭나니 예수님 짜리

이런 논리가 일할 때도 작동한다고 생각한다. 만약 영혼 없이 기계적으로 일한다면 우리 인간의 몸값은 극단적으로 점심 한 끼에 불과하다. 구성 물질만 보면 사람별로 별 차이가 없다. 그러나 일할 때 열정(영혼)이 들어가면서 그 결과물은 엄청난 가격으로 폭등한다. 영혼으로 인해 측정할 수 없는 가치를 일터에서 양산하기도 한다. 그래서 인간이 만든 제품의 가격은 투입된 인원 수로 결정되지 않는다. 인간의 가치를 인체 구성 요소에 대한 시장가치로 산정하면 안 되는 이유다. 더 나아가 월급만큼 일하는 존재로 스스로를 평가절하해서는 절대로 안 되는 이유이기도 하다.

직장 생활하면서 가장 심한 욕은 "제발 일하지 말고, 가만히 있으라"라는 말이다. 괜히 남의 발목을 잡지 말고 가만히 있는 것이 도와주는 것이라는 의미다. 그만큼 영혼 없이 일하는 것은 도움은커녕 오히려 다른 동료를 더 힘들게 한다. 일을 넘어 삶에서 영혼이 살아 숨 쉬는 것은 매우 중요하다. 영원히 사는 자와 순간순간 이익을 좇는 자는 가치 기준이 다르기 때문이다. 오늘도 주님으로부터 생명수를 공급받아 그 능력으로 일하고 더불어 일터에서 옆에 있는 생명체도 제대로 살려야 한다.

> 그러므로 우리가 이제부터는 어떤 사람도 육신을 따라 알지 아니하노라 비록 우리가 그리스도도 육신을 따라 알았으나 이제부터는 그같이 알지 아니하노라
> 그런즉 누구든지 그리스도 안에 있으면 새로운 피조물이라 이전 것은 지나갔으니 보라 새 것이 되었도다 (고후 5:16-17)

◎ 오늘의 묵상

Q 영혼 없는 일 처리는 무엇인가? 그런 경험을 나눠보자.

Q 당신은 믿은 후에 진정 새로운 피조물인가?

Q 당신의 진짜 가치는 스스로 평가할 때 얼마 정도인가?

10. 확실하게 잠을 정복해야

어쩌면 모든 문제의 답은 우리가 이미 알고 있다. 또한 정답은 멀리 있는 것이 아니고 항상 우리 곁에 있다. 우리 손 안에 있는 경우도 많다. 바로 잠이 대표적이다. 모두가 잠을 통해 회복을 경험한다. 잠은 아주 귀한 자산이다. 반대로 잠을 통해 시간을 낭비하기도 한다. 성공과 실패가 크게 차이 나는 것 같지만, 어쩌면 잠을 어떻게 잘 관리하느냐에서 출발한다고 해도 과언이 아니다. 살면서 잠을 잘 다스려야 한다는 말을 너무 많이 들었다. 또 건강을 위해 잠이 중요하다는 전문가 칼럼도 자주 접한다. 둘 다 이의가 없는 주장이다.

국립발레단 강수지 단장은 거의 기형에 가까운(스스로 생각하기에는 훈장과 같은) 발가락으로 유명하지만, 필자는 그보다 더 생생하게 아주 오래전의 신문 인터뷰 제목을 기억하고 있다. "잠이야 무덤에 가면 실컷 잘 텐데요. 두 번 살 거 아니잖아요? 인생 한 번인데요. 뭐." 이런 제목하에 '그래도 할 수 있다'와 '포기는 없다'가 그녀 삶의 푯대였다고 기사는 설명한다. 이어 그녀는 '내 인생에 변명은 없다'라는 강한 톤으로 인터뷰에 응답한다. 내게 하이라이트로 다가온 점은 그녀의 엄격한 생활 규칙이다. 매일 오전 5시 30분에 일어난다고 한다. 하루에 2시간만 자고 19시간 연습했다는 내용도 언론에서 보았다. 특히 연습에 연습을 더하고 몸에 40도의 열이 있어도 공연을 강행했다고 한다. 인터뷰에서 기자가 몸 회복을 위해 푹 쉬라고 하니, 제목에 등장한 "무덤에 가면 실컷 잘 텐데요"라는 말로 응수한다.

필자와 교제했던 한 비즈니스맨은 저녁 9시쯤 자서 2시경 일어난다. 강의도 하고 책도 쓰고 회사도 경영한다. 그런데 그가 자랑하는 최고의 시간은 새벽 2시부터 출근하기 전인 7시까지다. 5시간 동안 아무에게도 방해를 받지 않고 최고의 효율로 하고 싶은 일을 한다. 심지어 새벽의 5시간은 업무 집중도에서 낮의 2배이거나 심지어 3배에 달한다는 말을 들었다. 그래서 그에게 시간이 부족해 무슨 일을 못 한다는 것은 없다. 다만, 오찬 후에 오피스텔 형식인 그의 사무실에서 쪽잠으로 부족한 수면을 보충한다.

일터에서 후배들에게 자기 계발과 취미 활동을 권하면 곧바로 시간이 없다고 말하는 경우가 적지 않다. 시간이 부족하다는 것도 아니고 아예 없다고 말한다. 잠을 줄이라고 하면 지금도 부족하다고 말한다. 잠은 원래 부족해야 한다. 열심히 산다는 것은 잠이 좀 부족할 수밖에 없다는 것과 일치한다. 그래서 잠이 부족해 피곤한 것은 스스로에게 칭찬을 보낼 최고의 조건이라고 회사 후배들에게 조언한 적이 있다. 조금 피곤한 것은 즐겨야 한다. 절대 수면 시간보다 더 중요한 것은 수면의 질이다.

> 게으른 자여 네가 어느 때까지 누워 있겠느냐 네가 어느 때에 잠이 깨어 일어나겠느냐
> 좀 더 자자, 좀 더 졸자, 손을 모으고 좀 더 누워 있자 하면
> 네 빈궁이 강도 같이 오며 네 곤핍이 군사 같이 이르리라 (잠 6:9-11)

숙면을 위한 노하우 수두룩

그래서 다양한 노하우를 회사 직원들과 공유한 적이 있다. 숙면을 위한 취침 전의 정리운동이 중요하다. 먼저 스트레칭으로 굳은 몸을 풀어주고 가벼운 근력 운동도 필요하다. 때론 좋은 베개와 암막 커튼도 숙면에 도움이 된다. 숙면을 위해 취침 전에 미지근한 물

의 샤워를 권하는 전문가도 있다. 더불어 카페인이 있는 커피를 오후에는 줄이고 저녁 8시 이후에는 알코올 성분도 몸에 공급하지 않는다. 블루라이트가 나와 숙면에 필요한 멜라토닌을 억제하는 핸드폰은 잠자리에 들기 30분 전부터 손에서 분리해야 한다. 또 불면증이 있거나 숙면이 힘들면 병원에서 체크도 해봐야 한다. 더 중요한 노하우는 일정한 시간에 자야 한다는 점이다. 숙면에 가장 나쁜 습관은 자는 시간이 둘쭉날쭉한 것이다. 불규칙하게 자는 것은 매일 시차가 있는 장소로 옮겨 다니면서 생활하는 것과 같아 숙면이 어렵다. 많이 자도 피곤한 결정적인 이유이다.

잠은 회복의 치료제인가? 아니면 게으름의 상징으로 낭비인가? 쉽게 답하기 힘들다. 그러나 되도록 아침 일찍 일어나는 것을 권한다. 교통난이 없어 출근 시간이 3분의 1 정도로 줄어들고 그 어떤 상황이나 사람에게 방해받지 않는 황금시간대가 아침이다. 또한 잠을 물리치는 슬로건은 한두 개 갖고 있어야 한다. 첫째, '밖에 나가봐라! 너만 누워 있다!' 새벽에 학원에 다니기 위해 일찍 일어나 보니 첫 전철은 거의 만원이어서 내가 외쳤던 구호다. 둘째, '일어나고 싶어도 못 일어난 사람이 있다!' 일찍 일어나 건강에 이상이 없음을 자랑해야 한다. 셋째, 자녀에게 무엇을 물려줄 것인가? 재산보다 더 중요한 것은 부모가 열심히 사는 모습이다.

성경은 게으른 자를 잠을 조금 더 자는 자로 정의한다. 그런 자에게는 가난함이 쏜살같이 다가온다고 강조한다. '좀 더 자자'라는 것이 내 습관은 아닌지 되돌아볼 일이다. 가난해지려고 스스로 노력하는 길이라는 사실에 눈이 번쩍 뜨인다. 확실한 것은 잠도 습관이다. 고치지 않으면 매일 자야 하니 거의 매일 반복하는 셈이다. 또 습관이 되면 수면 시간도 계속 증가한다. 잠언 26장 11절을 보면 나쁜 습관을 반복한다는 것은 더러운 배설물을 다시 먹는 것과 같아서 바로 고쳐야 함을 알게 된다. 반대로 안 좋은 습관을 고치면 최고의 이익을 가져다주는 보배가 된다. 바로 잠이 대표 선수다.

> 개가 그 토한 것을 도로 먹는 것같이 미련한 자는 그 미련한 것을 거듭 행하느니라(잠 26:11)
> 손을 게으르게 놀리는 자는 가난하게 되고 손이 부지런한 자는 부하게 되느니라(잠 10:4)

◎ 오늘의 묵상

Q 잠을 무엇이라고 생각하는가?

Q 당신에게 하루에 적절한 수면 시간은 어느 정도인가?

Q 당신은 몸이 매일 피곤한가, 아니면 가뿐한가?

11. 일터에서 묵묵히 일하기

　좋은 회사와 좋은 기관에는 빛도 없이 소리도 없이 묵묵히 자기 일을 하는 사람이 꼭 있다. 조직은 그들을 필요로 하고 회사는 그런 사람을 통해 발전한다. 큰일이나 거대한 프로젝트가 회사 발전의 전부가 아니다. 하루하루 조금의 전진, 아니 제자리를 걷는다 해도 그 자리를 지킨 사람들이 있어 일터는 오늘도 유지된다. 따라서 오늘 성과를 내지 못했다고 좌절할 필요가 없다. 내가 못다 한 것은 또 오고 또 오는 후배들의 몫이다. 지금 필요한 최고의 성과는 자리를 지키는 것이다. 일터사역자로서 정체성만 있으면 된다. 후임을 믿고 내가 못다 한 것을 디딤돌 삼을 수 있도록 바통을 잘 넘겨주면 된다.

　얼마 전 신문에 높지 않은 전직 공무원의 부고 기사(《조선일보》 2025년 2월 9일 자) 실렸다. 향년 66세로 이른 나이에 세상을 등졌다. 그의 이름은 홍선옥 사무관으로 문화체육부에서 43년을 일했다고 한다. 홍보 분야 전문가로 활동하여 그에게는 무려 1만 명의 기자 연락처가 있다고 한다. 거쳐 간 장관만 31명이었다. 그녀의 장점은 자기주장 대신 언제나 듣는 데 열중했다고 한다. 그녀를 설명한 문구 중 눈을 사로잡은 것은 성과나 역할이 아니었다. 철저하게 조력자였고 그림자였다고 주위 사람들은 평가하고 있다. 홍보업무를 하면서 하루에 수백 개의 카카오톡 메시지에 답을 다는 것이 그녀의 구체적인 역할이었다. 그녀와 접촉했던 기자는 다음과 같은 말로 마무리한다. "빛나지 않는 곳에서 그 자리의 소임을 다한 것은 어쩌면 사소할 수 있지만, 흔하지 않다."

　삼성동 무역센터에서 마당발로 소문난 협력업체 모 부장이 있었다. 그에게 전화하면 모든 것이 해결되었다. 고차원의 일이 아니다. 사소한 수리나 공사도 밤새 그의 손을 거치면 완벽하게 마무리되어 다음 날 일하는 데 전혀 지장이 없다. 힘쓰고 몸으로 때우는 일도 그의 몫이다. 사무실 집기를 날라야 할 일이 있거나 컴퓨터가 고장 나도 그의 전화기에는 불이 난다. 별명은 만능 해결사다. 분명한 것은 속 시원하게 대응한다는 점이다. '글쎄요'라는 답변이나 '안 된다'는 말은 없다. 어떻게든 한다. 대규모 사무실 이사가 있을 때 밤을 새워 일하고 잠깐 눈을 붙인 후에 또 현장에서 날아다닌다. 이런 행동이 며칠을 이어지기도 한다. 정리되면 평온한 모습으로 다시 나타나서 언제 그런 일이 있었느냐고 반문할 정도다. 이전 직장에서 그에게 신세를 안 진 사람이 없다. 퇴직 이후에도 한 번 맺었던 인연은 귀히 여겨 역시 속 시원하게 도와준다.

음지의 나아만 종이 최고 능력자

아람 군대의 대장인 나아만 장군의 나병 치유에서 주인공은 나아만이 아니라고 생각한다. 여기에는 주목받기 힘든 노예들이 등장한다. 제대로 눈여겨보지 않으면 있었는지도 모를 정도로 휙 지나간다. 나아만 부인의 수종을 드는 어린 소녀가 이름도 없이 등장한다. 그런데 그녀가 용기를 내어 나아만의 치유에 대한 아이디어를 제시한다. 이스라엘에서 잡혀 온 전리품(?)으로, 아마도 속으로는 분노가 치솟아 하루하루 버티기도 힘들 것 같은데 이스라엘 선지자(엘리사)를 찾아가면 '우리 주인', 즉 나아만의 나병이 나을 것이라고 솔깃한 제안을 했다.

이에 따라 나아만이 이스라엘에 도착했지만, 의전에 불만을 품을 뿐만 아니라 요단 강에서 몸을 씻으라는 평범한 처방에 어이가 없어 하며 크게 화를 낸다. 그냥 돌아갈 기세였다. 그러자 이번에는 남종들이 떼로 등장한다. "내 아버지여"라고 하면서 속는 셈 치고 엘리사의 치유법을 이행하자고 말한다. 결국 이름도 없는 노예로 인해 당시 글로벌 강국의 군대 총사령관의 병이 기적처럼 낫는다.

필자에게는 노예가 말하면서 입술에 담은 "우리 주인"과 "내 아버지여"가 계속 메아리로 울린다. 비록 그들이 노예의 신분이지만, 묵묵히 그들의 주인을 섬기는 데 최선을 다하는 능력자이다. 위대한 것은 지위와 기술에 있지 않다. 그들이 맡고 있는 일에 기쁜 마음으로 임한 게 전부다. 노예의 존경을 받는 나아만의 평소 언행도 미루어 짐작할 수 있다. 자신의 경험과 이치로는 이해가 가지 않지만, 음지에 있는 노예의 헌신으로 결국에는 적국인 이스라엘로 가서 도저히 이해되지 않는 치료법을 한 치의 어긋남 없이 실천하여 치유라는 복을 받았다.

> 전에 아람 사람이 떼를 지어 나가서 이스라엘 땅에서 어린 소녀 하나를 사로잡으매 그가 나아만의 아내에게 수종들더니
> 그의 여주인에게 이르되 우리 주인이 사마리아에 계신 선지자 앞에 계셨으면 좋겠나이다 그가 그 나병을 고치리이다 하는지라
> 그의 종들이 나아와서 말하여 이르되 내 아버지여 선지자가 당신에게 큰 일을 행하라 말하였더면 행하지 아니하였으리이까 하물며 당신에게 이르기를 씻어 깨끗하게 하라 함이리이까 하니(왕하 5:2-3, 13)

성경의 주인공은 모세나 요셉 그리고 다윗만이 아니다. 스스로의 영광이나 명성을 추구하지 않고 조용히 하나님의 뜻에 헌신한 자들

도 같은 반열이다. 유다를 대신할 사도 자리를 두고 경쟁하다가 맛디아가 선택되면서 바사바(별명 유스도)는 실망했겠지만, 그는 사역의 끈을 놓지 않고 고린도에서 바울이 어려움에 처할 때 생명의 위험을 무릅쓰고 공동체를 지키는 제2의 인생을 살았다. 도르가는 많은 옷을 지어 가난한 이들을 돕는 사역을 해서 과부들의 칭송을 받았다. 우리는 하나님으로부터 부름을 받았다. 대부분은 직분이나 명예도 없는 제2의 바이올린 연주자이다. 그 사역을 삶으로 증명하면 되지 그것을 밖으로 드러낼 필요는 없다.

◎ 오늘의 묵상

Q 당신은 일터에서 드러나게 일하는 스타일인가?

Q 당신의 수고는 하나님만 알면 된다는 것에 동의하는가?

Q 나아만 종들의 수고를 보고 느낀 점은 무엇인가?

12. 원대한 계획은 작은 습관이 밑거름

해외 출장을 가면 꼭 하는 습관이 하나 있다. 호텔에 도착해 방에 들어가면 커튼을 열고 그 땅을 위해 기도한다. "주님, 이곳에 하나님 나라가 임하길 소망합니다. 이 땅에 주님을 아는 자들이 늘어나게 하시고 주님을 드높이는 찬양이 넘치게 하소서. 이들을 불쌍히 여겨 주소서." 중국과 중동은 물론 미국에서도 동일하게 기도하는 시간을 갖는다. 다음 날 아침에 일어나 가장 먼저 하는 것도 같은 맥락의 기도다. 특히 주님을 믿는 것이 쉽지 않은 중국에서 7년간 각지를 돌아다니면서 꼭 빼놓지 않고 좀 더 많은 시간을 투입하여 기도를 했는데 필자는 이를 '출장기도'라고 명명했다. 이제는 이런 기도가 여행을 가서도 자연스럽게 나올 정도로 습관이 되었다. 굳이 소리를 크게 높이지 않는다. 그곳을 밟으면서 조용히 읊조리며 주님의 은혜를 구한다.

평상시에 회사에 머물 때 점심을 먹고 자주 가는 산책코스가 있다. 회사 옆에 위치한 천년고찰 봉은사다. 신라시대 이후 계속 그 자리를 지키면서 강남의 노른자 땅 위에 그 위용을 뽐내고 있으니 찾는 사람이 적지 않다. 오죽하면 9호선 전철역 이름이 '봉은사'역일까? 그 역명을 정할 때 반대도 많았다고 한다. 근처에 일반인들이 많이 찾는 무역센터와 코엑스 등이 있음에도 아주 높은 지지를 받아 봉은사역이 되었다. 만약 역 근처에 유명한 교회가 있다고 하여 지하철역 이름이 교회 이름으로 될 수 있었을까? 아마 부정적인 대답이 우세할 것이다. 압도적인 지지는 절을 찾는 신도들이 많아서 그런 것은 아닐까? 그런데 필자가 그곳을 찾을 때마다 꼭 하는 것이 있다. 땅 밟기 기도다. 아니 절에 가서 하나님을 찾는다고….

그렇다. "하나님, 이곳이 하나님을 찬양하는 땅으로 변하게 해주세요"라고 기도한다. 절에 들어서면 갖가지 무서운 형상들이 난무하고 있다. 우선 나 자신을 그들로부터 지켜 달라고 기도하고 이곳에서 주님을 찬양하는 목소리가 높아졌으면 하는 바람의 기도도 해본다. 어느 날 회사 신우회 멤버가 절은 아예 가지 말아야 한다면서 봉은사 산책을 반대하기도 했으나, 그쪽 명상길은 전망도 빼어나고 나무가 많아 공기도 좋은 데다 기도도 할 수 있으니 일석삼조라는 말에 마지못해 합류하기도 하였다.

오늘도 작지만 좋은 습관 만드는 날

되도록 새벽 기상 후에 꼭 하려는 것이 있다. 우선 운동을 한다. 하루라도 빠지면 큰일 날 것처럼 한다. 운동으로 약한 몸이 건강해지고 땀을 흘린 후 그 상쾌함은 최고다. 하나님의 성전인 몸을 관리하지 못하면 나쁜 생각이 쳐들어온다. 운동이 영적으로 잘 수비하는 최고의 무기다. 또 아침으로 소식을 하되 절대로 건너뛰지 않는다. 셋째, 새벽기도로 말씀을 듣고 아내와 약 30분의 성경 읽기를 진행한다. 영적으로 무장하는 시간이다. 여기에다 여유가 있으면 외국어나 전공인 무역통상 분야 자료를 탐독한다. 지식은 한번 손을 놓으면 쉽게 멀리 도망가기 때문이다. 지금도 세부적인 내용으로 강의를 하고 언론 기고도 하는데 아침에 먹는 지식이 원천이다.

그런데 앞의 4가지는 공통점이 있다. 영적으로나 육적으로 좋은 컨디션을 유지하기 위해 꼭 필요한 것이다. 또한 한두 번 안 한다고 큰 문제가 생기지 않는다. 그러나 한두 번이 쌓여 습관이라는 관문에 들어서야 나에게 의미가 있다. 그것이 작은 습관을 넘어 큰 실력이자 자산으로 발전하기 때문이다. 이것을 해야 할 기회는 오늘 밖에 없다는 절박함이 있어야 성장에 큰 디딤돌이 된다.

아주 엄청난 일도 사실 작은 습관에서 시작된다. 아니 작은 습관이 모여야 큰일이 이뤄진다. 그래서 오해하면 안 된다. 스스로 큰일과 거리가 멀다고 자학하면 더욱 안 된다. 영국의 BBC에 'Is this S Korea's most glamorous granny?'(한국에서 가장 멋진 할머니인가?)라는 제목으로 소개된 1943년생 패션모델 최순화 씨 이야기는 진짜 나이는 숫자에 불과하다는 것을 절감하게 해준다. 미스코리아 출신 모델에게도 뒤지지 않는다는 주위 평가는 절대로 립서비스가 아니다. 나이가 들어 모델이 된 것을 보고 돈도 있고 시간도 나니 취미로 생활하는 것처럼 생각하면 오산이다. 2025년 기준으로 80세를 넘긴 그녀는 모델이라는 숙원을 이루기 위해 습관을 어떻게 바꿔야 하는지 잘 보여주고 있다. "아침엔 사과, 당근, 계란을 먹고, 점심은 된장찌개나 순두부, 생선 등 한식을 먹죠. 저녁엔 닭 살코기와 야채를 초고추장에 찍어 먹어요. 주 3회 40분씩 걷고 매일 스트레칭을 합니다. 술과 담배는 평생 해본 적 없어요."《조선일보》 2024년 10월 30일 자).

그러나 그녀에게 더 중요한 습관은 도전하는 것이다. 75세에 모델이 되기 전까지 봉제사, 간호보조원, 교회 전도사 등은 물론 50대부터 20여 년간 간병인으로 일했다. 간병을 하면서 새벽 1-2시쯤 병원 로비나 뜰에서 워킹 연습을 했다고 한다. 말이 간병인이지 남의 오물을 치우는 것이 쉽지 않았지만, '모델'에만 집중하고 나머지는 참았다. "힘들지만 도전하세요. 하면 됩니다"라는 대답이 깊은 울림으로 다가온다.

모두가 큰 비전을 갖고 산다. 믿는 자에게 하나님 나라의 꿈도 그런 것이다. 우리 인생을 마무리할 때 남는 것은 큰 꿈이다. 그것으로 결산한다고 생각한다. 그런데 작은 습관 없이 원대한 꿈이 이뤄진 경우는 단연코 없다. 하나하나가 쌓여 좀 더 큰 실적이 되고 어느 순간 내 꿈은 물론 하나님의 꿈도 이루어진다. 과거에 집착해 후회나 한탄하기보다 현재에 충실하여 꿈을 향해 도전하는 습관을 하나님은 오늘도 응원한다. 이를 위해 작지만 좋은 습관을 만들어야 한다. 지금 당장.

> 또 비유를 들어 이르시되 천국은 마치 사람이 자기 밭에 갖다 심은 겨자씨 한 알 같으니
> 이는 모든 씨보다 작은 것이로되 자란 후에는 풀보다 커서 나무가 되매 공중의 새들이 와서 그 가지에 깃들이느니라 (마 13:31-32)
> 우리가 선을 행하되 낙심하지 말지니 포기하지 아니하면 때가 이르매 거두리라 (갈 6:9)

◎ 오늘의 묵상

Q 주야로 말씀을 묵상하는 습관이 있는가?

Q 주위 사람들이 갖고 있는 좋은 습관을 적극적으로 배우는가?

Q 당신이 남에게 권하고 싶은 좋은 습관은 무엇인가?

13. 나쁜 습관은 영적 탈선

　누구나 나쁜 습관이 있다. 그러나 그것을 심각하게 생각하는 정도는 사람마다 다르다. 교회에서 훈련을 받으면서 흔하게 듣는 단어가 '성화'다. 하루하루 조금씩 달라지는 것을 말한다. 예수 그리스도의 행동이나 사고를 닮는 것을 의미한다. 내 의지나 내 능력에 의지해 변하는 것이 아니라 주신 은혜에 감격해서 조금씩 변한다. 아주 사소하지만, 조금씩 변하는 가장 흔한 방법은 나쁜 습관을 제거하는 것이다. 그러나 매일매일 같은 습관을 반복하여 회개의 자리에 나서지만, 얼마 후에 나도 모르게 또 반복한다.

　가장 대표적인 필자의 나쁜 습관은 잠자기 전에 휴대전화를 갖고 침대에 들어가는 것이다. 휴대전화는 무수히 많은 콘텐츠를 통해 유혹하고 또 유혹한다. 밤새 같이 놀자고. 이에 호응하여 이곳저곳을 방문하여 쉼을 누리는 것으로 연결된다. 그러나 이런 행동은 '정시 취침, 정시 기상'이라는 나의 노력을 방해하고 숙면에서 멀어지게 만들며 나쁜 잡념이 긴 여운을 남겨 깊은 안식을 방해하기도 한다.

　또 사람을 만날 때 잘못된 버릇에 대해 아내에게서 자주 지적을 받는 것이 있다. 남의 말을 잘 듣지 않는다는 것이다. 사실 귀로는 잘 듣고 있다. 다만, 몸과 눈이 다른 곳을 향하고 있음을 발견하고 스스로 깜짝 놀란다. 왜냐하면 행동으로는 내가 딴짓 하면서도 그것을 의식하지도 못하고 있기 때문이다. 오랫동안 대화할 때도 나쁜 습관이 나온다. 남의 말을 중간에 끊거나 나만 너무 말하는 것이 대표적이다. 일터에서 후배들과 말하는 경우 그 정도가 더욱 심하다. 그래서 남의 말을 들을 때 숫자를 세기도 한다. 오랫동안 듣기만 해도 그 대화에서 승리한 것이기 때문이다.

또 최근에 지적받은 것은 커피를 마시거나 국 등을 먹을 때 소리를 내는 것이다. 그 맛과 시간을 즐긴다는 이유로 아무 생각 없이 소리를 낸 것인데 반대로 생각하니 천박하기 그지없는 습관이라는 생각이 들었다. 소리 내지 않고 음식 먹기를 해보니 크게 어려운 것이 아니어서 계속 실천하기 위해 노력하고 있다.

무역통상 분야와 일터사역을 위해 강의를 자주 하게 된다. 대학 강의도 매 학기 빼먹지 않는다. 그런데 의욕이 앞서다 보니 너무 큰 소리로 메시지를 전한다. 이어 호흡이 가빠지기도 하고 쉽게 목에 무리가 가서 장시간 강의가 힘들 때도 있다. 그래서 요즘에는 복식호흡 연습을 자주 하고 있다. 목으로 소리를 내면 곧 무리가 오는데 반해 배에서 우러나오는 소리로 강의하면 5-6시간도 거뜬하다. 그러기 위해서는 꾸준한 훈련을 통해 코어 근육을 강하게 하는 연습을 해야 하고 차분한 마음을 유지해야 한다. 목소리를 크게 한다고 메시지가 잘 전달되지 않는다. 그것보다 높낮이를 잘 조절해서 강조점이 잘 드러나게 해야 한다.

가족의 지적, 하나님의 음성일 수도

이전에 모시던 상사가 자주 지적하던 버릇이 있다. 몸을 곧게 펴고 걸으라고 권고해 주었다. 자신감도 갖게 되고 소화도 잘되며 당당해지는 모습으로 남에게 비친다는 장점도 이야기해 주었다. 또 다른 상사는 몸을 움츠리지 말고 항상 가슴이 태양을 향하도록 좀 내민다는 느낌으로 걸으라고 권고해 주었다. 내가 자주 땅을 보고 걷는 습관에 대한 처방전이었다. 언제 어디서나 바른 자세를 하려고 노력하는 것은 바른 행동 못지않게 중요하다. 그런 마음 자체가 행동으로 이어지고 마음에 평화를 안겨주기 때문이다. 때론 자신감의 원천이기도 하다.

우리는 하나님의 자녀다. 그에 걸맞게 나쁜 자세나 습관은 고쳐야 한다. 특히 남들이 잘 지적하지 않는, 아니 지적하지 못하는 세밀한 것에도 집중해야 한다. 그런 의미에서 아내와 자녀들이 지적하는 것에 집중할 필요가 있다. 나를 가장 잘 아는 그들이 특수 관계를 이용해 스스럼없이 지적하기 때문이다. 그것이 때론 하나님의 음성일 수 있다. 그 순간에는 귀에 거슬린다. 그런데 하나같이 옳다. 그래서 기분 나쁘다고 목소리를 높일 것이 아니라 메모해야 한다. 지금 당장 고쳐야 할 나쁜 습관 리스트에 추가하여 자주 쳐다봐야 한다.

요즘 그나마 잘 실천하는 것 중 하나가 과식하지 않기다. 타깃을 두고 있는 분야는 국물 마시기와 저녁밥에 대한 금욕이다. 국물과 탄수화물이 뱃살의 원흉이라고 딸이 이야기해 준 덕분이다. 더 나아가 남의 나쁜 습관을 슬기롭게 교정해 주는 것도 필요하다. 교회에 젊은 형제가 있는데 앉아 있을 때마다 다리를 심하게 떤다. 어떻게 말해서 그 습관을 고치게 할지 수개월째 고민하고 있다.

하나님은 이스라엘 민족에게 이방인과 함께 살아가는 지침을 명확하게 제공한다. "그들과 언약을 맺지 말라"가 최우선 지침이다. 필자는 이를 어기는 것은 당시 이방인과 결혼하거나 전쟁을 효과적으로 치르기 위해 그들과 화친하는 것이었다고 생각한다. 또 제단을 헐라고 한다. 당시 고대 근동 지방은 다신론 사회였다. 생각하면 다신론은 너무 편하다. 여러 신을 섬기면 내 능력이 확장되고 평안이 임할 것 같기 때문이다. 그런데 하나님은 단호하게 말씀하신다. 오직 한 분 여호와만을 섬기라고 강조한다. 여러 신을 섬기는 것은 하나님을 섬기지 않는 것과 같기 때문이다. 성결해지라는 의미다.

오늘 나의 나쁜 습관을 두고도 하나님의 음성을 들어야 한다. "너를 너답게 하지 못하는 나쁜 습관을 적극적으로 찾아내 오늘 지금부터 중단하라"고 말씀하신다. "그것이 성결의 출발점이고 네가 하나님의 사람으로 바로 서는 것을 방해하는 올무를 제거하는 것이다. 더구나 세상에 있는 동안 나쁜 습관은 계속 생기니 제거하는 작업이 중단되어서는 결코 안 된다"라고 깨우쳐 주신다. 새로운 나쁜 습관의 출현과 그것의 제거, 그것이 나를 깨어 있게 만드는 불쏘시개가 되기도 한다.

> 너희는 이 땅의 주민과 언약을 맺지 말며 그들의 제단들을 헐라 하였거늘 너희가 내 목소리를 듣지 아니하였으니 어찌하여 그리 하였느냐
> 그러므로 내가 또 말하기를 내가 그들을 너희 앞에서 쫓아내지 아니하리니 그들이 너희 옆구리에 가시가 될 것이며 그들의 신들이 너희에게 올무가 되리라 하였노라 (삿 2:2-3)

◎ 오늘의 묵상

Q 당신의 거룩함을 방해하는 나쁜 습관을 나눠보자.

Q 당신이 나쁜 습관을 쉽게 제거하지 못하는 이유는 무엇인가?

Q 이것들을 제거하는 당신만의 효과적인 노하우가 있는가?

14. 기도 VS 허풍

　이국땅에서 총리가 된 요셉과 다니엘은 꿈 해석을 통해 전화위복의 기회를 마련했다는 공통점을 갖고 있다. 요셉은 애굽 땅에서 죄수로 있을 때 꿈을 해석하여 수많은 목숨을 구한다. 7년의 풍년 후에 계속해서 흉년이 들 것을 예견하여 미리 준비하는 혜안을 하나님이 그에게 주신 것이다. 애굽은 물론 주변 나라 백성들의 먹거리 문제를 해결하여 많은 이들의 목숨을 구한 것은 십자가 사역을 통해 수많은 생명을 영원히 구한 예수 그리스도를 떠오르게 만든다. 다니엘도 바벨론에서 포로의 삶을 영위하면서 뛰어난 지혜로 꿈을 해석하여 총리에 이른다. 그런데 당시 바벨론 왕은 말도 안 되는 요구(단 2장)를 한다. 꿈의 내용도 말해주지 않으면서 그것을 해석하라고 말한다. 요즘 말로 '갑질하는 상사의 끝판왕'인 셈이다. 더구나 왕이 스스로 "진노하고 통분하여" 제대로 해석하지 못하면 목숨을 빼앗겠다고 위협한다. 성경은 지혜자를 다 죽이라고 왕이 명령했다고 기술하고 있다.

　이런 갑질은 다니엘에게 마지막이 아니었다. 클라이맥스가 남아 있다. 왕이 신하들의 꼬임에 빠져 얼토당토않은 이유로 전에는 아무런 문제 없던 하나님에 대한 기도를 문제 삼는다. 모두가 알다시피 벌이 극형이다. 사자 굴에 던져 넣는 것이다. 다니엘은 처벌 규정의 부당성을 논리적으로 다양하게 반박하거나, 아니면 잠시 하나님께 기도하는 루틴을 중단했을 수도 있었지만 그렇게 하지 않았다. 부당한 처벌이라는 점은 절대권력을 보유한 왕마저 마음에 내키지 않아 '근심했다'라고 표현한 구절을 통해서도 알 수 있다. 왕은 원하지 않았지만, 신하들의 눈을 의식하여 사자 굴에 다니엘을 넣었다. 우리 모두가 결말을 잘 알다시피 '다니엘은 조금도 상하지 않았다'라고 성경은 기술하고 있다.

 직장에서 일이 힘들다고 말하는 사람을 만나면 나는 다니엘과 요셉 이야기를 해준다. 그들이 총리가 되었다는 성공 스토리를 말하는 것이 아니다. 말도 안 되는 모함을 받았다는 대목을 강조한다. 더 핵심은 그런 고통을 당할 때 그것을 기도 제목으로 삼아 하나님께 가지고 갔다는 점이다. 하나님께서 아주 세밀하게 그리고 구체적으로 대처 방법을 알려 주시기 때문이다.

 예수님과 베드로는 십자가 사역을 앞두고 다른 자세로 비교된다. 일터사역의 본보기인 예수님은 '습관을 따라' 평소 기도하시던 근처 산으로 가셔서 한적한 가운데 기도하신다. 간절하게 기도하여 땀이 땅에 떨어지니 핏방울같이 되었다고 말한다. 같은 시간에 잠을 잤던 베드로는 얼마 지나지 않아 예수님을 부인한다. 제자들을 대표하여 절대로 부인하지 않겠다고 허풍을 떨던 모습은 온데간데없이 예수님의 예언(예수님을 3번 부인)대로 행동했다.

허풍은 내가 싸우는 것, 기도는 하나님이 싸우는 것

 필자가 무역센터의 자산관리 및 안전 업무를 책임지고 있을 때 걱정거리가 산더미처럼 쌓여 잠을 설치기 일쑤였다. 하루에 13만 명이 찾아 연간 방문객이 4천만 명에 달하는 무역센터에서는 다양한 사건 사고가 끊임없이 일어난다. 작은 도난이나 기물파손 사건은 말할 것도 없고, 거의 매일 앰뷸런스가 오고 소방차도 단골로 온다. 그 절정은 2023년도에 트레이드타워 맨 위층인 55층에서 불이 난 사고이다. 초고층 빌딩에서 일어난 화재는 엄청난 파장을 야기한다. 많은 사람들의 목숨과 직결되어 있다.

그 순간에 짧지만 간절하게 기도를 하였다. 당시 2층 사무실에 머물고 있었는데 위험을 무릅쓰고 올라가야 할지, 아니면 코엑스 전시장 1층 관제실에서 안전하게 통제를 할지 알려달라고 두 손을 모은 것이다. 불이 확대되지 않게 해달라고 간구하면서 내가 있어야 할 곳을 알려 달라고 간절히 기도하자 마음속에 "네가 있을 곳은 55층"이라고 말씀해 주심을 느낄 수 있었다. 주위의 만류에도 불구하고 55층으로 가서 협력업체 직원 및 소방관들과 함께 책임 있게 상황 관리를 할 수 있었다. 트레이드타워 입주업체 근무자들의 대피도 적절한 시기에 조치할 수 있었다. 다행히 초기에 화재가 진압되어 큰 피해 없이 마무리되었을 뿐만 아니라 적극적인 대응이 긍정적으로 평가받아 임직원 누구도 처벌이나 불이익을 받지 않았다.

실무자에서 상급자로 올라갈수록 일터에서 사실 내가 할 수 있는 일이 별로 없다는 것을 알게 된다. 허풍을 떠는 사람은 정반대로 자기가 모두 할 수 있다고 말한다. 그러나 무역센터와 같은 다중시설에서는 CEO가 할 수 있는 일이 거의 없다. 황당하게도 계단을 걷다가 중상자가 나오고 주차장 천장이 떨어져 차량이 박살 나기도 한다. 매일, 아니 하루에도 서너 차례 기도로 안전을 간구할 수밖에 없다. 기도가 믿는 자의 특권이 아니라 능력이요, 실력이라는 사실을 나중에 알게 되었다. 위험도 미리 감지하게 해주시고 대안도 생각나게 해주시기 때문이다.

기도의 용사는 단연 다윗이다. 그는 일터에서 하나님 나라가 임하게 노력한 사람이다. 그래서 하나님께서 흡족해하는 대표주자가 되었다. 그런데 더 정확하게 보면 일터에서 우리가 하나님께 다가가면(기도하면) 하나님이 아주 구체적인 방법을 안내해 주신다. 당시 가장 큰 위협 세력인 블레셋이 쳐들어오자, 다윗은 '또 하나님께 묻자온대'로 최고의 능력을 보여준다. 스스로 전쟁터도 많이 다녀 보았고 승리 경험도 많았을 텐데 블레셋이라는 적을 칠지 말지, 어떻게 쳐야 하는지 하나님께 묻고 또 묻는다. 그에 대한 하나님의 대답은 "올라가라"라는 대답이었다. 그리고 이어서 하나님께서는 "뽕나무 수풀 맞은편에서 그들을 기습하되 뽕나무 꼭대기에서 걸음 걷는 소리가 들리거든 싸우라"라고 아주 자상하게 안내해주신다. 이 말씀의 결론은 내가 앞서서 싸울 테니 너는 뒤에서 따라오라는 말이다. 허풍은 내가 싸우겠다고 말하는 것으로 필패이고, 기도는 나 대신 하나님이 싸워 주신다는 약속을 받는 의식으로 그 결과는 필승이다.

> 다윗이 또 하나님께 묻자온대 하나님이 이르시되 마주 올라가지 말고 그들 뒤로 돌아 뽕나무 수풀 맞은편에서 그들을 기습하되 뽕나무 꼭대기에서 걸음 걷는 소리가 들리거든 곧 나가서 싸우라 너보다 하나님이 앞서 나아가서 블레셋 사람들의 군대를 치리라 하신지라 (대상 14:14-15)

◎ 오늘의 묵상

Q 당신은 직장에서 갑질을 당하면 어떻게 대응하는가?

Q 직장에서 허풍을 떤 적이 있는가?

Q 일터에서 어려울 때 하나님께 기도하여 승리한 경험이 있는가?

15. '막내'라는 시선과 열정

　필자는 형제가 많은 집의 막내로 태어났다. 5남 3녀 집안의 8번째다. 부모님 모두 이미 돌아가셨는데 계산해 보니 어머님이 42세에 나를 낳으신 것 같다. 지금도 그렇지만 당시에는 아마도 엄청난 노산으로 힘드셨을 것으로 짐작된다. 언젠가 어머님이 내게 말씀하셨다. 너를 낳지 않으려고 약을 먹었는데 네가 나왔다고. 웃픈 이야기인데 그래도 기분이 나쁘지 않았다. 어머님이 생전에 보여주신 사랑 때문이 아니였을까? 대학 입학(전기)에 실패했을 때 아버지는 재수하겠다는 나를 단호하게 막으셨다. 당신이 살아생전에 너(막내)에 대한 교육을 반드시 마무리해야 한다고 입버릇처럼 자주 말씀하셨다. 시골(농사)의 힘든 경제적 여건에도 불구하고 나를 대학까지 가르쳐 빨리 짐을 내려놓고 싶었던 것이 느껴졌다. 내가 대학에 들어갈 때 아버지는 67세였기 때문이다. 어머님도 내가 대학에 다닐 때 구멍 난 양말을 버리지 않고 집에 모아 두셨다고 한다. 바느질로 꿰매 내가 만약에 취업에 실패하고 어렵게 살면 주시려고 했다고 나중에 고백하셨다.

　누나들도 나에게 잘해주었다. 어린 동생이 잘 성장하라고 격려하고 칭찬도 많이 해주었다. 나름 열심히 공부하고 회사 생활도 잘했다고 생각하는데 막냇동생은 항상 좀 부족하다고 생각한 것은 아닐까? 나이가 많으신 부모님이 막내아들을 지나치게 걱정한 것처럼 말이다. 한술 더 떠 바로 위 누나는 필자의 아내를 만날 때마다 "동생하고 잘 살아줘서 고맙다"라고 자주 말한다. 내가 스스로 평가하기에는 일등 남편인데 좀 모자란 동생 취급하니 가끔 섭섭하기도 하였다.

그러다 보니 '막내'라는 위치와 그에 걸맞은 대우가 항상 불만이었다. 더 열심히 잘 살아야 한다는 의무감을 넘어 강박관념으로 다가왔다. 현재 수준에 머물러 있으면 안 된다는 동기부여로 작용하기도 하였다. 그래서 회사에서도 공부도 조금 더하고 운동도 더 했다. 회사에서 일하면서 공부해 학위도 받고, 업무에 필요한 교육과 어학에 다른 사람보다 서너 배나 많은 시간을 투입하였다. 특히 영어와 일본어에 이어 중국어도 공부하여 중국에 7년이나 머무는 행운도 얻었다. 승진도 빨리하여 좋은 자리도 누렸다.

회사 생활을 하면서 좋아했던 단어가 끈질김, 열정, 절박함 등이었다. 2025년 연초부터 주일을 제외하고 하루도 빼놓지 않고 실천하고 있는 운동이 있다. 항상 운동을 소홀히 하지 않았지만, 약한 체력을 보충하고 복부 비만을 제거하기 위해 운동 강도를 조금 더 높였다. 매일 아침마다 집 근처 구청이 운영하는 문화회관에서 5-6km씩 뛰고 있다. 시간을 아끼기 위해 30분 전후 완주를 목표로 스피드도 이전보다 높였다. 1주일에 마라톤 풀코스를 한번 완주한다는 생각으로 실천하고 있다. 무엇보다도 'Strong Body, Strong Spirituality'(강한 신체, 강한 영성)을 위한 고육지책이었다. 35년간의 직장 근무를 마무리하고 이제는 학교 강의 등 들쭉날쭉한 스케줄로 나태하기 충분했고 영적으로도 늘어짐이 확연하였다. 그래서 스스로 다그치고자 달리기를 시작한 것이다.

열정은 마음에 하나님을 담는 것

열정을 가리키는 영어 단어에서 일터에 대한 놀라운 해답을 찾을 수 있다. 영어 단어 'Enthusiasm'(열정, 헬라어로 ἐνθουσιασμός)은 고대 그리스어(헬라어)를 기반으로 탄생하였다. en(ἐν)은 '~안에'(in)라는 뜻이고 theos(θεός)는 '신'(god)이라는 뜻이다. 결국 열정이라는 말은 문자 그대로 '하나님 안에 있다'라는 말이다. 즉 '내가 하나님 안에 있다'라는 뜻이 된다. 우리가 일을 하고 인생을 살면서 진정으로 고민해서 답을 얻는 과정은 하나님 안에 있을 때 의미가 있다. 이를 더 요약하면 진짜 열정은 '참진리'를 얻는 과정임을 말해 준다.

출애굽기(1장)에 등장하는 산파가 자기 목숨을 내놓고 왕에게 거짓말을 하는 것은 하나님을 경외하는 마음, 아니 하나님을 그의 마음에 두고 있었기에 가능한 결과이다. 열정이 있으면 마음을 떠나 물리적으로도 행동이 달라진다. 믿음의 조상인 아브라함이 갈대아 우르를 떠나 하란을 거쳐 가나안과 애굽까지 이동한 거리는 2,100-2,200km(직선거리가 아닌 실제 이동로 기준)로 추정된다. 갈대아 우르에서 하란까지가 약 1천km이고 하란에서 헤브론 등 가나안까지는 800km다. 여기에다 가나안에서 나일강 동쪽인 애굽까지는 400km에 육박한다. 당시에 차가 있었던 것도 아니고 오롯이 동물이나 자신의 다리에 의존해야 했을 것이다. 더욱이 양과 같은 가축을 몰고 가야 하고 여자와 어린아이도 동반해야 했으며 산적과 같은 각종 위험은 너무나 당연했을 것이다. 아브라함의 마음속에 하나님이 없었다면 진정 불가능했을 것이다. 다시 말해 아브라함 자신은 물론 가족의 목숨을 걸고 하나님의 지상명령을 이행한 셈이다.

스토리가 비슷하지만, 이방인의 움직임이 하나 있다. 성경(마태복음 2장)에 동방 박사 이야기가 나온다. 아마도 바벨론(이라크)이나 페르시아(이란)에서 온 점성술사로 추정된다. 별을 보고 미래를 예측하는 그들이 바벨론 기준으로 베들레헴까지 왔다면 총 1,000km에 달하고 페르시아에서 출발했다면 최대 1,500km에 달한다. 하나님을 마음에 넣기 위해 열정을 가진 그들은 하나님을 직접 대면하는 영광을 누렸다. 반면 동일한 시대에 헤롯 대왕과 서기관은 하나님에 대한 지식에도 불구하고 하나님이 그들 마음속에 없었기에 만나지 못했다. 오늘 어떤 일을 하든 하나님을 마음속에 둘 때 그 일터는 희망으로, 기쁨으로 가득찰 것이다. 내가 그 주인공이고 싶다.

> 왕이 모든 대제사장과 백성의 서기관들을 모아 그리스도가 어디서 나겠느냐 물으니
> 이르되 유대 베들레헴이오니 이는 선지자로 이렇게 기록된 바
> 또 유대 땅 베들레헴아 너는 유대 고을 중에서 가장 작지 아니하도다 네게서 한 다스리는 자가 나와서 내 백성 이스라엘의 목자가 되리라 하였음이니이다(마 2:4-6)

우리는 일터에서 열정을 갖고 살아야 한다. 우리를 창조하신 하나님이 열정을 갖고 우리를 창조했기 때문이다. 십자가의 피를 통해 예수 그리스도는 일반적인 열정을 뛰어넘는 극치의 열정으로 우리를 죄에서 구원했다. 여기서 빼먹지 않아야 하는 큰 원칙이 있다. 별을 보고 동방박사가 움직이듯이 우리는 성령의 인도하심을 따라 삶의 방향을 잡아야 그 열정이 의미가 있다.

◎ 오늘의 묵상

Q 당신에게는 하나님으로 인한 열정이 있는가?

Q 그 열정을 일터에서 발휘하고 있는가?

Q '십자가=열정'이라는 예수 그리스도의 사역 방식에 동의하는가?

16. 일터 메모는 내 성장의 마중물

회사에서 가장 환영받는 사람은 아이디어가 많은 사람이다. 아이디어에 대해 이전에는 약간의 꼼수라고 생각했는데, 이제는 아이디어가 회사를 살리고 개인적으로는 능력자를 넘어 영웅으로 변신하는 디딤돌이라고 생각한다. 중국 주재 근무 시에 실제로 들은 사례다. 한국 기업들이 많이 진출해 있던 칭다오 시에 건설공사 입찰이 나왔다. 바다를 일정 부분 메꾸는 간척사업이었다. 모두가 예상한 가격의 절반 정도를 써낸 기업에 공사가 낙찰되었다. 모두가 그 기업을 비웃었다. 출혈수주를 통해 엄청난 손해를 떠안을 것으로 생각하였기 때문이다. 그러나 그 기업은 속으로 콧노래를 부르고 있었다. 한 직원의 기발한 아이디어 덕분이었다. 그 직원은 회사 내 다른 부서가 6개월 전에 수주한 건설공사에서 산을 깎으면서 엄청난 흙이 나오는데 이를 도심 밖 먼 곳에 운반해 버리는 문제로 고민하고 있다는 것을 듣고 업무 일지에 기록했다. 그런데 우연히 일지를 뒤적이다가 건설공사에 발생한 흙을 이번에 낙찰받은 공사의 간척사업에 연계해 두 가지 어려움을 한 번에 해결한 것이다. 거리도 멀지 않아 일석이조의 획기적인 아이디어였다.

얼마 전 숭실대에서 채플 멘토를 섬기고 있을 때 게리 채프먼 박사의 '5가지 사랑의 언어'에 대해 듣게 되었다. 각자 30개의 질문을 통해 스스로 어떤 유형인지 재미있게 검사를 하고 의견을 교환했다. 필자는 '인정'을 좋아했고, 상당수 참가 학생은 '신체접촉과 선물'을 중시하는 유형이었다. 집이나 교회에서 이를 활용하고 싶어 메모를 했는데 그날 저녁 집에서 메모를 보면서 깜짝 놀랄 새로운 아이디어가 생각났다. 원래 나 자신을 알기 위해 '사랑의 언어'를 검사했는데 내가 친해지고 싶은 사람에게 적용해 그들의 성격을 알아낸다면 관계 증진의 보석을 캔 것과 같다고 생각하였다. 관계가 소원한 부모님이나 친구가 있다면 이를 활용해 그들의 성격 타입을 알고 그 방법으로 접촉하면 너무 좋을 것 같다는 생각이 들었다. 어떤 것에 예민하게 반응하는지 알면 그다음은 너무 쉽게 관계를 돈독하게 만들 수 있기 때문이다. 더 나아가 전도 대상자에게 접근하고 하나님의 사랑을 전하는 매개로 사용하면 금상첨화라는 생각에 도달해 심장이 뛰었다.

메모는 무에서 유를 만드는 반전의 보고

인간의 뇌는 기억장치다. 그러나 기본적으로 한계가 있다. 그래서 별도의 기억장치가 필요하다. 그것이 바로 메모다. 메모를 많이 하는 사람은 당연히 아이디어가 많다. 그래서 회사에서 능력자로 통한다. 하나의 생각이나 정보를 메모하면 자연히 또 다른 정보와 연결되고 새로운 생각을 낳게 된다. 필자도 메모광에 가까워 항상 책상이 지저분하였다. 우선, 해야 할 일을 메모하여, 시의성 있게 일을 처리하는 능력자이자 절대로 한번 이야기하는 것은 건너뛰지 않는다는 신뢰를 덤으로 얻었다. 사무실은 물론 차량과 집에도 메모지를 놓아두어 언제 어디서든지 메모할 준비를 하였다. 또한 전철이나 버스 등 대중교통은 물론 직접 운전할 때도 시공을 초월해 샘솟는 아이디어를 메모하고 있다.

특히 잠들기 전 침대는 더없이 좋은 아이디어 산실이다. 편안한 마음으로 하루에 어려웠던 것들을 정리하는 습관은 1-2시간 동안 메모의 나라로 안내하는 광란(?)의 시간으로 연결되어 수면을 방해하기도 하였다. 그래도 좋은 아이디어를 기록하면 너무 기분이 좋다. 단순한 생각 전환을 통해 무에서 유가 나오기 때문이다. 가끔 메모하지 않았다가 새까맣게 잊어 후회한 사례도 적지 않아 지금도 메모에 더 매달리고 있다. 확실한 것은 기록하는 습관이 새로운 아이디어를 양산하는 자양분 역할을 한다는 사실이다. 잘 나오던 샘물도 계속 퍼주지 않으면 말라 버리는 것과 같은 이치다.

성경이라는 귀한 자산도 기록이라는 과정을 통해 양산된 결과물이다. 물론 인간의 생각이 아니라 하나님의 감동으로 된 것이지만 기록이라는 인간의 행동을 통해 우리에게 복음이 전해지고 있다. 통상 적게는 35명이고 많게는 40명 정도에 달하는 신구약 저자의 기록이 시공을 뛰어넘어 진정 생명을 살리고 있다. 1,500년에 걸친 다양한 기록이라는 점에서 더욱 값지다. 만약 성경이 기록되지 않았다면, 아직도 구전으로 그것이 전해지고 있다면 얼마나 많은 혼란이 있었을까? 상상하기도 싫다.

기록은 역사의 뼈대다. 후대에 물려줄 최고의 자산이 된다. 특히 교훈이 되는 실패 사례는 절대로 돈을 주고 살 수 없을 정도로 값지다. 조선왕조실록은 가감 없이 기록되어 왕들의 일탈을 상당 부분 막았다는 것이 상식이다. 성경에서도 비슷한 교훈을 찾을 수 있다. 왕이 죽을 때 반복되는 구절이 있기 때문이다. 열왕기서 상·하를 읽다 보면 "○○○의 남은 사적과 행한 모든 일과 업적은 이스라엘 왕 역대지략에 기록되었다"라는 대목이 수없이 반복된다. 열왕기에만 '이스라엘 왕 역대지략'을 개역개정 버전으로 검색하면 18번이 나온다. 그 후에는 조상들과 함께 자매 새로운 왕으로 누가 등극했다고 말하고 왕으로 다스린 햇수가 얼마라고 장황하게 기록하고 있다. 이렇게 반복해서 기록할 필요가 있었을까? 그런데 기록 덕분에 역사가 잊혀지지 않았고 후대 왕이나 고관들은 동일한 실패를 반복하지 않기 위해 나름 노력했을 것이다. 그래도 실패를 반복하고 또 반복하는 것이 어리석은 인간이지만….

필자가 되돌아보니 그동안 12권의 책을 내었다. 많다면 많고 적다면 적다. 그런데 특별히 재정적으로 도움이 되지 않음에도, 기록하다 지치면서도 다시 일어나 글을 쓰는 이유는 간단하다. 지식은 글로 정리해야만 내 것이 되기 때문이다. 글로 정리되지 않으면 소음이고 정리되어야 음악이 된다. 신문기자들이 이구동성으로 하는 말이 있다. 아이디어를 갖고 기사를 쓰는 것 같지만, 쓰다 보면 아이디어가 많이 떠오른다고 말한다. 꽃이 지면 열매를 맺는 과정이 반복되듯이…. 기록하는 순간이 스트레스가 아니라 행복인 이유도 기록이 나를 키우고 있기 때문이다.

> 예후의 남은 사적과 행한 모든 일과 업적은 이스라엘 왕 역대지략에 기록되지 아니하였느냐
> 예후가 그의 조상들과 함께 자매 사마리아에 장사되고 그의 아들 여호아하스가 그를 대신하여 왕이 되니라 (왕하 10:34-35)

◎ 오늘의 묵상

Q 당신은 메모를 위해 어떤 준비를 하고 있는가?

Q 메모하면 아이디어가 샘솟는다는 데 동의하는가?

Q 내가 메모하지만, 메모가 나를 키운다는 문구를 묵상해 보자.

17. 마지막 1%가 99%를 결정

　회사에서 제일 힘든 것은 거의 모든 일에 성패가 있다는 점이다. 내부 경쟁에서도 승진자가 있으면 더 많은 사람의 승진 탈락자가 있다. 사업도 비슷해서 어떤 일은 계속하고 다른 일은 중단해야 한다. 그러면 그 부서는 흩어지거나 극단적으로 다른 회사를 찾아봐야 한다. 연말이면 평가를 받기 위해 그동안의 성과를 다른 직원들 앞에서 선전해야 한다. 100개 팀이 있으면 순위가 매겨진다. 적당함으로 포장한 공동 1등은 찾기 힘들다. 외부로 눈을 돌려도 비슷한 현상이 나타난다. 경쟁이 더욱 치열하고 성패에 따른 명암이 더욱 극명하게 차이가 난다.

　회사 간 경쟁의 대표적인 사례는 입찰이다. 수없이 진행되는 입찰은 자본주의의 꽃이라고 생각한다. 치열한 눈치 작전 통해 낮은 가격을 써내야 한다. 요즘에는 전자입찰이 대부분이어서 외관상 눈치 작전은 없지만, 많은 고민 후에 가격을 써낸다는 점에서는 이전과 다를 게 없다. 사실 최저가 입찰보다 더 힘든 경쟁은 프리젠테이션을 통한 정성평가다. 다듬고 다듬어 수요자 구미에 맞는 콘텐츠를 마련해야 하기 때문이다. 밤을 지새우는 것은 보통이고 외부 전문가를 동원하여 멋있는 미사여구로 덧칠한다. 많은 시간과 돈을 투입하고도 떨어지면 그야말로 낙동강 오리알이다. 엄청난 비용이나 시간을 보상받는 방법이 거의 전무하기 때문이다. 수백 페이지 보고서를 냈지만, 종잇값도 돌려받지 못하는 경우가 허다하다.

　매일매일 숨 가쁘게 돌아가는 내·외부 경쟁 속에서 하나의 포인트가 있다. 마지막 절박함이 성패를 나눈다는 점이다. 이를 흔히 1%

의 힘이라고 말한다. 물은 99도에서 끓지 않는다. 뜨거운 물이 될 수는 있지만, 50도에서 99도까지는 끓지 않는 물이라는 점에서 차이가 없다. 1도의 차이지만 그 성격이 완전히 다른 물질이다. 이를 반영하여 일을 처리할 때 마지막 1%가 모든 것을 결정한다고 선배들로부터 귀가 따갑게 잔소리를 들었다. 너무 심한 것 아니냐고 불평을 하기도 했지만, 회사에서 연차가 쌓이면서 어느 날 내가 더 강조하고 있다는 사실을 알고 깜짝 놀란 적이 있다. 보고서 한 줄과 한 단어가 아니라 한 글자를 놓고 서너 시간을 씨름하기도 한다. 더욱이 좋은 보고서를 작성하고도 오탈자 한두 개가 커다란 흠결로 남아 평가를 180도 다르게 만든 사례도 적지 않다.

99도 물은 안 끓는 물, 1도가 더 필요

농사를 짓는다고 생각해 보라. 잘 가꾸어 먹음직스러운 과실을 만들었는데 갑자기 병충해가 번지거나 태풍이 몰려오면 그전의 노력이 수포로 돌아간다. 필자는 어릴 때 복숭아나무를 키웠는데 수확을 앞두고 갑자기 돌풍이 불어 눈물을 흘리면서 상품 가치가 없는 낙과를 주워야 했던 경험이 있다. 수확 하루 전만 해도 멀쩡했던 곡식이 병충해로 인해 쭉정이로 변한 사례도 있다. 소를 키웠는데 잠시 방심한 사이에 새끼를 낳다가 어미 소와 새끼 모두 잃은 적도 있다. 유명한 피아니스트 임윤찬은 타고난 천재성에도 불구하고 두 마디 연습에 7시간을 투입하기도 한다는 기사를 읽은 적이 있다. 능숙한 손놀림을 넘어 마음으로 감동이 밀려와야 다음 파트 연습으로 넘어간다고 한다.

세상의 모든 일은 마지막 1%가 앞의 99%에 대한 성패를 결정한다. 그래서 '절박함'이라는 표현은 마지막 1%에 대한 고민이라고 생각한다. 스스로 경력이 쌓이고 자리가 높아지면서 느낀 점은 마지막 1%가 모든 것을 결정한다는 신념 아닌 신념이다. 대표적인 사례로 버스를 타러 달려가다가 마지막 순간에 방심하여 버스를 놓친 경우가 있다. 미리 역에 도착했지만 깜박한 사이에 기차를 놓치기도 한다. 결국 마지막 1%가 앞의 99%를 의미 없게 만든 셈이다.

이런 관점에서 하나님의 인간 창조는 신비를 넘어 극단의 경이로움이다. 창세기 1장 26절은 "우리의 형상을 따라 우리의 모양대로 우리가 사람을 만들고"라고 인간 창조 과정을 언급하고 있다. 그런데 오늘날 최고의 기술과 과학을 동원해도 인간을 만들기는커녕 인체의 정교한 시스템도 완전하게 분석하지 못하고 있다. 주일학교에서 찰흙으로 인간을 만드는 실습을 하지만, 모두가 두리뭉실하게 외형만 흉내 낼 뿐이다. 인간을 만들고 "심히 좋았더라"라는 대목과 출애굽기 20장과 신명기 5장에 나오는 "힘껏 일하고"라는 구절을 보면 전능하신 하나님도 절박함으로 인간을 만들었음을 유추할 수 있다.

하나님이 인간을 창조할 때 99%까지는 전력을 다하다가 마지막 1%에서 대충 했다면 인간은 어떻게 살아가고 있었을까? 가끔 하는 쓸데없는 상상이지만, 끔찍함의 극치로 인해 생각하기도 싫다. 그러니 하나님의 형상으로 만들어진 우리가 마무리에 신경 쓰는 것은 어쩌면 본능에 가까운 일이자 의무이다. 우리의 삶도 마지막 순간에 포커스가 맞추어져 있다. 오늘도 내일도 모든 행동과 결과물이 심판의 그 순간을 위해 있다. 누구에게나 주어지는 심판의 순간에 앞의 모든 인생이 결정되는 그런 삶이 우리의 여정이다. 결과의 차이가 끔찍하니 오늘도 정신을 바짝 차려야 한다.

엿새 동안은 힘써 네 모든 일을 행할 것이나
일곱째 날은 네 하나님 여호와의 안식일인즉 너나 네 아들이나
네 딸이나 네 남종이나 네 여종이나 네 소나 네 나귀나 네 모든 가
축이나 네 문 안에 유하는 객이라도 아무 일도 하지 못하게 하고
네 남종이나 네 여종에게 너 같이 안식하게 할지니라(신 5:13-14)
모든 민족을 그 앞에 모으고 각각 구분하기를 목자가 양과 염소
를 구분하는 것같이 하여
양은 그 오른편에 염소는 왼편에 두리라(마 25:32-33)
한 번 죽는 것은 사람에게 정해진 것이요 그 후에는 심판이 있으
리니(히 9:27)

◎ 오늘의 묵상

Q 당신은 일터에서 마무리에 신경을 쓰는 편인가?

Q 창조사역과 관련하여 하나님도 마무리에 전력을 다했다는 데 동의하는가?

Q 일터에서 마무리는 어떠해야 할까? 당신이라면 오탈자가 있는 아주 좋은 내용의 보고서를 어떻게 평가하겠는가?

IV.

즐겁게 일하기와
손해 보기

1. 행복과 실력, 고생을 통해 온다!

일과 행복은 도대체 어떤 관계일까? 경제적인 연관성이 먼저 떠오르지만, 철학자 김형석 교수의 TV 인터뷰를 통해 의미심장한 이야기를 들었다. 삶이란 일하는 것이며, 일을 통해 다른 사람에게 도움을 줄 때 비로소 의미가 있다고 한다. 특히 그는 행복이란 사랑을 주고받는 것이며, 이 과정에서 고생이 있지만, 그 고생이 없다면 열매 없는 삶과 같다고 단정하였다. 이를 요약하면 나에게 고생이 좀 따르더라도 다른 사람의 행복을 위해 일을 통해 도와야 한다는 일터소명론과 완벽하게 일치한다.

직장인 성도에게 제일 먼저 필요한 것은 일을 통해 다른 사람을 행복하게 해주어야 한다는 것이다. 화가와 연주가에게 가장 중요한 것은 찾아온 관객들이 그들의 작품을 보고 들을 때 기쁨이 넘쳐야 한다는 점이다. 관객이 행복해한다면 작품을 만들기 위해 뼈를 깎듯이 매진했던 고통의 기억은 순식간에 날아갈 것이다. 더 나아가 기꺼이 또다시 심혈을 기울여 작품을 만들기에 몰두하게 된다. 고통의 순간을 다시 초대하는 것이지만, 이것은 관객의 기쁨에 머물지 않고 자신의 기쁨으로 돌아온다. 새로운 작품으로 관객이 행복할 것이라는 상상을 하면서 행복하게 작품 만들기에 몰두하기 때문이다. 더불어 이 과정에서 자연스럽게 자신의 실력이 쌓이고 또 쌓여 타의 추종을 불허하게 만든다.

일에 대해 가장 잘못된 생각은 힘들이지 않고 기쁨을 누리려고 하는 것이다. 그런데 곰곰이 생각해 봐야 한다. 체육관에서 땀을 흘리지 않으면(힘든 시간이 없이) 운동을 제대로 했다고 말할 수 없을 것이다. 근육이 그만큼 단련되지 않았기 때문이다. 내가 하는 일이 가치 있게 되는 것은 나의 기쁨을 넘어서 누군가에게 가치가 있고 도움이 되기 때문이다. 옆의 동료에게 도움이 되는 것은 단기적으로 나에게 고통이나 불이익일 가능성도 있다. 그러나 김형석 교수의 시각으로 보면 그것이 있어야 제대로 일하는 것이다. 다른 사람(국가나 사회 포함)의 행복을 위한 고생이 가장 의미 있다고 김 교수는 말한다. 결국에는 그것이 삶의 진실된 열매라고 강조한다.

크리스천들은 일할 때 사람을 보고 일하지 않는다가 전제 조건이다. 높은 급여와 상사의 칭찬을 넘어 '하나님을 하나님답게'라는 것이 일하는 목적이다. 적지 않은 기간 동안에 회사 생활을 하면서 존경받는 상사가 하나둘 있기 마련이다. 필자도 자세하게 일을 가르쳐 준 실력 있는 상사가 있었다. 그중 한 분이 50대에 유명을 달리해 아쉬움이 매우 컸다. 임종을 앞두고 여러 경로로 말씀을 전하고 주일에 교회로 모셔서 그 은혜를 갚으려고 노력했다. 그 선배와 함께 일하는 순간에는 오랜 시간 일을 해도 힘들지 않았다. 반면에 일에 대한 성과를 가로채기 좋아하던 선배들과 일할 때는 무척 힘들었다. 그런데 성도로 거듭나면서 나중에 알게 되었다. 일할 때 하나님도 옆에 있다고 생각하니 같이 일하는 사람이 누구냐를 넘어 일하는 것만으로도 엄청난 영광이었다. 경이로움으로 가득 차서 감히 쳐다볼 수도 없는 분과 같이 일한다는 것은 특권이요, 기쁨 그 자체이다. 그러니 일을 할 때 상사나 동료를 너무 의식할 필요가 없다. 이 글을 쓰는 순간에도 하나님이 함께하니 기쁘고 즐겁다.

나의 CEO는 하나님

이쯤 되면 하나의 의문이 떠오른다. 너무 손해 보는 것 아닌가?

회사에서 소위 호구로 나날을 보내는 것은 아닌가? 이를 헤쳐나가는 데 두 가지 마음이면 충분하다. 먼저, 나의 고생은 남을 돕는 최고의 방법이자 나의 경력을 화려하게 하는 불쏘시개임을 알아야 한다.

에이브러햄 링컨은 미국 역사상 위대한 대통령 중 한 명이지만, 내세울 경력이 별로 없다. 아니 실패의 연속이었다. 북서부 변방에서 태어난 그는 어릴 때 집안이 가난하여 정식 교육을 거의 받지 못했다. 독학으로 모든 것을 해결했다고 해도 과언이 아니다. 비즈니스에도 뛰어들었지만, 성공은 고사하고 큰 빚만 떠안았다. 일리노이주 의회 선거를 포함하여 4번이나 선거에서 고배를 마신 경력을 갖고 있다. 어머니는 34세에, 그의 누이는 21세에 너무나 일찍 링컨의 곁을 떠났다. 설상가상으로 사랑하는 첫 번째 아내도 먼저 떠나보내야 했을 뿐만 아니라 자녀마저도 3명이나 어린 나이에 저세상으로 보내야 했다. 남북전쟁에서 노예제 폐지를 위해 싸워야 했지만, 훗날 암살당하는 불운으로 생을 마친 것도 노예제와 관련되어 있다. 모든 사람의 화해와 사랑을 위해 노력했지만, 미국 역사상 임기 중에 암살된 최초의 대통령이라는 불운이 계속 그를 따라다녔다. 미국인들은 예수 그리스도가 십자가에 못 박힌 성금요일에 링컨이 암살되었다는 점도 예사롭지 않다고 평가한다. 어쩌면 그의 경력은 실패의 연속이지만, 하나님의 시각에서는 전혀 다른 결정이었을 가능성이 매우 높다고 본다.

둘째로 '나는 회사에서도 크리스천입니다'라는 고백이다. '나의 CEO는 하나님이시다. 본래 쳐다보기도 힘든 존재인데 그는 나를 동역자로 봐주신다.' 이런 마음가짐이 필자를 일터에서 승리자로 만드는 밑거름이다. 그러니 인간인 동료에게 손해 보는 것은 중요하지 않다. 아니 일을 열심히 하는데 호구로 취급당하고 있다면 하나님 자녀로 잘 살고 있다는 증거다. 돌려 이야기하지 말자. 내가 매일 고백하는 주기도문에 그 해답이 있다. 내가 먼저 다른 사람을 용서하고 하나님 앞에 나가겠다고 말하고 있음을 알아야 한다. 그러니 먼저 내 파이를 챙기면 주기도문을 말로만 암기한 것이다.

> 우리가 우리에게 죄 지은 자를 사하여 준 것같이 우리 죄를 사하여 주시옵고(마 6:12).

◎ 오늘의 묵상

Q 고생을 통해 실력이 늘고 행복할 수 있다는 데 동의하는가?

Q 회사에서 "나는 크리스천입니다"라는 고백이 있는가?

Q 일터에서 당신의 CEO는 하나님인가?

2. 오늘 가장 필요한 용서, 나로부터

"동희야, 내 말을 잘 들어봐라. 내가 무엇 때문에 5년 동안이나 너희들을 고생시켜 가면서 감옥 생활을 견디어 냈겠니? 하나님 계명을 지키기 위함이 아니었겠느냐. 그런데 그 학생이 안 잡혔다면 또 모르되 일단 잡힌 이상 모른 척할 수가 없구나. 제1계명과 제2계명이 하나님 명령이라면 원수를 사랑하라는 명령도 똑같은 하나님 명령인데 내 어찌 어떤 명령은 순종하면서 이 명령은 순종치 않겠단 말이냐"(유정모 교수의 한국 교회사 강의자료 중에서).

손양원 목사가 자신의 아들을 죽인 안재선을 용서할 수밖에 없는 것은 나의 선함이 아니라 하나님의 명령이라고 고백하는 내용이다. 일제 강점기에 신사참배라는 우상숭배를 거부한 죄 아닌 죄로 5년 형을 살고 나온 손 목사에게 '원수를 사랑하라'라는 명령에 따라 아들을 죽인 자를 용서하는 것은 우상숭배를 거부하는 것과 같은 이치였다. 이 점은 하나님을 믿는 우리에게 잔잔하면서 폭탄과 같은 폭발력으로 강렬하게 전해진다. 그런데 '사랑의 원자탄'이라는 귀한 평가와 달리 원수 사랑에 대한 구절은 우리도 너무 흔하게 들었던 명령이다. 사랑이 동사라고 말하듯 용서도 동사다. 용서도 사랑처럼 입으로 백 번 외쳐도 생명력이 없고 그것을 실천해야 살아 움직인다. 그런데 거창한 논리가 아니다. 조금 더 하나님 시각에서 서보는 것이다.

> 나는 너희에게 이르노니 너희 원수를 사랑하며 너희를 박해하는 자를 위하여 기도하라

> 이같이 한즉 하늘에 계신 너희 아버지의 아들이 되리니 이는 하나님이 그 해를 악인과 선인에게 비추시며 비를 의로운 자와 불의한 자에게 내려주심이라 (마 5:44-45)

오늘날 한국 사회에 가장 필요한 것은 무엇일까? 성경이 처음부터 끝까지 우리에게 요구하는 내용은 무엇일까? 두 가지 질문에 대한 답은 모두 '용서'라고 생각한다. 흔히 성도의 두 가지 의무를 하나님 사랑과 이웃 사랑이라고 요약한다. 이를 더 요약하면 역시 한 단어 '용서'로 귀결된다고 생각한다. 나와 사회에 잘못한 사람을 조금이라도 용서하지 않고 어떻게 하나님 앞에 나갈 수 있을까? 그러나 대부분의 사람은 용서에 익숙하지 않다. 크리스천이라고 크게 다르지 않다. 그래서 손양원 목사 이야기는 두고두고 우리 인생에 푯대가 되어야 한다. 단순히 이상적인 착함이나 선언이 아니라 오늘 당장 내가 일터에서 실천해야 하는 준비운동이자 본 게임이다. 인생이라는 설계도와 건물에 반드시 필요한 철근과 같은 것이다.

오늘도 시급한 용서하기 실천

왜 우리는 용서에 낯설까? 우선, 상당수는 부모나 사회로부터 그런 교육을 받지 못했다. 성경은 하나님이 사랑으로 우리를 용서했다고 하는데 그런 것은 교회나 성경에서의 이야기로 전락된다. 내 삶과는 관련 없는 '좋은 말'에 머문다. '사랑이 없으면 오늘 나의 몸에 피가 돌지 않는다'라는 비장함으로 스스로 다짐하고 자녀와 사회에 함께 실천하자고 촉구해야 한다. 둘째로, 용서하면서 조건을 붙이면 안 된다. 용서하면 깨끗하게 그것으로 마무리해야 한다. 용서받은 자의 태도가 아니라고 하거나 어떤 조건을 내걸고 용서하면 안 된다. 이런 의미에서 고전인 "레미제라블"의 장발장은 시사하는 바가 매우 크다. 촛대를 훔쳐 간 장발장이 그의 잘못을 되돌리는 데 필요했던 명약은 처벌이나 '왜 그랬냐'라는 질책이 아니라 아무런 조건 없는 용서였다.

용서가 왜 필요할까? 좋은 사회를 만들기 위해 필요하다. 혼란에 빠진 대한민국을 진정으로 재건하기 위해서도 필요하다. 그런데 회사 일을 오래 하면서 정작 내가 깨달은 사실은 '내가 나를 위해서 용서해야 한다'라는 점이다. 일터에서 가장 힘들었던 문제는 노사문제다. 테이블에만 마주 앉으면 밥 먹는 시간에도 지옥이었다. 평상시 다정했던 후배가 거의 욕에 가까운 말들을 내뱉기도 했다. 협상을 마치고는 있는 말, 없는 말 다 동원하여 상대를 공격하는 성명서로 다시 서로 공격하였다. 동료나 상사로부터 사소한 내용을 거절당해도 밤새 가상 시나리오를 쓰면서 하얗게 밤을 지새워야 했다. 지금은 차분하게 말과 글로 표현할 수 있지만, 당시에 가족만 없었다면 곧바로 사표를 던졌을 것이다. 심지어 용서하지 못해서 대한민국을 떠나는 어떤 분의 인터뷰를 본 적도 있다. 누가 그들을 탓하겠는가? 용서하지 못하는 사회, 아니 내가 그를 밖으로 내몬 것은 아닐까?

이런 순간에 우리는 장발장이 그를 쫓던 자베르 경감을 용서하게 된다는 것을 되새김질해야 한다. 용서는 선순환한다. 사랑을 받아본 사람만이 사랑할 수 있다고 말한다. 그런데 용서도 마찬가지다. 선순환 고리의 시작과 끝은 '나'라는 사실을 어렵지 않게 알게 된다. 내가 용서하지 않으면 도저히 나의 정상적인 생활이 회복되지 않음도 알게 된다. 그런데 믿는 자는 더욱 그러하다. 엄청난 은혜로 용서를 받았는데 아주 작은 용서로 고민하고 있기 때문이다. 또한 믿는 성도는 매일매일 서로를 형제자매라고 고백하면서 말 따로, 행동 따로이면 되겠는가? 주교가 장발장에게 "이제 증오에서 벗어나게"라고 한 말은 하나님이 내게 한 말이다. 일터를 넘어 대한민국의 미래를 위해 진정으로 필요한, 그래서 내가 실천해야 할 것은 "이제 용서하게"라는 외침의 실천이다.

> 너희는 모든 악독과 노함과 분냄과 떠드는 것과 비방하는 것을 모든 악의와 함께 버리고
> 서로 친절하게 하며 불쌍히 여기며 서로 용서하기를 하나님이 그리스도 안에서 너희를 용서하심과 같이 하라(엡 4:31-32)

◎ 오늘의 묵상

Q 용서가 왜 중요하다고 생각하는가?

Q '용서하지 못하는 대한민국'은 무엇 때문이라고 생각하는가?

Q 용서가 선택이 아닌 의무라는 데 동의하는가?

3. 일터와 가정은 서로에게 헬퍼

오래전부터 이런 논쟁이 있었다. 집이 우선인가 아니면 회사가 우선인가? 우리나라는 장시간 노동이 생활화되어 있는 데다 일과 후에는 회식이 자연스럽게 연결되어 거의 모든 근로자가 양자택일에 내몰렸다. 20년 전만 해도 남자라면 가정보다 직장이 우선이라는 주장이 힘을 얻었다. 돈 벌어 먹는 것이 중요한 시대였기 때문이다. 당장 먹고살기 힘든데 가치 논쟁은 의미가 없었다. 먼저 배를 채워야 한다는 주장에는 이론(異論)이 없었다. 한마디로 가족 부양에 대한 경제적 의무감이 더 무겁게 다가왔기 때문이다.

그런데 어느 순간부터 가정으로 삶의 무게중심이 확 옮겨갔다. 가정이 평안해야 회사 생활도 잘할 수 있고, 직장 생활의 궁극적인 목적도 행복한 가정을 만들기 위한 것이라는 데 사회적 공감대가 형성되었다. 그럼에도 한쪽에서는 여전히 일의 중요성도 줄어들지 않고 있다. 치열한 경쟁 속에서 남보다 앞서 나가기 위해 무엇을 해야 하는지 모두가 머리를 싸매고 고민하고 있다. 특히 잠을 자는 시간을 제외하고는 직장에서 대부분의 시간을 보내는 상황에서, 집 다음이 직장이라는 서열화 논리는 좀 과장된 측면도 있다.

이런 갈지자 행보는 행복한 삶을 위해 직장과 집에 대한 우선순위 설정보다 상호 보완적인 시각으로 접근해야 한다는 생각으로 연결되었다. 소위 일과 가정의 양립을 의미하는 단어(Balance between work and family)가 등장했고 심지어 관련 법도 제정되어 공포되었다. 일과 가정의 양립으로 헷갈리는 가치관이 잘 정리되었을까? 결론부터 말하면 여전히 아니다. 원하는 직장을 찾기 위해 수년간 고민하는 젊은이들이 결코 적지 않기 때문이다. 또한 입사한 후에도 끊임없는 이직을 통해 돈과 꿈을 붙잡으려는 새로운 가치관이 등장해 직장 선택에 대한 고민은 이제 끝없는 인생 투쟁이 되었다. 결국 가정과 직장에 대한 우선순위 설정은 개인의 몫이 되었다.

사람의 본분은 헬퍼(Helper)로 거듭나는 것

중국에서 주재원 생활을 하면서 우연치 않게 한자의 창제 원리가 성경과 밀접하게 관련되어 있다는 것을 알게 되었다. 특히, 한자를 성경의 창세기 내용과 연관시키려는 시도가 많다. 대표적인 것이 船(배 선) 자다. '배에 8명(노아, 그의 아내, 세 아들, 세 며느리)이 타서((舟(배) + 八(여덟) + 口(입))'로 풀이하면 노아의 방주 내용과 결을 같이한다. 또한 禁(금할 금) 자는 에덴동산 숲에서 선악과 따먹는 것을 금했음(示(보일 시) + 林(수풀 림))이 연상되며, 바르고 옳다는 義(옳을 의) 자(羊(양) + 我(나))는 나의 죄로 말미암아 희생당하신 '하나님의 어린 양'이 반영된 것이라는 설명에 감탄이 나왔다.

개인적으로 사람 인(人) 자도 은혜롭게 다가온다. 사람을 만든 목적은 서로 기대라는 의미인데 한 사람이 힘들 때 다른 사람이 밑에서 받쳐주는 모습이기 때문이다. 인간(人間)이라는 단어도 사람이 사람답게 살려면 사람 사이(間)에 있어야 한다는 의미다. 사람은 본질적으로 서로 기대고 옆 사람을 받쳐주라고 태어났으며, 사람 사이에 공동체로 생활하는 것이 창조원리에 맞는다는 것으로 해석하고 싶다. 직장과 가정에서 꼭 필요한 의미가 인(人)에 담겨 있지만, 우리말 성경에서 '배필'로 번역된 말씀에서도 가정에 더 큰 방점이 있다. 인간이 1명일 때에는 필요 없지만, 2명만 되면 서로 돕는 자로 살아야 한다. 그 대표선수가 부부인 셈이다.

여호와 하나님이 이르시되 사람이 혼자 사는 것이 좋지 아니하니 내가 그를 위하여 돕는 배필을 지으리라 하시니라(창 2:18)
Then the Lord God said, "It is not good that the man should be alone; I will make him a helper fit for him(Genesis 2:18, ESV).

배필의 영어 단어가 헬퍼(Helper)라는 점이 놀랍고, 또한 두렵다. 내가 그렇게 살아왔는지 자신이 없기 때문이다. 젊은 후배들과 결혼 상대자에 대해 이야기하는 경우가 많다. 조건이 어떠해야 하는지가 대부분의 주제이다. 필자는 이제 자신 있게 그 기준을 알려준다. 아무런 조건 없이 내가 도와줄 준비가 되었는가? 여기에 'Yes'라는 대답이 주저 없이 나오면 결혼 상대를 제대로 찾은 것이다. 회사와 직장 가운데도 비슷한 논리가 작용한다. 직장과 가정은 서로 도와주는 관계다. 직장은 행복한 가정을 위해 필요하고 가정은 보람찬 직장을 위한 버팀목이다. 일터와 가정은 모두 중요하다. 가정은 행복한 인간 생활을 위해 하나님이 만드신 첫 번째 공동체이고 일은 하나님이 행하신 창조사역의 핵심이다.

◎ 오늘의 묵상

Q 당신은 주위 사람을 떠받쳐 주는 사람인가?

Q 당신이 가정 공동체를 위해 오늘 해야 할 일은 무엇인가?

Q 가정과 직장이 서로 도와주는 관계라는 데 동의하는가?

4. 업무 스트레스를 이기는 방법

CEO가 되면서 자회사와 협력업체 임직원을 합하니 거의 1천 명에 육박하여, 그것만으로도 스트레스가 치솟았다. 한때 코로나19로 코엑스몰에 찾아오는 고객이 현저히 줄어 썰렁함을 느낄 때도 있었다. 반면 임대료를 깎아달라는 아우성은 곳곳에서 들려왔다. 거의 매일 코로나 환자가 발생하면서 사무실이나 쇼핑 공간이 일부 폐쇄되기도 하였다. 또 1,029대나 되는 CCTV를 통해 다양한 범죄자를 색출해 경찰에 인계하였다. 다중시설을 향해 다양한 협박이 난무하면서 경찰 특공대와 같이 경비업무를 서기도 하였다. 하루 24시간 개방된 공간을 안전하게 지켜야 한다는 것은 잠자는 시간도 편안하지 못함을 의미한다. 눈이 많이 오면 비상이 걸려 야간에 출근해야 하고 태풍이 다가오면 아예 퇴근을 못 하고 사무실에서 지새기도 하였다. 특히 강남 지역이 물바다로 변하면서 코엑스몰에도 누수가 발생하여 정상적인 영업을 힘들게 만들고, 물이 새는 모습이 언론에 보도되어 책임자로서 얼굴을 들기 힘든 때도 있었다. 도저히 감당하기 힘든 불가항력이라고 날씨를 탓했지만, 그렇다고 책임이 없어지는 것은 아니다.

더 끔찍한 일은 무역센터에 하루가 멀다 하고 발생하는 사고다. 앰뷸런스 소리만 들려도 경기를 보일 정도로 민감함이 최대치로 올라서기도 하였다. 소리가 나서 밖을 쳐다보는데 안타깝게도 앰뷸런스가 무역센터로 향하는 경우가 적지 않아 곧바로 현장으로 달려가야 했으며, 큰 사고가 아니길 기도하고 기도하였다.

행인이 외부 통로나 계단으로 지나가다가 미끄러져 중대시민재해

(중대재해)로 법적 책임을 져야 할 위험도 있었다. 1차적으로 보험으로 처리하지만, 직원들이 경찰 조사에 끝없이 시달리는 안타까운 일도 있었다. 가장 힘든 일은 소방차가 달려오는 경우인데 여러 차례 경험했다. 대표사례는 트레이드타워 55층에서 불이 난 경우다. 초고층 건물의 특성상 불이 나면 피해가 엄청나게 확대될 수 있다. 다행히 초기에 진화할 수 있어 큰 피해가 발생하지 않았다. 또한 간헐적으로 주차장 천장이 떨어져 수개월을 노심초사해야 했다. 지하층은 최대 3천 대의 자동차를 수용할 정도로 광대하고, 전기차 충전소도 있어 완전한 사전대비는 원천적으로 힘들다. 이밖에 하루 20여 건의 각종 공사가 무역센터에서 진행된다. 이 중에는 위험한 용접 공사도 예외 없이 포함되어 있다.

하루 방문객 13만 명과 상주인구 3만 명이라는 사실만으로도 큰 부담이다. 그래서 처음에는 오전과 오후로 나눠 현장을 순찰하였다. 사전에 사고가 날 요인을 제거하는 게 목적이었지만, 약간의 청소 문제를 해결하는 것 말고는 안전사고 예방에 별로 도움이 되지 않았음을 고백하지 않을 수 없다. 좀 더 철저히 하자는 생각에 주말 근무도 자청하였다. 주말에 고객이 더 많이 오니 주말 당직은 너무 당연하다고 생각했다. 그런데 이런 노력이 얼마나 효과가 있을까? 그 많은 사람과 넓은 면적에 비해 나 한 명은 점에 불과하기 때문이다. 그래서 직원들을 신뢰하고 교육을 강조하는 것으로 안전대책을 전환하였다. 그렇다고 불안한 마음이 줄어들어 스트레스가 없어지는 것은 아니었다. 열심히 운동하는 것으로 스트레스를 풀기도 했지만, 끝나면 다시 반복되었다.

안전문제는 내 일에서 하나님의 일로

1년 쯤 흐른 후에 문득 큰 깨달음에 도달하였다. '아! 내가 할 수 있는 일이 거의 없구나'라고 한탄했다. 동시에 평상시에 하나님을 믿는다고 하면서 가장 중요한 안전 문제는 기도 제목에서 빠져 있음을 알았다. 그것은 사람이 직접 해야 하는 것으로 한정하고 있었다. 내가 조금 부지런하고 내가 한 번 더 살피면 될 줄 알았다. 그러나 갈수록 내 능력이 작음을 알고 하나님께 맡기게 되었다. 대부분의 기도를 무역센터에 안전사고가 없게 해달라는 데 할애하였다. 방문하는 고객에게 피해가 없게 하고 직원들도 안전하게 일할 수 있도록 해 달라고 간구하였다. 결국 스트레스도 크게 줄이고 숙면도 취할 수 있었다. 그러면서 만나는 사람들에게 중보기도를 요청하였다. 무역센터의 안전을 기도 제목에 꼭 넣어 달라고 요청하였다. 안전은 하나님이 책임져 주시고 그 밑에서 내가 열심히 뛰면 된다고 생각하니 일에 재미가 생겼다. 또 현안이 있을 때마다 서너 가지의 대안을 주셔서 다양한 예방책은 물론 사고에 대한 적절한 대응방안을 찾을 수 있었다. 간혹 피해자가 생겨도 원만하게 합의하는 데 다양한 지혜도 얻을 수 있었다.

너무 늦게 터득한 사실이지만 일터의 스트레스는 내 영역이 아니다. 하나님께 올려 드려 해결해 달라고 간구해야 할 분야다. 직원들을 신뢰하고 내 스스로 최선을 다하면서 하나님의 동역자로 서면 된다. 그런데 우리는 대부분 내가 잘 아는 일이니 하나님은 일터에 안 계셔도 된다고 생각한다. 특히 승진해 높은 자리로 가면 해야 할 일이 너무 많다고 말한다. 그러나 정작 직위가 높아질수록 해야 할 몫은 줄어든다는 생각을 해야 한다. 직원들이 잘할 수 있도록 믿어 주고 하나님의 통치가 임할 수 있도록 여건을 만드는 것이 일의 출발이자 마무리이기 때문이다.

　이를 위해 적당한 선에서 직원들에게 큰 폭의 권한 이양을 해야 한다. 신뢰(Trust)하며 일을 맡기고 그들에게 기회(Opportunity)를 주고 능력을 발휘할 때까지 기다리면(Waiting) 일터가 더 잘 돌아가는 경우를 많이 보았다. 팀원으로 있을 때 불안했던 직원에게 책임을 맡기니 날개가 달린 듯 일하는 사례를 여러 번 보았다. 앞의 3개 영어 단어 첫 글자를 따면 TOW(견인하다)가 되듯 권한 이양은 회사 발전의 자양분이다. 결론적으로, 한 명이 아무리 유능해도 모든 것을 다 할 수 없으니 모두가 협력해야 한다. 그럼에도 일터에서 진정한 능력자인 하나님과 함께 일해야 한다.

> 우리는 그의 만드신 바라 그리스도 예수 안에서 선한 일을 위하여 지으심을 받은 자니 이 일은 하나님이 전에 예비하사 우리로 그 가운데서 행하게 하려 하심이니라 (엡 2:10)

◎ 오늘의 묵상

Q 당신은 오늘 누구와 함께 일하는가?

Q 일하면서 왜 스트레스가 발생한다고 생각하는가?

Q 당신이 승진하거나 연차가 쌓일 때 필요한 능력은 무엇인가?

5. 무분별한 불만 표출은 반역

아내와 매일 아침에 성경을 읽는 습관이 있다. 세상에 나가기 전에 서로 말씀으로 무장하려는 의도다. 읽은 후에 느낀 점을 서로 나누면서 스스로 반성도 한다. 60세를 넘겨서도 성숙하지 못한 필자의 모습이 말씀을 통해 자주 투영되어 회개의 길로 들어선다. 만남 가운데 실언을 하거나 오해한 사건은 너무 사소한 것에서 시작된다. 좀 더 잘 들어야 하는데 그렇지 못한 태도를 아내에게 자주 지적당한다. 우리 부부는 사소하지만 남이 지적하기 힘든 내용을 서로 지적해 주는 것에 익숙하다. 설교에 대한 은혜도 나누지만, 잘못한 태도와 습관은 가감 없이 말하는 것을 더 없이 귀하게 생각한다.

어느 날 민수기 11장을 읽다가 이런 사람도 하나님의 사람인가 의심이 들었다. 4절에 갑자기 "이스라엘 자손도 다시 울며 이르되 누가 우리에게 고기를 주어 먹게 하랴"라는 대목이 나온다. 성경에 등장하니 한두 명이 한 말은 아닐 것이다. 문제는 그다음 5절이다. 부추와 파가 없음에 한탄하는 것을 보면서 '하나님은 이런 말을 듣고 어떻게 생각하였을까?'에 이르니 낯이 뜨거워진다. 그들에게 먹을 것이 없었던 것도 아니다. 당시 아주 고소한 과자 맛의 만나가 있었다. 그런데 광야에서 배가 부른 데 만족하지 않고 이제 고기와 야채를 요구하고 있다. 더구나 10절과 13절에서는 "고기를 달라고 백성들이 떼로 운다"라며 모세가 하나님께 하소연하는 장면이 나오면서 약간의 코미디처럼 느껴진다.

우리가 애굽에 있을 때는 값없이 생선과 오이와 참외와 부추와

파와 마늘들을 먹은 것이 생각나거늘

이 모든 백성에게 줄 고기를 내가 어디서 얻으리이까 그들이 나를 향하여 울며 이르되 우리에게 고기를 주어 먹게 하라 하온즉

(민 11:5, 13)

그런데 가만히 보면 이것이 일터에서 우리의 모습이다. 풍족한 것은 누구도 말하지 않는다. 조금 부족하면 금세 불만이 터져 나온다. 파와 마늘을 목소리 높여 외치는 것처럼, 회사에서도 중요하지도 않은 내용에 대해 습관적으로 불만을 토로하는 직원들이 적지 않다. 심지어 본인이 무슨 말을 하고 있는지, 말하기 전에 생각을 하고 한 것인지 궁금할 때도 있다. 내용 중 대부분은 현재를 과거와 비교하거나 또는 우리 회사를 다른 회사와 비교하는 것이다. 과거에 비해 좋아진 점이나 다른 회사에 비해 좋은 점은 언급하지 않으면서 고기를 달라고 떼쓰는 이스라엘 백성과 같이 습관처럼 옆 사람을 선동한다. 대표적인 것이 월급이다. 월급은 누구도 절대액이 많다고 생각하지 않는다. 또 같은 비율로 올리면 하위 직급이 불만이고 하후상박(하위 직급 인상률이 높고 상위 직급은 낮음)이면 윗 직급이 회사 다닐 맛이 안 난다고 말한다.

선하게 말하기 습관을 위해 기도하라

회사에 감사한다거나 만족한다는 말은 거의 없다. 또 높은 임금 인상률이 결정되면 더 많이 인상된 다른 회사와 견준다. 복지제도도 불만의 단골 메뉴다. 필자는 평균 이상의 좋은 회사에 다녔지만, 다른 회사에 있는 것이 없으면 시대에 뒤떨어진 회사로 경영층을 몰아붙이는 직원들도 보았다. 과거에 대해 말하기를 좋아하는 사람을

흔히 꼰대라고 말한다. 불평으로 가득 찬 사람도 낡은 사고에 묻혀 사는 꼰대다. 민수기 16장 13절에는 이상한 내용이 나온다. 고통의 상징이요, 노예 생활의 터전이었던 애굽을 '젖과 꿀이 흐르는 땅'이라고 찬양하는 내용이 그것이다. 반역(불평)하다 보니 과거 사실이 뒤집히는 어처구니 없는 표현이 등장한 것이다. 과거를 불러오기보다는 희망찬 미래를 이야기해야 한다.

또한 일터에서 고쳐야 할 파와 부추 급의 수준 낮은 습관은 남에 대해 말하는 것이다. 남에 대해 말하기를 좋아하는 것은 시공을 뛰어넘는다. 공통점은 '좋은 점은 거의 없고 남을 헐뜯는 것 일색'이라는 점이다. 먼저 자신을 되돌아봐야 한다. 또한 신세대의 요구에도 귀를 열어야 한다. 엉뚱한 주장도 곰곰이 되씹어 보면 대안을 원하는 평범한 요구의 다름이 아니라는 생각에 어렵지 않게 도달한다. 일터에서 자기는 그러하지 못하면서 남은 쉽게 도마에 올려놓고 난도질한다. 소위 배고픈 것은 참을 수 있지만 배 아픈 것은 참지 못하는 습성 때문일 것이다. 나이를 떠나 서로 배려하면서 서로의 역할을 인정하는 모습이 절실해 보인다.

필자가 무심코 깨달은 사소한 잘못이 있었다. 선의의 거짓말이다. 예를 들어 양을 조금 부풀리거나 시간이 아주 오래 지난 것처럼 양념을 첨가하는 습관이다. 좀 재미있고 관심을 끌려는 의도인데 이것도 믿는 사람에게 적합하지 않다는 생각이 들었다. 그래서 말할 때 아주 사소하고 남에게 피해가 없더라도 거짓말을 하지 않는 습관을 오래전부터 가꾸고 있다. 이마저도 피하지 못할 상황이면 아예 말을 하지 않았다. 성경에도 거짓말이 등장한다. 대표적인 부분이 출애굽기 1장 19절로, 산파들이 애굽 왕에게 남자 아기들을 살린 이유를 거짓으로 둘러댄다. 하나님을 경외하면서 거짓말을 해도 되느냐는 의문이 생긴다. 신학대학원 교수로부터 하나님의 구원사역에 도움이 된다면 가능하다는 답을 들어 속이 조금 시원해졌지만, 이것은 아주 예외적인 경우다. 나쁜 습관은 쉽게 생겨나고 전염된다. 근신하고 또 근신해야 하는 이유다. 특히 성숙하게, 또한 선하게 말하는 습관은 아무리 강조해도 지나치지 않다.

> 입과 혀를 지키는 자는 자기의 영혼을 환난에서 보전하느니라(잠 21:23)
> 무릇 더러운 말은 너희 입 밖에도 내지 말고 오직 덕을 세우는 데 소용되는 대로 선한 말을 하여 듣는 자들에게 은혜를 끼치게 하라(엡 4:29)

◎ 오늘의 묵상

Q 스스로 나쁜 말하기 습관을 되돌아본 적이 있는가?

Q 말하는 습관에 대해 남으로부터 지적받은 적이 있는가? 있다면 그 내용과 느낌은 어떠했는가?

Q 최근에 고친 나쁜 말하기 습관은 무엇인가? 아니면 고쳐야 하는 습관은 무엇인가?

6. 믿음과 사랑은 계속 손해 보기

오늘 새벽 말씀으로 야고보서의 믿음에 대해 들었다. 야고보서 관점에서 보면 진정한 믿음은 행동이다. 그러면 행동은 무엇일까? 단순히 실천한다는 것을 넘어서 사랑이라는 생각을 하게 된다. 사랑해야 제대로 실천한 것이다. 야고보서(2:8)는 "이웃 사랑하기를 너 자신과 같이 하라"고 하였다. '자신'이라는 단어를 등장시키는 것은 사랑의 강도가 미지근해서는 안 된다는 말이다. 또한 고아와 과부를 잘 돌보라는 말(1:27)도 결국 그들을 사랑하라는 말과 통한다. 고아에 대한 사랑보다 한 단계 더 수준 높은 것은 일터에서 진짜로 싫어하는 사람을 사랑하는 것이다. 사랑을 더 구체화하면 손해 보기이다. 이것이 일회성이어서는 곤란하다.

그 결정판은 누가복음에 나오는 구절이다. 필자가 직장에서 싫은 사람이 생길 때마다 음미했던 구절이다. 진짜 미운 사람은 시도 때도 없이 나타나는데 그것도 항상 가까운 곳에 있기 마련이다. 직접 업무로 괴롭히는 사람이 있고, 멀리 있으면서도 잘 드러나지 않게 힘들게 하는 사람이 있다. 그중 최고봉은 보복하는 사람이다. 이전 일로 잊고 살았는데 그 당사자는 오해하고 증폭하여 공격적으로 힘들게 한다. 때론 없는 과거도 만들어 내고, 있는 것은 비틀어 왜곡에 왜곡을 더한다. 그야말로 저주하고 다른 사람 앞에서 모욕하는 것이다.

CEO로 있을 때 힘들었던 일 중 하나는 모 회사에서 자기들이 필요하다고 직원을 빼가는 일이었다. 자존심이 상하는 것이고 다른 직원들을 볼 면목도 없어진다. 그런데 예수님은 기도하라고 말씀하신다. 더 나아가 괴롭히는 사람을 축복하라고 말씀하신다. 내가 너를 위해 목숨까지 희생하는 극한의 손해 보기를 했다고 강조하신다. 그리고 하나님은 너도 다른 사람에게 비슷한 일을 했다고 옛 기억을 소환해 주시며 회개와 기도의 자리로 이끄신다.

> 그러나 너희 듣는 자에게 내가 이르노니 너희 원수를 사랑하며 너희를 미워하는 자를 선대하며
> 너희를 저주하는 자를 위하여 축복하며 너희를 모욕하는 자를 위하여 기도하라
> 너의 이 뺨을 치는 자에게 저 뺨도 돌려대며 네 겉옷을 빼앗는 자에게 속옷도 거절하지 말라 (눅 6:27-29)

천국 삶의 시작은 싫은 사람 위해 기도하기

최근 본 신문 기사(《조선일보》 2024년 10월 21일 자) 중 가장 인상적인 것은 성수대교 붕괴로 누나를 먼저 보낸 이상엽 씨 이야기다. 그 어떤 성직자나 유명인보다 예수님이 강조한 믿음을 잘 실천하는 사람이라는 생각을 하게 되었다. 그는 성수대교 참사로 누나를 먼저 보내고 유품을 정리하다가 '내가 일생 동안 하고 싶은 일'이라는 제목이 붙은 누나의 일기장을 우연히 발견하게 된다. 먼저, 전도를 하고 교회를 지으며 장학금 제도를 만든다. 이어 이동도서관을 만들고 한 명 이상 입양한다는 내용도 포함되어 있다. 마지막은 '재활 시설을 포함한 복지 마을을 만든다'였다. 이를 본 가족들은 삶의 목적이 사랑이고 그것을 일찍이 행동에 옮긴 사람이 누나라는 생각을 하며 가족 모두가 대신 소원을 이뤄주기로 마음을 모았다. 한마디로 같이 손해 보기로 한 것이다.

먼저, 보상금으로 장학금을 만들고, 시신은 의대에 기증했으며,

상엽 씨는 누나의 뜻을 이어받아 2명을 입양했다. 장학금을 받은 신학생은 복지 마을을 만들어 사랑의 파도를 이어갔다. 사고 후 30년이 지난 지금 보니 누나의 희망 사항이 가족들을 통해 모두 이뤄지는 기적이 일어났다. 오래전의 악몽과 상처가 천국으로 가는 구름다리가 된 것이다.

이런 생각도 해본다. 허술하게 다리를 지은 사람들을 원망하면서 누나를 앗아간 사회에 저주를 퍼붓는다. 보상금이 너무 적다고 소송하고, 집을 좀 넓히는 데 써도 누가 뭐라고 할 사람이 있었을까? 더 나아가 다음과 같은 말로 하나님께 원망하며 삿대질할 수도 있을 것 같았다. "아니 하나님은 계시나요? 그 착한 누나를 그렇게 빨리, 황망한 방법으로 데려가신 분이 사랑의 하나님 맞으신가요?" 실제로 상엽 씨는 사고 충격으로 잠시 교회를 떠나기도 했고 방황도 많이 했다. 누가 그에게 그러면 안 된다고 말할 수 있을까?

일터에서 싫은 사람을 위해 기도하는 것은 일상이 되어야 한다. 그것이 내가 오늘 당장 천국의 삶을 살기 시작하는 출발점이고 믿음이 믿음 되게 하는 첩경이기 때문이다. 만약 그것을 실천하지 못한다면 나는 아주 작은 이득을 위해 영원한 지옥의 삶을 택한 것이다.

◎ 오늘의 묵상

Q 회사에 진짜 싫은 사람이 있는가?

Q 당신에게 진짜 믿음이 작동하도록 싫은 사람을 내게 보낸 분이 하나님은 아닐까?

Q 당신은 앞으로 갈 곳이 천국이냐, 지옥이냐를 어떻게 선택할 수 있다고 생각하는가?

7. 인생 후반전이 전체 승패를 좌우

우리의 일이 하나님 창조 사역의 연장이라는 의미는 성도라면 언제나 하나님의 동역자가 되어야 한다는 뜻이다. 일의 종류는 다양하니 꼭 돈 버는 일만 떠올려서는 안 된다. 이런 차원에서 은퇴 이후에도 하나님 나라를 위해 무엇인가 해야 한다는 점에서 다른 의견이 없다. 은퇴한 선배들을 보면 크게 두 부류로 나눠진다. 은퇴 후에도 왕성한 활동으로 제2, 제3의 도전에 나선 이들이 대다수지만, 그동안 고생했으니 조용히 쉬겠다는 사람도 적지 않다. 무엇이 좋다고 단정적으로 말하기 쉽지 않으나, 한 가지 확실한 것은 집에서 쉬는 것으로 10년, 20년, 아니 30년을 때울 수 없다는 점이다. 노는 것도 몇 개월만 지나면 지쳐서 힘들다는 말도 들린다.

따라서 은퇴 이후를 반드시 미리 공부하고 준비해야 한다. 특히 은퇴 후에 일할 때보다 더 긴 시간을 보낼 수 있는데 이를 위한 투자나 준비는 아예 없기도 하다. 갑자기 퇴사를 권유받은 경우에는 정신적 공황 상태도 심각할 것이다. 더구나 은퇴는 한 번도 해보지 않은 일이라는데 누구도 예외가 없다.

최근 은퇴한 선배들의 이야기를 종종 듣는데 가장 안타까운 것은 건강이 망가진 경우다. 이유는 잘 모르지만, 직장 다닐 때 학수고대했던 무작정 쉼이 항상 건강에 도움이 되는 것이 아님을 알 수 있다. 더 중요한 것은 대인기피증 등 정신적인 질환이다. 이런 이유로 모 선배가 바깥 활동을 전혀 못 한다는 소식은 모두를 우울하게 만든다.

반면 중국 주재원 시절에 만나 신앙생활을 함께한 모 장로님은 너무 은혜로운 퇴직 생활을 하고 계신다. 이분은 퇴직을 앞두고 사이버대학을 다니면서 한국어 강사 자격증을 획득했다. 이후에 은행을 좀 빨리 퇴직하고 고혈압 등 지병이 있음에도 용기를 내어 캄보디아에서 2년여를 선교사로 일했다. 아주 낙후된 지역이었지만, 해맑은 어린이의 사진들을 볼 때 그곳이 바로 천국이라는 생각을 지울 수 없었다. 가족들은 반대하지만, 또다시 나가는 꿈을 꾸면서 조용히 준비하고 있다. 아마도 그보다 더 행복한 은퇴 생활은 없다고 생각하는 것 같았다. 그곳 생활에 대한 이야기를 할 때마다 입가에 미소가 번졌기 때문이다.

누구에게나 은퇴는 학수고대하던 시간인데 막상 닥치니 진공상태인 경우가 적지 않다. 또 다른 선배는 인생에 대해 불만을 표출하다 보니 갑자기 퇴직할 때가 되었다면서 재미있는 표현을 내뱉는다. "신입직원 때는 회사와 월급이 마음에 안 들었고, 중고참일 때는 사람들에게 시달리는 만원 지하철이 너무 싫었어. 말년에는 원하는 직위에 오르지 못해 불만을 입에 달고 살았고…." 그런데 일이 없어진 은퇴 후에도 투덜거림의 습관은 계속 이어졌다고 고백한다. 아침에 잠자리에서 일어난 후에 저녁까지 집에서 머무는 생활은 무미건조하고, 가끔 있는 외부 만남도 뜻대로 되는 것이 거의 없었기 때문이다. 모 선배는 명예퇴직을 1년 앞두고 있는데 자녀와의 관계가 틀어져 말도 안 하고 지내고 있다고 하소연한다. 더불어 아내와는 도장만 찍지 않았지 사실상 이혼 상태여서 은퇴와 함께 가족의 와해라는 설상가상의 태풍급 파도에 노출되어 있다.

공허한 심령이 아닌 열정을 붙잡아야

세상에서 가장 무서운 것이 무엇일까? 얼마 전 우연히 본 신문(《조선일보》 2025년 2월 10일 자)은 가난과 걱정, 그리고 병이 아니라 삶에 대한 권태라고 말한다. 매일 출근해야 했던 고난의 새벽 후에 행복이 올 줄 알았는데 이제 집에 할 일 없이 있는 것이 두렵다고 기사는 말한다. 그래서 누구도 예외 없이 퇴직 이후 삶의 전환은 모두의 숙제이다. 이제 알아야 한다. 퇴직은 일의 중단이 아니라 하프타임을 갖고 새로운 작전을 지시받는 시간이라는 점을 깨달아야 한다. 하나님으로부터 전반전에 대한 총평을 듣고 후반전에 대한 조언을 들어야 한다. 재취업이나 공부 등 다양한 도전에 나설 수 있다. 잠시 방황이라는 덫에 걸리기도 한다. 그러나 절대로 주저앉아서는 안 된다. 왜냐하면 모든 게임은 후반전이 전체 승패를 결정하기 때문이다.

은퇴에 대한 다양한 표현이 난무한다. 40년 동안 몸을 던져 일했는데 한순간 밀려났다는 생각이 드는 것이 퇴직이다. 열심히 일하고 쉬는 주말은 꿀맛이었는데 이제 매일 쉬는 것은 고문이다. 마음껏 일했으니 이제 여한이 없다는 말은 거짓말이다. 또 여행, 건강관리, 학습, 취미 등으로 매일 웃는 분들도 많다고 하는 데 동의하기 힘들다. 더욱이 경제적인 문제로 또 돈벌이에 내몰려야 한다면 퇴직은 한가함을 연상시키는 단어가 아니다. 이런 표현은 왜 등장하는 것일까? 팀 켈러는 《일과 영성》(두란노)이라는 책에서 해태(懈怠)에 대해 새롭게 정의를 하고 있다. 우리는 해태를 '행동이 느리고 움직이거나 일하기를 싫어하는 태도나 버릇'으로 이해한다. 그런데 이 책은 '아무것도 믿지 않고, 아무것도 염려하지 않고, 아무것도 즐기지 않고, 아무것도 사랑하지 않고, 아무것도 미워하지 않고, 어디서도 목적을 찾지 못하며, 살아야 할 이유도 없고, 죽어야 할 까닭도 없기에 그저 살고 있을 따름인 죄다'라고 단정적으로 말한다. 이런 상태는 '공허한 심령'으로 연결되고 '온갖 죄들이 그곳에서 활동하게 만든다'라고 책은 결론을 맺는다.

은퇴는 일하는 것을 중단하는 것이 아니다. 마침표는 더욱 아니다. 새로운 환경에 맞게 전략과 전술을 가다듬는 시간이다. 그런데 선제적으로 해야 한다. 최소한 후반전이 시작되기 전에 해야 한다. 스펙을 만들고 학원을 기웃거렸던 취업 전 열정을 다시 일으켜 세워야 한다. 그런데 그 열정은 이제 나를 위한 것이 아니라 다른 사람을 향해야 한다. 돈보다 가치를 보듬어야 한다. 더 깊게 더 넓게 세상을 봐야 한다는 의미에서 취업 전의 그것보다 더 큰 열정을 필요로 한다. 다만 '그 열정이 하나님의 뜰 안인 시냇가에 심겨야 잘 자란다'라는 진리에는 예외가 없다.

> 의인은 종려나무 같이 번성하며 레바논의 백향목 같이 성장하리로다
> 이는 여호와의 집에 심겼음이여 우리 하나님의 뜰 안에서 번성하리로다
> 그는 늙어도 여전히 결실하며 진액이 풍족하고 빛이 청청하니(시 92:12-14)

◎ 오늘의 묵상

Q 오늘 은퇴한다면 어떻게 생활할 것인가?

Q 은퇴 후에 어떤 일을 하고 싶은 열정이 있는가?

Q 해태와 큰 열정은 어떤 차이에서 발생한다고 생각하는가?

8. 매일이 즐거운 칠칠절과 초막절

근무 연차가 올라갈수록 스스로 가장 신경 쓴 것은 자주 웃는 것이었다. 웃음이 주는 의학적 소견도 매우 중요했지만, 직장이 하나님께서 주신 소명을 실천하는 장소라는 믿음이 확고해지면서 생긴 습관이었다. 어떤 날은 '하루 웃기 100회'에 도전하기도 하였다. 하루에 100번 웃으려면 하루 일과를 웃기로 시작해서 웃기로 끝내야 했다. 조건이 맞아서 웃는 것은 의미가 없다. 그것은 기계적인 웃음이다. 전기가 들어가면 기계가 돌아가듯이 웃는 것은 오히려 웃음으로서 가치가 없다고 생각하였다. 여건이 되지 않지만, 웃을 때 기계적이지 않고 내 의지가 반영되었으니 더 값진 것이라고 해석했다. 특히 혼자 있을 때 웃는 노력을 많이 하였다. 사무실에 걸려 있는 거울이 주요 파트너였다. 그리고 손님이 오거나 직원이 보고를 할 때면 되도록 유머 한두 개는 구사하려고 노력했다. 만남이나 보고가 마무리되면 웃으면서 문밖까지 나가서 배웅하려고 노력했다.

웃는 것을 의도적으로 많이 하는 것에는 두 가지 이유가 있다. 먼저, 일터에서 내가 기쁜 마음을 가지면 스트레스가 풀리는 느낌을 받았다. 실제로 경직된 몸이 안마를 받은 것처럼 뻣뻣함이 사라져 컨디션이 좋아지고 낯선 만남마저 부드럽게 해주기 때문이다. 큰 소리로 인사하면서 웃으면 업무적인 문제마저 십중팔구 쉽게 해결된다. 아니 그러하길 바라는 수단으로 웃음 시간을 의도적으로 늘렸다. 웃음은 감염의 바이러스를 내포하고 있다고 생각한다. 내가 의도적으로 웃으면 나를 만난 사람이 웃게 되고, 더불어 내 주위에 웃음이 더 늘어나니 나중에 내가 그 혜택을 받아 누린다고 생각했다.

출퇴근 시 필자의 습관 중 하나는 지하철 역 곳곳에 붙어 있는 심금을 울리는 글을 세심하게 읽는 것이다. 지하철을 기다리며 무료하게 시간을 보내는 것보다, 짧은 글이지만 가슴에 와닿는 글을 보고 나를 반추해 보는 값진 시간을 자주 가졌다. 얼마 전 '풍경소리'라는 불교 게시판을 읽었는데 너무 좋아 미소가 저절로 넘쳤다. 세 줄 자리 짧은 글이었지만 지금도 그 울림이 있어 기쁨이 솟아오른다. '가난하여 보시할 물건이 없는 경우에는 남이 보시하는 것을 볼 때 기쁜 마음을 일으켜야 한다.' 보시는 모두가 알다시피 불교 용어다. 그런데 그다음이 종교를 넘어 더 감동이다. '기뻐하는 마음이 직접하는 보시와 매 한 가지'라고 끝내고 있다. 남을 돕는 것은 참 고귀한데 그것을 실행에 옮길 형편이 못 되는 사람은 그것을 행하는 다른 사람을 보고 기쁘게 웃으면 보시와 같다니 불교식 우화지만 너무 좋았다. 이 문장의 속뜻은 옆에서 벌어진 것을 보고 공감(기뻐)하면 옆 사람을 도와주는 것과 같은 행동을 한 사람이라고 해석하고 싶다. 우리가 물질로만 이웃을 도울 수 있다고 생각하지만, 꼭 그런 것은 아니다. 웃을 때, 그리고 기쁜 마음을 의도적으로 일으켜 세울 때 남을 돕는 것과 같은 것이다. 좀 더 자주 실천해야겠다는 생각을 하게 된다.

일터의 웃음은 진정한 이웃 돕기

신명기에 등장하는 3대 절기는 당시 이스라엘 백성(특히 남자)이 반드시 지켜야 하는 의무사항이다. 그중 하나가 칠칠절(七七節)인데 이는 일곱 번의 안식일이 지나간다는 의미로 그 날짜를 다 합하면 50이 되어 오순절이라고도 한다. 칠칠절의 문자적 의미는 이스라엘 농경 문화에서 비롯되었다. 초실절(유대력 1월 16일)에 보리의 첫 수확을 시작하고, 그로부터 7주 후에 밀을 처음 수확하여 제물로 드리는데 그 수확의 기쁨을 기념하는 날이다. 영적인 의미로는 부활의 첫 열매이신 예수 그리스도께서 부활 후 40일째 되는 날에 승천하고 50일째 성령이 임하는 기쁨의 날이기도 하다.

　신명기에 등장하는 칠칠절에는 여호와께서 네게 복을 주신대로 힘껏 예물을 드리고 여호와 앞에서 즐거워하라고 명령하신다. 특히 생활이 어려운 종, 고아, 과부 등과 함께 머무는 곳에서 즐거워하라고 강조하신다. 이어지는 초막절도 3대 절기에 속한다. 이 절기는 가을의 대표 절기이자 1년 중 마지막에 해당하는 절기이다. 가을 농작물을 거두는 시기에 추수에 대한 감사의 의미를 담고 있다. 초막절은 또한 추수절, 장막절, 수장절, 구려절로도 불린다. 우리로 치면 추석이고 미국의 추수감사절에 해당한다. 신명기에서도 "여호와 하나님이 복을 주실 것이니 온전히 즐거워하라"고 말씀하신다. 칠칠절과 같이 종, 과부, 고아 등도 잘 챙기라고 말씀하신다. 여호와를 뵐 때(즉 예배할 때) 빈손으로 하지 말고 받은 복을 기억하고 힘껏(성의껏) 예물을 드리라고 말한다.

　3대 절기 중 2번에 걸쳐 "마음껏 즐거워하라"라고 한 의미는 무엇일까? 그것도 반드시 준수해야 할 의무로 말이다. 우리의 삶이 하나님이 주신 복을 누리는 것이기에 즐거워하는 것, 즉 웃음이 의무인 셈이다. 오늘 적게 웃었는가? 온전히 웃음으로 하루를 보내지 못했는가? 회개해야 한다. 이스라엘 민족에게 절기는 천지창조와 구원사역을 상징하는 엄청난 의미를 갖고 있다. 그러니 절기는 믿는 성도 모두와 관련되어 있다. 수확물을 걷으면서 주신 복을 세고 또 세야 한다. 그러면 기쁨이 넘칠 수밖에 없다. 하나님 나라가 임한 일터에서 매일매일 수확이 이뤄지고 있다. 오늘도 내일도 칠칠절이고 초막절이다. 일터에서 매일 웃어야 하는 이유다.

> 네 하나님 여호와 앞에 칠칠절을 지키되 네 하나님 여호와께서 네게 복을 주신 대로 네 힘을 헤아려 자원하는 예물을 드리고 너와 네 자녀와 노비와 네 성중에 있는 레위인과 및 너희 중에 있는 객과 고아와 과부가 함께 네 하나님 여호와께서 자기의 이름을 두시려고 택하신 곳에서 네 하나님 여호와 앞에서 즐거워할지니라
> 네 하나님 여호와께서 택하신 곳에서 너는 이레 동안 네 하나님 여호와 앞에서 절기를 지키고 네 하나님 여호와께서 네 모든 소출과 네 손으로 행한 모든 일에 복 주실 것이니 너는 온전히 즐거워할지니라(신 16:10-11, 15)

◎ 오늘의 묵상

Q 오늘 일터에서 얼마나 웃었는가?

Q 직장에서 힘들 때도 자연스럽게 웃을 수 있나?

Q 오늘 웃고 기뻐해야 하는 이유는 무엇인가?

9. 세상 가치의 역전

오래전 남한산성을 처음 방문했을 때 그곳이 재충전 공간으로 매우 적합하다는 생각을 했다. 그런 이유로 교회에서 적지 않게 소모임을 남한산성에서 가졌다. 좋은 공기와 자연환경은 도시 생활로 찌든 영혼을 세탁하는 데 더없이 좋았고, 당시 분당에 살 때라 거리상으로도 멀지도 않았다. 강남권에 거주하는 사람에게도 안성맞춤으로 떠오르는 좋은 장소이다. 회사에서도 자주 갔던 기억이 있다. 오전 근무 후 반나절 야유회로 너무 좋았다. 다양한 음식은 물론 등산 코스와 족구장은 모든 직원들의 다양한 욕구를 충족시켜 주었다. 또한 《남한산성》(학고재) 소설을 통해 제대로 미래를 대비하지 못하면 백성은 물론 나라의 최고 일인자인 임금마저도 고초를 당한다는 역사적 교훈을 자녀들에게 알려주는 데도 매우 좋은 장소였다.

2024년도 12월에 신학대학원 수업 중 특별코스로 남한산성에서 열린 영성수련에 참가하면서 다른 곳에서 얻지 못할 엄청난 자산을 얻었다. 욕망에 대한 적절한 통제 여부가 어떤 결과를 초래하는지 눈으로 목도하는 좋은 기회를 가졌다. 적지 않은 사람들이 남한산성의 상징으로 당연히 산성을 꼽는다. 이름을 결정한 중요한 역사 유물인데다 눈으로 보고 만질 수 있으니 누구나 수긍할 것이다. 그러나 필자는 이전부터 남한산성에 가면 빼곡히 위용을 자랑하는 소나무에 마음을 빼앗겼다. 수십 년, 아니 수백 년을 한 자리를 지키면서 삶은 이렇게 자기 자리를 잘 지키는 것이 필수적이라는 교훈을 안겨주는 것 같았기 때문이다. 되도록 옮겨 다니지 말고, 한 곳에서 열심히 일하면 인정을 받을 수 있다는 쪽으로 회사에서 적용하기도

하였다.

　수업을 위해 남한산성을 다시 방문하면서 기대했던 것 중 하나가 산성을 둘러보면서 소나무와 재회하는 것이었다. 그러나 말씀 묵상 겸 산책하는 기회를 얻어 산등성이로 진입하면서 기대가 완전히 망가졌다. 남한산성을 상징하던 멋진 소나무들이 거의 모두 상처투성이였다. 아주 오랜 세월 멋지게 자라 왕처럼 위용을 뽐내던 나무들은 하나같이 가지나 몸통이 무엇인가에 난도질당한 모습이었다. 부러진 가지에 휩싸인 소나무가 패잔병으로 여겨졌다. 일부는 아예 나무 몸통이 부러지면서 생명을 잃기도 하였다. 등산객의 안전을 위해 넘어진 나무들의 육중한 몸뚱이가 전기톱으로 토막이 났다. 토막 난 몸뚱이는 곳곳에 널부러져 등산을 방해할 정도였다. 빼어난 외모로 마음을 홀리던 모습은 간데없어 너무 안되었다는 생각이 들었다.

눈에 항복한 수백 년 된 소나무의 비참함

　그런데 왜 수백 년을 견딘 나무들이 처참한 몰골로 나타났을까? 그것은 한없이 부드럽고 낭만 있게 다가오는 하얀 눈 때문이었다. 단시간에 내리는 눈은 아주 미약하다. 온도가 조금만 올라가도 흔적도 없이 사라지고, 조금 쌓인다고 하더라도 나무가 무서워할 적은 아니라고 생각했다. 그러나 키가 크고 가지가 무성한 나무 위에 눈이 많이 쌓이면 큰 힘으로 작용한다. 결국 눈이 소나무를 이긴다. 그래서 요즘 남한산성에는 눈앞에 엎드린 소나무들이 지천이다. 하늘이 높은 줄 모르고 자신의 욕망을 마음껏 자랑했던 바벨탑이 연상되었다. 내가 좀 잘났다고 생각하면 세상에 무서운 게 없다. 모든 환경을 제압할 수 있고 주위 사람은 하찮게 생각된다. 그 눈에 하나님은 없고 스스로 하나님이 되려는 마음을 품을 때 인간이건 자연이건 모두 망한다.

남한산성을 내려오면서 큰 십자가 하나를 만날 수 있다. 화려하지도 않아 주위의 시선을 끌지 못하였다. 한경직 목사가 1973년 영락교회를 은퇴하고 2000년에 세상을 떠나기 전까지 머물렀던 곳이라고 한다. 18평 정도로 크지 않은 그야말로 아담한 단독주택이었다. 남의 집에 임시로 몸을 붙여 산다는 의미로 '우거처'(寓居處)라는 이름 패를 달고 있었다. 그는 평생을 검소하게 산 것으로 유명하다. 거실의 낡은 소파는 방문객들과 담소하는 자리였고, 부엌에 있는 집기들도 노란 테이프로 때워져 있었다. 자신의 명의로 된 통장 하나 갖지 않았다고 한다. 우거처와 영락수련원이 성도의 기부로 만들어졌다는 설명을 듣고 하나님 나라는 장소를 가리지 않는다는 생각이 들었다. 영성수련은 말씀을 묵상하는 것도 중요하지만, 믿음의 선조들이 남긴 발자취를 더듬으면서 하나님과 소통했을 그들의 숨결을 느끼는 것도 그에 못지않게 의미 있어 보인다.

우거처 안에 작은 예배당이 하나 있다. 팔복재라고 한다. 예수님 말씀의 정수는 산상수훈이고 그 내용인 팔복은 천국시민이 누구인가를 규정하는 말씀이라고 안내서는 설명하고 있다. "내게 속한 집 한 칸이나 땅 한 평도 없다"라는 한 목사님 육성이 팔복재에서 항상 흘러나오고 있었다. 우리 모두는 지금부터 팔복의 삶을 살아야 한다. 일터에서 돈을 벌지만, 더욱 중요한 것이 팔복이다. 돈은 목적이 아니다. 돈이 우리 삶을 윤택하게 만들지만, 때론 우리의 영성을 망칠 수 있다. 돈이 영성을 지키는 수단일 때 진짜 돈이고, 그렇지 않으면 또 다른 우상이다. 진짜 천국은 '세상 가치에 대한 역전'에 있다고 생각한다. 팔복에 대한 성경구절은 일터에서 영성이 바닥을 드러낼 때 묵상하고 또 묵상해야 한다. 나를 낮추어 성도로 바로 서는 비법을 담고 있기 때문이다.

> 심령이 가난한 자는 복이 있나니, 천국이 그들의 것임이요
> 애통하는 자는 복이 있나니, 그들이 위로를 받을 것임이요
> 온유한 자는 복이 있나니, 그들이 땅을 기업으로 받을 것임이요
> 의에 주리고 목마른 자는 복이 있나니, 그들이 배부를 것임이요
> 긍휼히 여기는 자는 복이 있나니, 그들이 긍휼히 여김을 받을 것임이요
> 마음이 청결한 자는 복이 있나니, 그들이 하나님을 볼 것임이요
> 화평하게 하는 자는 복이 있나니, 그들이 하나님의 아들이라 일컬음을 받을 것임이요
> 의를 위하여 박해를 받은 자는 복이 있나니, 천국이 그들의 것임이라 (마 5:3-10)

◎ 오늘의 묵상

Q 평소 당신에게 부러움의 대상은 무엇인가?

Q 오늘 세상에서 잘 나가고 있는가? 하얀 눈에 무너진 남한산성의 소나무를 묵상해 보라.

Q 당신에게 세상 가치에 대한 역전은 무슨 의미인가?

10. 매일 간구하는 직원 사용설명서

CEO나 인사 담당 임원을 하면서 가장 신경 쓴 부분은 적재적소에 인력을 배치하는 일이었다. 1명이 3명이 되는 마술이 시현되기도 하지만, 잘못 배치하면 3명이 1명이 되는 참사가 인사이다. 이전 직장에서 인재 배치는 모든 임직원에게 희망부서나 업무를 신청받는 것으로 시작되었다. 통상 한 명에게 회사에서 하고 싶은 업무 3개 정도를 통해 전문가 트랙을 밟게 하고 그에 따라 1-3위로 선호하는 직무에 대해 수시로 업데이트를 요구한다. 이어 인사부서 파일을 통해 전공과 경력을 고려하고, 마지막으로 해당 직원의 상사와 동료들로부터 간접적으로 의견을 듣는다. 특히 업무에 대한 적합도를 따져 본다. 즉 업무 스타일이 도전형인지, 관리형인지, 관계관리가 우수한 지 각각 짚어본다.

필자는 성경에 나오는 인물 중 여호수아와 바울을 좋아한다. 내심 회사 내 인재들이 이들과 같은 도전형이기를 권면한다. 특히 바울은 복음 전도라는 하나의 푯대를 향해 스스로를 끊임없이 다그쳤음을 확인할 수 있다. 움직인 거리만 봐도 상상하기도 힘들 정도다. 북경에서 '어! 성경이 읽어지네'라는 전문강사 과정을 밟은 적이 있는데, 힘든 과정 중 하나가 바울이 움직인 지역을 정확하게 암기해서 순서대로 적는 것이었다. 발음하기도 힘든 낯선 도시 이름이 끝없이 튀어나오고 1차에서 3차까지 이동한 선교여행 코스가 달라 헷갈리기도 한다.

그런데 생각에서 반전이 일어나면서 힘든 암기가 은혜의 암기로 변한다. 누구는 이런 도시를 자동차나 비행기가 아닌 도보와 바람에 의존하는 배에 의해 움직였는데 도시 이름 외우는 것이 어찌 고난이랴! 그렇다. 그의 흔적이나 체취를 조금이라도 느낄 수 있다면 세 차례 여행의 도시명 외우기는 버거움이 아니라 감동이고 은혜로 다가온다. 물리적인 이동 거리를 가늠해보면 안디옥을 베이스캠프로 하는 1차 선교여행의 이동 거리는 약 2천km에 달한다. 아덴과 고린도까지 방문하여 폭이 더욱 넓어진 2차 여행은 4,500km를 넘나든다. 그야말로 도보로 이동했다고 믿기지 않을 만큼 엄청난 도전이었을 것이다. 3차 선교여행은 한술 더 떠 5,000km를 이동한 것으로 추정된다. 이에 따라 바울의 총이동 거리는 12,000km로 집계된다. 신약 성경이 주로 쓰여진 AD(기원후) 1세기경에 바울이나 예수님이 선교를 위해 하루에 걷는 거리가 최대 25km(7시간 정도 소요) 안팎이었음을 감안하면 500일을 하루도 빠짐없이 걸어야 하는 천문학적인 수치다.

현대인들에게 체력 보강을 위해 걸으라고 강권하는 거리는 하루 최대 10km임을 감안하면 하루도 쉬지 않고 약 3.5년 정도 걸었던 셈이다. 그런데 이런 바울에게 내근직 행정업무를 맡겼다면 어떻게 되었을까? 아마도 중도에 포기하고 하루에도 서너 번씩 동료들과 싸웠을 것이다. 이방인 선교라는 사역도 제대로 걸음마를 떼지 못하고 막을 내리지 않았을까?

> 형제들아 나는 아직 내가 잡은 줄로 여기지 아니하고 오직 한 일
> 즉 뒤에 있는 것은 잊어버리고 앞에 있는 것을 잡으려고
> 푯대를 향하여 그리스도 예수 안에서 하나님이 위에서 부르신
> 부름의 상을 위하여 달려가노라(빌 3:13-14)

IV. 즐겁게 일하기와 손해 보기

프로에게 '적당'이라는 영역은 없다

사실 바울의 선교여행에서 하이라이트는 거리가 아니다. 무수히 많은 고난과 강도 출몰 등에 대한 리스크 속에 발휘된 사명감이다. 옥에 갇히기도 하고 수도 없이 매를 맞는 위기에 빠져 목숨이 위태롭기도 빈번하였다고 스스로 고백하고 있다. 특히 죽음을 넘어서는 고통을 안기는 사십에서 하나를 감한 태형을 다섯 번 맞았다는 대목은 복음을 전하는 데 스스로의 목숨마저 전혀 아깝게 생각하지 않았음을 알 수 있다. 헐벗고 바다에서 광풍을 만나며 제대로 자지 못한 가운데 모든 교회를 위해 염려했다는 대목은 일터에서 도전이 어떠해야 하는지 잘 알려 준다. 프로가 되는 일에 적당이라는 영역은 존재하지 않는다. 아마 바울에게 가장 힘든 일은 아무 일 없이 한 곳에만 머물러 푹 쉬는 것이었을지도 모른다.

AI(인공지능) 시대에 도전은 끊임없이 지난한 과정이다. 해당 업무에 익숙해지기도 전에 새로운 툴이 얼굴을 내미는 것이 요즘 풍속도다. 일터에서 그 템포에 절대로 뒤처지면 안 된다. 도전적인 업무처리를 의미하는 '두 개의 I'(Invention과 Innovation)는 바울 정신을 필요로 한다. 바울의 여정이 기차라면 발명과 혁신은 맨 앞에서 인도하는 기관차가 될 것이다. 이런 자리에는 다소 엉뚱하고 호기심이 많으며, 끊임없이 새로운 것을 추구하는 인재상이 적합하다.

관리형 조직도 여전히 필요하다. 똑같은 일이 매일 반복되는 것도 AI시대에 소멸되지 않는다. 시스템 관리가 대표적이다. 기관차라면 레일이 잘 있는지 점검해야 하고 객차의 청소와 경비도 중요하다. 성경에서 바나바가 관리형의 대표적 인물이다. 사도행전 11장은 모든 사람이 바나바를 통해 하나님의 은혜를 느끼고 기뻐했는데 그 이유로 착함은 물론이요, 성령과 믿음이 충만했다는 기록이 나온다.

또한 앞으로도 관계형 인재가 여전히 필요하다. 지속적인 교제를 통해 고객의 고민을 먼저 알아차리고 선제적으로 내부 시스템을 바꾸는 그런 일이 모든 회사에 필요하다. 대표적인 성경 인물로 요셉이 논란 없이 선정된다. 그는 총무와 죄수로도 최고의 능력을 발휘하였다. 고객인 애굽 백성은 물론 이웃 나라 주민들의 필요를 미리 알고 대처한 인물이기도 하다. 이런 업무에는 큰소리치는 고객과 만나 이야기할 때 엔도르핀이 샘솟는 인재가 필요하다.

하나님이 사람을 평가할 때 가장 은혜 되는 대목은 능력이나 성과로 하지 않는다는 점이다. 무엇을 했느냐(doing)가 아니라 어떤 존재로 살았느냐(being)로 평가한다. 즉 정체성이 제일의 덕목이다. 앞서 언급한 인물들의 공통점은 성령님의 인도하심을 받는다는 것이다. 예수 그리스도를 예표하거나 그를 따르기에 주저하지 않았다는 공통점이 있다. 그렇다면 회사와 같은 조직에서 반드시 고려할 점은 시대와 상황이 변해도 적재적소에 인력을 잘 배치하고 그것에 맞게 평가지표를 다원화하는 것이다. 평가방식도 이에 적합하게 새롭게 도입하거나 업데이트한 내용으로 고쳐야 한다. 획일적인 평가는 조직과 성과에 독이 된다. 사람을 배치하고 관계할 때 창조자이신 하나님으로부터 사람별 사용설명서를 간구해야 한다.

◎ 오늘의 묵상

Q 바울이 당한 고난의 흔적을 떠올려 보자. 일터에서 그런 흔적이 당신에게 있는가?

Q 당신은 어떤 유형의 사람이고 그에 맞는 일을 하고 있는가?

Q 당신은 일을 맡고 실행하는 데 성령의 인도하심을 받고 있는가?

11. 오늘은 선물을 넘어 설렘

2025년 5월 어느 날, 필자의 감사 일기(하나님께)다.

① 새로운 하루 선물로 주시니 너무 감사합니다. 새날이 모두에게 주어지는 것 아니니 더욱 감사합니다.
② 뽀빠이 이상용 씨가 매일 40kg 바벨을 600개씩 했다는 뉴스를 보고 자기 관리의 중요성을 알게 하시니 너무 감사합니다.
③ 건강관리와 정신관리가 연결되는 인간의 나약함을 알게 하시니 너무너무 감사합니다.
④ 아들과 많은 대화를 할 수 있어 너무 감사합니다.
⑤ 오늘 아침도 6km를 달려 너무 감사합니다. 매일 지속할 수 있어 너무너무 감사합니다.
⑥ 무역통상과 일터 관련 강의 기회가 계속 있어 너무 감사합니다.
⑦ 얼굴에 상처가 있지만, 크지 않아 너무 감사합니다.
⑧ 교회를 떠나거나 장기간 나오지 않는 지체들과 소통하게 하시니 너무 감사합니다.
⑨ '일터에서 하나님을 만나는 비밀공간과 송곳기도'로 블로그 칼럼을 쓰게 하시니 너무너무 감사합니다.
⑩ 벌써 한 학기의 3분의 2가 지나가 세월의 빠름에 감탄하게 하시니 너무너무 감사합니다.
⑪ 이번 주일(18일) 오후에 동기 전도사님이 사역하는 초

원의교회에서 청년들에게 '즐겁고 실력 있게 일하기'를 강의하게 되어 너무 감사합니다.

⑫ 내일 저녁 10시에 일터신학연구회 인도하게 되어 너무 감사합니다.

⑬ 아침에 아내와 함께 에스더 5장을 읽어 나의 소명을 묵상하게 하시니 너무 감사합니다.

⑭ 무역과 통상분야 블로그인 최용민무역통상연구소에 '불가항력의 조건, 기업을 살리기도 하고 죽이기도 한다!'라는 제목의 칼럼 쓰게 하시니 너무 감사합니다.

⑮ 집 안에 작은 화단이 있어 너무너무 감사합니다.

⑯ 오늘 점심 가운데 은혜로운 교제 시간 주실 것 미리 감사합니다.

⑰ 아침 9시 현재 6,594보를 기록하게 하시니 너무너무 감사합니다.

⑱ '새 정부에 바라는 무역통상 정책'을 제목으로 칼럼을 요청받아 너무 감사합니다.

⑲ 오늘 오후에 중국에서 온 후배를 만나 살아가는 이야기로 멘토링 할 수 있어 너무 감사합니다.

⑳ 딸과 아들이 건강하게 기쁨으로 일해 너무 감사합니다.

감사해야 감사할 일이 생긴다!

매일 20개의 감사 제목으로 일기를 대신하면서 드는 생각은 하루가 선물이라는 점이다. 매일 감사 일기를 교류하는 인원이 100여 명에 이르는데 그중에 가장 빈번하게 교류하는 집사님의 첫 번째 감사 제목은 항상 '새날을 주심 감사합니다'라고 시작된다. 또 다른 집사님은 '오늘 하루를 건강하게 시작할 수 있음에 감사합니다'라고 고백한다. 그리고 다시 마지막 감사 제목으로 '잃기 전에는 소중함을 모르는 소소하고 평범한 일상과 범사에 감사합니다'라고 덧붙인다. 10년 이상 써 내려온 감사 일기의 핵심은 오늘을 맞이함에 기본적으로 예의를 지키자는 것으로 시작하였다. 누구나 쉽게 맞이하는 하루인 것 같지만, 절대로 그러하지 않다. 저절로 모두에게 주어지지 않는다고 생각한다. 그 누군가는 간절하게 원했던 그날이 오늘 하루이고, 일어나고 싶어도 일어나지 못한 하루가 오늘 새로 주어진 하루다. 젊은 시절, 아침에 일찍 일어나는 것이 고통일 때 스스로 되새김하면서 "의지가 있다고 모두가 일어날 수 있는 것은 아니다"라는 주문을 외친 적이 있다. 그때는 아침 일찍 활동하는 것이 세상에서 성공하기 위한 열쇠라고 생각했다.

필자는 아침에 감사일기를 쓰고 바로 여러 명과 교환한다. 보통 일기가 회고적으로 저녁에 쓰인다는 점과 정반대다. 그러니 감사일기는 조건으로 하지 않는다. 환경은 더더욱 아니다. 스스로 세상에 하나님께 감사와 믿음으로 엄청난 선포를 먼저 하는 것이다. 이제는 내 좌우명이 되어 버린 '감사해야 감사할 일이 생긴다'와 연결된다. 세상에 존재하게 해준 것도 감사한데 무슨 조건을 덧붙일 수 있을까? 직장 생활을 회고하면 감사할 일이 셀 수 없이 많다. 직장으로 인해 가족을 먹여 살릴 수 있었고 동료와 함께 뒹굴면서 어려움을 이겨내는 기술을 배웠다. 매일 할 일이 있어서 감사했고 나를 제대로 된 어른으로 키워주어서 더욱 감사했다. 어느덧 감사가 믿음 생활에서 성공에 도달하는 열쇠라고 생각한다.

나를 믿음으로 안내한 동료를 일터에서 만났다. 그는 중도에 실명했음에도 감사로 모든 것을 풀어냈다. 오늘 하루의 진짜 감사는 오늘 예수 그리스도 보혈의 은혜로 새로 태어났다는 것임을 실증적으로 보여준 친구이기도 하다. 그래서 이제는 알 듯하다. 사도 바울이 "나는 날마다 죽노라"라고 외친 구절도 더 선명하게 다가온다. 오늘 하루 제대로 내가 죽는 것이 잘 사는 것이다. 진리를 알고 제대로 하루를 살고자 하니 어제와는 단절해야 한다. 그래야 새로운 하루가 너무 감사함으로 다가온다. 하루가 감사를 넘어 감탄으로 이어지고 설렘으로 마무리된다. 나의 의로움이 꿈틀거려서는 안 된다. 예수님이 목숨을 던지며 보여준 것은 단 하나. 오늘 하루가 너의 것이 아니라고 말씀하신다. "나의 삶을 본받으며 살라"고 주신 선물이자 보너스라는 목소리가 크게 들려온다.

TV에서 어느 배우가 "하루 또 하루 좋은 날"이라고 사인하는 것을 보았다. "평범한 하루하루의 연속이 진짜 인생이기 때문에 그렇게 한다"라는 설명을 들었다. 특별함이 없지만, 성실과 끈기가 매일매일 조금씩이라도 쌓이면, 지금 이 하루와 내일의 또 다른 하루를 잘 견디면서 살아가면 그것이 삶의 최고 지혜라는 위로와 공감을 담고 있다. 평범한 일상은 더없이 중요한 시간이다. 왜냐하면 인생의 모든 순간이 하나님이 역사하시는 시간이며, 하나님의 창조 사역에 참여하는 시간이기에 결과에 관계 없이 소중함을 넘어 거룩하다.

◎ 오늘의 묵상

Q 당신에게 오늘은 어떤 선물인가?

Q 오늘이 감사로 다가오는 때는 언제인가?

Q 오늘 하루를 감탄과 설렘으로 고백하는가? 10가지 감사일기를 적어 보라.

12. 성도는 화평(샬롬)의 왕이 되어야

"우리가 살아 있는 동안에 많이 웃자고, 남은 사람들이 너무 아파하지 않도록 웃는 얼굴로 갈 수 있게(인생을 마무리하게) 그렇게 걸어가자고 얘기했어요." 영화배우이자 국민 엄마로 불리는 모 배우가 언론 인터뷰에서 한 말이다. 죽을 때에도 웃으면서 가자는 말이 심금을 울린다.

산 정상에 올라서 남들은 '야호'를 외치지만, 필자는 호탕하게 큰 소리로 웃기를 좋아한다. 혼자 있을 때도 특별한 이유 없이 가볍게 그리고 소리를 내어 자주 웃는다. 왜 웃는 것일까? 처음에는 분위기 전환을 위해 우는 것은 좀 그러니 웃자는 마음으로 자주 웃기 위해 노력했다. 그런데 웃기를 의지적으로 하니 자연스럽게 얼굴 표정도 밝아지고, 마음에도 평강이 몰려와서 좋았다. 세상에서 가장 좋은 행동은, 특별히 밑천이 들어가는 일이 아니면서 웃음을 통해 화평을 얻는 것이라고 스스로 결론을 내렸다. 더욱이 내가 웃으니 주위 사람과 관계도 좋아지고, 일터 분위기도 좋아지는 것 같았다. 그래서 가끔 멀리서도 들리도록 웃음에 대한 볼륨을 높이기도 한다. 또한 리더의 필수 덕목으로 웃음을 강권하기도 하였다.

억지로라도 웃으면 샬롬이 다가온다. 웃음은 과학적으로도 면역 기능 강화는 물론 암세포를 죽이는 물질도 양산한다고 의학계에 보고되어 있다. 필자는 샬롬에 대해 웃음과 동의어라고 생각한다. 왜냐하면 두 단어가 독립해 존재할 수 없다고 보기 때문이다. 성경 구절을 읊조릴 때마다 평강이 몰려와 가슴이 따뜻해지는 구절이 있다. 소위 '제사장의 기도'로 알려진 민수기 6장은 너무 좋다. 하나님은 26절에서 평강, 즉 샬롬을 우리에게 주시길 원한다고 말씀하신다. 구약성경에 '샬롬'이라는 단어가 무려 290번 등장한다(옥스퍼드 주석). 50회는 전쟁이 없는 환경적 평화를 의미하고, 25회는 단순한 인사말이며, 나머지 대부분은 하나님과의 언약과 관련되어 있다. 하나님이 주시는 샬롬, 즉 화평은 모든 것이 조화를 이루는 완벽한 상태를 말한다. 제사장의 가장 큰 임무는 백성들에게 기쁨과 평화 그리고 형통함을 하나로 집약한 화평이 임하게 하는 것이다. 한 마디로 하나님이 주시는 샬롬에 대한 간구이다.

> 아론과 그의 아들들에게 말하여 이르기를 너희는 이스라엘 자손을 위하여 이렇게 축복하여 이르되
> 여호와는 네게 복을 주시고 너를 지키시기를 원하며
> 여호와는 그의 얼굴을 네게 비추사 은혜 베푸시기를 원하며
> 여호와는 그 얼굴을 네게로 향하여 드사 평강 주시기를 원하노라 할지니라 하라
> 그들은 이같이 내 이름으로 이스라엘 자손에게 축복할지니 내가 그들에게 복을 주리라(민 6:23-27)

수년째 항암 치료를 받고 있는 신학대학원 동기 전도사님은 진짜로 미소가 아름다운 분이다. 그를 볼 때마다 너무 순수한 웃음을 갖고 있다고 생각된다. 계속되는 항암 치료로 인해 우울증 증세가 오기도 하고 하루에 2시간밖에 자지 못한다고 고백하면서도 얼굴에는 천사 같은 미소가 있다. 치료의 고통도 믿음을 통한 샬롬의 힘을 통해 초인적으로 이겨내고 있다. 힘들수록 하나님과 그의 말씀을 붙잡고 있는 것이 너무 좋다면서 공부도 쉬지 않고 있다.

앞의 성경말씀처럼 하나님은 우리에게 항상 평강 주시기를 원한다. 그런 복 중에 최고는 샬롬이다. 24절부터 26절은 점층법을 사용하고 있다. 복에 이어 은혜 그리고 샬롬을 주길 원한다고 강조한다. 루터는 첫 번째 복은 육체적인 것이고, 두 번째는 영적인 것이며, 마지막 평강은 영육 간의 복이라고 설명하였다. 믿는 성도라면 평강 속에서 자연스럽게 마음과 몸이 치유되고 회복되어야 한다.

진정한 샬롬은 하나님과 눈 맞추기

일터에서 누구와 일하고 싶은가? 필자의 답은 많이 웃는 사람이다. 얼굴에 항상 미소가 있는 사람이 실력 있는 사람이라는 설명과 직접 연결된다고 생각하기 때문이다. 평안이 없으면 일의 전후 상황을 제대로 파악할 수 없고 허둥지둥하기 십상이다. 힘든 일이 나를 덮치려 할 때 깊은 호흡을 통해 웃음을 불러와야 한다. 묵도를 통해 성령님의 인도하심과 하나님이 주신 지혜도 구하면서 최고로 멋진 샬롬이 뒤따라오도록 루틴화해야 한다. 돈과 권력으로도 절대로 살 수 없는 것이 웃음이자 샬롬이다. 진정한 샬롬은 하나님 안에서만 나오기 때문이다. 힘든 일들이 가장 많은 일터에서 가장 필요로 하는 기도가 민수기 6장의 제사장 기도다. 그래야 웃음으로 어려운 일도 맞이하고 불편한 사람과의 관계도 축복으로 돌릴 수 있기 때문이다. 일터에서 하루를 되돌아보며 오늘은 몇 번 웃었는지 세어보기도 한다. 의지적으로 웃은 횟수가 열 손가락으로 꼽기 부족했다면 성공한 날이다.

제사장 기도의 핵심은 "그 얼굴을 네게로 비추사, 그 얼굴을 네게로 향하여"이다. 우리가 가장 힘들 때 그 모습(나를 향한 하나님 얼굴)을 떠올려 보라. 저절로 은혜가 넘친다. 그 나머지는 필요 없는 수식어가 된다. 진정한 평강은 내가 하나님과 얼굴을 맞대고 눈을 맞춘 상태라고 단언한다. 그러니 스스로 진단해 봐야 한다. 하나님은 항상 우리를 보고 있는데 우리가 힘들다는 이유로 시선을 다른 곳으로 돌리고 있는 것은 아닌가? 낙심하고 속상하다는 이유로 고개를 푹 숙이고 있는 것은 아닌가? 더욱이 하나님이 앞에 있음에도 세상일에 마음을 빼앗겨 하나님의 시선조차 인식하지 못하고 있는 것은 아닌가? 결론적으로 샬롬은 인간이 만들 수 없는 것이다. 하나님만 주실 수 있다는 사실을 명심해야 한다. 더욱이 얼굴을 마주봐야, 즉 하나님과 바른 관계를 형성해야 받을 수 있다. 이스라엘 자녀에게 준다는 의미는 샬롬이 공동체적이라는 뜻이기도 하다. 그러니 우리는 일터에서 평강의 전령으로 우뚝 서야 한다. 특히 예수 그리스도가 '평강의 왕'으로 세상에 왔음을 명심하여 그를 본받는 제자로서 샬롬의 삶을 가정과 일터에서 실천해야 한다.

◎ 오늘의 묵상

Q 당신은 하루에 몇 번 웃는가? 특히 일터에서 웃는 횟수는 얼마나 되는가?

Q 샬롬이 진정으로 당신을 치유하고 회복하고 있는가?

Q 샬롬이 하나님의 전유물임을 인정하는가?

13. 찬양은 일터에서 참평안을 얻는 비법

찬송가를 목청껏 부를 때마다 착각하는 것이 있다. '이 곡을 만든 분은 주님을 잘 믿으니, 모든 것이 평안하고 감사할 일도 많이 생기겠구나!' 이런 감정이 자주 든다. 가사가 긍정적일 때 더욱 그러하다. 대표적으로 413장 찬송을 대하면 작사자와 작곡가를 부러워할 정도로 '나도 그러고 싶다'라는 생각이 가득하게 된다. 특히 후렴을 보자. "내 영혼 평안해, 내 영혼, 내 영혼 평안해." 영어 원문은 'It is well with my soul'이다. 주님의 이름을 너무 좋아해서 자연스럽게 기쁨이 넘쳐 찬양하는 것 같다. 마음속의 좋은 것이 찬양으로 연결되는 것은 우리의 본성이기 때문이다. 그런데 이 가사가 작사가인 호레이쇼 스페포드의 자전적 실화를 바탕으로 하고 있고 4명의 딸을 잃고 쓴 찬송가라는 사실을 알면 당혹스럽다.

잠시 그의 일화 속으로 같이 들어가 보자. 호레이쇼 스페포드는 미국 시카고에서 성공한 변호사이자 신실한 기독교인이었다. 그러나 1871년에 시카고 대화재로 집을 포함하여 전 재산과 섬기는 교회를 잃었고, 이후 심한 경제적 어려움에 부닥치게 된다. 그는 새로운 곳으로 옮겨 다른 삶에 도전하려는 마음을 갖게 된다. 그래서 아내와 네 딸을 유럽으로 먼저 보내기로 결정한다. 특히 부인의 건강이 좋지 않아 요양차 보내는 것도 유럽행의 주요 목적 중 하나였다. 자신은 미진한 업무(화재 관련)를 마친 후 합류하기로 하고 부인과 딸들을 먼저 보냈다. 그러나 그의 가족이 탄 배인 프랑스 여객선(선박명: 피난의 마을, SS Ville du Havre)은 출항 후 큰 불행에 휩싸인다. 영국의 철갑선과 충돌한 후에 대서양에서 침몰하여 그의 네 딸이 모두 익사하고,

오직 아내만 살아남는 최악에 가까운 불운이었다. 그의 아내는 "나만 살아남았어요"(Saved alone)라고 남편에게 전보를 쳤다.

전보를 받고 아내를 만나러 유럽으로 가는 배 안에서 사고 지점을 통과하던 그는 밤새도록 부르짖으며 하나님께 간구의 기도를 올려 드렸다. 극도로 절망적인 상황 속에서도 그는 배를 타고 아내에게 가던 중, 딸들이 사고를 당한 바다 위를 통과할 때에 이 찬송가의 가사를 썼다고 한다. 극한의 고통을 극한의 찬송으로 승화시킨 것이다. 이런 상황이 인간의 기준으로는 얼마나 절망적이었을까? 바다의 큰 풍파를 보면서 얼마나 무서웠을까? 아니 그런 상황에서 하나님에 대한 원망이 얼마나 컸을까? 세상은 원하는 대로 모든 것이 이뤄지고 승승장구하는 그런 환경이 아니다. 잘 믿는 자에게도 예외가 없다. 불행히도 작사가인 필립 블리스도 사고로 사망한다. 1876년 12월 29일 블리스와 그의 아내는 기차를 타고 가던 중 철로를 떠받치던 다리가 무너지면서 사망한다. 한 치 앞도 내다보지 못하는 우리의 인생, 특히 이성과 논리로는 도저히 이해할 수 없는 우리의 삶, 그럼에도 호레이쇼 스페포드처럼 우리가 오늘도 감사하고 평안의 길로 나갈 수 있는 비결은 무엇일까?

찬송이 일터에 내려앉아야

우선 불행이 우리의 의지나 노력에 의해 극복되거나 좌우되는 것이 아님을 제대로 봐야 한다. 결국 불행을 예방하기 위한 인간의 노력은 한계가 있고 그것에 의존하는 것은 답 없는 문제를 끊임없이 풀면서 스스로 고민하다가 절망하는 것과 같다. 믿는 자로서 거센 폭풍우 속에서도 딸을 앗아간 파도 앞에서 평온을 찬송하는 비결은 죽기까지 사랑해 주시는 예수 그리스도의 대속의 은혜가 우리

안에 있기 때문이다. 일터에서 힘겨운 일에 빠져 허우적거릴 때 이 찬송가 2절과 3절에 나오는 가사에 집중해야 한다. 풀어서 이야기하면 다음과 같다. "예수께서 우리의 대장 되시니 우리의 싸움은 이미 승리가 확정된 것입니다. 예수 십자가의 피로서 우리 죄를 다 씻어 정케 했으니, 실제로는 평안한 상황이 허락되지 않을지라도 감사할 수 있습니다. 제일 싫은 사람이 일터에서 내 옆에 있더라도 우리는 좌절하지 말아야 합니다. 예수 그리스도의 생명이 우리 안에 있기에."

일터에서 힘들 때 이 찬송가의 후렴구를 함께 노래하길 권하고 싶다. 아주 힘들 때는 3번 반복하면 좋겠다는 생각이다. "내 영혼 평안해 내 영혼 내 영혼 평안해." 책상에서 머릿속으로만 허밍을 하든가, 입술로만 따라 해도 은혜가 넘친다. 화장실 등 혼자 있는 공간에서 조용히 읊조리면 금상첨화다. 찬양이 현실을 이기는 선포요, 하나님 나라가 즉각 일터에 임하게 하는 특효약이기 때문이다. 아니 일터에서 어떠한 상황이 와도 우리는 이렇게 노래해야 한다. 이미 이긴 싸움을 우리는 하고 있고 고통은 끝을 향해 달려가고 있기 때문이다.

> 아무것도 염려하지 말고 다만, 모든 일에 기도와 간구로, 너희 구할 것을 감사함으로 하나님께 아뢰라
> 그리하면 모든 지각에 뛰어난 하나님의 평강이 그리스도 예수 안에서 너희 마음과 생각을 지키시리라(빌 4:6-7)

오직 우리는 주님을 신뢰하기만 하면 된다. 진정으로, 즉 가슴으로부터 나오는 예배를 통해 거듭나야 한다. 특히 찬양에서 하나님

은 사라지고 인간이 드러나는 부분이 없는지 돌아봐야 한다. 진정한 예배는 하나님께 올려드리는 것이다. 예배는 인간의 친교 시간이 아니다. 이런 의미에서 일터의 어려움에서 나를 회복시키고 어떠한 상황에서도 하나님을 찬양하는 곡이 있어야 한다. 필자는 '나의 등 뒤에서'를 일터에서 자주 불렀다.

나의 등 뒤에서 나를 도우시는 주, 나의 인생길에서 지치고 곤하여 매일처럼 주저앉고 싶을 때 나를 밀어주시네
일어나 걸어라 내가 새 힘을 주리니 일어나 너 걸어라 내 너를 도우리
나의 등 뒤에서 나를 도우시는 주, 평안히 길을 갈 땐 보이지 않아도 지치고 곤하여 넘어질 때면 다가와 손 내미시네
일어나 걸어라 내가 새 힘을 주리니 일어나 너 걸어라 내 너를 도우리
나의 등 뒤에서 나를 도우시는 주, 때때로 뒤돌아보면 여전히 계신 주 잔잔한 미소로 바라보시며 나를 재촉하시네
일어나 걸어라 내가 새 힘을 주리니 일어나 너 걸어라 내 너를 도우리

◎ 오늘의 묵상

Q 찬송가 413장의 실제 스토리를 알고 있는가?

Q 당신은 참평안을 얻는 어떤 방법을 갖고 있는가?

Q 일터에서 찬양을 자주 듣거나 흥얼거리는가? 그럴 때 느끼는 은혜는 무엇인가?

14. 세금과 이자는 비용 아닌 축복

기업을 경영하면서 가장 버거운 비용은 무엇일까? 날로 늘어나는 인건비를 언급하는 경영자도 있지만, 그 비중은 전체에서 10-20% 정도이다. 물론 마케팅 인력이 많은 플랫폼 기업 등은 예외지만. 공장 부지 대금이나 임대료 등을 거론하기도 하지만 이마저도 현재 잘 활용하고 있다면 크게 문제 될 것이 없다. 그만큼 회사의 경영과 이익 증대에 실질적으로 기여하고 있기 때문이다. 진짜로 회사의 경영에 도움이 되지 못하면서 누수처럼 인식될 수 있는 것이 세금이다.

강남구 삼성동 무역센터에서 오래 근무하면서 경영관리본부장과 자회사 사장으로 재산관리 업무를 수행하였다. 우리나라 무역의 총본산인 무역센터가 전시장으로 사용되고 몰과 오피스 임대 등을 통해 수익을 올려 대한민국의 무역진흥이라는 선한 곳에 자금을 투입하고 있지만, 절대로 피해갈 수 없는 의무가 있다. 세금을 내야 한다는 점이다. 공적인 일을 하고 있어도 법적인 실체가 사단법인이고 비즈니스를 하는 일반적인 법인이라면 절대로 세금에서 도망칠 수 없다. 어느 정도 부담해야 할까? 제세공과금이 웬만한 중소기업의 매출액을 크게 넘어선다. 무역센터는 연간 수백억 원의 세금을 부담한다. 특히 최근 땅에 대한 공시지가가 오르면서 세금에 대한 부담도 눈덩이처럼 늘어났다. 한 해에 30%를 육박해 공시지가가 오른 적도 있다.

기업이 이익을 내면 그중 일부를 세금으로 내는 것은 너무나 당연하다. 그런데 무역센터에 대한 세금 대부분은 토지분 보유세이다. 땅을 갖고 있다는 이유로 영업이익 여부와 관계없이 세금을 내야 한다.

너무 억울하다는 생각이 들기도 한다. 땅을 투기해서 팔아 차익을 남긴 것도 아니고 보유하면서 무역진흥 등 공적 사업에 사용하고 있는데 벌칙성(?) 세금을 부과받고 있는 것은 아닌가 의문도 든다.

제세공과금은 순수한 세금에 그치지 않는다. 사업장이 서울의 강남에 있다는 이유로 교통유발부담금이라는 생소한 준조세도 내야 한다. 아니 교통을 유발하니 세금 아닌 세금을 내라고? 경제 활성화를 위해 사람이 잘 이동하도록 하는 등 서비스 품질을 높이는 것을 장려해야 하는 것 아닌가? 동시에 3천 대 이상을 수용할 수 있는 주차장을 방문객이 편하게 이용할 수 있도록 해야 하는데 주차요금은 일정선 이하로 내려가지 못하도록 커트라인도 있다. 주차요금을 낮춰 손님을 유치해야 사업이 잘되는데 그런 것은 하지 말라고 한다. 사회주의 체제를 연상시키지만 규정이니 따라야 한다.

세금과 이자는 일로 모두가 혜택을 받는 증거

세금은 갖고 있는 재산과 이익에 대한 것이니 어느 정도 수긍할 수 있지만, 기업을 괴롭히는 또 다른 주인공이 있으니 그것은 이자이다. 외부 자금을 사용했으니, 이자를 내는 것은 너무 당연하다고 생각할 수 있으나 도대체 적정 수준을 알 수가 없다. 연간 10%에 육박하는 금리도 있고 1%대 금리도 있다. 매출액 증대보다 차입금 금리를 낮추는 것이 경영의 핵심 이슈가 되기도 한다. 영업을 통해 수익을 낸 상당수 기업들이 이자를 내고 나면 수익이 마이너스로 돌아선다. 어떻게 보면 이자를 지불하기 위해 비즈니스를 한다는 생각을 하기도 한다. 더 무서운 이야기는 "이자는 당신이 자는 순간에도, 기업이 손해를 보고 있는 상황에도 째깍째깍 초침이 가는 시계와 더불어 눈덩이처럼 불어나고 있다"라는 격언이 사실이라는 점이다.

그러나 세금과 이자에 대한 생각을 달리하면 감사로 다가온다. 비즈니스가 가능하도록 안전을 확보해 주고 누구나 쉽게 올 수 있도록 도로를 깔아준 대가라는 생각에 미치면 세금에 대한 생각이 달라진다. 더구나 좀 더 어려운 사람에게 적지 않은 세금이 흘러 들어가는 사회복지가 시스템적으로 정착되는 데 기여하고 있다고 생각하면 하나님도 세금을 좋아하실 것 같다는 생각이 든다. 이자도 넓은 의미의 세금이다. 남의 돈을 잘 사용했으니, 그 대가를 내야 하고 그 이자가 더 필요로 하는 사람이나 기업에게 또다시 흘러갈 것이라고 생각하니 아깝지 않다.

월급쟁이로 매년 1월이면 연말정산을 하고, 매년 5월이면 연간 소득에 대해 다시 한번 정산을 한다. 당연히 5월에 적지 않은 돈을 세금 명목으로 추가로 납부한다. 무슨 세금이 이리 많은지 스스로 놀란다. '국가가 나에게 해준 것이 무엇인가?'라고 분개할 때도 있었다. 불만을 높이다가 이제는 많은 세금을 자축한다. '하나님이 주신 능력으로 내가 사회에 기여하고 있구나'라는 생각이 들기 때문이다. '아직까지 사회에 받는 것보다 주는 것이 많구나.' 정확히는 모르지만 그렇게 생각하려고 노력한다. 선하게 사용될 것이라는 믿음이 서니 세금도 감사로 다가온다. 더불어 세금은 하나님이 나를 축복한 결과라는 데 이론이 없다. 일터와 일이 있으니 가능함은 물론이다. 어디에 있든지 오늘도 평화롭게 하나님을 섬기는 데 세금이 사용되었음을 믿는다. 국가가 '밤낮 우리에게 담이 되었기 때문'(삼상 25:16)이라는 고백에 나도 동참한다. 또한 세금도 하나님의 주권하에 있다는 것을 인정해야 한다. 이것을 제대로 인식한 아비가일은 지혜로운 자요, 반대편에 선 남편 나발은 불량한 자라고 성경은 증언하고 있다.

다윗이 아비가일에게 이르되 오늘 너를 보내어 나를 영접하게 하
신 이스라엘의 하나님 여호와를 찬송할지로다
또 네 지혜를 칭찬할지며 또 네게 복이 있을지로다 오늘 내가 피
를 흘릴 것과 친히 복수하는 것을 네가 막았느니라
나를 막아 너를 해하지 않게 하신 이스라엘의 하나님 여호와의
살아 계심을 두고 맹세하노니 네가 급히 와서 나를 영접하지 아
니하였더면 밝는 아침에는 과연 나발에게 한 남자도 남겨 두지
아니하였으리라 하니라(삼상 25:32-34)

◎ 오늘의 묵상

Q 당신은 개인이나 회사가 지불하는 세금이나 이자가 아깝다고 생각하는가?

Q 국가가 당신에게 주는 것과 당신이 내는 세금 중 무엇이 많다고 생각하는가?

Q 세금을 많이 내는 것이 하나님의 축복과 깊게 관련되어 있다는 사실에 동의하는가?

15. 기도는 스트레스를 없애는 첨병

일만 생각하면 자연스럽게 스트레스가 따라온다. 특히 직장 상사와 동료를 생각하면 스트레스가 극에 달하는 사람이 적지 않다. 어떤 사람은 스트레스 관리가 일이라고 말한다. 필자도 신입직원 초기부터 10여 년 동안 스트레스성 소화불량을 달고 살았다. 고생한 것이 불쌍하게 보였는지 창립기념일 포상자 명단에 필자 이름이 오르는 데 소화불량이 큰 역할을 하였다. 엇비슷한 공적 탓에 스트레스로 고생하고 있는 상황이 어필한 것이다. 회사에 다니려면 어느 정도의 스트레스는 당연하다고 생각했으나, 문제는 연차가 올라가도 스트레스가 감소되지 않았다는 점이다. 그래서 필자는 직장 생활 초기에 두 가지 최면 아닌 최면을 걸었다. '너는 슈퍼 엘리트다. 능력이 뛰어나다. 무엇이든지 이겨낼 수 있다.' 이런 나만의 구호를 아침마다 사무실에 들어가기 전에 외쳤다. 또한 출근 전날 잠을 잘 자기 위해 너무 웃긴 몽상을 하였다. '나는 왕국의 왕자다. 그런데 리더 훈련을 위해 잠시 힘든 일을 맡고 있다. 조만간에 나를 왕으로 모시러 오는 사람이 있을 것이다. 잠시만 참고 견디자.' 이런 노력으로 스트레스가 사라졌을까? 답은 아니다. 상당 기간 동안 잠을 이루지 못했고 아침마다 출근하는 것이 고역일 때가 있었다.

이에 대한 대안은 생각을 억지로 전환하는 것이다. 일에서 장점을 찾기보다는 회사와 동료의 장점을 찾기 시작했다. 처음에는 전철로 연결되는 회사 사무실에 높은 점수를 주었다. 겨울에 눈이 와도 걱정이 없고 여름에 폭우가 와도 우산이 필요 없다. 또 높은 건물에 있으니 전망이 좋았다. 누구는 입장료 내고 스카이라운지를 간다는 데 필자는 매일 입장료 없이 그런 전망을 감상하고 있다. 어떤 회사는 주차하기 힘들다고 하는데 회사가 지원해 주니 정말 고맙다는 생각이 들었다. 입사 동기가 28명이었는데 매달 한 번씩 점심을 같이 했다. 어떤 때는 그날을 기다리는 것으로 하루하루를 넘겼다. 동기끼리 수다를 떨다 보면 걱정과 근심을 잠시 잊을 수 있었다. 회사 동료들 중 마음에 드는 사람이 한두 명 늘어나고 같은 고민을 나눌 수 있어 좋았다. 그러나 이런 노력은 그것을 누리는 시간에는 나름 효과가 있었으나, 근본적인 변화를 가져오지는 못했다.

스트레스에는 두 가지 종류가 있다고 한다. 고통을 유발하는 나쁜 스트레스인 디스트레스(Distress)가 있고, 반대로 활력을 불어넣는 유스트레스(Eustress)가 있다. 앞의 것은 익숙한데 후자는 무엇일까? 이것은 기분 좋은 일, 좋은 기대를 갖고 설렘으로 일을 맞이하는 좋은 긴장감이다. 이른바 '즐길 수 있는 스트레스'라고 말한다. 우리가 건강하게 기분 좋게 매일매일을 보내려면 긍정적인 유스트레스를 받아야 한다. 아니 이를 만들도록 노력해야 한다. 유스트레스가 넘치도록 스스로 노력하는 마음이 필요하다. 깊은 숨쉬기와 명상, 그리고 가벼운 운동 등이 지렛대이다.

감사는 하나님이 가장 좋아하는 메뉴

위대한 대통령으로 평가받는 링컨은 오히려 흑역사로 유명하다. 노예제 폐지를 내걸어 항상 암살 위험에 노출되었고 실제로 재직 중에 암살당했다. 우울증에도 평생 시달렸다고 한다. 그는 희귀 유전병인 마르팡 증후군을 앓아 척추가 휘고 깡마른 체형을 벗어나지 못했다. 그럼에도 그는 생전에 행복했던 사람으로 기억된다. 행복은 마음먹은 만큼 누린다고 강조하였다. 행복은 조건이나 환경이 아니라 긍정적으로 세상을 보는 역량에 달려 있다고 말했다. 유스트레스를 선택한 대표적 인물이다.

새 소리를 우는 것으로 받아들이느냐, 노래하는 것으로 여기느냐는 정반대 의미다. 자기가 선택할 수 있고 해석할 수 있다. 오직 내 마음이 기준이다. 그러니 내가 행복해지고 싶으면 그렇다고 생각하기만 하면 된다. 새 소리가 나의 삶을 찬양해 주는 노래가 될 수 있다. 그래서 일터에서 긍정적이려고 노력하고 노력하였다. 아주 안 좋은 일을 당해도 조만간 좋은 쪽으로 방향이 전환될 것으로 생각하였다. 누군가 말했던 것을 읊조리고 또 읊조렸다. "나쁜 예상의 90%는 일어나지 않는다. 그러니 걱정의 90%는 쓸데없는 것이다." 그러자 유스트레스가 상당히 증가하는 선순환으로 연결되었다. 그럼에도 스트레스와 불안이 나를 다시 덮치는 상황이 불현듯 자주 몰려 왔다.

여기에 마지막 특효약이 있다. 기도의 자리에 나서는 것이다. 물론 처음부터 매일 일정하게 기도할 수 있으면 금상첨화지만, 위기 때 "주님, 내 힘으로 안 되네요. 도와주세요. 걱정을 감사로 변하게 해주세요. 주님만이 하실 수 있습니다. 주님을 찬양합니다"라고 기도할 수 있다. 자기를 죽이려는 조서에 도장이 찍힌 것을 안 다니엘은 평상시처럼 윗방에 올라가 기도하였다. 죽음을 앞두고 속으로는 얼마나 큰 스트레스에 내몰렸을까? 그 순간에도 기도를 선택한 것이다. 분명히 무릎을 꿇고 감사기도를 했을 것이다. 상황에 동의할 수 없음에도 불구하고…. 믿는 자와 안 믿는 자의 차이는 이것이다. 상황이 다른 것이 아니라 상황에 대처하는 방법이 다르다. 그래서 스트레스가 기쁨과 감사로 변한다.

다니엘이 이 조서에 왕의 도장이 찍힌 것을 알고도 자기 집에 돌

> 아가서는 윗방에 올라가 예루살렘으로 향한 창문을 열고 전에 하던 대로 하루 세 번씩 무릎을 꿇고 기도하며 그의 하나님께 감사하였더라
> 그 무리들이 모여서 다니엘이 자기 하나님 앞에 기도하며 간구하는 것을 발견하고(단 6:10-11)

어느 날 아침 평상시와 같이 아내랑 시편 10편을 읽고 묵상한 것을 나누다가 발견한 내용이다. 감사가 그 어떤 물질보다 더 여호와를 기쁘게 한다는 구절이 새롭게 다가왔다. 감사는 나를 위해 하는 것이라고 생각했는데 하나님이 가장 좋아하는 일상의 메뉴였음을 알게 되었다. 하나님은 내가 디스트레스에 빠져 있는 것을 원하지 않으신다. 감사라는 처방을 통해 기쁨(유스트레스)이 넘치길 원하신다. 믿는 자는 오직 행복만 선택할 권한이 있다. 아니 자연스럽게 행복이 주어진다.

> 내가 노래로 하나님의 이름을 찬송하며 감사함으로 하나님을 위대하시다 하리니
> 이것이 소 곧 뿔과 굽이 있는 황소를 드림보다 여호와를 더욱 기쁘시게 함이 될 것이라(시 69:30-31)

◎ 오늘의 묵상

Q 당신은 일터에서 어떤 스트레스에 시달리는가?

Q 스트레스를 이기는 당신만의 방법을 갖고 있는가?

Q 하나님의 도움으로 스트레스를 감사로 연결하고 있는가?

V.

관계 관리와 헌신

1. 일이 힘든 근본적인 이유

　일은 왜 힘들까? 너무나 뻔한 질문이지만, 많은 오해도 있음을 부인하기 힘들다. 상당수 취업 준비생들은 회사에 들어가기 위해 소위 '스펙'이라는 단어에 몰두한다. 더 좋은 직장에 들어가기 위해 좋은 스펙을 만드는 것이 절대적으로 필요하다고 보고 여기에 거의 모든 것을 걸기도 한다. 스펙 하면 좋은 학교와 좋은 성적은 기본이고 각종 자격증이 등장한다. 요즘에는 대외 활동이나 이벤트에 참가하여 발표한 것도 스펙으로 간주한다. 이에 따른 부작용도 적지 않다. 갈수록 내용보다 포장이 우선이고, 1-2일짜리 이벤트 참가도 대단한 것으로 변질되기 일쑤다. 입사를 위한 모든 채용 절차도 스펙을 확인하고 그것의 위대함을 칭송하는 콘테스트와 다르지 않다.

　그러나 앞의 질문으로 돌아가 일의 성격을 제대로 알고 회사의 메커니즘을 이해한다면 스펙 중심의 선발이 얼마나 허무하고, 스펙 중심의 입사 대비가 얼마나 한계가 있는지 절감하게 된다. 일에 대한 개개인의 능력은 사실 능력이 아니다. 지식인 경우가 대부분이고 이것은 일을 하는 기초이다. 일하는 것의 정점은 나와 다른 동료와의 연결이다. 더 정확하게 말하면 연결을 넘어 얼마나 잘 협력하느냐로 귀결된다. 일은 관계이고, 일이 힘든 것은 일을 관계로 보지 않고 내가 해야 하는 나만의 몫, 또는 상대의 몫으로 보기 때문이다. 좀 더 세밀하게 꿰뚫어 보면 일은 나와 동료에 대해 관계를 통해 새롭게 연결하는 접착제이다. 이런 관계보다 나의 능력에 의존하면 일을 잘하는 것과 반대 방향으로 가는 것이다. 더욱이 회사에 머물 때 힘들 뿐만 아니라 집에 와서도 관계 문제로 스트레스에서 자유롭지 못하다. 따라서 취업 준비생이라면 면접은 관계력 테스트이고, 그것을 잘하는 것이 회사의 우수 인재로 선발되는 첩경이라는 점을 제대로 이해해야 한다.

물론 기본적인 지식도 일에 필요하다. 그래서 학점도 어느 정도 좋아야 하고 경제 메커니즘을 이해하는 상식도 필요하다. 학점은 성실함의 표현이고 경제 이해는 비즈니스 환경을 제대로 둘러보는 데 필요하기 때문이다. 이공계라면 전문적인 역량도 중요하다. 그러나 이것은 출발점에 불과하다. 스펙은 기초일 뿐 능력이 아니다. 우리는 하루 종일 일터에서 대화한다. 대화의 기본은 나의 의사를 상대에게 전달하는 것이고 상대의 의사를 듣는 것이다. 그러나 이런 1차적인 의미에 그치면 안 된다. 나와 상대의 관계를 더욱 긴밀하게 만들어 일의 생산성을 높이는 것이 궁극적인 대화의 목적이다. '나 중심의 사고'를 '상대방과 나와의 관계'로 업그레이드(Up-grade)하는 것이 회사에서의 성장이고 더 나아가 나의 실력을 높이는 것이다. 통상 조직에 죄가 들어가면 남을 탓하게 된다. 심지어 아담처럼 부인도 탓하게 된다. 결국 관계를 무시하고 일을 하는 관행은 죄가 들어와 일터에 뿌리를 내린 결과다.

'나 중심의 사고'를 '상대방과 나와의 관계'로

그렇다. 남을 탓하는 것이 관계를 틀어지게 한다. 일터에서 죄가 들어왔는지를 알아보는 최고의 척도는 나의 언어와 행동에 남을 탓하는 모습이 침투했는지 되돌아보는 것이다. 아무런 거리낌 없이 자동으로 남을 탓하면 죄가 만연한 중증이다. 심지어 성경 구절에서 아담이 그 아내에게 책임을 전가한 데 이어 아내인 하와는 자기가 한 일에 대한 책임을 동물에게 전가하기도 한다. 창세기 3장에 기록된 바와 같이 죄가 우리에게 들어오면 창피함, 회피와 단절, 두려움이 다가오도록 상황을 악화시킨다. 이런 증상에는 한 가지 공통점이 있다. 연결된 관계를 단절하고 숨게 만든다.

이런 상태에 대한 처방은 격려(Encouragement)와 용기(Courage)이다. 이들 단어는 공통점이 있다. 라틴어에서 심장(생명)을 뜻하는 'cor'이라는 스펠링을 모두 내포하고 있다. 관계를 진작하기 위해 남을 탓하지 말고 상대에게 격려와 용기를 주어야 한다. 즉 두 단어에 공통으로 들어간 심장(cor)을 상대에게 주어야 한다. 격려는 내가 심장을 준다는 의미이고, 용기는 나와 상대방의 저 깊은 곳에서 잠자고 있는 생명이 위로 올라오도록 심장을 서로 공유하게 만든다. 앞의 질문으로 돌아가 '일이 왜 힘든가?'에 답은 일의 잘함과 못함이 개별적인 능력에 있지 않고 상당 부분 다른 사람과의 관계에 있기 때문이다. 그 관계가 서로 간의 격려와 용기에 뿌리내리고 있다는 것을 모르기 때문이다. 그래서 우리는 오늘도 용기를 내어서 옆 사람을 격려해야 한다. 내 생명을 준다는 생각으로 진심으로 말이다. 하나님이 우리에게 참생명을 주신 것처럼. 그러면 그 조직에서 어려운 일을 내가 먼저 하려는 용기가 용솟음친다.

◎ 오늘의 묵상

Q 당신에게 일은 힘든가? 그렇다면 왜 그런가?

Q '남 탓=죄의 침투'에 동의하는가?

Q 일이 '나와 상대방과의 관계'에서 출발한다고 믿는가?

2. 상대를 살리는 관계 중심의 대화법

하나님은 감사하게도 나를 창조하셨다. 만든 다음에 허허벌판에 두지 않으셨다. 사람 속에 두셨다. 하나님은 인간을 창조하실 때 이미 이런 관계를 염두에 두셨을 것이다. 따라서 관계를 잘 맺는 것은 창조 목적을 시현하는 데 매우 중요한 포인트다. 더 나아가 다른 사람과 대화를 잘 하지 못하면 발전이 없을 뿐만 아니라 진정한 인간이 될 수 없다고 단정하면 무리일까? 더욱이 하나님의 자녀로 땅끝까지 복음을 전하는 것도 어쩌면 관계이다. 성경은 다름 아닌 인간과 하나님의 관계에 대한 스토리다. 더욱이 성공보다는 실패가 훨씬 많아 "그렇게 살지 말라"라고 경고하는 책이다.

하나님은 몸소 대화로 많은 모범을 보여 주셨다. 대화할 때 무엇을 조심해야 할까? 우선, 나 중심에서 탈피해야 한다. '내가 아닌 우리'가 중요하다. '내 중심'이 아니라 '우리 함께'가 대화의 중심 구도다. 내 행복을 위해 대화를 하는 것이 아니라 나는 물론 상대방에게 축복이 동시에 임하도록 대화해야 한다. 그것이 화목이다. 화목은 하나님의 또 다른 속성인 사랑을 실천하는 출발점이다. 그러니 우리는 삶을 엮어 가면서 화목하도록 몸부림치며 노력해야 한다.

> 할 수 있거든 너희로서는 모든 사람과 더불어 화목하라(롬 12:18)

화목한 관계를 위해 우리는 무엇을 해야 할까? 지혜 있게 대화하는 법을 배워야 한다. 지혜라는 단어의 히브리어(חָכְמָה, 호크마)는 '전문적인 기술'이라는 뜻도 있다. 그 기술은 지적이나 거래 중심의 단도

직입적 질문을 퇴출하는 데서 출발해야 한다. "왜 그렇게 했느냐"라고 다그치고 협상하듯이 말하는 태도를 버려야 한다. 동생을 죽인 가인에게 하나님은 "왜 동생을 죽였느냐"라고 말하지 않으신다. 대신 "네 아우 아벨이 어디 있느냐"라고 물으신다. 밧세바를 범하고 그 남편까지 죽인 다윗에게 하나님은 사악하다면서 불호령을 바로 내리지 않으신다. 나단 선지자를 통해 스스로 깨닫고 회개하도록 기회를 주신다. 이런 하나님의 대화법은 성경에 계속 등장한다. 여기에는 관계 관리를 위해 어떻게 대화해야 하는지 전문적인 기술이 녹아 있다.

이를 본받기 위해 관심을 나타내는 대화법이 필요하다. 일터의 옆 동료에게 겉으로 드러난 그대로를 인정하면서 "힘드시죠?"라는 말과 함께 관심을 넘어 재기에 필요한 힘을 전달해 주는 공감형 질문을 해야 한다. 부하 직원이 오랫동안 준비한 프로젝트를 망쳤다면 "왜 그랬냐?"(회사 중심)라는 다그침보다 "지금 많이 힘들죠? 누구나 그 과정을 통해 성장합니다. 이제 차분히 실패의 원인을 같이 찾아요. 도와줄 부분이 있으면 언제든 말해 주세요"라고 응원하면 어떨까? 대화(질문)의 목적은 과거를 캐묻는 것이 아니라 상대의 성장과 발전을 위해 내가 기꺼이 "당신의 미래를 위한 디딤돌이 되어 주겠다"라는 것을 선언하는 것이다.

대화의 목적은 질책이 아닌 상대의 발전 지지

일터에서 현실적으로 대화를 이어가기 힘든 상사와 동료들이 수두룩하다. 그와의 관계도 하나님의 창조 사역 안에 있으니 대화에 문제가 있다면 되짚어 봐야 한다. 어느 회사든 나에게 밉게 말하는 상사가 있다. 그럴 때 원인을 잘 짚어봐야 한다. 나에게만 그런지, 아니면 다른 사람과도 대화가 거친지 분석해야 한다. 나에게만 유독

심하다면 일하는 나의 방법이나 관계가 잘못되었을 가능성이 매우 높다. 스스로 하나하나 되짚어 보면서 고쳐야 한다. 덜렁대는 성격은 없는지, 다른 팀원이나 팀을 배려하지 않고 좁은 시야에 갇혀 일을 하는 것은 아닌지…. 만약 동일한 상사가 적지 않은 부하 직원들과 문제를 야기하고 있다면 하나님께 맡기고(기도하면서) 좀 더 자유로울 필요가 있다. 아니면 지금 그 상사가 특별한 상황에 빠져 있는지도 알아봐야 한다. 미워하기 전에 내가 먼저 그를 이해하고 도와야 할 부분이 있을 수 있기 때문이다.

반대로 내가 상사 위치에 있다면 두 가지 태도가 필요하다. 문제가 발생하는 다른 사람의 사례를 들으면 나도 동일한 실수를 할 수 있다고 생각하고 스스로를 점검해야 한다. 직장 내 괴롭힘 문제라면 그 주인공을 탓하기보다는 먼저 나는 그런 요소가 없는지 돌아봐 시정하고 또 시정해야 한다. 아주 사소한 대화도 의도치 않게 성적인 문제나 직장 내 괴롭힘으로 전환된다. 또한 만약 CEO라면 내 상사는 하나님이라는 생각으로 하나님의 관점으로 직원을 긍휼히 보고 대화를 위한 단어 선택에 신중해야 한다. 결국 상사에게 필요한 단어는 나쁜 리더는 있어도 나쁜 팀원은 없다는 겸손함이다. 더불어 깊은 대화를 위해 듣기에 열중해야 한다. 흔히 침묵은 금이라고 하지만 듣기만큼 귀하지는 않다.

◎ 오늘의 묵상

Q 스스로 대화에 기술이 필요하다고 인정하는가?

Q 일터에서 대화로 사랑을 전하고 있는가?

Q 일터에서 나쁜 리더는 있어도 나쁜 팀원은 없다는 말에 동의하는가?

3. 싫어하는 동료 일로 돕기, 최고 이웃 사랑

나는 오늘 왜 일을 해야 하는가? 끊임없이 나에게 던질 질문 중 하나다. 너무 쉬운 질문이라고 생각할 수 있다. 먹고사는 것이 급하니…. 천편일률적인 답이 나올 수 있지만, 너무 수준 낮은 대답이라고 생각한다. 솔직히 너무 동물적이다. 하나님이 인간을 만들고 심히 기뻐했다고 하면서 세상을 다스리라고 명령하셨는데 기껏 "먹기 위해 산다"라고 하면 너무 난처해지는 것 아닌가? 더욱이 멋진 삶에서 보람을 찾으려는 젊은이에게 위와 같은 대답은 바로 절망으로 연결된다고 해도 과언이 아니다.

비즈니스를 하는 사람에게 적합한 대답이 있다. 제품이나 서비스를 통해 돈을 벌고 있다면 이익을 남기기 전에 분명한 목표가 하나 있어야 한다. '내가 만든 제품이 최고'라는 자부심이 있어야 한다. 다른 사람의 욕구나 필요를 그럭저럭 충족시키는 제품은 낮은 수준의 이웃 돕기라고 생각한다. 보다 혁신적이고 저렴한 제품의 양산은 어느 정도 가격을 지불했더라도 결코 낮지 않은 이웃 돕기이자 주위의 사람을 살리는 제품과 서비스가 된다. 왜냐하면 좋은 제품은 파는 사람에게 이익을 안겨줄 뿐만 아니라 쓰는 사람에게는 기쁨을 넘어 새로운 기회를 제공하기 때문이다.

상당수가 연말이면 불우이웃을 찾아간다. 쌀을 들고 연탄도 배달하며 고아원과 양로원도 방문한다. 좋은 일이다. 그런데 더 수준 높은 이웃 돕기는 일을 통해 같은 회사 동료를 돕는 것이다. 매일 만나면서, 더욱이 하루에 약 9시간 정도를 함께 보내면서 이웃 사람(회사 동료)을 못살게 하고 다른 이웃을 돕는다는 것은 어불성설이다. 크리스천으로서 이웃을 사랑하라는 하나님의 지상명령을 잘 지키는 성도가 있다고 생각해 보자. 그런데 그가 회사에서 싫어하는 사람과 좋아하는 사람을 구분하여 사귀고, 일을 힘들어하는 후배나 동료를 못 본 체한다면 진짜 하나님의 자녀라고 할 수 있겠는가? 더욱이 하나님을 믿는다고 하면서 상사로서 갑질을 하거나 회사에 있는 고아와 과부(신입직원이나 음지에서 어렵게 일하는 직원 등)를 나 몰라라 한다면 앞뒤가 맞지 않는다.

또한 상당수는 최고의 악당 상사가 자기 회사에 있다면서 비난하기에 바쁘다. 동료 중 도저히 용서할 수 없는 앙숙이 내 옆으로 왔다고 목소리를 높인다. 그러나 그런 관계에 있는 사람을 도와야 참다운 이웃돕기라고 성경은 말한다. 진정한 이웃 돕기라면 가장 많은 시간을 보내면서 가장 많은 사람을 만나는 회사를 건너뛰면 안 된다. 일로 가장 껄끄러운 사람에게 먼저 손을 내밀면서 도와줄 일이 없는지 살갑게 말을 건네는 것으로 시작해야 한다. 이것이 원수를 사랑하는 것과 비슷한 이치라고 성경은 조언한다.

> 나는 너희에게 이르노니 너희 원수를 사랑하며 너희를 박해하는 자를 위하여 기도하라
> 이같이 한즉 하늘에 계신 너희 아버지의 아들이 되리니 이는 하나님이 그 해를 악인과 선인에게 비추시며 비를 의로운 자와 불의한 자에게 내려주심이라 (마 5:44-45)

일터에서 동료를 미워하는 것은 살인

우리는 일터에서 다양한 사람과 접촉한다. 외부 자금을 사용하는 대부분의 기업들은 은행 창구를 이용하여 부족한 돈을 융통하

거나, 남는 돈은 이자를 받기로 하고 맡긴다. 외부 투자자를 끌어들여 미래에 유망한 비즈니스를 함께하자고 약속하고 계약서에 서명한다. 수시로 일어나는 경영상 문제를 해결하기 위해 변호사의 도움을 받고 노무사의 코칭을 받으며 원만한 노사관계를 만들려고 노력한다. 시선을 지역사회로 돌리면 월급을 받아 소비를 하면서 지역경제를 살리고 자녀도 좋은 환경에서 교육할 수 있다. 기업에는 정부도 협력적 파트너다. 기업이 세금을 내는 등 기여하는 분야가 있지만, 정부는 좋은 사회간접자본을 통해 기업이 높은 대외경쟁력을 유지하도록 도와준다. 개인 차원에서도 국가의 다양한 복지혜택을 통해 더욱 윤택한 삶을 이어가게 된다. 결국 일과 일터는 선함을 전파하는 디딤돌 역할을 하게 된다.

> 그가 우리를 대신하여 자신을 주심은 모든 불법에서 우리를 속량하시고 우리를 깨끗하게 하사 선한 일을 열심히 하는 자기 백성이 되게 하려 하심이라(딛 2:14)

예수님은 자기를 따르고 자기에게 잘 보인 사람만을 구원하기 위해 십자가 행을 택하지 않으셨다. 모든 인류를 구원하시기 위해 십자가에 못 박힌 것이다. 그중에는 예수님을 못 박은 자도 있고 십자가 처형에 일조한 군사들도 있을 것이다. 우리는 흔히 영화를 보고 만족하지 못하면 감독을 원망한다. 무슨 영화를 이렇게 만들었냐고 혹평한다. 비슷한 이치로 회사 동료를 자기 마음에 들지 않는다고 홀대하면 그를 만든 하나님을 평가절하하는 우를 범한다. 나를 만드신 분이 그 동료도 만들었다. 도저히 용서하지 못하겠다고 동료를 욕하면 예수님이 또다시 십자가에 못 박혀야 한다는 논리로 연결될 수 있다.

사람에 대해서 쉽게 평가해서는 안 된다. 회사 동료나 상사라면 더욱 그러하다. 언젠가 그들에게 아주 긴요한 도움을 요청할 때가 다가오기 때문이다. 그런데 하나님의 관점으로 옮기면 더욱 선명하게 어떻게 해야 하는지 답을 얻게 된다. 나를 만든 것도 하나님이고 그를 만든 것도 하나님이기 때문이다. 저런 사람도 도와야 하냐고 불평하면 하나님을 무시하는 것이다. 오늘 회사에서 가장 싫어하는 사람을 위해 기도해야 한다. 그것이 가장 현실적으로 하나님이 기뻐하시는 이웃 사랑이다. 크리스천으로서 회사에서 용서하지 못할 사람이 있다면 살인하지 말라는 십계명을 어긴 것이다. 살인하지 말라는 말은 다른 생명을 미워하지 말라는 말이다. 동료(형제)를 미워하거나 욕하는 자가 지옥 불에 들어간다는 말은 더욱 섬뜩하게 다가온다. 일터에서 선별적인 사랑은 구원과도 연결된다.

> 나는 너희에게 이르노니 형제에게 노하는 자마다 심판을 받게 되고 형제를 대하여 라가라 하는 자는 공회에 잡혀가게 되고 미련한 놈이라 하는 자는 지옥 불에 들어가게 되리라 (마 5:22)

◎ 오늘의 묵상

Q 당신은 일터에서 남을 돕는 데 열심인가?

Q 회사 동료가 이웃이라는 사실에 동의하는가?

Q 회사 동료를 미워하는 것이 살인이라는 것에 동의하는가?

4. 말이 만사, 위증 금지

요즘 흔하게 듣는 말 중의 하나가 직장 내 괴롭힘에 대한 것이다. 어떤 회사는 직장 내 괴롭힘 신고가 너무 많아서 그것을 조사하느라 회사 업무가 마비될 정도라고 말한다. 우연히 직간접적으로 경험한 일화를 소개한다. 모 기업의 팀장급 리더가 아침에 복도를 지나가면서 직원(여자)에게 "오늘 머리 스타일 좀 그러네"라고 말했다고 한다. 그 직원은 그 말로 상처를 받았다면서 직장 내 괴롭힘과 성희롱을 이유로 제도적인 해결을 요청하였다. 공정한 조사와 처리를 위해 외부 전문가(공인노무사)가 개입하여 다각도로 조사하고 인사위원회에 그 결과에 대한 보고서가 제출되었다. 사실 위의 한 문장이 문제의 전부는 아니었다. 평소 반목과 업무 협력에 대한 분쟁이 있었는데 생각하기에 따라 다양한 해석이 가능한 문장 하나로 폭발한 것이다.

인사위원회에서 두 사람의 대답은 극과 극을 달렸다. 리더는 아침에 팀원을 만나 좀 부스스하게 보이길래 어디 아픈 것 아닌가 생각해서 말했다는 것. 그러나 반대편 직원은 뜬금없이 머리 스타일을 말하는 것은 성적인 내용과 연결되는 것일 뿐만 아니라 업무와 전혀 관련 없는 지극히 사적인 영역으로 다분히 나를 괴롭힐 의도가 있다고 보았다고 강조했다. 사내 인사위원회 결과는 리더에게 참혹하게 다가왔다. 무거운 징계는 아니었지만, 결과적으로 회사를 그만두게 만들었다. 파장은 여기서 그치지 않고 그 후로 같은 회사에서 괴롭힘에 대한 문제 제기가 이곳저곳에서 튀어나왔다. 일을 제대로 하기 힘들 정도로 괴롭힘 논란이 야기되어 조직 전체의 문제로 비화된 셈이다.

회사에서 거의 모든 문제는 말에서 시작된다. 내 경험상 90%는 말에서 모든 문제가 촉발된다. 갈등의 원인으로 조직 내 세대 차이를 많이 이야기하지만, 그것도 대부분 말에 기인한다. MZ세대들이 금과옥조처럼 내세우는 주장이 있다. '충·조·평·판하지 말라'가 그 주인공이다. 개인에 대해 충고하는 말이나 조언하는 말, 그리고 일하는 방식에 대해 평가와 판단을 하지 말라는 말이다. 회사라는 같은 공간에 있으면서도 '신경을 끄라'는 선언이니 도대체 같이 일을 하자는 말인지, 그 반대인지 헷갈린다. 그래서 '요즘 회사에서 무난하게 잘 보내려면 되도록 남에 대해 말하지 말라'가 지혜 아닌 지혜다. 차분히 생각해 보면 젊은이들이 무조건 대화하기를 싫어하는 것은 아니다. 충·조·평·판의 내용이 대부분 주관적이고 옛날 기준이기 때문이다. 더욱이 거의 모두가 부정적인 내용이라는 것도 MZ세대를 자극한다. 따라서 남의 험담을 하는 것은 더욱 조심해야 한다. 대부분 사실과 동떨어지거나 아예 관계가 없는 내용이어서 더욱 문제다.

> 너는 거짓된 풍설을 퍼뜨리지 말며 악인과 연합하여 위증하는 증인이 되지 말며
> 다수를 따라 악을 행하지 말며 송사에 다수를 따라 부당한 증언을 하지 말며(출 23:1-2)

혀는 나를 파괴하는 불이자 전도의 도구

성경은 '혀는 곧 불'이라고 말한다. 기본적으로 인간의 혀는 악한 세력의 대변자이고 선함의 통로로 사용되는 사례가 흔하지 않음을 보여주는 구절이다. 거짓된 풍설을 자주 퍼뜨리고 악인과 연합하여 위증하는 것도 입, 곧 혀이다. 그런데 입은 반대로 아주 귀하고 선한 용도로 사용되기도 한다. 바로 '입으로 시인하여 구원을 이르게 하는

엄청난 파워'를 갖고 있다는 점이다. 혀를 길들이는 것은 쉽지 않다 (약 3:8)는 점도 인정해야 한다. 그러니 내게서 어떤 선한 것을 기대하겠느냐는 마음으로 말을 줄여야 한다. 굳이 하려면 미래적이고 긍정적이며, 용기를 주는 그런 말이 필요하다. "말 한마디를 듣고 인생이 변했다"라는 젊은이들의 고백을 가끔 듣는다. 그래서 말을 많이 해야 하는 회의나 중요한 만남을 두고 우리는 기도해야 한다. 혀에 하나님의 통치가 임해서 생명을 살리는 말을 하게 해 달라고.

연말연시 인사 시즌이나 중요한 결정을 앞두고 카톡과 메신저는 거의 생방송으로 인사 부서와 그 라인에서 일어나는 일을 중계한다. 그대로 중계하면 좋을 텐데 하나가 더해지고 없던 일이 생겨나면서 현실과 다르게 임직원들을 승진시키고 딴 부서로 이동시킨다. 더구나 한 사람을 죽였다(승진탈락)가, 갑자기 살리기도 하는 마법이 등장한다. 특히 나쁜 소식은 광속으로 눈덩이처럼 불어나 회복하기 힘든 국면으로 개인을 몰아넣는다. 이때 절대 위증(거짓말)하지 말고 풍설을 퍼뜨리지 않아야 한다. 성도라면 충·조·평·판에 대한 메신저나 카톡이 날아오면 더 이상 퍼 나르지 않아야 한다. 그것이 왕따를 방지하는 출발점이고 괴롭힘의 동조자에서 벗어나는 길이기 때문이다. 당신이 믿는 자라면 혀와 손의 놀림이 달라야 한다.

◎ 오늘의 묵상

Q 일터에서 혀를 조심해 사용하고 있는가?

Q 일터에서 남을 살리는 말을 많이 하는가, 아니면 정반대인가? 글은 어떠한가?

Q 후배를 '충·조·평·판' 하는 습관은 당신에게 없는가?

5. 일은 빚진 자의 심정으로

　회사에 입사하면 대부분 가장 큰 불만은 월급이다. 10명 중 9명은 자기가 하는 일에 비해 덜 받는다고 생각한다. 신문에 다른 회사의 수천 퍼센트 보너스나 성과급이 언급되면 우리 회사는 뭐냐는 불만이 휴게 시간이나 회식에서 쉽게 터져 나온다. 어린아이와 같은 생각이지만, 신입 시절에는 다른 회사와 비교하는 것이 너무 당연한 것처럼 생각되었다. 그래서 일부는 쉽게 사직서를 내고 이직하기도 한다. 그런데 근무 연차가 높아지면서 받은 월급에 대해 다른 생각도 해보게 된다. 내가 기여한 게 별로 없다는 생각이 든다. 한 번도 월급날인 20일을 넘겨서 월급을 받아 본 적도 없으니 참 신실한 회사였다. 생각할수록 매우 고맙다는 생각이 넘친다.

　필자가 다닌 한국무역협회는 재산도 많고 탄탄하기 때문인데 내가 공헌한 것은 극히 미미한 수준이라는 결론에 쉽게 도달한다. 현재 무역센터의 토대가 된 땅은 1980년대에 구입할 때 가격이 평당 6만 원 정도였다고 들었다. 지금은 공시지가 기준으로 평당 1.5억 원 정도 된다. 천지가 개벽할 정도의 뜀박질로 인해 그 혜택을 내가 누렸다는 생각에 도달하니 그야말로 '거저 먹은 자'가 바로 나다. 회사의 선배들이 잘 투자한 것으로 인해 많은 월급도 받고 건물과 좋은 환경에서 무역 진흥에 일조한 것이 아닐까? 창업한 회사를 제외하면 적지 않은 회사가 먼저 일한 선배가 이룩한 성과 위에 숟가락 하나 얹은 경우일 것이다. 또한 회사에 입사할 때 수백 명의 경쟁자를 물리치고 들어갔다. 대부분의 회사가 그럴 것이다. 그런데 그들보다 내가 더 실력이 있었던 것일까? 운이 좋아서 그날 면접을 조금 잘 보고 면접관들이 어여삐 봐준 측면도 있다고 하는 게 정확하지 않을까?

내가 태어나는 데 내가 한 일은 무엇일까? 내가 한 일이 전혀 없다가 답이다. 부모님의 100% 은혜로 세상에 나왔다. 물론 하나님의 창조 원리가 밑바탕이고…. 경제적인 문제로 눈을 돌리면 부모님으로부터 큰돈이 되지 않는 시골 땅을 일부 받았지만, 이를 제외하면 받은 것이 없다고 목소리를 높일 수 있으나 오래가지 못한다. 어려서 아무 능력이 없을 때 먹여주고 입혀주고 재워주고 의식주를 해결해주었으니 말이다. 은혜와 감사가 끝이 없다.

섬김의 자리는 곧 은혜의 자리

다음은 일터사명아카데미에서 들은 내용 중 일부다. 예수 그리스도에 대한 구원을 1차 소명이라고 말한다. 이로 인해 하나님의 자녀가 되었다. 내가 전혀 대가를 지불한 것이 없는데 엄청난 선물을 받은 것이다. 그런데 2차 소명이 있다고 말한다. 일하는 사람으로의 부르심이 그것이다. 왜 그럴까? 종교 개혁자인 마르틴 루터는 고린도전서 7장 20-22절에서 그 이유를 찾는다. 우리가 어떤 일(직업)을 할 때는 빚진 자의 심정으로 해야 한다. 빚진 자는 법적 용어인데 누구에게 빚을 졌을까? 구원받은 자 입장에서 당연히 채권자는 죄에서 아무 대가 없이 속량해 준 예수 그리스도이다. 그런데 이 빚을 예수님이 아니라 예수님이 구원하고자 하는 사람에게 갚으라고 성경은 이야기한다. 그 포인트를 잘 이해하고 감격해하며 예수 그리스도에 대한 전도에 힘써야 한다. 그런데 부르심은 직접적으로 종이나 자유인으로 하는 일이 될 수 있다. 마르틴 루터는 이를 직업으로 확장한다. 그러니 현재 주어진 일을 빚진 자의 심정으로 해야 한다고 말한다. 바울이 사도로서 전도를 빚진 자의 심정으로 간절하게 한 것이 모든 직업에 적용된다는 의미이다.

> 각 사람은 부르심을 받은 그 부르심 그대로 지내라
> 네가 종으로 있을 때에 부르심을 받았느냐 염려하지 말라 그러나
> 네가 자유롭게 될 수 있거든 그것을 이용하라
> 주 안에서 부르심을 받은 자는 종이라도 주께 속한 자유인이요
> 또 그와 같이 자유인으로 있을 때에 부르심을 받은 자는 그리스
> 도의 종이니라 (고전 7:20-22)

제자훈련과 사역훈련을 이전 교회에서 받았다. 이를 통해 순장으로 수년을 섬겼다. 아니 나중에 생각해 보니 내가 수년간 은혜를 누린 것이다. 봉사했다고 생각했는데 빚을 갚는 과정이었음을 알게 되었다. 빚진 자의 심정으로 모든 일을 하니 사소한 일에도 더 전력하게 되고 기쁨도 배가된다. 지금 필자는 탈북청년들이 적지 않은 교회를 섬기고 있다. 그것 역시 섬기는 것이 아니다. 내가 받은 은혜를 나눠주는 일을 하고 있다. 신학교에 다니면서 많은 은혜를 누렸다. 학생 간에 더 주려는 마음이 공부에 날개를 달아 주었다. 시험 준비도 서로 도와주는 시간이었다. 오늘도 '다시 빚을 더 쌓는다'라는 생각을 한다.

◎ 오늘의 묵상

Q 당신은 오늘 어떤 심정으로 일하는가?

Q 당신이 받은 것과 준 것을 세어 보아라. 어떤 것이 더 많은가?

Q '섬김은 곧 은혜'라는 말에 동의하는가?

6. 노예와 자유인은 하나

성경에서 가장 이해하기 힘든 부분은 노예제를 당연시하는 구절이다. 모세오경에도 등장하니 그 역사는 고대로 올라간다. 오래전부터 같은 인간이면서 그 존귀함은 극과 극으로 달랐다는 점을 쉽게 추정할 수 있다. AD 1세기경 로마의 노예 숫자는 전체 인구의 30%를 웃돌았다고 한다. 어떤 자료는 전체 인구의 절반에 도달했다고 그 비율을 더 높게 보기도 한다. 그만큼 일반화되었고 이들에 의한 노동으로 당시 사회를 지탱했음을 알 수 있다. '노예' 하면 떠오르는 특성은 인간이 아니라 마음대로 사고팔 수 있는 '상품'이었다는 점이다. 자연히 노예 숫자는 부의 상징이었다. 심지어 광산에서 일하는 노예는 도망가지 못하게 쇠사슬에 묶임을 당한 채 장시간 일하고 제대로 영양분도 공급받지 못해 쉽게 죽었다고 한다. 한마디로 일하는 기계였음을 알 수 있다. 이에 따라 반란도 적지 않게 일어났는데 그 대가는 십자가형이었음을 우리는 알고 있다. 너무 끔찍한 것은 소, 나귀와 같은 구절에 등장한다는 점이다. 결국 노예는 동일한 인간이지만, 가축처럼 취급되었음을 의미한다. 거래 가격이 통상 2년치 근로자 임금이었다고 한다. 이는 노예의 수명이 가혹한 착취로 말미암아 길지 않았음을 의미한다고 하겠다.

성경에 의하면 자유인이 노예로 전락하는 방법은 크게 2가지로 요약된다. 당시에는 전쟁을 통해 피정복민을 잔인하게 죽이거나 노예로 삼는 일이 빈번하였다. 전쟁이 일상인 사회에서 노예는 전리품이었으니 공급도 중단 없이 이어졌다. 부모가 노예이면 자식도 노예이니 자연증가율도 높았을 것이다. 또한 남의 돈을 빌려 쓰고 제대로 갚지 못하면 그의 종이 되어야 한다는 현실이 성경 구절에서 다수 발견된다. 멀쩡한 사람을 빚 탕감의 수단으로 활용했다는 대목에 인간의 긍휼이 내려앉을 곳이 전혀 없다.

사실 노예제는 인간의 잔인함을 제대로 엿볼 수 있는 제도다. 그럼에도 성경이 왜 노예제를 긍정적으로 인정했는지 궁금하다. 앞에서 보았듯이 노예제는 인간이 만들어낸 사회문화이다. 그러다 보니 성경 구절에 자주 등장하지만, 말씀은 노예제도 타파가 절대적으로 필요함을 목 놓아 외치고 있다. 예수 그리스도 안에서 인간은 하나라고 말한다. 당시 자유인에게 노예는 적(敵)이라는 사고가 지배하였다. 그러니 매질과 다양한 협박 및 모욕을 통해 노예를 지배해야 고분고분 말을 듣는다는 사고가 너무나 당연하였다. 그런 상황에서 갈라디아서의 종이나 자유인이나 같다는 구절은 엄청난 파격이다. 왜 그렇게 되었을까? 어렵지 않다. 예수 그리스도가 구세주로 오시면서 허물어진 담 때문이다. 아니 노예도 하나님의 상속자이자 아들인데 어떻게 그 위에 다른 인간이 있을 수 있을까?

> 너희는 유대인이나 헬라인이나 종이나 자유인이나 남자나 여자나 다 그리스도 예수 안에서 하나이니라(갈 3:28)

믿음 안에 직장 내 상하관계는 없다!

직장에서도 쥐꼬리만 한 권력이라도 잡으면 그것을 행사하려고 한다. 같은 동기도 감사실에 있으면 목이 곧은 사람처럼 뻣뻣하게 들고 다닌다. 기획실과 인사 업무만 담당해도 엄청난 권력을 잡은 것처럼 행동한다. 지주회사나 모회사에 있으면 자회사에게 전화하는 말투가 달라진다. 당연히 음식값과 술값을 내는 쪽이 정해져 있다. 직급이 다르면 이를 신분제로 이해하는 상사들이 있다.

하나님의 소명인 일터에서 모두가 지극히 귀하다. 직위나 직책은 효율적으로 일을 수행하기 위한 수단에 불과하다. 직위는 특정 일에 대한 책임이 넓고 좁음을 뜻하지, 권리의 다소나 지위의 높낮이에 있지 않다. 필자는 CEO가 되고 나서 직원 간 호칭을 모두 '프로'(Pro)로 통일하였다. 아직도 회사에서 자유인과 노예제 의식을 갖고 있는 사람들이 있다. 일을 할 때 목소리로 협박하고 인사조치로 위협하는 그런 직장이나 상사가 있다. 회사에서 직급의 차이는 상하관계를 상징하는 것이 아니라 담당 업무의 차이에 근거한다. 업무의 다름이니 결코 상대방을 함부로 대해도 되는 면허가 아니다.

믿는 성도에게 일터에서 노예와 자유인 의식은 역설적으로 매우 중요하다. 하나님 앞에서 나도 종이기 때문이다. 그것도 아주 큰 죄인이다. 그런데 그것을 사해주셨다. 노예에서 자유인이 된 것이다. 우리가 대가를 지불하지 않았음에도 하나님의 사랑으로 거저 받았다. 한 술 더 떠서 우리의 인생도 책임져 주신다. 만약 회사에 어떤 자리가 주어졌다면 동료나 후배를 전적으로 책임진다는 사랑, 그것이 일터의 소명이다. 정확하게 모두 이행할 수 없지만, 최소한 믿음으로 주님의 사랑을 흉내 내려고 노력하는 것이 우리의 의무다.

◎ 오늘의 묵상

Q 일터에서의 현실적인 불합리에 대해 믿는 자는 어떻게 반응해야 한다고 생각하는가?

Q 당신은 회사의 직급을 상하관계로만 인식하고 있는가?

Q 일터에서 예수님의 사랑을 흉내 내는 것이 의무라는 것에 동의하는가?

7. 적자생존과 흑자필망

'Gathering people'(사람을 모은다). 누군가가 '성공적인 비즈니스의 출발점이 무엇이냐'고 물어본다면 조금도 주저하지 않고 말하는 모토다. 필자는 대규모 쇼핑몰을 갖춘 서울 강남의 무역센터에서 신입직원에서 자회사의 CEO까지 올랐다. 무역센터는 높은 빌딩과 전시장이라는 거대한 공룡이 위용을 자랑하지만, 사람을 모으는 비결은 그들이 주인공이 아니다. 외국인이 서울에 오면 가장 찾고 싶어 하는 곳이 쇼핑몰 내 별마당도서관이다. 그곳에는 놀라운 비밀이 숨어있다. 2014년에 대략 2,500억 원이라는 대규모 자금을 투입하여 리모델링을 하였음에도 손님이 크게 늘지 않았다. 고민을 거듭한 끝에 매일 현금이 나오는 16개의 식당을 없애고 관리비만 나오고 수익이 없는 별마당도서관을 완성했다. '볼거리가 있어야 사람이 온다'라는 평범한 진리를 붙잡고 '오늘 돈을 버는 것보다 더 중요한 것은 그 고객이 다시 오게 만드는 것'이라는 믿음은 좋은 결실로 연결되었다.

현명한 농부는 영양분이 열매가 아닌 나무로 우선적으로 가도록 일정 기간 동안 과실을 선제적으로 제거하여 수익을 내지 않는다. 영양분이 과실이 아니라 나무가 성장하는 곳으로 흘러야 나중에 튼실하게 성장한 가지에서 좋은 과실이 지속적으로 열리기 때문이다. 좋은 나무로 자란 후에도 놀랍게도 과실이 많이 열리지 않게 의도적으로 손해 보는 작업을 농부가 한다는 것을 아는 사람은 많지 않다. 때로는 전지 작업을 통해 멀쩡한 가지를 자르고, 몰려 있는 꽃을 미리 제거하여 고르게 과실이 크는 토대를 마련하며, 빛을 보지 못하는 방향에 몰려 있는 어린 과실을 미리 제거하는 인위적인 적과(摘果) 작업을 통해 튼실한 열매를 양산한다. 성경에도 나오는 하나님을 섬기는 방법이면서, 과일나무를 잘 가꾸어 소득을 높이는 현실적인 해법이기도 하다.

3가지 적자생존, 비즈니스 출발점이자 완성

필자는 30년 이상 회사 생활을 하면서 젊은 직원 교육에 참여한 적이 많다. 특히 신입직원에게는 평생 잊지 않을 생활의 지혜를 알려주려고 노력하였다. 딱딱한 말을 늘어놓아 듣고 바로 잊어버리는 그런 훈시 등은 지양하고자 노력했다. 그래서 짧고 굵게 '적자생존'을 이야기한다. 모두가 아는 적자생존(適者生存)의 원래 뜻(끊임없이 자신을 혁신하라)을 강조하는 데 시간을 할애하지 않는다. 조금 유머스럽게 적자생존의 다른 뜻을 설파한다. 인간의 지식은 한계가 있으니 좋은 아이디어가 생각이 나거나 주위 사람들에게서 어떤 이야기를 들을 때 반드시 적으라는 의미로 '적는 자가 생존한다'라는 새로운 적자생존을 강조한다. 특히 상사가 이야기할 때에는 중요한 말이 아니어도 적는 척이라도 하는 것이 예의라고 설파하였다. 공부를 잘하고 싶고 예배를 잘 드리고 싶은가? 적어야 잘 기억하고 나중에 되씹어 깊은 사고가 가능하며 말씀에 대한 묵상으로 이어진다.

적자생존, 적어야 산다는 의미에 모두가 웃는다. 그런데 더 심오한 가르침은 그다음에 등장한다. 직장에서 사람 관계에서 성공하고 싶은가? 모두가 예스라고 답할 것이다. 그러면 다시 한번 적자생존이라고 말한다. 그 의미는 인간관계에서 성공하려면, 사람 관계에서 적자를 봐야 한다는 점이다. 우리는 은연중에 1개 주고 2개 받으려고 노력한다. 그러면 성공하기 힘들다. 2개 주고 1개만 받아 적자를 보면 반드시 성공하게 된다고 힘주어 말한다. 이런 모습을 보여준 분이 바로 우리 하나님이시다. 우리를 대속하기 위해 독생자의 생명까지 아끼지 않고 내어 주셨다.

   사람 관계가 좋지 않을 때 우리는 이런 묵상이 필요하다. 예수님이라면 어떻게 하셨을까? 어려운 고민을 단번에 해결하는 최고의 문장이니 모두가 적어야 한다. 반대로 우선 이익을 챙기려는 사람이 있다. 현실적이라고 관대하게 평가하기도 하지만, 사실은 세상을 제대로 모르는 사람이다. 한 번의 거래를 통해 많은 이익을 내려고 한다면 바이어는 절대로 다시 찾아오지 않는다. 왜냐하면 나중에 손해 보았다는 것을 알게 되기 때문이다. 같은 공동체의 사람도 마찬가지다. 자기와의 거래에서 이익만 내는 사람은 멀리하게 된다. 대신 다른 파트너를 찾기 시작한다. 곰곰이 생각해 보라. 예수님이 나와의 관계를 통해 이익을 내려고 했다면 그 결과가 어떻게 되었을까? 흑자를 보려고 하는 자에게는 반드시 끔찍한 일이 기다리고 있다.

> 너희 안에 이 마음을 품으라 곧 그리스도 예수의 마음이니
> 그는 근본 하나님의 본체시나 하나님과 동등됨을 취할 것으로 여기지 아니하시고
> 오히려 자기를 비워 종의 형체를 가지사 사람들과 같이 되셨고
> 사람의 모양으로 나타나사 자기를 낮추시고 죽기까지 복종하셨으니 곧 십자가에 죽으심이라 (빌 2:5-8)

◎ 오늘의 묵상

Q 3가지 적자생존을 일터에서 실천해 본 적이 있는가?

Q 최근 일터에서 자발적으로 손해를 본 적이 있는가?

Q 예수 그리스도의 가장 큰 행동 원칙은 무엇이라고 생각하는가?

8. 직장에서 선교사로 살기

적지 않은 회사에 신우회가 있다. 필자가 속한 회사에서도 신우회가 있었을 뿐만 아니라 전용 기도 장소가 있어 재직 기간 내내 너무 좋았다. 강대상은 물론 음향 시설도 있어 가끔 목사님이 오셔서 설교도 해주셨다. 매주 수요일 점심에 주로 모였지만, 예배당 덕분에 시와 때에 관계 없이 다양하게 모일 수 있었다. 성경 본문을 같이 읽고 나누기도 했으며, 특정 교재를 정해서 QT 형식으로 진행하기도 하였다. 매월 일정한 회비를 갹출하여 점심 비용을 분담(직급에 따라 회비 차등화)하면서 나눔 시간을 좀 더 많이 가질 수 있어 좋았다. 특히 믿음이 약하거나 거의 없는 지체를 초청하여 친교한 것이 여전히 생생하게 기억된다.

회사 신우회 차원의 가장 큰 행사는 매년 들어오는 신입직원에 대한 선물이다. 요즘에는 믿는 자들이 입사 후 크리스천임을 잘 드러내지 않는 경우도 흔하다. 그런데 신입직원은 회사 적응으로 고민이 적지 않고 마땅한 고민 상담자가 없는 관계로 전도에 절호의 기회다. 최대한 신입직원 정보를 알아내서 성도 여부를 파악한 후에 회사에서 믿음이 잘 뿌리내리도록 돕는다. 이를 위해 책상 위에 놓으면 좋을 것 같은 작은 식물(화분)을 구입하여 말씀 구절이 있는 카드와 함께 제공하였다. 특히 믿지 않는 신입직원 모두에게도 같은 선물을 전달하여 전도 역할을 톡톡히 하였다. 믿는 성도가 같은 부서에 있는 신입직원을 초청하여 자연스럽게 신우회 참석을 독려하기도 한다. 또 기존 직원 중에도 타깃을 정해 전도를 하면서 우선적으로 밖에서 같이 식사를 하고 나중에는 편하게 신우회 활동에 참가

할 것을 권하면서 믿음의 공동체를 같이 세웠다.

전도에 가장 효과적인 방법은 아프거나 큰 고민이 있는 직원의 정보를 알면 우선 중보기도를 하는 것이다. 특히 환우를 대상으로 하거나 환우를 두고 있는 직원들을 위해 신우회에서 기도하면서 당사자에게도 중보하고 있으니 힘내라고 알려 주기도 한다. 이런 움직임은 자연스럽게 기독교에 대한 거부감이 쉽게 제거되게 만들고 나중에는 당사자가 기도 모임에 같이 참여하여 활동하면서 오히려 초신자가 밥도 사고 본격적인 교제를 주도하게 되기도 한다. 직장 생활을 되돌아 보면 아픈 사람을 위해 기도하는 것이 신우회 전체이든 또는 개인적인 차원이든 가장 자연스럽고 효과적인 직장 내 전도라는 결론에 도달한다.

평소 좋은 관계 ⋯▶ 식사 교제로 전도

초신자를 전도할 때 성경책을 선물하는 것도 좋은 방법 중 하나다. 조용히 책상 위에 성경책을 올려놓고 포스트 잇으로 '하나님은 당신을 사랑한다'라는 구절과 신우회 모임을 안내하는 문구를 적어 놓으면 의외로 좋은 반응을 보이기도 한다. 또한 서너 번 말씀과 식사에 대한 교제가 진행된 다음이라면 교회에 같이 가자고 권하는 것도 좋은 대안이다. 혼자 교회에 가는 것은 쑥스럽지만, 같이 가자고 하면 흔쾌히 수락하기도 한다. 점심에 1 대 1이나 믿는 자와 2 대 1로 교제하는 것도 매우 좋다. 성사되면 먼저 양해를 구하고 식사기도를 하겠다고 하면 거부하는 사람은 거의 없다. 식사 기도의 의미를 통해 예수 그리스도에 대한 내용을 자연스럽게 연결하여 전도할 수 있다.

이밖에 휴게실에서의 조우나 식사 후 카페에서의 만남도 편안하게 말씀을 전할 수 있는 좋은 기회다. 이런 사내 모임의 마무리는 항상 기도 제목을 받는 것으로 하였다. 회사에서나 집안에서 어떤 고민이 있는지 물어보고 자연스럽게 현장에서 손을 잡고(남자인 경우) 중보기도를 해주기도 하였다. 나중에 얼굴을 보면 그때 기도 제목을 떠올려 안부를 묻고, 심각한 고민이면 2-3일 단위로 메신저를 통해 상황 변화를 물어보면서 중보 기도하고 있음을 알려주고, 역시 예수 그리스도의 이름으로 축복한다는 말로 교제를 마무리하였다.

《일터행전》(아르카)이라는 책을 쓴 방선오 장로가 사용한 3 대 1 점심 사역도 비슷한 방법이라고 생각한다. 믿는 자 3명이 팀을 만들어 점심시간에 전도 대상자 1명을 초청하여 식사를 하는 방식이다. 대화를 나누다 피초청자의 마음이 열렸다고 생각하면 사영리 등과 같은 전도지를 꺼내 직접 복음을 전하기도 했다고 하니 상당히 적극적인 방식이라고 생각한다. 이런 점심 사역은 비교적 진행하기가 쉽고 영접으로 이어지기도 하니 적극 추천하고 싶다. 그런데 점심 사역을 할 때는 미리 조용하게 나눔을 할 수 있도록 방을 예약해야 하고 되도록 평상시에 초청자와 관계가 좋은 사람을 선별하는 지혜도 필요하다.

필자는 항상 책장 위에 잘 보이는 곳에 성경책을 놓고 업무를 보았다. 나 스스로 항상 크리스천이라는 다짐을 하는 징표로 삼았고 우연히 이를 본 직원이 물어봐 주길 바랐다. 또한 매일 아내와 아침 근무 시간 전에 같이 성경을 읽는 것을 직원들이 목격하게 만드는 것도 같은 이치다. 매일 아침 업무 전에 30분 정도 카톡으로 아내는 집에서, 필자는 회사 사무실에서 성경을 교독하는 습관을 갖고 있었는데 일찍 출근하는 직원들이 이를 보기도 하였다. 근무시간 전에 성경을 접하는 모습을 자주 보여주어 나중에 사적 모임에서 성경을 주제로 쉽게 이야기하기 위함이다.

  성경 교독 이후에는 오늘 하루 주님께서 내게 능력 주시고 만남 가운데 축복이 임하게 해달라고 기도하였다. 직장 선교사로 활동하기 위해 가장 중요한 무기는 평소 관계이다. 이를 위해 믿는 사람은 무엇인가 다르다는 것, 즉 '세상의 빛과 소금'임을 눈으로 보여줘야 한다. 팀장만 되어도 자유롭지만 임원급이 되면 전도가 어렵다. 억지로 기회를 만들면 어색한 분위기가 연출될 수 있기 때문이다. 억지로 강요하기보다는 "나는 어려울 때 이렇게 극복해"라는 말로 간접적으로 전도하는 것이 좋다. 항상 나의 직속상관과 팀원(직원 전체)을 위해 기도한다는 점을 자주 가볍게 언급하고 어려움이 있으면 언제든지 알려달라고 말한다. 특히 주위 동료에 대해 항상 관심을 갖고 공감하는 마음을 말과 행동을 보이는 것도 중요하다.

> 만일 형제나 자매가 헐벗고 일용할 양식이 없는데 너희 중에 누구든지 그에게 이르되 평안히 가라, 덥게 하라, 배부르게 하라 하며 그 몸에 쓸 것을 주지 아니하면 무슨 유익이 있으리요 (약 2:15-16)

◎ 오늘의 묵상

Q 당신은 직장 선교사임을 인정하는가?

Q 직장에서 성경을 얼마나 읽는가? 근무 시간이 아닐 때 남이 보는 곳에서도 읽는가?

Q 직장에서 아프거나 어려움이 있는 직원을 위해 얼마나 중보기도를 하는가?

9. 험악한 사회, 주님께 기대야

중국에서 3년간 주재 근무를 마치고 귀국하여 집 근처 중학교와 초등학교에 딸과 아들을 전학시켰다. 그런데 그 과정에서 좋지 않은 추억을 갖고 있다. 우선, 전학 절차를 밟기 위해 관할 교육청에 문의하니 학부모가 알아서 학생 수에 여유가 있는 학교를 찾아서 직접 가보라는 것이었다. 학교를 배정해 줄 것을 기대했던 필자는 당황했다. 그래서 집에서 가장 가까운 중학교를 방문하였다. 그런데 당시 만났던 학년 주임 선생님은 누가 봐도 싫은 표정을 노골적으로 하면서 학생을 받을 여유가 없다고 하였다. 특히 중국에서 왔다고 하니 편법으로 유학 가는 일반적인 이야기를 하는 등 불쾌한 반응이 지속되었다. 다행히 다른 학교에 가서 교장 선생님의 환대를 받고 전학 절차를 잘 밟을 수 있었다.

그런데 문제는 그다음에 또 발생했다. 학교에서 학생들 사이에 욕하는 것이 일상화되어 있었고 선생님도 그러하며 가끔 폭력도 있다고 딸이 힘든 학교생활을 호소하였다. 딸이 충격을 받은 것은 어쩌면 당연하였다. 한 반에 15명 남짓하여 등교와 하교 때에 담임 선생님이 일일이 모든 학생을 안아주고, 친구들끼리 서로의 집에서 하룻밤 자고 오는 슬립오버(Sleep over)가 일상화된 중국 국제학교에서의 3년과 너무 달랐기 때문이다. 너무 힘들어하는 딸에게 내가 해줄 수 있는 것이 거의 없었다. 좋은 상담을 넘어 실질적으로 도움이 되고 싶어 하나의 아이디어를 생각해 냈다. 그래서 실천에 옮긴 대안은 아침에 등교할 때 학교까지 함께 가는 것이다.

필자의 출근길과 방향이 조금 다르고 촌각을 다투는 아침 시간에 딸과 이런저런 이야기를 하면서 느긋하게 출근하는 것은 당시로선 큰 파격이었다. 그런데 지금 생각하면 너무 좋았다. 학교 생활에 대해 허심탄회하게 이야기하고 딸의 생각을 자연스럽게 듣는 짧지만 중요한 시간이었다. 지금 생각해 보니 그 무엇보다 귀중한 추억이 되었다. 더욱이 학교 근처에서는 딸에게 이렇게 기도할 수 있었다. "지금까지는 제가 딸과 함께 있었지만, 저는 학교에 들어가지 못합니다. 주님이 대신 함께해 주세요. 딸의 손과 발이 되어 주시고 공부할 때 지혜도 주세요. 특히 다른 학생들과 관계가 힘들지 않게 해주세요."

일터에서 주님께 기대야 진짜 독립

좀 성장했다고 하면 따로 살려고 한다. 요즘 한국 젊은이들 이야기다. 대가족에서 배우는 것도 적지 않지만, 많은 젊은이들이 나가서 살겠다고 선언한다. 그런데 곰곰이 생각해 보니 오히려 무작정 껴안고 있으려는 부모에게도 문제가 있다. 대학을 졸업하면 너무나 당연하게 독립해 나가는 서양의 자녀들을 생각하면 더욱 그러하다. 때가 되어 자립하고 스스로 의사결정도 하면서 책임지는 모습을 보이는 것이 성장이고 진정한 독립이기 때문이다.

그런데 한국 내 젊은이들의 문제점은 독립을 한다면서 책임은 지지 않으려는 데 있다. 나간다고 하면서 부모에게 집을 얻어달라고 하고 특별히 생활비까지 지원해 달라고 말한다. 물론 필요하면 일시적으로 해줄 수 있지만, 한도 없고 끝도 없는 경우가 비일비재하다. 언제까지 어떻게 상환하겠다는 구체적인 실행계획이 아예 없는 경우가 흔하다. 독립을 주장하는 것은 찬성해야 한다. 그러나 그만큼 책임도 늘어남을 잘 교육해야 한다. 스스로 생활을 잘 통제해야 하고 한시적이면 몰라도 장기간이라면 생활비는 스스로 충당하는 노력을 해야 한다. 그것이 진정한 독립이기 때문이다.

이전에 다니던 교회 목사님은 많은 성도와 대외적인 명망에도 불구하고 "나를 믿지 말라"고 여러 차례 말하면서 거리를 두는 측면도 있었다. 스스로 월급도 낮추되 부목사들의 대우는 좋게 하였다고 들었다. 차량도 저렴한 것을 고집하였다. 이처럼 지나칠 정도로 자신에 대해 엄격했던 것은 인간의 한계가 자명하기 때문이다.

일터에서 혼자일 때 주님을 찾아 나서야 한다. 아니 곁에 찾아와 기다리고 계시는 주님을 만나야 한다. 인간에게 기대는 것은 한계가 있다. 아니 또 한 번의 실패를 하는 과정일 수도 있다. 그러니 아무 대가 없이 후히 주시는 주님, 영적 안식을 주시는 주님을 만나야 한다. 내 발에 등이요 우리 인생길에 빛이 되어 주시는 예수 그리스도를 먼저 만나야 한다. 영원한 목마름은 인간관계로 해결할 수 없다. 말씀을 통해 주님을 먼저 만나야 그다음 단계로 나갈 수 있다. 그분은 나보다 나를 더 잘 아시는 분이니 평안하게 만나야 한다. 내 짐마저 그분에게 맡기고 대화해야 한다. 이런 해법이 필요한 곳은 오늘 우리가 일하는 곳이다.

> 수고하고 무거운 짐 진 자들아 다 내게로 오라 내가 너희를 쉬게 하리라 (마 11:28)

◎ 오늘의 묵상

Q 일터에서 어느 때 가장 즐거운가?

Q 일터에서 누구와 함께할 때 가장 즐거운가?

Q 힘들 때 말씀을 통해 위로를 받고 있는가?

10. 술이 부르는 화(禍), 취하면 다른 사람

입사 초기에 가장 큰 고민 중의 하나가 술이었다. 매주 서너 차례 있는 술자리는 일단 참석 여부에 대한 선택 권한이 나에게 없었다. 당연히 참석해야 하고 어떤 핑계를 대더라도 인정되지 않는 분위기였다. 심지어 치아를 뽑아 참석하지 못하겠다고 하면 와서 밥만 먹고 가라는 상사의 강권이 이어졌다. 회식에 가면 술 먹는 방법은 항상 정해져 있었다. 잔은 하나이고 내용물은 폭탄주이며, 시계 반대 방향으로 누구나 예외 없이 한 번에 전체를 마셔야 했다. 이를 뽑아 마시기 힘들다고 하면 한 잔 정도는 소독용으로 괜찮다고 말을 바꾸었다.

그런데 더 큰 문제는 술을 먹은 후에 나온다. 술을 먹고 나면 대부분 언쟁이 일어나고 옥신각신 싸움이 일어난다. 목소리를 넘어서 손을 동원하는 싸움으로 번진다. 말리는 사람과 싸우는 사람이 뒤엉키면서 급하게 그 자리를 파하게 된다. 아주 오래전 일이지만 쉽게 복기가 가능할 정도로 아직도 생생하다. 술은 절대로 사람을 그대로 놔두지 않는다. 특히 여러 사람이 모여 술을 먹으면 말미에 적지 않게 언쟁이 발생한다. 대부분 사소한 트집 잡기가 그 기원이고 아무런 결론도 없이 상처만 남기고 마무리된다.

술과 관련하여 등장하는 성경 말씀 중 충격을 던져주는 스토리 하나가 있다. 에스더서에서 페르시아 왕 아하수에로(Ahasuerus, BC 486-465년에 재임한 크세르크세스)는 엄청난 권력과 부를 과시하면서 회식(잔치)을 즐겼다(에 1장). 그 규모가 대단하여 180일 동안이나 진행되었고, 참석자 중에는 장수와 귀족은 물론 지방 공무원도 들어 있었다. 잔이 금으로 되어 있고 임금이 내리는 술이 끝이 없었다는 구절은 매우 호화로운 자리임을 암시하고 있다.

누구나 술이 들어가면 용기가 꿈틀거리면서 객기가 발동한다. 평소와 다르게 과시욕이 급상승하기 마련이다. 아하수에로 왕은 갑자기 아내를 자랑하고 싶은 마음과 권력욕에 취해 와스디 왕비를 호출한다. 아마도 최고 권력자인 왕이니 왕비라도 언제든지 자기에게 굽실거리기를 원했을 것이다. 그런데 왕비도 공무를 수행 중이었다. 같은 왕궁에서 여인들을 위하여 잔치를 베풀고 있었으니 여기서도 술이 빠지지 않았을 것이다. 왕의 명령에도 왕비가 오기를 싫어하자 (아마도 왕비도 술에 취해 왕의 명령을 가볍게 여기지 않았을까?), 갑자기 사태가 이상한 방향으로 흐른다. 술 취한 왕은 남편을 멸시했다고 노발대발하면서(왕이 진노하여 마음속이 불붙는 듯, 에 1:12) 왕비를 폐위시키고 전국 각지에 포고령을 내려 엉뚱하게도 갑자기 모든 아내에게 남편의 명령에 절대로 복종하라고 명령한다. 한순간에 일어난 어처구니없는 일이지만, 술 때문이라고 설명할 수밖에 없다.

회식 자리도 선교지, 술은 멀리하되 적극 참여

술은 적게 잘 먹으면 약이라고 말한다. 그런데 잘 먹는 경우는 거의 보지 못했다. 나중에는 술이 술을 먹기 때문에 결국 선을 넘게 된다. 필자가 7년간 거주한 중국에서는 주량이 곧 능력으로 통하는 곳이다. 특히 비즈니스 자리에서는 술 상무(전문적으로 상대편에게 술을 권하는 사람)를 대부분 동반한다. 술을 거절하면 상대의 호의를 무시하는 것으로 생각한다.

어느 비즈니스맨 이야기를 들은 적이 있다. 절박하게 은행 대출이 필요했는데 중국계 은행 현지 책임자가 주량으로 대출액을 결정하겠다는 황당한 제안을 하며, 원하는 대출금(잔당 1만 위안)에 해당하는 만큼 술을 마시도록 하였다는 것이다. 그는 대출금을 늘리기 위해 많이 마셨고, 곧 정신을 잃어 앰뷸런스에 실려 병원에 갔다는 이야기를 들은 적이 있다. 왜 무엇을 위해 술을 마시는지 이해할 수 없다.

　물론 점잖게 술을 마시며 남을 배려하는 사람도 있다. 모두가 그렇게 되도록 노력해야 한다. 그러나 술이 어느 정도 들어가면 다른 사람이 되는 경우가 많다는 것은 분명하다. 목소리가 올라가고 말하는 내용에 조리가 없다. 심지어 취하기 전과 다른 언행으로 동물로 취급되기도 한다. 술에 취하면 다른 사람이 되는 모습을 적지 않게 목격했다. 믿는 자는 일터는 물론 회식 자리에서도 역시 성도여야 한다. 믿는 청년으로부터 "술 먹는 회식에 가야 하느냐?"라는 질문을 받은 적이 있다. 그때 필자는 단호하게 말했다. 되도록 가야 한다고. 다만, 술은 먹지 말고 남의 이야기를 잘 듣고 더 유익하거나 분위기를 돋울 수 있는 유용한 말을 미리 준비해 적극 참여하라고 대답하였다. 회식 자리도 우리의 일터이자 선교지임을 잊지 말아야 한다.

> 포도주는 거만하게 하는 것이요 독주는 떠들게 하는 것이라 이에 미혹되는 자마다 지혜가 없느니라(잠 20:1)
> 이와 같이 집사들도 정중하고 일구이언을 하지 아니하고 술에 인박히지 아니하고 더러운 이를 탐하지 아니하고(딤전 3:8)

◎ 오늘의 묵상

Q 술은 왜 마신다고 생각하는가?

Q 술 먹고 실수한 적이 있는가? 아니면 그런 것을 본 적이 있는가?

Q 술 모임이라도 되도록 참석해야 한다고 보는가?

11. 최고 성과는 후임자 잘 세우는 것

일터에서 가장 뒤숭숭할 때는 인사철과 성과급이 결정되어 개인별로 통지될 때다. 발표 시간이 임박하면 대부분 숨을 멈추고 조용히 통지가 오기만을 기다리면서 컴퓨터 화면에 집중한다. 일을 한다는 것은 사실상 불가능하다. 승진과 성과 보상은 흔히 한 해 농사, 아니 수년 농사의 결과물이기 때문이다. 발표 전에는 사무실에 긴장감이 감돌고 모든 직원이 말이 없다. 여기까지 행동에는 모든 임직원이 예외가 없다.

그러나 발표 이후에는 다양한 행태를 통해 직원의 진짜 품격을 확인할 수 있다. 오래전에는 인사에서 소위 물(?)을 먹으면 미끄러진 직원 중 일부는 곧바로 사무실을 떠나 잠수를 타기 시작한다. 심지어 휴가계를 제출하지도 않고 회사에 나오지 않는 조폭형이 있다. 지금 생각하면 말도 안 되는 행동인데 당시에는 그런 일이 적지 않았다. 큰 좌절을 맛보았으니 그럴 수도 있다고 생각했으나 '조직에서 어떻게 그렇게 반응할 수 있지?'라는 질문에 도달하면 승진 탈락에 대한 억울함을 떠나 품격이 없음을 쉽게 알 수 있었다. 자칭 억울하게 물 먹은 직원들은 2-3일이 지나면 아무 일 없었다는 듯이 사무실로 복귀한다. 무단결근에 대한 처벌도 유야무야된다.

또 다른 불만 표출 방식은 발표와 동시에 사무실에서 큰 소리를 치는 것이다. 특히 인사 평가자인 팀장이나 본부장을 찾아가 도저히 이해하지 못하겠다면서 회사를 그만두겠다고 위협한다. 소위 협박형이다. 주위 동료들이 만류하면서 한나절이면 소동이 마무리되고 자진 퇴사도 없었던 일이 된다. 세 번째 유형은 조용히 사무실을 빠져나가 술집으로 향한다. 세상이 싫다면서 애꿎은 술만 벌컥벌컥 마신다. 너무 차수를 늘린 나머지 다음 날은 결근한다. 소위 세상 한탄형이다.

성과급에 대한 반응도 너무 다양하다. 성과급은 원칙적으로 모두가 다르고 그 자체가 인사 비밀이기 때문에 서로 액수를 물어서는 안 된다. 그런데 거의 모든 사무실에 꼭 한두 명이 받은 액수를 묻고 다니고 다른 사람의 금액까지 세세하게 까발린다. 성과급 액수가 많으면 좋지만 그 반대이면 참 난감한 일인데 큰 소리로, 그것도 웃으면서 저평가된 사람들에게 면박을 주기도 한다. 또 일부는 낮은 평가를 이유로 적게는 일주일, 길게는 수개월간 일을 멀리한다. 일을 열심히 할 필요가 없다면서 옆 사람도 태만의 전선으로 초대한다. 한 가지 확실한 것은 승진과 성과급에 격하게 반응하는 사람 치고 존경받거나 품격 있는 사람을 별로 보지 못했다. 격한 반응은 스스로보다 남(평가자)을 탓하고 환경(소속된 사업본부)을 탓하기 때문이라고 생각한다.

일터는 원래 불공정한 곳

30년 이상 직장 생활을 하면 참 세월이 빠르다는 생각과 함께 일희일비하는 과거가 참 덧없음을 알게 된다. 필자는 운이 좋게 승진 가도를 빠르게 달렸다. 승진할 때마다 세상을 다 얻은 듯 너무 좋았고 연말 성과급이 남보다 조금 더 나오면 뛸 듯이 기뻤다. 그런데 일찍 승진하면 일찍 회사를 나오게 된다. 퇴직할 때도 감사함이 넘치고 퇴임사로 그것을 직원들에게 고백했지만, 얼마 가지 않아 서운함이 몰려 왔다. CEO로 가장 좋은 실적도 올렸는데 정년(만 60세)에 도달하기 전에 일터에서 물러나야 했기 때문이다. 과거를 곱씹어 보면 불공정이라는 단어가 솟아오른다. 잘했으니 먼저 승진하고 먼저 나가라는 말은 적당주의를 부추기는 것 아닌가? 스스로 답 없는 질문을 수없이 한다. 그러나 곧바로 마음이 안정된다. 그야말로 큰 실수 없이 35년의 직장 생활을 잘 마무리했고 우리 가족도 그 대가로 잘 살고 있으니 얼마나 감사한 일인가?

성경에 등장하는 믿음의 거장들의 퇴임은 어떠했을까? 다윗은 죽기 전에 솔로몬에게 그 지위를 물려주었다. 하나님의 사람으로서 의욕적으로 성전 건축에 나서려고 했지만, CEO인 하나님은 "너는 피를 많이 보았으니 네 아들에게 맡기라"고 말한다. 경영권의 조기 이양을 명령하신다. 그동안의 성과(40년간 왕위 재위)를 내밀며 좀 항의할 만한데 순순히 재산과 권력을 상속해 준다. 아니 죽기 전이니 증여가 더 맞을 것 같다.

여호수아도 모세의 뒤를 이어 이스라엘 주식회사를 가나안에 잘 정착시켰다. CEO가 원하시는 새로운 시장인 가나안을 악전고투 끝에 접수했다. 그 후에 여호수아에게 어떤 부귀영화와 하나님의 축복이 있었는지 나오지 않는다. 구약은 장수하는 자를 하나님의 축복을 받은 자로 여기는데 다윗은 70세에, 여호수아는 110세에 세상을 떠났다. 그들의 성과와 당시 평균 수명을 감안하면 장수했다고 보기에는 애매하다.

또 다른 거장 모세는 좀 더 억울할 것 같다. 목표인 젖과 꿀이 흐르는 땅을 보기만 하고 밟아볼 기회도 얻지 못했다. 의도적으로 약 올리는 것이 아닌가 의문도 든다. 더구나 죽을 때(120세) 눈이 흐리지 않고 기력도 쇠하지 아니했다(수 34:7)고 하니 좀 더 현업에 있겠다고 주장했을 만도 한데…. 회사를 엄청나게 성장시켰는데 성과급은 커녕 내일 당장 그만두라는 말과 같다.

*그런데 모세는 쿨하게 그만두면서 의미 있는 조치를 하였다. 아직 출애굽이라는 대형 프로젝트가 완성되지 않았다고 한탄하거나 항의하지 않고 마지막 소명을 잘 감당한다. 신명기 마지막 장(34장)은 모세가 안수를 통해 후임자를 잘 세우면서 아름답게 퇴장하는 장면이 나온다. 현직(생존)에서 여호와를 대면했고 하나님의 이적, 기적, 권능 등의 동역자로 있었지만, 미련 없이 과거로 흘려보냈다. 하나님 앞에 최고의 성과급은 후임자를 잘 세우는 것이라는 역설을 보여주었다. 우리는 믿는 자로 어쩌면 하루하루 평가를 받는다. CEO인 하나님에게 성과급이나 승진 명령을 받을 것인가, 아니면 인간에게 의지할 것인가? 그것만 선택하면 된다.

> 모세가 눈의 아들 여호수아에게 안수하였으므로 그에게 지혜의 영이 충만하니 이스라엘 자손이 여호와께서 모세에게 명령하신 대로 여호수아의 말을 순종하였더라 (신 34:9)

◎ 오늘의 묵상

Q 당신의 오늘 CEO는 누구인가?

Q 세상에 공정한 평가가 있다고 생각하는가? 특히 회사는 어떠한가?

Q 곧 퇴임을 앞두고 있다고 가정할 때 가장 아쉬운 일은 무엇인가?

12. 절망을 희망으로 만드는 힘

혹시 이런 나라에 대해 들어본 적이 있는가? "전쟁으로 폐허가 된 이 나라가 다시 원래의 모습을 되찾기 위해서는 100년이 걸릴 것이다." 1960년대 초반 외국 신문에 실린 글이다. "실업률이 25%로 전체 노동인구의 4분의 1이 놀고 있는 나라가 있다. 1960년 기준으로 1인당 국민소득이 100달러 이하다. 수출액은 국가 전체로 200만 달러로 전 세계 순위에서 100위를 넘어간다. 이런 나라에서 경제적 기적 가능성은 전혀 없다." 미국의 외교잡지 〈Foreign Affairs〉의 1961년 10월 호에 실린 칼럼이다.

이런 나라가 2024년 기준으로 수출 순위는 세계 6위이고 조만간 일본을 제치고 4위로 올라서는 꿈을 꾸고 있다. 한강의 기적, 산업화와 민주화를 동시에 성공한 나라, 원조를 받는 나라에서 주는 나라로 전환된 유일한 국가 등이 그 나라에 대한 수식어다. 그 주인공은 바로 대한민국이다. 우리나라가 절망 속에 희망의 꽃을 피워낸 자양분은 무엇일까? 만남이다. 축복된 만남으로 가능했다. 인간이 태어난 후 첫 만남은 부모님이다. 찢어지게 가난하여 끼니를 걱정했던 대한민국이 경제에선 선진국이 되었던 비결은 부모님 세대의 헌신에서 찾아야 한다. 세계 역사에서 유례를 찾기 힘든 교육열이 그 원동력이다. 오늘 굶는다 해도 자식의 교육을 위해 기꺼이 학교에 보냈다. 2022년 기준 청년층(25-34세)의 고등교육 이수율은 69.6%로 선진국들의 모임인 OECD 국가 중 최고이다. 이들 국가의 평균치인 47.4%보다 무려 22%포인트나 높은 게 한국이다.

우리 인생에서 두 번째 축복의 만남은 결혼이다. 때론 서로 희생하고 서로 용기를 돋아주면서 헌신적인 사랑이 넘치는 가정이 만들어진다. 《아침 키스가 연봉을 높인다》(가정문화원)라는 책자를 본 적이 있다. 필자도 출근할 때 아내의 축복기도를 받았다. 큰 힘이 되었다. 군사가 출정식을 나가면서 국민들의 환호와 퍼레이드를 받는 듯한 느낌이다. 손에 만져지는 무기는 없지만, 어떤 어려움에도 항상 당당할 수 있었다. 자녀가 생기면 일에 대한 열정은 더 불타오른다. 자녀를 잘 교육해야 한다는 DNA가 꿈틀거린다. 어릴 때부터 너무 많은 곳에 보내면서 사교육을 시키는 부작용도 있지만, 부모님이 그랬듯이 그 후손도 자녀 교육이 최우선이었다.

일터 스승이 인생 황금기를 결정

세 번째 만남은 스승이다. 미국의 빈민가 학생들을 교육학자가 보고 희망이 없다고 진단하였다. 학생들이 삶의 방향과 정체성을 갖고 있지 않다고 조사되었기 때문이다. 그런데 20년이 흘러 보니 상당수 빈민가 출신들이 리더로 성장하였다. 그들에게 헌신적인 초등학교 선생님이 있었기에 가능했다는 자료를 본 적이 있다. 우리 모두에게도 미소 짓게 만든 선생님들이 한두 분 계신다. 같이 고민해 주시고 용기를 주시던 그런 선생님 말이다.

그런데 가르쳐주고 배우는 사제간 만남이 학교에서만 있는 것이 아니다. 일터에서도 비슷한 만남이 있다. 사수로서 장인이 되게 만드는 축복된 만남이 지천이다. 어떻게 일해야 하는지 모르는 초년병 시절부터, 중간중간 가족과 직장의 고민까지 해결해 주는 선이 굵은 선배들이 있었다. 회사가 나를 몰라주고 처우가 좋지 않아도 잘 이끌어주는 마음 맞는 선배나 동료 한두 명만 있어도 일터는 축복의 땅으로 변한다. 그러니 환경을 탓하기 전에 내가 그런 사람이 되도록 노력해야 한다. 일터의 만남은 내가 어느 정도 선택할 수 있다. 그래서 그 선택을 위해 기도하고 은혜를 간구해야 한다. 특별히 인생의 황금기라고 할 수 있는 20대 후반부터 60대 초반까지를 일터에서 보낸다. 회사 선배를 통해 실력을 쌓으며 미래를 같이 개척할 수 있다. 공동으로 창업하여 비즈니스를 같이하기도 한다.

부모와의 만남은 하나님의 전적인 은혜다. 나의 의지는 전혀 작용하지 않았고 부모가 하나님의 대리자로서 나를 전적으로 부양하기 때문이다. 국가도 나의 의지와 관계없이 축복의 통로가 되기도 한다. 대한민국 근대사를 알면 알수록 하나님의 은혜는 더욱 선명하게 드러난다. 3·1운동을 주도한 민족대표 33인 중 절반이 기독교인이었고, 독립운동도 기독교인과 기독학교가 주도하였다. 당시 유명한 사학(학교)과 병원은 모두 기독교계 선교사들의 피와 땀의 결정체이다. 초대 대통령이었던 이승만은 성경에 손을 얹고 취임 선서를 하였으며, 개헌 국회도 하나님께 감사하는 대표 기도로 식순이 시작되었다. 헌법 내용에도 인간의 존엄성 등 기독교적 가치가 들어가 있다.

우리 일생은 만남의 연속이다. 그런데 일터에서 최고의 만남이 최고의 축복이다. 특히 직장은 외부 공동체로서, 어떤 곳에 발을 내딛느냐에 따라 앞길이 달라진다. 그래서 끊임없이 하나님께 기도해야 한다. 국가와 부모는 태어나기 전에 이미 정해진 것이지만, 일터는 계속 변화하고 만남도 너무 다양하다. 입사도 힘들고 창업도 쉽지 않다. 회사를 옮기기도 하고 의도와 관계없이 다른 회사와 합쳐지기도 한다. 그런데 사람 간의 만남이 일터 행복의 절반 이상을 결정한다. 하나님과 동행해야 하고 하나님께 동행을 간구할 수밖에 없는 충분한 이유가 있다. 서로가 서로의 얼굴을 빛나게 할 수 있고 서로 협업할 때 그 힘이 배가되는 곳이 일터다. 핵심은 복된 만남을 달라고 기도하는 데 그치지 않고 내가 그런 만남을 이끌도록 능력을 달라고 하나님께 매달리는 것이다. 요셉이 요셉인 이유는 하나님 은혜로 스스로 축복의 통로가 되었기 때문이다.

> 철이 철을 날카롭게 하는 것같이 사람이 그의 친구의 얼굴을 빛나게 하느니라 (잠 27:17)
>
> 두 사람이 한 사람보다 나음은 그들이 수고함으로 좋은 상을 얻을 것임이라
>
> 혹시 그들이 넘어지면 하나가 그 동무를 붙들어 일으키려니와 홀로 있어 넘어지고 붙들어 일으킬 자가 없는 자에게는 화가 있으리라
>
> 또 두 사람이 함께 누우면 따뜻하거니와 한 사람이면 어찌 따뜻하랴
>
> 한 사람이면 패하겠거니와 두 사람이면 맞설 수 있나니 세 겹 줄은 쉽게 끊어지지 아니하느니라 (전 4:9-12)

◎ 오늘의 묵상

Q 당신은 일터의 축복된 만남을 위해 얼마나 기도하는가?

Q 일터에서의 만남을 위해 왜 기도해야 하는가?

Q 당신은 일터에서 축복의 통로인가?

13. 당신은 하나님의 매력자본

2010년에 런던정치경제대학교의 교수인 캐서린 하킴(Catherine Hakim)은 새로운 개념을 하나 세상에 던져 화제를 불러일으켰다. 그것은 매력자본(Erotic Capital)이라는 용어다. 그는 "매력자본은 아름다움, 패션 스타일, 유머, 이성에게 어필하는 방법 등을 가리키는 소위 조용한 권력"이라고 지칭한다. 이전에 존재했던 경제력, 문화 자본, 사회적 지배력 등을 뛰어넘는 새로운 현대적 파워라고 설명하면서 구체적으로 매력자본은 돈과 재능 등에 못지 않은 중요도를 가진다고 주장하였다. 매력자본은 총 6가지로 구성된다. 매력자본으로 가장 먼저 아름다움(Physical Attractiveness, 첫 인상적인 요소)을 이야기한다. 그러나 단순하게 유전적으로 물려받은 외적인 요소만을 의미하지 않는다. 스스로 매일매일 피부나 체형을 어떻게 관리하느냐가 중요하다고 그는 말한다.

두 번째로 커뮤니케이션 능력(Communication Skills)을 언급한다. 내용을 보면 말투, 언어적 표현, 제스처와 표정 등이다. 즉 대화 능력, 공감 능력, 유머 감각, 매너 등 상대방을 편하게 해주면서 존중하는 모습이다. 셋째로는 사회적 지능(Social Intelligence)이다. 한마디로 다른 사람들과 잘 어울리는 능력이다. 흔히 말하는 '분위기 파악을 잘하는 인간'인 셈이다. 남의 감정을 잘 이해하고 공감하는 모습이다. 이밖에 자신감(신뢰감), 리더십(카리스마), 인맥(네트워크) 등을 매력자본에 넣는다.

이색적인 제목과 달리 내용을 보면 새로운 것은 거의 없다. 자본에 대한 접근 전략이 조금 참신하다는 점에 점수를 받을 수 있을 것 같다. 직장생활을 오래 하고 상급자로 지위가 높아지면 자연스럽게 깨닫게 되는 내용과도 일치한다. 바로 '능력이 단순한 지식이 아니라 관계관리'라는 사실을 학문적으로 뒷받침해 준다.

그런데 회사와 같은 공동체, 아니 세상의 모든 일에서 하나의 진리는 상대방(고객 등)과 관계 맺기다. 단순히 지식이 많고 자격증을 많이 갖고 있다고 하더라도 고객의 요구에 제대로 반응하지 못하면, 즉 원만한 관계를 맺지 못하면 그다음은 없다. 따라서 자기가 갖고 있는 매력적인 능력(자본)을 고객에게 잘 전달해야 한다. 전달이 일의 시작이자 마무리이다. 혼자만 알고 있는, 즉 혼자만 소유하고 있는 것은 능력이 아니다. 머릿속에서 맴돌 뿐 겉으로 나오지 않는 지식은 살아 있는 지식이 아니다.

성령의 열매 표출, 믿는 자의 매력자본

일상의 영성에서 가장 중요한 것은 무엇일까? 우리는 일상에서 성령의 열매가 나타나야 한다는 말을 자주 듣는다. 열매가 없으면 믿는 자와 믿지 않는 자 간에 차이가 거의 없기 때문이다. 그렇다면 그 열매는 무엇일까? 너무나 감사하게도 성경은 구체적으로 열거하고 있다. 갈라디아서 5장은 사랑, 희락, 화평, 오래 참음, 자비, 양선, 충성, 온유, 절제라고 9가지를 열거하고 있다. 그런데 조금 어려운 단어의 연속이다. 그래서 어린이 버전으로 보면 사랑, 기쁨, 평화, 참을성, 친절, 선함, 믿음, 온유, 절제 등이다. 성경을 처음 대할 때 이들 열매가 인간성을 좋게 만들어 주는 요소라고 생각을 하였다. 왜냐하면 누구나 그런 성격을 사모하기 때문이다. 믿지 않는 자들도 비슷할 것이다. 흔히 말하는 좋은 성품을 열거한 것이기 때문이다.

그런데 그것은 오해였다. 성령의 9가지 열매는 관계에 대한 것이다. 나와 다른 사람과의 관계를 돈독하게 하기 위해 필요한 9가지 덕목이다. 남하고 관계가 불편하다면 스스로 짚어봐야 한다. 그리고 기도해야 한다. 성령님께 은혜를 구해야 한다. "주님! 성령의 열매를 통해 관계 가운데 하나님의 역사가 이뤄지게 해주소서!" 이렇게 기도해야 한다. 또 여기서 열매가 복수가 아닌 단수라는 데 주목해야 한다. 9개 열매는 겉으로 각각 독립적인 것으로 보이지만 성경의 원어로는 단수로 표시된다. 그러므로 9가지 열매는 모두 같은 뿌리에 근거한다. 모두가 항상 같이 있어야 온전한 상태다.

> 오직 성령의 열매는 사랑과 희락과 화평과 오래 참음과 자비와 양선과 충성과
> 온유와 절제니 이같은 것을 금지할 법이 없느니라 (갈 5:22-23)

성도의 삶을 단순하게 요약하면 '세상에 빛과 소금'이 되어야 한다. 이 구절도 처음에는 '아! 내가 빛과 소금처럼 올곧게 서야 하겠구나'로 요약했다. 그런데 더 큰 방점은 '세상에'로 옮겨진다. 세상 가운데 가장 많은 시간을 보내는 일터에서 올바른 성품이 표현되어야 하고 전달되어야 함을 의미한다. 내가 좋아하는 사람은 물론이고 가장 싫어하는 사람에게도 동일하게 전달되어야 한다. 골방이 아니라 세상으로 나와서 활동하는 동안에 믿음이 표출되어야 한다. 믿는 자의 모임인 교회 안 교제에서의 빛과 소금이 아니다. 빛과 소금은 세상을 향한 지식이 아니고 행동이고 동사이다.

이를 위해 성령의 열매를 구하면서 관계를 단절시키는 7가지 죄악에 대해 의도적으로 반드시 끊으려는 노력이 병행되어야 한다. 험담, 판단, 부정적 태도, 불만, 핑계, 거짓말, 독단 등 7가지는 성령의

열매와 공존할 수 없다. 같은 우물에서 더운물과 차가운 물이 같이 나올 수 없는 것처럼 말이다. 있어야 할 9가지 열매와 제거해야 할 7가지 죄악은 우리 일터에서 항상 부딪치는 내용이다. 반드시 정복해야 할 과제다. 결국 이것이 믿는 자로서 매력자본이 넘치게 하는 방법이다. 말하기는 쉬워도 실천은 정말 어렵다. 끊임없이 기도하고 회개하면서 입과 마음, 그리고 행동에 성령님의 인도하심을 끊임없이 구해야 한다. 그래야 우리는 하나님의 매력자본이 될 수 있다.

> 너희는 모든 악독과 노함과 분냄과 떠드는 것과 비방하는 것을 모든 악의와 함께 버리고(엡 4:31)

◎ 오늘의 묵상

Q 당신이 남에게 내세울 매력자본은 무엇인가?

Q 당신은 매력자본을 늘리기 위해 무슨 노력을 하고 있는가?

Q 일터에서 성령의 9가지 열매가 관계 증진에 매력자본으로 작동하고 있는가?

14. 배려, 아내에게 하듯 남에게

　배려(配慮)라는 단어가 얼마 전부터 귓가에 맴돈다. 내가 원래 좋아하는 단어는 '인내'인데 거기에는 여유가 없어 보였다. 인내는 고통이 있는데 억지로 참는 듯한 모습도 약간 느껴졌다. 마시멜로 실험에서 보여주듯 '강제성이 있는 것 아닌가'라는 생각도 들었다. 마시멜로를 먹고 싶은데, 나중에 선생님으로부터 혼날 것을 생각하고 억지로 참는 것이라는 생각이 들었기 때문이다. 그러나 배려는 인내와 공통점도 있지만, 더 따뜻한 단어라는 생각이 들었다. 즉 배려도 나의 이익을 잠시 미뤄두고 남을 위해 참는 것이다. 어느 정도로 참는 것일까?
　문득 한자에서 그 답안을 찾아냈다. 배(配)라는 글자가 배우자를 뜻한다(짝 배)는 것을 알고 고개를 끄덕이게 되었다. 전혀 모르는 사람이나 업무로 만나는 모든 사람에게 아내에게 해주듯이 내 의지를 잠시 내려놓고 참으면서 상대방을 존중하는 것이다. 배려에 대해 사전은 '도와주거나 보살펴 주려고 마음을 씀'이라고 말하고 있다. 겉으로 드러난 형식을 넘어 마음을 써야 진정한 배려가 된다. 연장선상에서 상대의 마음도 감안하는 행동으로 감동을 선사한다는 의미다. 따라서 배려가 인내보다 한 수 위라고 생각하게 되었다. 인내는 나에 대해 스스로 통제하는 것이라는 성격이 강하지만, 배려는 상대를 고려해 나의 의지를 꺾는 것이기 때문이다.
　오래전에 미국에 출장을 간 적이 있다. 아마도 LA로 기억하는데 2번이나 배려에 대해 묵상하게 만든 경험을 하였다. 첫 번째는 미국 내 허브공항인 시애틀에서 겪었다. 조금 저렴하게 출장가기 위해 시애틀을 경유해 LA로 가는 노선을 택했다. 시애틀에서 갈아타야 하는 비행기 시간이 촉박해 공항 안내원에게 사정을 이야기하고 수속을 빨리해 달라고 부탁하였다. 그런데 돌아온 답은 모두가 급하니 줄을 서서 차분히 기다리라는 것이었다. 옆에 있던 한국인 공항 안내원은 "미국에서는 예외(특혜)가 절대로 안 통한다"라는 원칙을 말해주었다. 당시로서는 이해하기 힘들었지만, 최고의 배려는 질서나 규칙에 순응하는 것임을 평생 되새기는 계기가 되었다.

진짜 배려는 LA에서 경험하였다. 호텔에서 엘리베이터를 타기 위해 6명 정도가 내 앞에 줄을 서 있었다. 나도 그 뒤에 자리를 잡고 기다리고 있었는데 엘리베이터가 도착해 문이 열리고 모든 사람이 내렸는데 아무도 타지 않고 있었다. 그래서 내가 먼저 타려고 했는데 내 뒤에 있던 여자분이 성큼 나를 앞지르며 "Thank you"를 외쳤다. 순간 너무 창피하여 쥐구멍이라도 있으면 숨고 싶었다. 내 앞에 있던 6명은 모두 남자인데 뒤에 여자가 있자 양보하기 위해 기다려 준 것이다. 뒤에 여자가 있는지 미리 확인하는 혜안도 갖고 있던 셈이다.

좋은 성품을 갖는 것이 인생 성공

배려는 사소한 일에서 시작한다. 내 자리에서 내가 당연히 누려야 할 권리가 있음에도 잠시 뒤로 미룬 것이다. 그것이 가능한 것은 사랑과 겸손이기에 더욱 값지다. 이런 이유로 일터에서 가장 필요한 성품이 배려다. 공동체로 시너지를 내는 데 더없이 중요한 덕목이기 때문이다. 회식 메뉴 결정은 물론 회의를 통해 새로운 사업 방향에 대한 의견을 모을 때에도 배려는 무엇보다 중요하다. 우선, 직급이 낮거나 입사경력이 적은 팀원이 먼저 발언하도록 기회를 주는 것이 그 출발점이다. 이런 관행은 창의적이고 새로운 변혁을 시도하는 데도 유용한 원칙이다. 그리고 사무실보다 현장의 이야기를 우선 고려하는 것도 일터에서 배려를 실천하는 방식이다. 사무실의 기획서가 공장에서 물건으로 탄생해야 진정한 의미를 갖기 때문이다. 또한 외부 고객의 목소리가 반영되어야 한다. 탁상공론은 화려하지만, 열매가 없다. 어떻게 보면 배려는 기본으로 돌아가는 것이고 공동체를 제대로 세워 더욱 단단한 근육질 조직을 만드는 촉매제이다.

아프리카 반투족이 사용한다는 '우분트'(Ubuntu)라는 단어가 인상적이다. 어린이들에게 달리기 경주를 제안하고 상품을 내걸었는데 놀랍게도 손을 잡고 같이 달려 상품을 함께 나눠 먹으면서 우분트를 외쳤다. 그 단어 뜻은 '우리 모두가 같이 있기에 내가 있을 수 있다'라고 한다. 즉 다른 사람이 있기에 내가 있을 수 있다는 선제적 배려. 결국 배려는 나를 존재하게 만든 주위 사람에게 조금이나마 은혜를 갚는 행위다.

수년 전에 좋은나무성품학교에서 특강을 한 적이 있다. 학생들을 대하는데 무엇인가 달랐다. 결정적으로 다른 것은 쓰는 말이었다. 한 아이가 잘못된 점을 선생님에게 이르겠다고 말하자 같은 학년 아이가 그러면(남의 잘못을 고자질하는 것) 안 된다고 타이르듯이 권면하였다. 강의가 끝난 후에 20여 명이 나와서 강의한 나의 사인을 받아 갔다. 줄을 서서 순서를 기다리는 모습도 남달랐다. 초등학교 저학년 애들이 주류였지만, 선생님의 지시에 잘 순응하는 것을 보면서 좋은 성품에 대한 책을 여러 권 읽게 되었다. 그 학교를 세운 분(이영숙 박사)의 책을 보니 배려를 이렇게 정의하고 있다. '나와 다른 사람, 그리고 환경에 대하여 사랑과 관심을 갖고 잘 관찰하여 보살피는 것'이라고 안내하고 있다. 배려의 범위가 상식을 뛰어넘었다. 사람과의 관계를 넘어 내가 평소 누리고 있는 모든 환경에도 눈길을 돌려 잘 보존되도록 노력하는 것도 배려의 범주에 들어갔다.

또한 배려를 포함한 모든 성품은 한 사람의 생각, 감정, 행동의 총체적 표현이라고 정의하고 있다. 즉 좋은 성품은 단순히 더 좋은 생각과 더 좋은 감정을 품는 데 머물지 않고 더 좋은 행동으로 문제를 해결하는 실질적인 능력으로 자연스럽게 연결되어야 한다고 교육하고 있었다. 여기서 좋은 성품은 하나님의 성품을 의미한다.

마르틴 루터가 말했다는 문구도 이영숙 박사의 책을 통해 접할 수 있었다. "한 나라의 국력은 군사력, 경제력이 아니라 그 나라에 얼마나 성품 좋은 국민이 많으냐에 달려 있다." 인생의 성공은 좋은 성품을 갖는 것이라는 데도 전적으로 동의한다. 배려가 몸에 배어 있다면 그곳에 좋은 열매가 맺을 수밖에 없다. 우리 삶의 스승 되신 예수 그리스도는 처음부터 사역을 마치고 부활할 때까지 죄인인 우리를 위해 '배려'의 길을 담담하게 걸어온 것이 아닐까? 오늘 그 무엇을 위해 노력하는 것이 아니라 하나님을 닮는 좋은 성품을 위해 한 발짝 앞으로 나가는 날이 되었으면 한다.

> 이와 같이 좋은 나무마다 아름다운 열매를 맺고 못된 나무가 나쁜 열매를 맺나니 (마 7:17)

◎ 오늘의 묵상

Q 당신에게는 어떤 좋은 성품이 있는가?

Q 좋은 성품이 하나님의 성품임에 동의하는가?

Q 좋은 성품을 갖기 위해 어떤 노력을 하고 있는가?

15. 스스로를 살피는 'Observing I' 절실

오늘날 우리는 '욕구, 욕망, 탐욕'에 휩싸여 매시간을 보낸다고 해도 과언이 아니다. 세 단어가 비슷해 보이지만, 깊숙이 들어가 보면 엄청난 차이가 있다. '욕구'는 당연히 채워야 할 것을 구가하는 것이다. 배고프면 먹고 목마르면 물을 마시는 등 생존을 위해 필수적이고 당연한 것을 의미한다. '욕망'은 정도를 넘어서면 안 되는 것으로, 의지적으로 조절해야 한다. 돈이 필요하지만 돈에 인생을 걸면 욕망이 솟아오른 것이고 그 인생은 파멸로 향한다. '탐욕'은 나는 물론 주위의 다른 사람을 망치는 것으로 우상숭배와 같이 헛것을 좇는 것이다. 그런데 욕망과 탐욕에 브레이크가 걸리지 않으면 자기중심적 경향이 심화되고 더욱이 지속적으로 반복되면 스스로 파멸의 길로 들어서게 된다.

욕망과 탐욕의 출발점은 자기 중심이고, 남을 판단하고 평가하는 데 몰두하는 국면으로 곧바로 스스로를 내던진다. 대화할 때도 듣는 것은 형식이고 자기 의사를 강요하는 데 전력한다. 조언하기보다는 가르치려고 노력한다. 선과 악을 강요하고 직설적인 질문을 통해 남을 정죄하려고 눈을 부릅뜬다. 아쉽게도 인간은 모두에게 이런 죄성이 어느 정도 있다. 이런 조짐이 보일 때 성숙한 사람은 스스로 자신을 살피는 'Observing I'에 전력해야 한다. 내 위에 정밀 카메라를 부착한 드론을 하나 띄워 놓고 자주 스스로를 점검하고 되도록 객관적으로 자신을 살피는 노력이 필요하다. 인간은 본능적으로 남에게 조언하고 남을 평가하며, 충고하는 데 익숙하다. 특히 남의 허물과 약간의 실수조차 매의 눈으로 찾아내고 공개적으로 비판하기를 좋아한다. 그러나 스스로에 대해서는 적당히 눈감아 준다. 특별히 다양한 방어막을 통해 스스로를 가리는 데 열중한다. 억압하고 부인하는 것이 대표적인 자기 감추기 방법이다. 더욱이 동양인에게는 허세가 미덕이기도 하다. 불가피하게 식사 때를 전후하여 남의 집을 방문했더라도 이미 식사한 것처럼 답변한다. 나중에는 못 이기는 척 밥을 같이 먹기도 하지만…. 속 다르고 겉 다름은 필수적인 겸손이기도 하다.

그러나 믿는 자라면 에덴동산에서 죄를 짓고 낯을 피하여 나무 사이에 숨는 행동을 더 이상 해서는 안 된다. 다른 사람과 원만한 관계를 형성하기 위해 스스로를 살피는 데 집중해야 한다. 남을 지나치게 의식하며 불안해하기보다는 항상 자기를 제대로 보기 위해 카메라 하나를 쏘아 올려, 언제 어디서든지 살펴서 정체성을 제대로 찾고 남을 먼저 배려하고 지지해 주는 삶을 살아야 한다. 하나님의 자녀로서 남을 무시하는 행위는 죄를 짓는 것과 같다. 사람을 복수로 만들어 같은 공간에 둔 것은 상호 호혜적으로 관계하라는 하나님 명령임을 알아야 한다. 그러기 위해 남에게 충고를 던지거나 지적하기 전에 스스로를 살펴 잘못된 것을 먼저 고쳐야 한다. 남을 평가절하하는 것은 "원만한 관계로 남을 살리라"라는 명령을 거역하는 것이고 하나님이 심히 기뻐하면서 탄생시킨 아름다운 인간상을 찌그러뜨리는 것이다.

자기를 감추는 행위가 정신분열 출발점

또한 정신적인 문제와 스트레스 중 상당수는 자신을 은폐하는 데서 발생한다는 점을 알아야 한다. 교양 없는 사람이 자신을 위장하기 위해 억지로 근사한 이론을 입에 담고 골초가 금연운동을 전개하는 아이러니도 발생한다. 자신이 배고프면 모든 사람이 배고프다고 쉽게 단정한다. 아버지에게 혼나면 엉뚱하게 동물이나 힘없는 동생에게 화풀이를 하기도 한다. 자기를 감추는 행위는 엄청난 에너지가 필요하다. 목표를 이루는 데 써야 할 에너지를 낭비하게 된다. 공격적인 질문이나 추궁, 조롱도 상대방을 위축시킬 뿐만 아니라 자신의 무엇인가를 가리는 방패로 사용하는 경우가 흔하다. 엘리트주의에 빠져 과학과 이성, 성과와 기능, 결과에만 초점을 맞추는 행위에서 벗어나 먼저 나를 살피는 습관을 지녀야 한다.

성경에서 최고의 자리에 오른 사람 중 한 명으로 솔로몬이 자주 언급된다. 그는 하나님께 부나 영광을 구하지 아니하고 지혜를 구했다고 칭찬을 받았다. 지혜는 지식이나 능력을 남을 위해 쓰는 것이라는 정의를 본 적이 있다. 자신의 것을 자신의 이익을 위해 쓰지 않은 솔로몬의 선함은 계속 지켜졌을까? 필자는 솔로몬이 스스로를 살피는 'Observing I'에 실패한 대표적인 인물이라고 생각한다. 그에게 후궁이 칠백 명이고 첩이 삼백 명이라는 구절이 모든 것을 말해 준다. 후궁과 첩이 솔로몬의 눈을 가리고 스스로를 돌보는 마음을 다른 곳으로 돌이키게 하여, 그가 죽자 이스라엘이 두 동강이 난 것이다. 최고의 지혜가 자신을 살피는 것인데 솔로몬의 인생 후반전은 그런 지혜가 없었다.

> 하나님이 솔로몬에게 이르시되 이런 마음이 네게 있어서 부나 재물이나 영광이나 원수의 생명 멸하기를 구하지 아니하며 장수도 구하지 아니하고 오직 내가 네게 다스리게 한 내 백성을 재판하기 위하여 지혜와 지식을 구하였으니
> 그러므로 내가 네게 지혜와 지식을 주고 부와 재물과 영광도 주

리니 네 전의 왕들도 이런 일이 없었거니와 네 후에도 이런 일이 없으리라 하시니라(대하 1:11-12)

하나님의 자녀로 내가 주위의 누군가를 잘 살릴 수 있을 때 나에 대한 귀함(소명)이 제대로 발현된다. 그러기 위해 가장 많은 사람과 관계하는 일터에서 나를 끊임없이 살펴야 한다. 우리의 눈은 본능적으로 끊임없이 남의 잘못만 찾아낸다. 우리 마음은 지속해서 나는 잘못이 없고 남은 나쁘다고 편파 판정을 한다. 이런 흐름이 본성이다. 아니 죄성이다. 일시적인 안정을 위해 무엇으로 나를 숨기기보다는 나를 냉정히 살피는 성숙함이 필요하다. 더 나아가 하나님의 시각으로 나를 보살펴야 한다.

◎ 오늘의 묵상

Q 당신에게는 'Observing I' 렌즈가 있는가? 특히 일터에서 작동하는가?

Q 판단과 정죄의 화살이 항상 남을 향하고 있는 것은 아닌가?

Q 당신은 스스로를 은폐하는 데 모든 힘을 쏟고 있는 것은 아닌가?

16. 영혼을 갉아먹는 이자 VS 천국 친구 만들 자본

성경에서 강조하는 것은 믿음과 기도다. 믿음이 있어야 기도가 나오고 기도가 있어야 믿음이 바로 선다. 그런데 성경에서 믿음과 기도보다 더 많이 언급되는 주제가 있다. 바로 돈과 소유에 관한 내용이다. 믿음과 기도는 각각 500개 구절에 불과한 반면 돈과 소유에 대한 구절은 2,350구절이라는 내용을 책자(《행복한 부자》, 영남대 출판부)에서 읽은 바 있다. 예수님도 비즈니스를 하셨고 우리의 일상이 돈과 떼놓고 생각할 수 없는 상황으로 인해 그런 것이 아닐까? 그런데 더 중요한 이유가 있다고 생각한다. 돈은 믿음을 더욱 굳건하게 하는 디딤돌이 되게도 하지만, 믿음과 기도를 앗아가는 도적이 되기도 하기 때문이다. 돈을 목적으로 살면 하나님에 버금가는 다른 신을 섬기는 우상숭배의 죄를 범한다고 성경은 말하고 있다. 특히 이자는 잠도 자지 않고 우리 영혼을 갉아먹는다는 점을 염두에 두어야 한다.

성경 구문 중에서 해석하는 데 난제로 여기는 구절이 여럿 있다. 불의한 청지기가 나오는 누가복음 16장도 그중 하나다. 불의한 청지기는 주인의 재물을 낭비하다가 징계해고 통지를 받는다. 그 청지기는 일터가 없어지기 직전에 주인에게 빚진 사람들을 별도로 불러서 자기 마음대로 빚을 탕감해 준다. 점입가경의 불의를 저지른 것인데 하나님은 이 청지기를 칭찬한다. 이유가 무엇일까? 성경은 '지혜로움이니라'로 에둘러 이야기한다. 지혜라는 단어가 등장한 것은 미래를 위해 계획적으로, 특히 영주할 처소를 위해 썼기 때문이라고 9절은 언급한다. 믿는 자에게 영주할 처소는 이 땅이 아니다. 돈을 쓸 때 설사 불의하더라도 미래의 우리 삶에 도움이 되어야 더 유용하다.

오늘의 만족을 위해 소비하기 전에 자신의 꿈을 위해 써야 하는데 그보다 더 앞서 고려해야 하는 소비처는 영원히 거할 하늘나라를 염두에 두어야 한다는 점을 강조하고 있다.

이 구절을 묵상하면 수많은 내용이 밀려온다. 불의한 청지기를 보면서 혀를 차지만, 우리 모두가 그와 크게 다르지 않다는 고백이 필요하다. 하나님이 주신 돈을 진정한 주인인 하나님의 시선이 머문 곳에 쓰지 못했다면 불의에서 벗어나기 힘들다고 생각해야 한다. 본문에서 빚진 자를 도와준 것처럼 가난한 이웃을 위해 제대로 쓰지 못한 것도 넓은 의미에서는 불의하다. 또 재물을 잘못 사용하여 '하나님의 하나님 됨'을 제대로 드러내지 못했다면 미래를 위해 쓰지 못한 것이다. 믿는 자가 돈을 불우이웃 돕기와 하나님 찬양에 쓰면 미래에 더 많은 이웃을 장차 다가올 하늘나라에 인도할 가능성이 높기 때문이다.

잠시 맡겨진 재물은 미래를 위해 사용해야

또한 재물로 친구를 사귀라는 말은 결국 재물의 한계를 인정하라는 말과 같다. 청지기로 세상에 있을 때는 눈앞에 돈이 있고 내가 마음대로 할 수 있으니 내 것으로 착각한다. 그런데 죽음이 오면 모든 사람이 재물을 그대로 놓고 새로운 장소로 이동해야 한다. 그러니 선제적으로 이웃에게 재물을 나눠줘 그들을 친구로 삼고 그들을 축복하면서 같이 천당에 가도록 해야 한다. 이는 하나님이 기뻐하시는 것이고 이렇게 사귄 친구들이 천국에서 당신을 영접할 것이라는 점을 시사하고 있다. 결국 세상 재물로 친구를 사귀면 그가 영원히 머물 천국의 친구가 된다. 반대로 지금 나의 만족을 위해 사용한다면 그것이 탐욕이고 영원한 세상과는 관계가 없다. 또한 오늘을 위해 재물을 사용하면 나에게만 이득이 되지만, 미래를 위해 쓰면 여러 명에게 도움이 된다는 점도 강조하는 구절이다. 재물은 영원하지 않다. 그러니 영원한 것을 위해 사용할 때 가장 값지다.

> 말하되 기름 백 말이니이다 이르되 여기 네 증서를 가지고 빨리 앉아 오십이라 쓰라 하고
> 또 다른 이에게 이르되 너는 얼마나 빚졌느냐 이르되 밀 백 석이니이다 이르되 여기 네 증서를 가지고 팔십이라 쓰라 하였는지라
> 주인이 이 옳지 않은 청지기가 일을 지혜 있게 하였으므로 칭찬하였으니 이 세대의 아들들이 자기 시대에 있어서는 빛의 아들들보다 더 지혜로움이니라
> 내가 너희에게 말하노니 불의의 재물로 친구를 사귀라 그리하면 그 재물이 없어질 때에 그들이 너희를 영주할 처소로 영접하리라
> (눅 16:6-9)

누가복음 16장 10절은 재물관리를 "지극히 작은 것"이라고 말한다. 그 후에 '큰 것'이 있음을 알려주고 있다. 즉 재물 관리가 큰일을 맡는 데 필수적인 기본 사항이다. 세상에서 하나님께 더 크게 쓰임받으려면 재물에 대한 올바른 관리가 필수관문이라는 점을 강조하고 있다. 이는 가치관을 의미한다. 내 재물이 하나님의 주관하에 있음을 인정하지 않으면 형통함이 없고 그 반대면 하나님과 상통하는 가치관으로 형통하게 된다.

따라서 미래를 위한 재무관리 첫 관문은 돈 사용의 우선순위다. 가장 먼저 하나님의 꿈(십일조와 선교 등)을 위해, 그다음은 내 꿈(나의 비전과 일터 능력 등), 맨 나중은 일반적인 소비에 재물을 각각 투입해야

한다. 이 방법이 재물의 참소유주를 제대로 고백하는 방법이고 재물을 낭비하지 않는 지름길이다.

돈, 일, 사람, 그리고 말씀(하나님)에 대한 우선순위도 잘 정립해야 한다. 돈을 생각하고 일과 사람을 선택하며, 그다음에 말씀을 적용하면 최악이다. 반대로 말씀을 제대로 묵상하고 사람(관계)을 우선시하면서 일을 생각해야 하고 그다음에 돈을 고민해야 한다. 돈 벌기 위해 일한다는 사람이 제일 불쌍하다. 아니 제일 위험한 사람이다. 청지기의 자격이 없는 사람이다. 하나님의 동역자가 될 수 없는 사람이다. 그에게 참된 승리, 즉 미래의 영원한 승리는 없다.

◎ 오늘의 묵상

Q 당신에게는 어떤 재무원칙이 있는가?

Q 당신의 소득 중 미래를 위해 쓰는 돈의 비중은 어느 정도인가?

Q '잠시 맡겨진 재물을 영원한 것을 위해 사용할 때 가장 값지다'라는 말에 동의하는가?

17. 소명 완수에 베테랑인 예수님의 비법

HR(인사관리) 분야 전문가가 보내온 메시지 내용이 큰 공감을 불러일으킨다. 이전에는 은퇴하면 현업에서 물러나는 것이 보통이었는데 이제는 적지 않은 사람들이 강사나 다른 회사에서 재취업으로 새로운 삶을 이어간다. 인생의 이모작이라는 말이 일상화되었고 삼모작이라는 말도 쓰이고 있어 자기 분야의 경험을 살려 강사로 길게 일하는 비결을 담은 내용을 공유한다.

① 강사라는 자부심과 담당 강의에 자신감이 충만하다.
② 긍정적 마인드가 강하고 인간관계가 뛰어나다.
③ 고객의 생각을 읽고 그들이 원하는 것을 찾아 공감하는 역량이 뛰어나다.
④ 대상과 상황에 따라 사례, 나아가 내용을 바꿔 추구하는 바를 달성한다.
⑤ 절대로 이전 강의, 이전 고객과 비교하지 않는다.
⑥ 교육생 모두를 만족시키려 하기보다는 교육을 통해 얻고자 하는 바에 집중한다.
⑦ 강의가 끝난 후 평가 설문을 받고 기분 나빠 하기보다는 강점을 찾고 강화한다.
⑧ 고객의 시간을 돈으로 생각해 집중하고 열정을 다한다.
⑨ 주는 것을 좋아한다.
⑩ 자신이 강사이고 이를 지속하는 것에 항상 감사한다.
〈홍석환의 3분 경영 메일〉

필자도 상당 기간 인사 담당 실무자와 담당 임원, 그리고 CEO로 채용 및 인사 업무를 처리하면서 느낀 점이 많다. 그런데 앞의 내용에는 솔직히 특별한 것이 없다. 쉽게 발견할 수 있는 내용의 나열이다. 그리고 다른 분야에 그대로 적용해도 손색이 없다. 그러니 더 귀하다. 하는 일에 관계없이 누구나 실천할 수 있고 닮을 수 있기 때문이다. 스스로에 대한 자부심과 열정, 긍정적 마인드를 통한 감사가 뼈대다. 필자는 이를 마인드 관리를 넘어 실력이라고 생각한다. 쉽지 않은 경험이고, 100% 만족하지 못할지라도 강점을 찾고 열정을 최고치로 끌어올리는 것은 단순히 성격이라고 평가절하할 일이 아니다. 그것이 실력이고 남과 다르게 만드는 차별화된 핵심 경쟁력이다. 아래 내용은 필자가 《슬기로운 직장생활》(필디앤씨)이라는 책자를 통해 소개한 고수들의 직장생활 패턴이다.

① 때론 져줘야 한다.
② 즐거운 출근이어야 한다.
③ 아침 활동이 세상을 바꾼다.
④ 실패가 선물이 되기도 한다.
⑤ 운동은 직장 생활의 R&D이다.
⑥ 보고서의 성공은 제목에서 출발한다.
⑦ 업무혁신은 불편을 없애는 것이다.
⑧ 1등과 2등은 등수 차이가 아니라 성공과 실패다.
⑨ 부재중 통화가 없는 것도 큰 능력이다.
⑩ 상사에게 인정받기 위해 한 템포 앞서 보고하라.

일터 필수 요소는 기도 베테랑

인사업무를 떠나 일터신학도 비슷한 연장선상에 있다. 어쩌면 앞의 내용은 모든 일에 해당하는 내용이다. 목수로 비즈니스를 하신 예수님은 어떻게 하셨을까를 짚어보면 큰 유익이 있다. 결론을 먼저 말하면 위의 내용과 큰 차이가 없다. 우선, 관계를 중시하시며 모든 사람의 귀함을 몸소 실천하신다. '문둥병자에게 손을 직접 내밀어 대시며'(막 1:41)라는 구절이 보여주듯 사회적으로 아무리 낮은 위치에 있더라도 주위 사람에게 최선을 다한다. 모두가 귀한 존재이기 때문이다. 또한 역량이 뛰어나고 몸소 행하신다. 파이팅을 외치며, 나를 따르라고 강조하신다. 열정이 넘치고 실력에서도 남다르다.

> 내가 너희에게 행한 것같이 너희도 행하게 하려 하여 본을 보였노라(요 13:15)

또한 예수님은 일하시면서 단기적인 목표에 치우치지 않고 방향성을 명확히 하신다. 우리가 일터에서 돈(Money) 보다 의미(Meaning), 소명(Mission)을 더 큰 목소리로 외쳐야 하는 것처럼, 혼자가 아닌 제자들과 함께 소명을 향해 매일매일 한 걸음씩 나가면서 시너지를 중시하는 팀 사역에 힘쓰신다. 누구에게도 혼자 가서 무엇을 하라고 하지 않으신다. 열두 명의 제자가 대표적이며 신시장 개척에 해당하는 전도에도 두세 사람씩 팀을 이루어 함께하라고 하신다. 회사에 본부와 팀이 왜 있는지 생각할 수 있는 내용이다. 그러나 무엇보다 중요한 것은 마무리를 잘하신다는 것이다. 추구하려는 바를 완벽하게 완성하신다. 자기 생명을 다해 미션을 수행하신다.

예수님의 사역을 보면서 일반인과 믿는 자 간에 일하는 자세에 있어서 출발과 마무리는 달라야 한다. 단순한 차이가 아니라 결정적인 차이가 하나 있어야 한다. 일을 시작하기 전과 중요한 순간에 항상 기도로 하나님께 의지해야 한다. 우리가 일터에 진짜 적용해야 하는 점은 내 힘과 능력에 의지하는 것이 아니라 나를 나보다 더 잘 아시는 하나님께 기도로 준비하는 것이다. 심지어 전능하신 하나님이신 예수님도 그렇게 하셨다. 우리는 일에 베테랑이기도 해야 하지만, 더 중요한 것은 '하나님을 하나님으로 인정하는 의식'인 기도에 베테랑이어야 한다. 결과에도 기쁨으로 순종하며 설사 원하는 결과가 아니더라도 감사 기도로 마무리해야 한다.

> 새벽 아직도 밝기 전에 예수께서 일어나 나가 한적한 곳으로 가사 거기서 기도하시더니 (막 1:35)

◎ 오늘의 묵상

Q 당신은 어느 분야에 베테랑인가? 은퇴 후 계획은 무엇인가?

Q 당신은 앞의 10가지 성공 비결 중 무엇을 갖고 있는가?

Q 당신은 일할 때 믿는 자와 믿지 않는 자의 차이는 무엇이라고 보는가?

18. 낮은 마음, 대나무 정신

　필자의 시골집은 고즈넉 그 자체였다. 읍내에서 굽이굽이 돌아 한참 들어가야 마을이 보이고 마을에서도 우리 집은 가장 뒷쪽에 위치하고 있어 마을 어귀에서 잘 보이지 않는다. 두메산골 구석진 곳에 위치한 집이 바로 우리 집이다. 게다가 대나무밭에 묻혀 있으니 평온하기 그지없다. 어려서부터 궁금했던 것은 풍성했던 대나무밭의 신비다. 그런데 그곳에서 직장 생활에 대한 노하우도 엿보게 된다. 우선, 대나무는 위로 곧게 잘 자란다는 특징을 갖고 있다. 그 수령과 관계없이 대나무는 곧게 하늘을 향해 그 위용을 뽐낸다. 또한 자라는 속도에서 타의 추종을 불허한다.
　대나무가 멋진 모습을 가질 수 있는 것은 세 가지 요인 때문이라고 귀동냥을 통해 들었다. 회사에서 어떻게 처신해야 하는지 시사하는 바가 매우 크다. 첫째, 자신을 비우는 것이다. 대나무는 하나같이 그 속을 비우고 있다. 그러니 빨리빨리 자랄 수 있는 DNA를 가지고 있다. 대나무를 보면 회사에서 자기 것만 챙기지 않고 양보한 성품 좋은 선배들이 떠오른다.
　둘째로, 일정하게 자란 후에 마디를 생성하고 다시 자란다. 일터에서 스스로를 평가하고 부족한 것을 되돌아보며 짚어보는 대나무형 베테랑들을 종종 보게 된다. 연차가 높아질수록 실수가 적어지고 야무지게 일 처리를 하게 된다. 확실하게 맺고 끊는 일 처리는 대나무의 기본 속성과 일치한다.
　셋째로, 대나무는 조용히 그러나 무서운 속도로 자기영역을 확장한다. 바로 생명력이 뛰어난 뿌리 덕분인데 두루 관계가 좋은 마당

발 직원을 생각하게 만든다. 보이지 않는 땅속으로 침투하니 견제가 적고, 얽히고설킨 뿌리로 그 어떤 식물에게도 땅을 양보하지 않는다. 평소에도 튼튼한 뿌리(기본기)로 버티고 있는 셈이다.

그는 흥하고 나는 쇠해야

요르단으로 단기 사역을 다녀온 적이 있다. 그때 자주 외쳤던 구호가 있다. "그는 흥하여야 하겠고 나는 쇠하여야 하리라"(요 3:30). 세례 요한은 스스로의 역할을 정확히 알고 있었다. 많은 제자를 두고 당대 최고의 인기를 누렸던 요한은 "예수님의 신발을 들지도 못하겠다"(마 3:11)라고 고백했다. 겸손함으로 그의 소명을 실천한 것이다. 그런데 겸손함의 끝판왕은 예수님이다. 본래 하나님과 동등하시나 대나무처럼 자기를 비워 종의 형체로 죽기까지 복종한 분이 예수님이다. 겸손에 대한 감동을 넘어 형용할 수 없는 먹먹함이 밀려온다. 나는 어떠한가? 고개를 들 수 없다.

회사에서 겸손한 사람을 많이 만났다. 운이 좋았다고 생각된다. 그런 선배들을 따르려고 노력했던 기억이 너무 좋다. 겸손함은 우선 자기 비움이다. 스스로를 먼저 챙기지 않고 조금 손해 나는 일이 발생해도 조곤조곤 말한다. 안 좋은 상황이 발생해도 자기 탓으로 돌린다. "먼저 네 눈 속에서 들보를 빼라"라는 말씀(눅 6:42)을 실천하듯 스스로 책임을 기꺼이 진다. 이어 윗사람의 비위를 맞추기보다 혹여 속상했을 밑의 팀원들을 먼저 챙기며 다독인다. 여기까지는 일반적인 겸손함이다. 식물인 대나무급 겸손함이다.

진짜 겸손함은 사명을 제대로 아는 것이다. 자기의 역할을 제대로 이해하고 묵묵히 실천하는 사람의 겸손함은 깊이가 있다. 세례 요한과 예수님은 정확하게 자신의 역할을 알고 그것에 충실하였다.

사실 우리는 인간으로서 그 본분을 자주 잊는다. 그 모습이 창세기 11장의 바벨탑을 쌓는 인간들이다. 홍수를 통해 죄에 대해 심판받은 인류는 곧바로 "성읍과 탑을 건설하여 하늘에 닿게 하여 우리의 이름을 내자"(창 11:4)라고 외친다. 인류가 스스로의 사명을 잊고 하나님 수준으로 높아지려는 것은 죄다. 선악과 사건에 이은 바벨탑 사건이 죄악인 이유다.

회사에서 지금 맡은 일이 나의 천직이자 소명이라는 생각으로 최선을 다하는 것이 일터에서의 겸손이다. 또 일터의 겸손함은 항상 배우려는 자세를 견지하는 것이다. 겸손함은 남을 나보다 낫게 여기는 것이니 자연스럽게 배우는 자세로 연결된다. 일터에서 크리스천은 겸손함으로 성장해야 한다. 그러면 대나무가 똑바로 하늘을 향한 것처럼 일터에서 하나님 뜻을 제대로 받들게 된다.

> 너는 네 눈 속에 있는 들보를 보지 못하면서 어찌하여 형제에게 말하기를 형제여 나로 네 눈 속에 있는 티를 빼게 하라 할 수 있느냐 외식하는 자여 먼저 네 눈 속에서 들보를 빼라 그 후에야 네가 밝히 보고 형제의 눈 속에 있는 티를 빼리라 (눅 6:42)

◎ **오늘의 묵상**

Q 당신은 대나무의 특성을 어느 정도 닮고 있는가?

Q 겸손보다 스스로 자랑하는 버릇이 있는지 되돌아 보라.

Q 겸손이 하나님의 뜻을 제대로 따르는 소명 실천에 필수라는 점에 동의하는가?

주요 경력

- 광운대학교 대학원 경영학과 졸업(경영학 박사, 1998)
- 중국 대외경제무역대학(2002~2003), 서울대 글로벌최고경영자과정(2018) 수료
- 횃불트리니티신학대학원대학교 수료(목회학 석사)
- 한국무역협회 국제무역연구원 수석연구원(1990~2004)
- 한국무역협회 FTA통상연구실장, 비서실장(2011~2014)
- 한국무역협회 북경지부 지사장(2014~2017)
- 한국무역협회 국제무역연구원 동향분석실장(2017~2018)
- 한국무역협회 경영관리본부장(인사, 기획, 자산, CFO), 국제무역통상연구원장(2018~2021)
- 인터컨티넨탈호텔, 현대백화점(한무쇼핑), 헤럴드경제신문, 강남문화재단(인사위원장) 등 사외 이사 역임
- 무역센터 자산 및 시설관리 전문회사 WTCS 대표이사(2021~2024)
- 현재 광운대/숭실대 겸임교수, 대한상사중재원 중재인, 최용민무역통상연구소 소장, 22대 국회 한중의원연맹 자문위원, 중견스타트업 메디쿼터스 감사, 일터소명운동본부 대표, 물댄동산교회 일터사역 디렉터

주요 저서

슬기로운 직장생활(2024)
경제안보시대, 글로벌 무역의 새로운 길(2023)
천의 얼굴, 중국시장 체크포인트(2016)
중국경제 부상과 정책대응(정부 용역)(2017)
용의 경제에 올라타라(2012)
중국 비즈니스 체크포인트(2011)
중국은 지금(2005, 2010)
무역 결제론(2001)
알기 쉬운 무역 마케팅(1999)
수출부진 극복, 이렇게 하면 된다(2000)
무역마케팅(무역아카데미 교재)(2001)
달러 버는 마케팅, 달러 버리는 마케팅(1999)

기타 활동

- 강의 : 기획재정부 등 중앙정부 및 지자체, 삼성물산, 삼성전자, LG화학, 금호, 롯데, SK, 상공회의소, 공무원연수원, 성균관대, 무역아카데미, 숭실대, 광운대, 중앙대, 부산대, 고려대, 공자학원, 칭화대, 우리은행, 코트라 등
- 방송 : KBS, MBC, MBN, YTN 등 다수 출연
- 기고 : 조선일보, 중앙일보, 매일경제신문 연재 등 다수
- 기타 : 산업자원부 국가통상직(5급) 심사위원, 국제무역사, 무역영어 등 출제위원, 석탑산업훈장, 서울지방관세청 적극행정자문위원 및 관세심사위원, 조달청 자문위원 등
- 일터소명 강의: 코엑스 별마당도서관, 영월군, 서울시 청소년센터 동대문, 물댄동산교회, 분당우리교회, 금란교회, 잠실교회, 분당다함교회, 이어진교회, 부산동성교회, 염창동사랑교회, 횃불트리니티일터신학연구회, 이룸플러스, 경찰서 등

- 일터소명운동본부 블로그: https://blog.naver.com/choiyongmin65
- 최용민무역통상연구소 블로그: https://blog.naver.com/choiym6505

크리스천의 일과 취업에 대한
월요일의 바이블
동료의 승진을 위해 출근하라

1판 1쇄 인쇄 _ 2025년 11월 20일
1판 1쇄 발행 _ 2025년 11월 29일

지은이 _ 최용민
펴낸이 _ 이형규
펴낸곳 _ 쿰란출판사

주소 _ 서울특별시 종로구 이화장길 6
편집부 _ 745-1007, 745-1301~2, 747-1212, 743-1300
영업부 _ 747-1004, FAX 745-8490
본사평생전화번호 _ 0502-756-1004
홈페이지 _ http://www.qumran.co.kr
E-mail _ qrbooks@daum.net / qrbooks@gmail.com
한글인터넷주소 _ 쿰란, 쿰란출판사
페이스북 _ www.facebook.com/qumranpeople
인스타그램 _ www.instagram.com/qrbooks
등록 _ 제1-670호(1988.2.27)
책임교열 _ 최진희, 김준표

ⓒ 최용민 2025 ISBN 979-11-24013-31-1 03230

책값은 뒤표지에 있습니다.
이 출판물은 저작권법에 의해 보호를 받는 저작물이므로 무단 복제할 수 없습니다.
파본(破本)은 구입처에서 교환해 드립니다.